柴福善◎著

山东庄史话

中国文史出版社

图书在版编目（CIP）数据

山东庄史话 / 柴福善著 . —北京：中国文史出版社，
2024.4

ISBN 978-7-5205-4642-3

Ⅰ.①山… Ⅱ.①柴… Ⅲ.①乡镇—文化史—平谷区
Ⅳ.①K291.5

中国国家版本馆CIP数据核字（2024）第066330号

责任编辑：刘华夏

出版发行：中国文史出版社

地　　址：	北京市海淀区西八里庄路69号　　邮编：100142
电　　话：	010－81136606 / 6602 / 6603 / 6642（发行部）
传　　真：	010－81136655
印　　装：	北京新华印刷有限公司
经　　销：	全国新华书店
开　　本：	787mm×1092mm　1/16
印　　张：	28.25
彩　　插：	16
字　　数：	350千字
版　　次：	2024年7月北京第1版
印　　次：	2024年7月第1次印刷
定　　价：	88.00元

《山东庄史话》编委会

主　　任　闫　亮

副 主 任　袁莹莹　杨利军

委　　员　阎凯航　刘志勇　高长胜

　　　　　杜菁山　岳斐然　姜海波

　　　　　马占利　崔　苹　于景阳

　　　　　辛　磊

　　柴福善　北京市平谷区人，1956年12月生，曾任平谷县委党史办副主任、县文化文物局副局长，平谷区文化委员会副主任、区政协常委、区政协学习与文史委员会主任，为中国作家协会会员、平谷文史专家。

　　1982年起发表文学作品，在全国多家报刊发表诗歌百余首、散文400余篇，多篇作品被转载，并收入多种文集。散文集《江山有待》荣获全国第五届冰心散文奖。

　　出版散文集《逍遥人生》《岁月无痕》《往事与乡情》《核桃树下的王蒙》《秦时明月》《江山有待》《两栖集》《洵河的波光》《畅游石林峡》《畅游梨树沟》和诗集《石林峡　梨树沟》，校注《李锴诗文集》《与中学生谈写作》，与古建专家罗哲文合著《中华名寺大观》《中华名塔大观》《中华名桥大观》《中华名园大观》《中华名楼大观》《中国的世界遗产》，编著《平谷寺庙志略》《平谷古树名木图志》《志书补遗》《明代平谷志料辑校》《平谷史话（修订本）》《峪口史话》《独乐河史话》《马昌营史话》《镇罗营史话》《大兴庄史话》《刘家店史话》《东高村史话》《平谷镇史话》《黄松峪史话》《马坊史话》《丫髻山》《丫髻山楹联匾额》《丫髻山碑刻》《丫髻山传说》《丫髻山历史文化课》及《老红军李云辉》《我所了解的瓦关头》《熊儿寨村那些事》，主编《洵水长歌（三卷）》《平谷文物志》等。

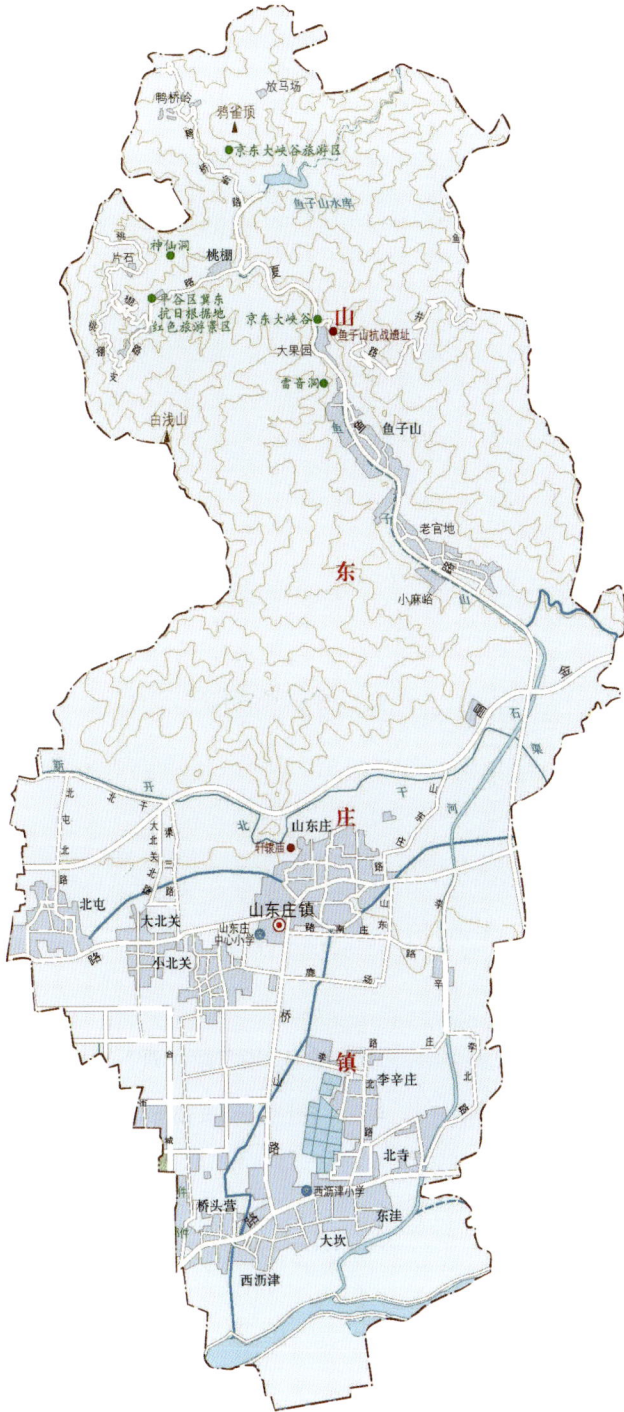

鸭桥岭　　　放马场
　　　鸦雀顶

●京东大峡谷旅游区

鱼子山水库

神仙洞
片石　●桃棚　夏

●单谷区冀东
抗日根据地
红色旅游景区
　京东大峡谷
　　　　●鱼子山抗战遗址　山
大果园

●蕾香洞　　鱼子山

白浅山

老官地

东　　小麻哈

金石

开　　　　北流子　山东庄　庄
北屯　　　　井银西
　　　大北关　　山东庄镇
北屯　　　　山东庄
大北关　　中心小学
小北关

镇
　　李辛庄

北寺

桥头营　西沥津小学
　　　　　　　东洼
大坎
西沥津

山东庄镇域图

春到井儿台山（王玉梅摄）

山东庄镇段洵河河道（摄于2023年9月）

京东大峡谷万丈崖与玻璃栈道（耿大鹏摄）

鱼子山抗日战争纪念馆（摄于2023年9月）

2022年9月30日，在平谷区冀东抗日战争纪念广场英烈园，举行平谷区烈士公祭敬献花篮仪式

桃棚村红崖洞

鱼子山村井儿台山段长城（摄于2012年8月）

雪落轩辕台（耿大鹏摄）

西沥津村府君庙遗址所存古柏（摄于2023年10月）

桃棚村西九泉山神仙洞壁画（局部）（摄于2008年1月）

山东庄镇人民政府（摄于2024年6月）

序

　　眼下，平谷以一年一变样的高速度，脱胎换骨般地成长。一幅新时代宜居宜业宜游休闲谷的壮美画卷徐徐展开，高大尚平谷发展的绚丽之花正在热烈绽放。正当其时，邀请柴福善先生撰写《山东庄史话》，通过历史追述和文化采撷，对厚重的山东庄人文历史做一次系统梳理。

　　山东庄镇地处平谷城区东北部，下辖12个行政村和1个共有产权房社区。从五千年轩辕文化到铸魂育人红色文化，再到青山翠谷间一缕小北关书香墨染，山东庄镇人文浸润、千年文脉传承出新，在岁月长河中留下了独有的印记。近年来，山东庄镇传承红色基因、赓续红色血脉，积极投身高大尚平谷建设；以咬定青山不放松的执着朝既定目标前行，持续打造乡村振兴先行示范镇，不断擦亮"世界休闲谷·红谷山东庄"形象。为进一步坚定历史自信，全景式展现山东庄镇历史文化，以史育人、以文化人，奋力书写乡村振兴新篇章，《山东庄史话》应运而生。

　　凡事知之者易，行之者难。柴福善先生一如既往地坚持典籍文献、实物遗存与口碑资料三者结合，在多年积累的基础上，对境内长城、遗址、全镇12个村深入细致地访谈踏察、搜集资料，进而着手编写，把被时代尘封已久的历史人物和历史事件重新展现，完成了这部沉甸甸的《山东庄史话》。

　　这是山东庄第一部乡土教材，资料丰富，记述详实，行文朴实简洁，文脉贯通古今，填补了山东庄历史文化相关研究领域的空白，是我们认识山东庄、了解山东庄、发展山东庄的珍贵史料。在此，山东庄镇党委、政府，向柴福善先生致以崇高的敬意！

　　回顾历史、初心如磐，展望未来、重任在肩。让我们接续奋斗，为了山东庄更加美好的明天拼搏奋进，为了乡村振兴的目标，勇毅前行！

中共北京市平谷区山东庄镇委员会

北京市平谷区山东庄镇人民政府

2024 年 4 月 25 日

目 录

序 ⋯⋯⋯⋯⋯⋯⋯⋯⋯⋯⋯⋯⋯⋯⋯⋯⋯⋯⋯⋯⋯⋯⋯⋯⋯⋯001

沿 革 ⋯⋯⋯⋯⋯⋯⋯⋯⋯⋯⋯⋯⋯⋯⋯⋯⋯⋯⋯⋯⋯⋯⋯⋯⋯001

轩辕文化 ⋯⋯⋯⋯⋯⋯⋯⋯⋯⋯⋯⋯⋯⋯⋯⋯⋯⋯⋯⋯⋯⋯⋯008
　平谷轩辕台及轩辕庙 ⋯⋯⋯⋯⋯⋯⋯⋯⋯⋯⋯⋯⋯⋯⋯⋯008

红色文化 ⋯⋯⋯⋯⋯⋯⋯⋯⋯⋯⋯⋯⋯⋯⋯⋯⋯⋯⋯⋯⋯⋯⋯026
　鱼子山：抗日堡垒第一村 ⋯⋯⋯⋯⋯⋯⋯⋯⋯⋯⋯⋯⋯026
　桃棚：平谷第一个党支部诞生地 ⋯⋯⋯⋯⋯⋯⋯⋯⋯033

山 川 ⋯⋯⋯⋯⋯⋯⋯⋯⋯⋯⋯⋯⋯⋯⋯⋯⋯⋯⋯⋯⋯⋯⋯⋯044
　井儿台山 ⋯⋯⋯⋯⋯⋯⋯⋯⋯⋯⋯⋯⋯⋯⋯⋯⋯⋯⋯⋯⋯044
　白浅山 ⋯⋯⋯⋯⋯⋯⋯⋯⋯⋯⋯⋯⋯⋯⋯⋯⋯⋯⋯⋯⋯⋯045
　鱼子山石河 ⋯⋯⋯⋯⋯⋯⋯⋯⋯⋯⋯⋯⋯⋯⋯⋯⋯⋯⋯046
　泃 河 ⋯⋯⋯⋯⋯⋯⋯⋯⋯⋯⋯⋯⋯⋯⋯⋯⋯⋯⋯⋯⋯⋯046

名　胜 ··· 066

　京东大峡谷 ··· 066

村　落 ··· 070

　北寺村 ··· 070

　北屯村 ··· 075

　大北关村 ·· 082

　大坎村 ··· 101

　东洼村 ··· 107

　李辛庄村 ·· 110

　桥头营村 ·· 115

　山东庄村 ·· 118

　桃棚村 ··· 131

　西沥津村 ·· 137

　小北关村 ·· 144

　鱼子山村 ·· 156

寺　庙 ··· 171

　祠　庙 ··· 172

　宫　观 ··· 176

　寺　院 ··· 195

遗　址 ··· 214

　商、周居住遗址 ··· 214

　抗战遗址 ·· 216

墓 葬 ⋯⋯⋯⋯⋯⋯⋯⋯⋯⋯⋯⋯⋯⋯⋯⋯⋯⋯⋯⋯⋯⋯⋯⋯220

　汉代墓群 ⋯⋯⋯⋯⋯⋯⋯⋯⋯⋯⋯⋯⋯⋯⋯⋯⋯⋯⋯⋯⋯220

　清代墓葬 ⋯⋯⋯⋯⋯⋯⋯⋯⋯⋯⋯⋯⋯⋯⋯⋯⋯⋯⋯⋯⋯222

古 建 ⋯⋯⋯⋯⋯⋯⋯⋯⋯⋯⋯⋯⋯⋯⋯⋯⋯⋯⋯⋯⋯⋯⋯⋯225

　明前长城 ⋯⋯⋯⋯⋯⋯⋯⋯⋯⋯⋯⋯⋯⋯⋯⋯⋯⋯⋯⋯⋯225

　明代长城 ⋯⋯⋯⋯⋯⋯⋯⋯⋯⋯⋯⋯⋯⋯⋯⋯⋯⋯⋯⋯⋯228

古 树 ⋯⋯⋯⋯⋯⋯⋯⋯⋯⋯⋯⋯⋯⋯⋯⋯⋯⋯⋯⋯⋯⋯⋯⋯234

　柏　树 ⋯⋯⋯⋯⋯⋯⋯⋯⋯⋯⋯⋯⋯⋯⋯⋯⋯⋯⋯⋯⋯⋯234

　槐　树 ⋯⋯⋯⋯⋯⋯⋯⋯⋯⋯⋯⋯⋯⋯⋯⋯⋯⋯⋯⋯⋯⋯237

　松　树 ⋯⋯⋯⋯⋯⋯⋯⋯⋯⋯⋯⋯⋯⋯⋯⋯⋯⋯⋯⋯⋯⋯239

碑 刻 ⋯⋯⋯⋯⋯⋯⋯⋯⋯⋯⋯⋯⋯⋯⋯⋯⋯⋯⋯⋯⋯⋯⋯⋯241

　明代碑刻 ⋯⋯⋯⋯⋯⋯⋯⋯⋯⋯⋯⋯⋯⋯⋯⋯⋯⋯⋯⋯⋯241

　清代碑刻 ⋯⋯⋯⋯⋯⋯⋯⋯⋯⋯⋯⋯⋯⋯⋯⋯⋯⋯⋯⋯⋯259

　其他碑刻 ⋯⋯⋯⋯⋯⋯⋯⋯⋯⋯⋯⋯⋯⋯⋯⋯⋯⋯⋯⋯⋯269

文 物 ⋯⋯⋯⋯⋯⋯⋯⋯⋯⋯⋯⋯⋯⋯⋯⋯⋯⋯⋯⋯⋯⋯⋯⋯274

　不可移动文物 ⋯⋯⋯⋯⋯⋯⋯⋯⋯⋯⋯⋯⋯⋯⋯⋯⋯⋯⋯274

　可移动文物 ⋯⋯⋯⋯⋯⋯⋯⋯⋯⋯⋯⋯⋯⋯⋯⋯⋯⋯⋯⋯276

战 事 ⋯⋯⋯⋯⋯⋯⋯⋯⋯⋯⋯⋯⋯⋯⋯⋯⋯⋯⋯⋯⋯⋯⋯⋯289

　抗日活动 ⋯⋯⋯⋯⋯⋯⋯⋯⋯⋯⋯⋯⋯⋯⋯⋯⋯⋯⋯⋯⋯289

　日军暴行 ⋯⋯⋯⋯⋯⋯⋯⋯⋯⋯⋯⋯⋯⋯⋯⋯⋯⋯⋯⋯⋯369

歌　谣···376

　为抗日洒热血···376

　一齐打日本···377

　挖壕歌···378

　儿童团战歌···380

　八路军打仗为老乡·····································380

　打甘营、望马台·······································381

　打平谷城歌···382

　民兵破坏汽车路·······································383

　打鬼子队长山口·······································384

　妈妈娘你好糊涂·······································385

　霸王鞭歌···386

传　说···388

　广成街的传说···388

　鸡鸣谷的传说···389

　蝎子山的传说···391

　药王的传说···392

　龟山的传说···394

　萧太后的传说···396

　神仙洞的传说···397

　独乐河和西沥津·······································398

辑　录 ···400

　西汉平谷故城试说 ···400

　为了新中国而南下的平谷干部工作团 ······················405

参考文献 ···439

后　记 ··443

沿 革

山东庄镇，因镇政府驻地山东庄村而得名（图1），位于平谷区中部。山东庄镇东与南独乐河镇相邻，南与夏各庄镇接壤，西及西南与王辛庄镇、兴谷街道毗连，北与熊儿寨乡相接。

图1　山东庄乡人民政府（应摄于20世纪80年代末）

历史上，镇域由平谷和密云两县管辖。

清康熙六年（1667年）《平谷县志》"地理志·乡社"记载：全县分为8个社屯，分别为辛寨社，在县西北；鹿角社，在县西南；独乐社，在县东北；坊廓社，在城；泰务屯，在县东；日勤社，在县北；负廓社，在县北；广成屯，在县北。志书同时记载了全县69个村庄的名字。

现在，一般认为平谷明代开始修志，只是明志还没有发现。清康熙六年（1667年）《平谷县志》为目前现存最早的县志。康熙志所记载的这些村庄，应为明代时就已存在的村庄了。这里有：东胡家务，十里。宋家庄，十里。北管村，十二里。和其他一些村庄一起，"以上俱在县北

图 2 清康熙六年
(1667 年)《平谷县志》"地
理志·乡社·村庄"记载
的山东庄镇地区的部分
村庄

境"。桥头营，六里。南历西庄，十里。北历西庄，十里。山东庄，十五里。还有其他一些村庄，"以上俱在县东北境"（图2）。雍正六年（1728 年）和乾隆四十二年（1777 年）县志"地理志·乡社"及"村庄"所记，与此没有变化。也就是说，志书所记的这些村，明时已经成村了，大致应在广成屯及独乐社内。

这里所写的"东胡家务"，应该是今天的北屯。"宋家庄"，今天没有这个村。经调查，在北屯东南、大北关西南、杜辛庄东北交界的地方，有个宋家庄，后并到东胡家务了。现在，北屯村东南部那片几乎都姓宋，应该是宋家庄由原来的地方迁到这儿了。"北管村"，应该就是今天的大、小北关。"城廓屯社图"所记，有"大北管村""小北管村"。那时或是一个行政村，就叫北管村。"南历西庄""北历西庄"，应该是后来的"东沥津庄""西沥津庄"。看今天的区地图，大坎、东洼、北寺组成东沥津的3个村，大的方位确实在西沥津北边，两村以南北相称是不错的。

清光绪八年（1882 年）《密云县志》"卷二之八·舆地·村庄"记载：东南，"鱼子山，至县一百二十里平谷县界"。也就是说，鱼子山村过去一直是属于密云县所辖的。

清末民初，实行所谓"自治"。民国九年（1920 年）《平谷县志》"卷一·新政志·自治"记载："清末以来，民智渐盛。为政之道，因时而异。于是，公庶政于庶民，国会、省会而外，而县有所谓议事、参事会焉。辅官治以民治，而地方有所谓自治区董焉。"县里设"县议事会"，"地方分区自治"，设5个区。"卷一·地理志·乡社"的"村庄"后"按语"："更就现定自治区所隶村庄暨距城里数，详细位列如左。"其中，第五区，东胡家务，十里。大北关庄，十二里。小北关庄，十二里。山东庄，十五里。桥头营，六里。东沥津庄，八里。西沥津庄，八里。北寺庄，十里。李辛庄，十一里。

看来到民国时，已不称"北管村"，而改为"大北关庄""小北关庄"，且分为两个村了。县志前面所绘"平谷县地图"，在"大北关庄"与"东胡家务"之间，有个"屯里庄"，看其位置，应该就是上面的"宋家庄"了。北屯老人记得，过去称北屯又叫"屯喽（lou）"。"屯喽（lou）"其实就是屯里之意，或是叫白了。抗战时期东胡家务化名"北屯"或由此而来，且叫到了今天。志书出现了"北寺庄""李辛庄"，而志前地图李辛庄则标示为"北辛庄"，是否意味着"李辛庄""北辛庄"两个名字同时都用呢？另外，地图上也只写作"沥津庄"，并未像志书中所记的东西两庄。

民国二十三年（1934年）《平谷县志》"卷一·地理志·市乡"记载："至有清末叶，举办自治，全县划分东一、东二、北、西、南、中为六区。民国五年（1916年），改并为五区。至十七年（1928年），又并为三区。此里区之变迁也。""卷二下·经政志·自治"记载"现时区镇乡村"，"第一区，区公所城内"，"第二区，区公所南独乐河"，"第三区，区公所山东庄"。所分三个区，一区26个乡，二区21个乡，三区30个乡，共77个乡，实际上相当于一个行政村一个乡了。"卷一·地理志·市乡"记载："第三区，位县之西、北境，所属共三十乡。"其中，第一乡，沥津庄。第四乡，山东庄。第五乡，小北关。第六乡，大北关。第七乡，东胡家务。第二十四乡，桥头营。第二十五乡，李辛庄。这里已有现在的7个村庄名字，而上面记述的"北寺庄"不知为何没有。看志前所绘"平谷全县地图"，李辛庄标示为"北辛庄"，"北辛庄"下面写着"北寺"，"北寺"下面写着"沥津庄"。"沥津庄"右边挨着写着"大楷"，或是今天的"大坎"了。

民国三年（1914年）《密云县志》"卷二之三·舆地·村庄"记载：东南，"鱼子山，至县一百二十里，平谷县界"。所记没有变化。

抗日战争开始后，在中国共产党领导下，随着八路军四纵挺进冀东，冀东西部抗日根据地的开辟，先是1938年7月八路军四纵打下平谷县城，建立平谷县抗日民主政府。随之于1940年4月建立蓟（县）平（谷）密（云）联合县，在鱼子山设立西北办事处，山东庄地区应为西北办事处所属一部分。1940年11月，随着根据地的扩大，将蓟平密联合县扩建为两个联合县，南部以盘山前为中心，建立蓟（县）宝（坻）三（河）联合县；北部撤销西北办事处，以鱼子山为中心，建立平（谷）密（云）兴（隆）联合县，下设四个区，一区大致在平谷城西及北山，二区大致在平谷城东及北山，三区大致在密云县塘子川以北至曹家路一带山区及兴隆县大、小黄崖等地区。1941年春，开辟了顺义二十里长山一带地区，建为第四区，通称"老四区"。山东庄地区，主要应在二区范围内。1942年11月，将平（谷）密（云）兴（隆）联合县改为平（谷）三（河）密（云）联合县，将原属蓟（县）宝（坻）三（河）联合县的三河一部分划入，下设4个区，山东庄地区依然属于二区范围内。1943年7月，随着抗日根据地的巩固和扩大，为适应抗日斗争形势发展，冀热边特委做出"县划小，区划大"的决定，将平三密联合县划为两个联合县，北部原平三密联合县三区连同滦承兴办事处所辖大小黄崖区域，划为承（德）兴（隆）密（云）联合县，南部为平（谷）三（河）蓟（县）联合县（通称老平三蓟联合县），将原蓟（县）宝（坻）三（河）联合县盘山地区划入，下设10个区。1944年7月，抗战形势发展很快，恢复了1942年被日军"蚕食"的基本区，西部开辟到潮白河流域，西南开辟到通县、香河一带。这时，平三蓟联合县一分为三，西部二十里长山一带扩建为三（河）通（县）顺（义）联合县，西南部九、十区扩建为三（河）通（县）香（河）联合县，东部一、二、三、六等区仍为平三蓟联合县（通称新平三蓟联合县），直至抗日战争胜利，下设10个区。这时山东庄地区仍在二区范围内。1945年8月至1946年3月，沿用平三蓟联合县建制，下设11个区，山东庄地区仍属于二区。

1946年3月，取消平三蓟联合县建制，恢复平谷县单一建制。这时，从蓟县划入14个行政村，从密云县划入12个行政村，从怀柔县划入18个行政村，从三河县划入86个行政村。其中，从密云县划入的12个行政村中，有桃棚和鱼子山。这时，全县划为7个区，辖227个行政村。第一区（城关区），区公所驻地县城，辖34个村。第二区（南独乐河区），区公所驻地南独乐河，辖28个村。第三区（靠山集区），区公所驻地靠山集，辖30个村。第四区（大华山区），区公所驻地大华山，辖28个村。第五区（峪口区），区公所驻地峪口，辖36个村。第六区（南北定福区），区公所驻地马昌营，辖33个村。第七区（马坊区），区公所驻地马坊，辖38个村。今山东庄镇所辖村庄，应在第一区和第二区内。

1946年9月，国民党军占领平谷县城，将全县分为放光、东高村、南独乐河3个区和西胡家务、放光、岳各庄、东高村、山东庄、安固、纸寨、夏各庄8个大编乡。区、乡公所都设在县城，其中有山东庄乡。1947年6月，驻县城的国民党军逃往三河，这些区乡随之不复存在。

1950年5月，从密云县划入35个行政村。全县共辖259个行政村，将原7个区合并为5个区。其中第一区（城关区），政府驻地城关，辖56个行政村，今山东庄地区的村庄主要在一区范围内。主要有：桥头营、东沥津、西沥津、北辛庄（今李辛庄）、桃棚、鱼子山、山东庄、大北关、小北关、北屯，共10个村。

1953年6月，建立乡政权，全县划分为6个区，80个乡（镇），辖行政村264个。而城关区，政府驻地城关镇，辖18个乡，1个镇，62个行政村。其中，有山东庄乡、桥头营乡、鱼子山乡、大北关乡及张辛庄乡。山东庄地区的村庄，应该在这5个乡内。

1956年7月，撤销区级建制，将79个乡镇并为34个乡镇，辖271个行政村。其中，今山东庄地区的村庄，主要应在大北关乡等乡内。

1958年1月，将34个乡镇合并为18个乡，即城关乡、张各庄乡、中胡家务乡、大兴庄乡、马昌营乡、门楼庄乡、马坊乡、峪口乡、刘家店乡、大华山乡、南独乐河乡、峨嵋山乡、黄松峪乡、靠山集乡、熊儿寨乡、镇罗营乡、关上乡、乐政务乡。这时，山东庄地区的村庄，主要应在中胡家务乡等乡内。6月，又将峨嵋山乡、中胡家务乡并为北屯乡；将关上乡并入镇罗营乡。全县辖16个乡。这时，山东庄地区的村庄，主要应在北屯乡等乡内。

1958年9月，撤销乡建制，建立5个人民公社，即城关人民公社、马坊人民公社、峪口人民公社、韩庄人民公社、大华山人民公社。公社下设21个管理区、258个大队，辖274个行政村。城关人民公社辖城关、张各庄、山东庄、王辛庄、东高村5个管理区、61个大队。山东庄地区的村庄，主要应在城关人民公社所辖山东庄管理区内。

根据北寺、大坎村人所述，应在1958年东沥津村分为大坎、东洼、北寺3个行政村。

1961年6月，撤销管理区，将5个人民公社划为21个人民公社，辖269个大队。今山东庄地区主要在山东庄人民公社内。山东庄人民公社，下辖13个大队：桥头营、西沥津、大坎、东洼、北寺、北辛庄（今李辛庄）、北屯、小北关、大北关、山东庄、鱼子山、桃棚、白浅。

1963年，白浅由山东庄公社划归王辛庄公社。

1984年4月，全县人民公社改为乡，大队改为村。这时山东庄人民公社改为山东庄乡，各大队改为村委会。

1990年3月，山东庄乡改为山东庄镇（图3）至今。

现在，全镇辖有桥头营、西沥津、大坎、东洼、北寺、李辛庄、北屯、小北关、大北关、山东庄、鱼子山、桃棚12个行政村及1个社区棠韵家园小区（图4）。

图3　山东庄镇人民政府（摄于2014年4月）

总之，至2021年底，山东庄镇共8400多户（含非农业），1.85万多人。全镇依托红色资源优势，深入推进红谷建设，注重绿色发展，农文旅融合，推动乡村振兴，绘就全域发展新格局。

图4　山东庄镇棠韵家园（摄于2023年10月）

轩辕文化

山东庄地区有轩辕台，即黄帝陵，明代以来，典籍文献多有记载。且在山东庄村西庙山上又有轩辕庙，民间亦有相关传说。故予以专题记述，以供研究。

平谷轩辕台及轩辕庙

所谓"轩辕台"，又称轩辕陵，其实就是黄帝陵。明代蒋一葵在《长安客话》里，题目直接就写"黄帝陵"。其他从明代至民国与平谷有关的典籍文献中，几乎都有轩辕台及轩辕陵或黄帝陵的记述。因此，平谷轩辕台及轩辕庙，就是黄帝的陵寝和祭祀黄帝的庙宇。

黄帝，我国远古时期部落联盟首领，本姓公孙，为少典之子。因出生于轩辕（今河南新郑西北），故号称轩辕。而长于姬水，便以姬为姓。又建国有熊（今河南新郑），亦称有熊氏。因其有土德之瑞，故称黄帝。黄帝大约生活于距今5000年前，相传率领氏族部落，伐炎帝，战蚩尤，统一各部族，建都于河北涿鹿。黄帝创造文字，始制衣冠，制造舟车，培育蚕桑，发明指南车，定算术，制音律，创医学等，而彪炳千秋，被尊为中华民族"人文始祖"。

当然，茫茫历史远不是这么简单。比如，黄帝以前有神农氏，神农氏之前有伏羲氏、燧人氏等。《庄子》书中列举了12位古帝王，容成氏、大庭氏、伯皇氏、中央氏、栗陆氏、骊畜氏、轩辕氏、赫胥氏、尊卢氏、祝融氏、伏羲氏、神农氏。而《管子》书中也列有12位古帝王名字，与此则不完全相同。无论如何，在那个时代，民结绳而用之，处于原始社会时期。《史记》"五帝本纪"列有远古的5位部落首领，为黄帝、颛顼、帝喾、尧、舜，称为"五帝"，且以"黄帝"开篇，中华民族的文明史即由此写起。

常说的"三皇五帝"，是原始社会中后期出现的部落首领或部落联盟首领，为中华民族的发展与进步做出了重要贡献。"三皇"呢，司马迁没有说。我们现在一般指燧人氏、伏羲氏、神农氏。而在道教庙宇祭祀中，又指"天皇""地皇""人皇"，即伏羲、神农、黄帝。所以，《三字经》写道："自羲农，至黄帝。号三皇，居上世。"供奉三皇的庙宇，平谷地区历史上有3座，即山东庄轩辕庙、金海湖镇黑水湾村三皇庙和刘家店镇丫髻山三皇殿。这三座庙祭祀的都是这"三皇"，民间老百姓称为"三皇之氏"。作为"三皇五帝"这个时代，一般称其为"上古时代""远古时代"或"神话时代"。

司马迁《史记》以及《竹书纪年》等诸多典籍，都以黄帝作为历史开端，应该是黄帝开创了一个新的时代所致。而这个新的时代，即是有以文字记载等的文明的时代，脱离了穴居野处、茹毛饮血的蛮荒时代。当然，这个时代也应该是在以前悠久漫长的远古洪荒的基础上发展而来，而不会凭空产生。黄帝时代，大致处于新石器时代的仰韶文化晚期。仰韶文化，是距今约7000—5000年我国新石器时代的一种彩陶文化，因1921年首次在河南省三门峡市渑池县仰韶村发现而得名。仰韶文化主要分布于黄河中下游一带，以陕西、山西、河南三省为核心的中原地区为中心，东至河北中部，南达汉水中上游，西及甘肃洮河流域，北抵内蒙古河套地区。

相传黄帝在位和生活的时间很长，有说"在位百年而崩，年百十一岁"者，有"言寿三百年"者，等等。之所以如此，恰说明黄帝对华夏部落，也就是对后世影响的深远了。如有人问孔子：黄帝何以三百年？孔子答：黄帝"生而民得利百年，死而民畏其神百年，亡而民用其教百年，故曰三百年"，即是其意。无论黄帝在位和生活的时间多长，最终也要去世，所谓"在位百年而崩"，所谓"成龙升天"，即指此。去世后就要有安葬之地，黄帝陵冢或黄帝纪念地在全国有多处。如《史记》"五帝本纪"记载："黄帝崩，葬桥山。"唐初魏王李泰主撰《括地志》记载："黄帝陵，在宁州罗川县八十里子午山。"就说桥山之名，亦有多处，这也是事实。至于桥山黄陵，《史记》记载：汉武帝"北巡朔方"，"还，祭黄帝冢桥山。上曰：'吾闻黄帝不死，今有冢，何也？'或对曰：'黄帝已仙上天，群臣葬其衣冠'"。也就是说，桥山黄帝陵为衣冠冢。当然，陕西黄陵县黄帝陵，其建筑、碑刻不说，就说那古柏，竟达81600多棵，尤其那棵"黄帝手植柏"（图5），需要几个人才能搂抱过来，可见其粗大。作者记得曾在韩牧苹老副县长的书架上，看到一本老人家从陕西黄帝陵带回的《黄帝陵》的书，这应该是20世纪七八十

图5　陕西省黄陵县黄帝陵黄帝手植柏（摄于2009年7月）

年代出版的了。这本书中除主要记述陕西黄帝陵外，另外还简略记有全国其他4处黄帝陵，其中包括平谷。之所以黄帝陵冢或黄帝纪念地在全国有多处，究其主要原因，或是黄帝早已被尊奉为中华民族共同始祖之故。因此，华夏儿女无论在哪里，也是有祖共祭。从这个角度看，我们这里有祭祀黄帝的庙宇和陵寝，亦实属正常。

今人对平谷轩辕台及轩辕庙的研究与认识，也有一个过程。就目前掌握的资料看，比较早着手研究的，应该是财政局干部赵士信。20世纪80年代末，赵士信写了《黄陵辨》随笔，发表在文化馆所办的《平谷文艺》小报上。此文由陕西黄陵及其他黄帝墓地等谈到平谷黄陵，最后引用《天府广记》"黄帝都冀，故其陵在冀境内"语，而得出结论：平谷渔子山陵，岂非正身主墓耶！

1992年下半年，原副县长韩牧苹撰《平谷县的轩辕黄帝陵》一文，是"近来看了赵士信同志《黄陵辨》一文"，受到"启发"，而撰文研究，且搜集相关文献资料。并到实地访谈踏察，山东庄村老人"记得都很清楚，并说黄帝墓在村西北墓陵山山顶上"。"一个直径两丈多，深有四五尺的墓穴"，说"这就是轩辕坟，因多次被盗，只剩下这一座废墟了"。韩先生还手绘一幅"示意图"（图6），当是为修复参考。图上所绘

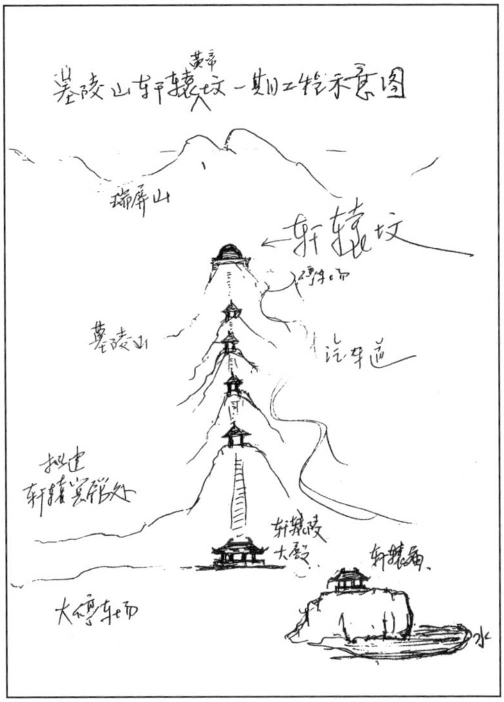

图6　韩牧苹先生手绘墓陵山轩辕黄帝坟一期工程示意图（当绘于1992年下半年）

"轩辕坟"，在从南面的轩辕庙的那座小山往北数的第六座山头上。后有人整理资料记述，"黄陵因已被多次盗挖，清理后，仅显露直径4米余的墓穴，墓穴底部有一巨石，显然为人所置。据分析，该石可能是一种原始象征物"。

这里谈及的"清理"，应该是在文物部门清理发掘轩辕庙遗址的同时，村里人自行也把山上的"墓穴"挖了，确实挖出一块大石头。对于这座"墓穴"及清理出的大石头，当时作者上去看了。作者当时在文物局任副局长分管文物，见过不少大小墓葬，回忆当时所见的情形，似乎并不像其他墓葬那样，或有夯土、墓道，或有墓主骨骸以及随葬物品等。那些土似乎是生土，那块大石头似乎是天然的山石，这是作者直观真实的记忆印象。

1992年11月6日，县文化文物局邀请市文物研究所所长齐心、副所长赵福生、市社科院历史所副所长尹钧科、中科院历史所研究员王宇信及中国历史博物馆考古部副研究员李先登，来山东庄考察论证，认为平谷的轩辕黄帝陵有历史文献佐证，有历史遗迹根据，有平谷丰富的史前考古发现为背景，是可信的。当时作者是县委党史办副主任，参加了这次考察。回来后，作者写了一篇小稿，寄给了《北京日报》副刊编辑张宏。张宏是著名诗人张志民之子，那时作者的散文作品多经其手刊发。张宏接到稿子，即进行了编辑，于11月12日在《北京日报》头版中下部刊出（图7）。

专家学者实地考察确认
平谷轩辕陵是黄帝陵

本报讯 日前，北京市文物研究所与平谷县文化文物局组织中国社科院、历史博物馆、北京历史所等单位的专家学者，到平谷县山东庄村实地考察这个村西的轩辕陵，并确认这座轩辕陵即是中华民族始祖黄帝之陵。

据专家介绍，《大明一统志》《大清一统志》《长安客话》《帝京景物略》《天府广记》《畿辅志》《日下旧闻考》《光绪顺天府志》以及《平谷县志》等古籍中都有关于平谷山东庄轩辕陵的记载。山东庄轩辕陵在京郊平谷县东北十余里处，燕山余脉如巨龙横卧，陵墓依山而建，南面平原广阔，山有九沟，夏日九股山水齐聚涮河而过，可谓山环水绕之胜地，据悉，当地有关部门已准备修复轩辕陵和轩辕庙。届时，海内外炎黄子孙可在京郊凭吊中华民族的黄帝始祖了。 （柴福善）

图7 1992年11月12日《北京日报》头版刊发作者所写专家考察轩辕陵报道（摄于轩辕庙东配殿展板，2017年5月）

对这件事，现在看来，作者当时还是年轻，没有政治意识，就觉得这件事应该写就写了，当作普通的一篇小稿来写的，写了就寄给了编辑。事情原本就这么简单。谁知就这区区300字的小稿，引发了意想不到的反响。据说当天的中央人民广播电台午间半小时节目就播出了，陆续好多报纸、刊物，包括香港的报纸，都转载了。有些报刊相继约作者写文章，如团中央办的《中华儿女》（海外版）刊发了《黄帝陵寝今何在》的较长文章。11月25日，县政府在山东庄村召开有10多个有关部门参加的重建黄陵工作协调筹备会，常务副县长刘宝善主持。实际上，是成立了领导小组，刘宝善任组长。这个会作者是参加了的。11月28日，中华炎黄文化研究会常务副会长李宝光一行考察轩辕庙遗址。

1993年4月，市文研所和县文物所一起，对轩辕庙遗址考古发掘（图8），不仅有明清庙址，而且发现辽金时期数量较多的兽面瓦当（图9）、布纹大板瓦、脊兽、白磁盘、碗、铁

图8　山东庄轩辕庙遗址发掘现场

图9　山东庄轩辕庙遗址出土的辽金兽面瓦当（燕龙生摄影）

箭头及数枚宋代铜钱；汉代时的一些饰绳纹的灰板瓦残片、夹蚌壳粉的绳纹红陶片和一个铜箭头。市文研所发掘简报写道："可以确认早在二千年前的汉代，庙山之上已经有了用板瓦铺顶殿堂一类的建筑了。从出土的制作精致的兽面瓦当、脊兽和沟纹砖等建筑材料分析，到

了辽金时期，山上的建筑规模有所增加。结合周边地区的考古发现和有关文献记载，推测这一时期的建筑应是作为祭祀轩辕黄帝的庙宇建筑。"这即是推测说，辽金已有轩辕庙，汉代已有殿堂类建筑，但未确定是否一定为轩辕庙。

1993年5月22日，我国著名考古学家苏秉琦老先生来看了这些出土的陶片后，认为"平谷轩辕庙的年代不限于汉，可早至战国"。其依据当是夹蚌壳粉的绳纹红陶片。

1994年对轩辕庙进行复建且建成，整体由时任县政协文史委主任燕龙生设计。燕主任学过美术，曾在文物所工作过，后任文化文物局副局长。所设计的轩辕庙，仿汉代建筑风格，这应该与庙址出现的汉代板瓦有关。邀请天津蓟县泥塑家于庆成，塑造三皇坐像。12月28日，举行轩辕庙落成典礼（图10）。

图10　县政协文史委主任燕龙生在轩辕庙落成典礼上讲话（摄于1994年12月28日）

2003年12月，县旅游局邀请在京18位专家，在教工休养院举行"北京市平谷轩辕黄帝陵专家论证会"。

2005年8月25日至28日，中国殷商文化学会在金海湖金海宾馆举行"平谷与华夏文明学术研讨会"，其中平谷黄帝陵是其主要研讨课题之一。作者上面谈的部分内容，就吸纳了研讨会的一些资料。

这是近二三十年来，关于轩辕台、轩辕庙认识研究的主要情况，如实地一并客观记此，以供人们研究。

山东庄流传一些关于黄帝或黄帝陵及周边山川风物的传说，这也是对轩辕陵及轩辕庙研究及认识的一部分。如《广成街的传说》，刘守仁老人说，就在慈福寺那通写着山东庄建庄的碑上，其中有枣林庄，也就是广成老街。

蓟州城北五六里处，有座崆峒山，山上有个崆峒洞，洞内隐居着广成子。广成子年长黄帝20有余，文韬武略，知天文，晓地理，预测阴阳。他常年采集深山仙花野果充饥，不食人间烟火。黄帝久闻其大名，便向其问道。

一日，广成子与黄帝来到渔山脚下，见一片枣林，林旁有四五十户人家，村南一片平川，土地肥沃，五谷丰茂。村北一片山坡，树木干枯，杂草丛生，黑雾滚滚。黄帝找来村民，村民告说这村叫枣林庄。广成子问："为何村南五谷丰茂，村北荒无人烟？"村民说："北山坡洞里住着一条黑龙，时常伤人，无人敢惹。"

广成子与黄帝听了以后，觉得黑龙实在可恶。于是二人来到黑龙洞东边的山坡上，观察黑龙动静。这时，只见那边黑云密布，黑龙突然凶猛地窜出，奔着广成子和黄帝而来。

广成子见状，口念咒语，向黑龙洞方向一扬手掌，只听轰隆一声震响，黑龙洞崩裂，大火冲天。刹那间，黑龙被烧得焦头烂额，狼狈地向着西边逃去了。

大火烧了七天七夜，满山的石头都烧焦了，变成了红色。村民为纪念广成子和黄帝，枣林庄从此改名广成街，据说这就是山东庄以前最早形成的一条老街。

这些传说已列入市级"非遗"名录，刘守仁老人及文化馆干部胡永连等参与了整理。千百年口口相传下来的民间传说，其中人物、事件、地点等都是历史上实有其人、其事、其地的，也就是有一定历史真实性的，而不同于民间故事可以随意编纂虚构。这也是《民间文学概论》中的观点。所以，作者向来主张，对民间传说我们要做的工作是整理，而不是有影没影、无中生有地人为编纂。不然，后人往往就信以为真，甚至以此为据，会直接影响到对历史文化的研究与认识。

关于轩辕台、轩辕庙的事，并没有到此为止，中间发生了一件意想不到的事。作者说的《北京日报》发了那条消息后的强烈"反响"，是包括这些的。燕主任后来回忆："11月12日，《北京日报》在头版发了消息，《专家学者实地考察确认平谷轩辕陵是黄帝陵》。《人民日报》海外版对这条消息进行了转载。平谷黄陵像是插上了翅膀，飞向世界！"兴奋、喜悦之情溢于言表。时隔不久，张宏老师告诉作者，说陕西那边给报社写信了，并把复印件寄给了作者。信署名兰草，为原陕西黄陵县文化文物局副局长、文物管理所支部书记。燕主任后来回忆：这封信"对平谷黄帝陵横加指责，甚至加以'分裂中华民族'的罪名"。信不仅寄给了北京报社，一定也同时寄给了上面，随后县里得到消息，要求"不要宣传了，这是关系中华民族全局的事，要慎重对待"。所以说作者没有敏锐的政治意识，这篇消息的发表，既给此事带来了正面的反响，但也给此事带来了负面的影响。在此作者不过多评述，只以一个曾参与其间的亲历者的身份，如实讲述前后过程而已。

那么，平谷轩辕台、轩辕庙到底如何？平谷轩辕台，主要见于明代以后的典籍文献。

如明天顺五年（1461年）李贤等纂修的《大明一统志》卷一记载（图11）："鱼子山，在平谷县东北一十里，上有大冢，云轩辕黄帝陵也。

唐陈子昂诗'北登蓟丘望，求古轩辕台'，疑即谓此。山下有轩辕庙，见存。"看来，明初轩辕庙尚存，证明此庙应建于明代以前。

明万历时蒋一葵《长安客话》记载："世传黄帝陵在渔子山。今平谷县东北十五里，冈阜窿然，形如大冢，即渔子山也。其下旧有轩辕庙云。"明崇祯时刘侗、于奕正所撰《帝京景物略》"畿辅名迹·延祥观柏"记载："观东北十五里，冈窿然，如大冢，渔子山也。世传是轩辕陵，或呼之轩辕台也。旧有轩辕庙焉，今圮也。"

图11 《大明一统志》关于鱼子山的记载

明末清初孙承泽《天府广记》载："京东平谷县境内渔子山有大冢，俗称轩辕台，相传为黄帝陵。旧有庙，今圮。"至明末庙已毁，清初应该还未建，是以后又经重建的。

《光绪顺天府志》《日下旧闻考》等典籍均有类似记载。

之所以主要见于明代以后的典籍文献，或与平谷明代始编县志有关，即这些典籍文献所记，当源于《平谷县志》，只是记述有详略而已。

《平谷县志》起修于明代，可惜明志今已无存。区档案局所存最早为清康熙六年（1667年）县志，其"地理志·古迹·陵墓"记载："轩辕陵，俗传在县东北十五里渔子山下，今山上有轩辕庙。""地理志·坛庙"也记载："轩辕黄帝庙，在县北渔子山上。""地理志·山川"记载的第一个山即为"□子山"，空缺一字，接着仅有"在县□北十五里，形"的字

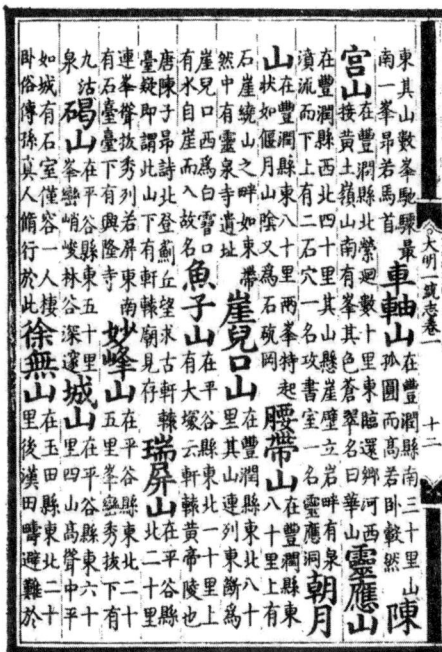

迹。所记当是渔子山，或为木板印刻不清所致。

清雍正六年（1728年）、乾隆四十二年（1777年）县志如上照录，"山川"处依然刻板不清。及至民国九年（1920年）县志，所记3处清晰完整，尤其"山川"下记载："渔子山，在东北十五里，形如大冢，上有轩辕庙。"

民国二十三年（1934年）县志随着体例愈加完备、内容愈加丰富，所记亦愈加翔实。"卷一·地理志·古迹"之"坛庙"与"陵墓"记载照录前志，而"名胜"再记："县治东北山东庄之西有山，岗阜隆然，形如大冢。相传为轩辕坟，然无实录可稽，真赝莫辨。上有轩辕庙，亦不知建自何代。庙内碑文引唐陈子昂《轩辕台》诗，……以证其处。又《礼乐》记载，封黄帝之后于蓟。以此，则所传非无因耳。"周初，也就是周武王封黄帝之后于蓟。编志者在"卷一"前面选印了几幅略呈蓝色的照片，其中一幅名为"渔山轩辕陵"（图12）。

图12　民国二十三年（1934年）《平谷县志》所刊"渔山轩辕陵"照片

民国二十三年（1934年）《平谷县志》前所收"渔山轩辕陵""兴善古刹""泃河晚渡"等10多幅照片，由谁拍摄？1990年10月平谷县政协文史委所编《平谷文史选辑（二）》，收录郝式利的文章《一个照相师的回忆》，其中写道：

民国年间，我家在平谷城里首创了照相、自行车、邮政等行业。

　　我们祖上是顺义沙岭人，最早来平谷的是我太爷。爷有三子，我父行三，原在北京白纸坊财政部印刷厂当职员。大约 1928 年，我 7 岁时，父亲带我从北京回到平谷。父亲用他从北京带回来的一架八寸外拍机，开起了大和堂照相馆。父亲在财政部印刷厂制色科多年，掌握了熟练的照相技术。那时，他不到 30 岁。

　　特别值得一提的是，父亲还专门拍摄过许多风景照片。他曾拍摄了丫髻山西顶（碧霞元君祠）、东顶（玉皇顶）和丫髻山全景，水峪寺（兴善寺）的龙王庙、大庙、千手千眼佛、卧佛，平谷城里魁星楼、县政府、近光书院，洙水的五爪松、安固的槐抱榆、山东庄的轩辕庙以及沟河晚渡、峨嵋耸翠等景致。还拍摄过许多名人字画，我见过《百马图》及陈孟陶画的《蜘蛛》。民国二十三年《平谷县志》中所有图片均为父亲所摄。这些风景片都是用八寸外拍机拍摄，影调清晰。

　　2014 年 8 月，作者就仁义胡同等事，曾访谈过 93 岁的郝式利（图 13）老人。郝式利在文中回忆到了父亲创办"大和堂照相馆"，尤其说到丫髻山及民国二十三年县志照片为其父所拍。郝式利前几年已经去世了，作者就照相馆等事请教县城郝家后人 62 岁郝增平，郝增平又问在世的 90 多岁姑姑，告诉作者："姑姑说了，不叫'大和堂照相馆'，应该叫'太和照相馆'，我爷爷叫郝国基，字安侯。"看来区档案局所存丫髻山、沟

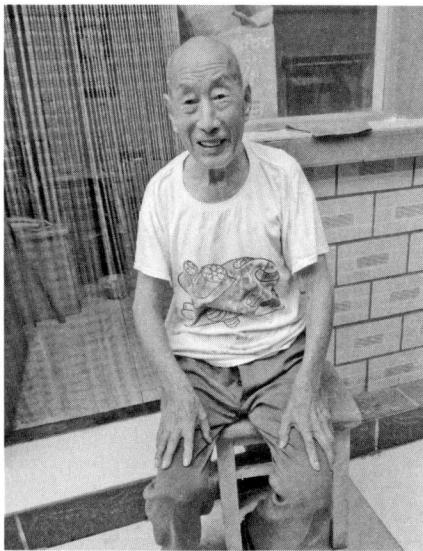

图 13　在仁义胡同居住的县城照相世家、93 岁的郝式利老人（摄于 2014 年 8 月）

水晚渡等早期照片，都是郝国基拍摄的了，而且是拍摄于20世纪30年代，甚至是30年代初期，因为县志刊印于1934年，之前这些照片已经拍摄了。

且看"渔山轩辕陵"照片中的山，应该是现存的庙山，山上的建筑应该是轩辕庙。其拍摄时间应在20世纪30年代初期，拍摄方位应在庙山西南。山前一片树林，作者拿着照片访谈山东庄几位老人，经仔细辨识，说这是一个财主家的树，是梨树，现在这里早盖上房了。燕主任在所编《平谷黄陵简介》资料时亦写道："旧时，山东庄大地主张国栋为保其'风水'，严令村庄不得动该山一木一石，客观上起了一定的保护作用。然自抗战后，庙宇倾废，近四十余年来，当地开始挖山不止，致使庙山东、西、北三面破坏严重，面目全非。"所写即是这座庙山，可作参照。且看照片下的说明文字：

轩辕陵：在平谷县城北十五里，岗阜隆然，形如大冢。相传为轩辕陵，上有轩辕庙。

又此山名渔山，县治在山之南，故平谷古名渔阳。

对于轩辕台，明、清典籍文献及县内之志均记作"岗阜隆然，形如大冢"。特别是县志一再记述："相传为轩辕陵，上有轩辕庙。又此山名渔山。""轩辕黄帝庙，在县北渔子山上。"就足以说明"冈阜隆然，形如大冢"，指的应该是庙山，古称渔山。就是说，所谓"岗阜隆然"，其实就是渔山，也就是现在说的庙山，是庙山"形如大冢"（图14）。今天看来依然如是，尽管因多年开山采石而被蚕食了。当然，所谓山如大冢，也不排除古人之以山为陵者，毕竟此事古已有之。

《史记》记载，黄帝统一中华民族后，"邑于涿鹿之阿"。而涿鹿紧邻北京门头沟，距平谷不过百余公里，平谷留下黄帝或黄帝后代活动遗迹，

图14 站在山东庄镇政府楼上，北望"岗阜隆然，形如大冢"的庙山及山上轩辕庙（摄于2023年9月）

实属正常。对于轩辕台或轩辕陵，只因时隔久远，已难以确证，以致明、清人笔下有疑虑，可也如实记述："引唐陈子昂《轩辕台》诗，……以证其处。又《礼乐》记载，封黄帝之后于蓟。以此，则所传非无因耳。"《礼记》所记武王"封黄帝之后于蓟"的"蓟"，指蓟国。就"蓟"字而言，为一种野草，俗称刺儿菜，或许当时那一带多有蓟草而得名，也未可知。这说明西周初期，黄帝族一支仍居处于北京地区。在2005年8月"平谷与华夏文明国际研讨会"上，中山大学商志醰教授撰有《古燕国采挹与轩辕黄帝抚事寻微》一文，在一番论证后写道："既然轩辕氏与轩氏、辕氏、辕丘氏同为黄帝世族之后代，而𢀎可释为轩辕氏，那𤰞亦可释作辕姓。在没有史书记载的佐证下，我推测这个辕氏之国可能散布在今天平谷县刘家河一带。"这个推测，或与1977年刘家河村东商代墓葬出土的那件鸟柱鱼盘上有鳖纹图案相关（图15）。国家博物馆考古专家李先登先生研究刘家河商墓青铜器时，也认为这个鳖纹图案或是族徽，是黄帝族一支轩辕

图15 南独乐河镇刘家河商墓出土器物之鸟柱鱼盘鳖纹图案拓本

氏，这里的方国为轩辕之国。果若此，无论是辕氏之国，抑或轩辕之国，两位先生的结论是一致的，这就是：有黄帝之后在此生活。那么，黄帝后人为祭祖方便，在此建造轩辕台或轩辕陵以及轩辕庙，也就顺理成章了。久而久之，时隔久远，真实的轩辕陵，甚至成为了一代代当地父老口中的传说。

典籍文献中，多次引用陈子昂《轩辕台》诗。陈子昂，唐代文学家。当年做幕僚随武攸宜北征契丹，来到幽州。因军事失利，而屡谏不用，曾作《蓟丘览古赠卢居士藏用》诗七首，以抒郁郁情怀。诗前撰有小序："丁酉岁，吾北征，出自蓟门，历览燕之旧都，其城池霸迹已芜没矣，乃慨然仰叹。忆昔乐生、邹子，群贤之游盛矣。因登蓟丘，作七诗以志之，寄终南卢居士，亦有轩辕遗迹也。""丁酉岁"，即武则天时万岁通天二年或神功元年（697年）。这里尤其要说明："蓟丘"，为古地名。明沈榜《宛署杂记》"古迹"记载："蓟丘，在县西德胜门外五里西北隅，即古蓟门也。旧有楼台并废，止存二土阜，旁多林木，翳郁苍翠，为京师八景之一，名曰'蓟门烟树'。"明蒋一葵《长安客话》"古蓟门"亦载："今都城德胜门外有土城关，相传是古蓟门遗址，亦曰蓟邱。"说法不尽相同。2008年7月科学出版社出版、国家文物局所编《中国文物地图集北京分册（下）》，记载宣武区"蓟城遗址"：广安门为中心·战国—魏晋，根据史料记载及古今研究成果，武王灭商之后，封黄帝之后于蓟，又封召公奭于燕。后燕强蓟弱，燕并蓟，并迁都于蓟。战国时，燕为"七雄"之一。战国之前的蓟城至今考古工作者未能有效证实，但战国至魏晋时的蓟城，结合文献及考古发现，大致在以广安门为中心，东至菜市口，南至白纸坊，西至白云观以西，北至头发胡同以南。这一区域内，曾发现有战国时期的陶片及战国至西汉时的陶井300余口。蓟城在唐代改称幽州，辽为南京。也就是说，蓟丘大致在今京城广安门一带，且竖有标志碑。而陈诗之"蓟丘"，作者以为应该是黄帝之后生活居住的蓟国所留下的遗迹。陈子昂览古诗与《登幽州台歌》应作于同时。幽州台，一般认为即蓟北楼、燕台，传说燕昭王为求贤所筑黄金台，甚至也有以为就是蓟丘者，故址在今北京市。所以，这些诗应作于北京地区无疑。

陈子昂览古七诗，包括《轩辕台》《燕昭王》《乐生》《燕太子》《田光先生》《邹子》《郭隗》。而《轩辕台》为第一首：

> 北登蓟丘望，求古轩辕台。
>
> 应龙已不见，牧马空黄埃。
>
> 尚想广成子，遗迹白云隈。

另外，顺便说一下，经常引用的"燕山雪花大如席，片片吹落轩辕台"的诗句，为李白《北风行》的两句。李白曾北游幽燕，此诗为北游时所作。当时一定是游历了燕山，且诗中写到了轩辕台。

至于轩辕庙，明、清典籍所记此庙或在山下，或在山上，或未言上下。即是编写这些典籍与县志有关，而县志主要记载县内之事，一般来说当更为准确。所以，民国二十三年（1934年）《平谷县志》所记"今山上有轩辕庙"，明确记述庙在山上，且辅以照片。访谈村里老人，老人述说轩辕庙在山东庄村西庙山上，坐北朝南，东西宽七八丈，南北长七八丈，南为山门，形如门楼。院内两棵槐树，门内西侧一通石碑，现碑座及残碑尚存（图16）。残碑上有"父老之传，疑此即其陵寝之地"语，不知重修碑是明代还是清代所立，但至少说明当地一直口口相传这里是黄帝"陵寝之地"了。正殿三间，殿内为泥塑坐像，中为轩辕黄帝（图17），东为伏羲，西为神农。村里人称伏羲为药圣，神农为药王。残

图16　山东庄村轩辕庙
重修碑额（燕龙生摄影）

图17　山东庄轩辕庙大殿内黄帝塑像（摄于2007
年3月）

碑上还有"三皇之祠"语，可见历史上轩辕庙供奉的就是三皇，即天皇、地皇、人皇。而这"三皇"通常就是指伏羲、神农、黄帝，故轩辕庙又称"三皇祠"。1941年，日军在庙内修造炮楼。1945年，日本投降后炮楼被拆

图18　山东庄轩辕庙庙门（摄于2007年3月）

毁。轩辕庙毁于20世纪50年代。1994年，在原址重建仿汉代风格的钟楼、鼓楼、山门（图18）、大殿（图19）、东西配殿等建筑，重塑伏羲、神农、黄帝像，并将东西配殿辟作陈列室。

在此，修正《平谷史话》初版轩辕台"就在庙北形如一道'龙脉'

图19 山东庄轩辕庙大殿（摄于2016年10月）

的一座山包上"之说，且以为尊重历史，实事求是，并不会影响、贬损典籍有记述、实地有遗迹的作为人文始祖黄帝纪念地之一的轩辕台、轩辕庙的存在。正如2005年8月平谷与华夏文明学术研讨会纪要所写："与会学者一致赞同平谷轩辕陵确实是历史上存在的一处黄帝子孙祭祖的遗址，应加以妥善保护和合理利用。有祖共祭，为海内外黄帝子孙慎终追远提供一处适宜的处所。"这是较为客观、公正的评价。

红色文化

山东庄地区具有重要的红色资源，著名的"铁北寨，铜南山，打不垮的鱼子山"的抗日堡垒村鱼子山就在镇内；平谷第一个党支部鱼子山党支部，就在桃棚村诞生。如今，在鱼子山大峡谷沟口建造了反映平谷及冀东西部艰苦卓绝的抗战历程的鱼子山抗日战争纪念馆，在桃棚建造了红谷党员教育基地。

鱼子山：抗日堡垒第一村

北京地区有三块抗日根据地，即平北、平西及冀东西部抗日根据地。冀东西部抗日根据地，以北京平谷、密云和天津蓟县（今称蓟州）、河北三河、兴隆等为主要地区。鱼子山村抗日活动，几乎贯穿冀东西部抗战始终，堪称平谷抗日堡垒第一村。

鱼子山村在平谷城东北约10公里处，坐落在一个曲折、狭长的山谷间，两侧山峰连绵，形成天然屏障，万里长城从北山上蜿蜒而过。这里原为明代镇守长城的鱼子山寨，后以此成村。寨四周建有山石垒砌的围墙，南北设门，今仅存南门楼。南门楼为一过街楼，下为拱券门，南北贯通，南侧上书"崇光门"三个楷体大字。上为单层楼屋，面阔一间，楼内过去供奉关公泥塑坐像。

早在 1938 年 7 月，八路军四纵挺进冀东（图 20），配合大暴动。四纵 34 大队先到鱼子山，争取平谷北山一带颇有影响的"联庄会"头目、村开明人士尉助峰支持抗日，并组建一支 30 多人的抗日游击

图 20　八路军挺进冀东

队。村里群众为部队送水、备干粮、做向导，参加了第一次解放平谷县城的战斗。60 年后，曾参加攻城战斗的老红军、小说和电影《金沙江畔》作者陈靖将军，重新走完长征路后，再回鱼子山，深情写下"统一战线擎天柱，难忘最是鱼子山"的诗句。

随着冀东暴动受挫，四纵西撤，八路军留下 3 个支队，其中第三支队主要活动于平密兴蓟山区，开辟抗日游击区，而平谷鱼子山、苏子峪、东长峪一带，就是经常活动之地。这时，鱼子山地主王世进等认为八路军大势已去，投靠日本侵略者，公开勾结峨嵋山、山东庄、北土门等村地主武装，在南门楼上竖起一面写着"守望相助"的白旗，祭旗誓师。抓捕两名游击队负责人，送平谷城领赏。砸毁三支队设在东长峪的卫生处，抢了牲口、枪支、粮食和药品。三支队政委赵立业率部从雾灵山赶来，冲进鱼子山，砍倒大旗，逮捕首恶分子，夺回被抢物资，收缴地主武装，震慑了这一带地主阶级反动气焰，打开平谷北山抗日局面。

1940 年初，冀东西部以盘山、鱼子山为基点，整编扩大部队，瓦解消灭土匪，建立党组织，建立政权。4 月，在盘山建立蓟（县）平（谷）密（云）联合县，下辖盘山直属区和西北办事处，后又建三河特别区。

西北办事处设在鱼子山一带，很快发展到5个分区，负责为部队征集粮款、鞋袜，平谷地区的抗日工作从此开展起来。

1940年以前，平谷地区没有党的基层组织，只有几个零星党员。1940年7月至年底，在北部山区和山边村庄发展平谷第一批党员，散布在鱼子山、桃棚、北土门、北寨、大段洼、白羊、井峪、太后、大峪子、小峪子、小北关、前北宫、后北宫、南水峪等村庄。9月，平谷第一个党支部鱼子山党支部在桃棚建立，桃棚当时为鱼子山一个自然村。现在，桃棚村为此建立展室等，打造成了红色教育基地。

图21 20世纪80年代焦若愚重回革命老区鱼子山

1940年11月，第十三专署专员焦若愚（图21）、军分区副司令员包森来西北办事处检查工作，发现少数干部有贪污、吸毒等问题，严重损害党和政府威信，立即整顿干部作风，逮捕贪污、吸毒以及有投敌迹象的分区区长王文兴、李少伯，发现他们棉衣里絮着很多伪中国联合准备银行票子（伪币），经审讯后处决。另一分区区长李春凤自知问题严重，闻风逃跑。随后，根据斗争形势发展需要，将蓟平密联合县扩建，南部为蓟（县）宝（坻）三（河）联合县，北部撤销西北办事处，建立平（谷）密（云）兴（隆）联合县。平密兴联合县李子光兼任县委书记。由于李子光等经常在鱼子山南门楼上研究工作，所以，当地又称该楼为"子光楼"。

至1941年夏，盘山、鱼子山形成巩固的抗日根据地。八路军十三团经常在平谷地区驻扎、整训，并在鱼子山建立卫生所、供给处及兵工厂，地方党政机关也常在这一带开展工作。因此，鱼子山成为日军的眼中钉、肉中刺，被划为"无人区"，实行野蛮的烧光、杀光、抢光的"三光"政策，疯狂"扫荡"。

1940年10月6日（农历九月初六）下午，从鱼子山口外西侧北坡邱台偷偷摸来十几个日军，沿着山梁向北走，发现山上有收秋的人，便向人们开枪。人们赶紧往山下跑，日军在后面追。追到卧峪碴根下，王福先、王所先哥儿俩和王景德及一个伙计4人正搭柿子仓，预备冬储柿子。日军过来就开枪打死3人，王所先当时没死，被日军用刺刀豁开肚子，肠子都流出来了。日军又跑到东坡老倌地，把20多家房子全烧了。1941年11月22日（农历十月初四）深夜，峨嵋山、胡庄据点200多个日伪军包围鱼子山，在山梁上架起机枪。次日凌晨，偷偷进村的鬼子枪响了，人们往山上跑，遭机枪扫射，60多人被残杀。1942年2月13日(农历腊月二十八)下午，30多个日军从土门来到北山口。村人得到消息，都跑到了山上。日军到处搜查，在西山沟发现巨友和王振铎，把他俩带到河滩上连踢带打，追问八路军和村人去哪了，两人不说。傍黑，日军押着两人到村南山神庙前，咋打咋问还是不说。日军小队长让他们跪下，两人不跪，说跪天跪地跪父母，不跪小鬼子，被强摁着跪下。小队长一刀把巨友砍死。又举刀砍王振铎脖子，王振铎倒在地上。日军走了，王振铎深夜苏醒，用手一摸，脖后大筋被砍断了，只好手托着脑袋爬到路边，后被家人抬回。人虽没死，却一直耷拉着脑袋，落下终身残疾。2月15日（农历正月初一），人们都以为前天日军来了，过年就不会来了。不想天刚亮，五六百个日伪军又围了庄，抓住30多个来不及跑的老人孩子，把郭福珍大伯、母亲，尹朝元老伴、尉春元老伴等7个六七十岁老人推进

图22　前寺这一地儿，不到3年鬼子就杀害村民24人（摄于20世纪80年代）

巨明山家菜窖，往里扔一大堆干柴火，7个老人被活活烧死。剩下的大人孩子，弄到坝沿上，用刀砍或刺刀挑死了。据编写鱼子山村志的王宝成调查，住前寺（香岚寺）的村人一出门就被鬼子抓住，圈到后山梁，用机枪射杀了。那天前寺死11人，仅尹家就死6人。前寺这一地儿，不到3年鬼子就杀害24人（图22）。

1964年所编村史《红旗漫卷鱼子山》写道："从1938年到1942年，日寇烧了鱼子山2000多间房，杀死了鱼子山180多口人，72个年轻妇女成了寡妇，郑凤鸣、王勤、尹毛兰、马云、李俊德、张金荣、王井峰、尹朝元等10户被杀绝。"

鱼子山人民没有屈服，在党的领导下，坚持斗争，配合八路军作战，掩护伤病员，站岗送信，保护军用物资。克服难以想象的困难，将山间生长多年、一两搂粗、三五丈高的大橡树砍了，为八路军兵工厂烧炭，制炸药，铸地雷、手榴弹，运送前线，打击敌人。近年，经常发现兵工厂遗留的地雷、手榴弹等。2018年11月，村民郑学东家在西墙外挖排水管沟，发现机枪、冲锋枪、手枪、机枪管等45件（图23）。原来八路军三支队修械所就设在郑家院内，郑家兄弟都是铁匠，全在修械所工作。

还有一个鲜为人知的故事：民兵王庆住村东行狼沟北坡下，1943年深冬的一

图23　鱼子山村村民郑学东家发现的抗战时所藏的武器（摄于2018年11月）

天，村干部领着4个八路军战士进来，身后拉着两头驮着东西的骡子。对王庆说："这是八路军的一批军饷，暂存你家，一个月以后有人来取。"递给他一张清单，卸下骡子就走了。王庆一看全是银圆，赶紧藏沟里北坡一个小山洞里，封好洞口，昼夜守护。一个月过去了，两个月过去了，转眼冬去春来，地里的倭瓜秧都长1尺高了，还没人来。王庆想不能再等了，打听到八路军在蓟县盘山打了胜仗，找两头骡子驮上银圆，上面盖着青草，连夜追到盘山，可八路军早走了。直至第三天，追到遵化北部大山里，才找到冀东军区所在地，李运昌司令员亲自接待。告诉他，4个战士半路遭遇鬼子全部牺牲，银圆一时下落不明。没想到王庆冒着生命危险，将银圆一块不少地送到这里！这样的事例不胜枚举。

可以说，鱼子山与盘山南北呼应，唇齿相依，逐步成为一块摧不垮、打不烂的抗日根据地，为创建冀热辽抗日根据地打下了坚实基础。当时流传一首歌谣"铁北寨，铜南山，打不垮的鱼子山"，又称"打不破的鱼子山"。北寨、南山村和鱼子山，是冀东西部地区3个著名的抗日堡垒

村，是平谷人民在艰苦卓绝的抗日战争中的代表和缩影。1984年5月，县里在鱼子山村竖立"革命精神永存"纪念碑，碑文由原中共平（谷）三（河）蓟（县）联合县县委书记李越之亲自撰写，记述了鱼子山抗日根据地为抗战胜利做出的巨大牺牲和贡献。1997年5月，北京市委宣传部、北京市文物局、平谷县人民政府，在鱼子山大峡谷沟口、鱼子山抗日战争纪念馆东侧，树立了鱼子山惨案遗址标志碑，记述了日军多次围剿鱼子山，制造了惨绝人寰的鱼子山惨案。

1996年，在鱼子山村北京东大峡谷口，建成鱼子山抗日战争纪念馆（图24），展出革命文物近百件，珍贵照片200余幅，以抗日斗争史实为线索，生动形象地展示了在中国共产党领导下，冀东西部平谷及周边地区人民抗日军民反压迫、反侵略、求解放的斗争历程。2000年，鱼子山抗日战争纪念馆被北京市人民政府和国防教育办公室命名为"北京市爱国主义教育基地"和"国防教育基地"，与鱼子山兵工厂等抗战遗址一起，成为革命传统教育的重要场所。

图24 鱼子山抗日战争纪念馆（摄于2023年9月）

桃棚：平谷第一个党支部诞生地

一、平谷地区建党和第一个党支部建立

随着盘山、鱼子山游击根据地的开辟，1940年4月15日，在盘山梁庄子建立了蓟（县）平（谷）密（云）联合县，下设3个区，一是以盘山为中心建立了盘山直属区，二是以鱼子山为中心建立了西北办事处。7月，在三河地区又建立了三河特别区。这标志着盘山、鱼子山抗日根据地的形成。

1940年9月，冀东西部地区建立西部地分委。到1940年底，以盘山、鱼子山为基点，北向兴隆、密云，西向顺义潮河边，南向蓟县、三河平原地区，根据地的开辟顺利开展。从山地到平原，若干小块游击区连成一片，形成统一的整体。由于根据地的扩大，1940年11月，蓟平密联合县扩建为两个联合县：南部为蓟（县）宝（坻）三（河）联合县；北部撤销西北办事处，建立平（谷）密（云）兴（隆）联合县。平密兴联合县下设3个区：一区在平谷城西，二区在平谷城东及北山，三区（即潮石区）在密云县塘子川以北至曹家路一带山区。

1940年底，冀东区党分委在蓟县盘山召开扩大会议，全面总结两年多来冀东坚持游击战争，特别是贯彻中共中央北方分局四月指示以来，冀东各项工作取得的成就及经验教训。会议就政权建设做出统一县区村组织、普遍建立村武装班长和办事员、统一脱产人员的待遇、建立财政经济制度等决定。此次会议称为"盘山会议"，是冀东根据地走向正规化建设的开始。

1941年春，党派朱筱轩、彭仲愚等深入二十里长山一带开辟革命地

区，相继建立了党组织。3月把这里建为平密兴联合县第四区，通称"老四区"，扩大了我军平原抗日活动的区域。

从1940年夏到1941年夏，冀东西部形成了一个巩固的抗日根据地，地方建党建政迅速开展起来。当初蓟平密联合县西北办事处，就设在鱼子山一带。

1940年6月中旬，中共北方局党校几十名受训干部返回冀东，路经盘山。冀东区党分委决定留下李越之、江东（朱光）、王慕林、林远（刘国忠）等同志，做开辟蓟县、平谷、密云等地区的工作。

1940年7月，中共蓟平密县委派来地方干部鲁小平（姜士栋）、王晓光等相互配合，开展群众工作。从此，平谷地区的抗日工作得以顺利开展起来。首先是利用保甲组织，经过教育改造，使其成为两面政权，日伪军来了表面上应付敌伪，更多的是为抗日做事。建起交通网、交通站，传递情报。这样的两面村庄很快发展到200多个。

就在7月，中共蓟平密联合县西北办事处（也称特区）区委成立。江东任书记，鲁小平任组织委员，林远任宣传委员。西北办事处发展到5个分区，一分区在城东泃河以南，二分区在城东泃河以北，三分区在上营以西，四分区在太后以北，五分区在北寨以北（包括白羊、罗家沟、土谷子一带）。每分区设分区长一人。负责给部队征集粮款、鞋袜，开展抗日工作。

区委建立后，立即开展地方建党工作。江东以鱼子山（包括桃棚）、黑豆峪、南山村、杜辛庄等村为基点，向城东发展；鲁小平以井峪、苏子峪、大峪子、后北宫等村为基点，向城西发展；林远以北寨、段洼、白羊、梨树沟、南水峪等村为基点向北部山区发展。

应该说，1940年以前，全县没有党的基层组织，只有零星党员。就在蓟平密联合县西北办事处区委建立后，便立即开展地方建党工作。在农村发展党员，建立农村基层支部，领导和发动群众进行抗日活动。

那时发展党员主要有两种方式，一种是区委用秘密的个别吸收的方法，直接接收新党员，一种是通过做政权、武装、群众工作的党员，在他们接触的群众中物色对象，推荐给区委，由区委讨论通过。或通过发展的新党员，同本村或邻村亲属朋友串联发展，由区委讨论批准。发展时，首先考察本人成分，以贫雇农为主要对象。经过几次谈话和考验，才发展入党。为适应当时的斗争环境，党组织都是秘密活动，要求党员做到"上不传父母，下不传妻子"，强调严格的纪律，防备党组织遭敌破坏。为了保守秘密，往往选在田间、地头、坝坎下、树林里等僻静处，进行谈话、开会。

江东晚年从工作岗位退下来后，专程来平谷。作者那时在县委党史办，参加了接待。记得江东个儿不高，有些胖，说话很随和（图25）。他住在盘峰宾馆，撰写了《平谷建党初期的历史概况》的文章，回顾了平谷地区发展党员、建立党组织的经过：

图25　20世纪80年代，江东（左一）重回革命老区，在鱼子山纪念碑前凭吊

平谷1940年夏开始建党，此前，尚无地方党的组织。

1940年4月中旬，冀东西部党的负责人李子光、王少奇、包森等遵照冀东区党分委召开的阁老湾会议精神，着手成立了以盘山为中心的中共蓟（县）平（谷）密（云）联合县委员会和相应的县政府。县下设置三个行政区和区委，一是盘山前的直属区，一是三河特别区，一是盘山后的面向平密的西北办事处和区委，办事处下设置五个行政分区。

六月十九日，成立中共西北办事处区委员会。自此，平谷又有了专职的地方党委，开始了建党工作。区委由三人组成，新从中共北方分局党校学习归来的江东任书记，刘国忠任宣传委员，原蓟县地下党员干部鲁小平（姜士栋）任组织委员。区委人员都是外来同志，人地生疏，而且一无机关，二无干事，三无钱粮。为了随时与敌人战斗，每人只有一支手枪。

建党的方针是十分明确的。主要是遵循党的密切联系群众路线这一优良传统，亲自深入到贫苦农民中间去，访贫问苦，做宣传工作。在生活上，走到哪里住到哪里，吃在哪里，群众吃糠咽菜，也跟着吃糠咽菜。后来，建立了财政制度，每人每月发两元津贴费，每饭付给房东几分菜金，吃粮开收据。当时，也可以由村公所招待，但为了保密，就避开村的办事人员，直接找发展对象谈心。谈话内容：一是从访贫问苦说起；二是讲解共产党的抗日主张；三是从抗日主张联系到将来为何必然进入共产主义社会等。

在地区发展层次上，先山区后平原。因为我们的先天条件（敌强我弱）决定了山区是根据地中心，为了巩固地建设山区根据地，不能不先从山区建党开始。

江东回忆，建党初期，除区委直接物色党员发展对象外，还借助老的社会关系，借助新发展的党员的亲属关系，借助做政权和群团工作的同志的关系，或由他们直接做发展工作，或由他们物色后转交区委发展。

例如在建鱼子山支部前，桃棚入党的王祥斋、王仿斋，就是老同志李子光早年从事地下工作时在北平结识的老社会关系。还有借助鱼子山新党员向平原亲属发展党员，很快于1941年春发展了平谷城附近的杜辛庄、马各庄两个支部10多名党员。借助亲属关系既容易保密，政治上也可靠。

经过一段时间，到1940年底，发展了第一批党员，分布在鱼子山（包括桃棚）、北寨、白羊、罗家沟、段洼、土门（包括长峪）、熊儿寨、肖家院（即太后）、井儿峪、后北宫、大小峪子、小北关、峨嵋山、上营、甘营、洙水、海子、南水峪等村，其中鱼子山、北寨、白羊、肖家院、甘营、海子等建立了支部，共计党员达50多名。能记得的党员有：鱼子山的王祥斋、王仿斋、尉锡元、王廷相、谢凤宽（似是谢恩宽），白羊的张德芳、刘义，段洼的胡春元，熊儿寨的石井（原名许树民），土门的郭××，肖家院的宋玉琢、宋玉山（亲兄弟俩，牛角峪人），后北宫的马以华（似是马玉华，人称马疯子），峨嵋山的任品卿（手工业织布工人），洙水的曹凯，海子的王成（王化廷），甘营的阎坤，北寨的王稳、李九如，南水峪的张金堂等。

1940年11月，西北办事处党政机构撤销，成立了中共平密兴联合县委员会和相应的县政府。县、区分别成立了游击队和基干队，各村普遍建立了青年抗日组织——青年报国会、村自卫军、村办事员制度等，党的抗日主张和各项政策更加深入人心，群众觉悟普遍提高。虽然敌人从3月起到年底连续进行了3次强化治安"大扫荡"，残酷烧杀，党的发展一度有所迟缓，但并未完全停止。到年底，又新建立了北埝头、大小峪子、马各庄、杜辛庄、张辛庄（东辛庄）、峨嵋山、刘家河、黑豆峪、峰台、龙家务、南山村等20多个支部，此时，加上前两批党员，前后共计有党员644名，党支部54个，党小组15个。这时新党员有经桃棚党员发展的杜辛庄李增、赵琪、赵亚光，马各庄的李怀清、陶吉、党××，经区委发展的北埝头王保华，龙家务的品一（孔繁一），大北关的张英楼（即张小辉、孟兆东），张辛庄的刘儒，峰台的王绍文、阎凤文（李玉文），刘家河的陈佑民、陈化民、陈祚民，黑豆峪的海金（陈舒联）、海山（谭维平），南山的李守中、杜景生，海子的刘竹音、王勇等。

这是江东的晚年回忆，这部分党员名单主要是经他手发展的。而鲁小平、刘国忠新发展的党员名字不算在内，江东一时回想不起来了。

江东回忆，随着党员激增，虽然思想、品德和政治素质一般都很好，但毕竟都是新党员，很少懂得党员和党的自身建设基本知识，诸如怎样做一个标准的党员，怎样领导支部工作，怎样开好支委会、小组会，怎样和为什么进行批评和自我批评等，尤其当时的党处于秘密时期，党员怎样领导公开的村政权、抗日组织，同时还要起模范作用，去带动群众，又不能专靠发号施令，还要大公无私、秉公办事等。这些，用现在的话来说，那是一系列的思想政治工作和组织工作。有鉴于此，县、区委决定集中一段时间和一定力量开办党的训练班，传授有关知识，对新党员进行培训提高。1941年4月起，首先选定一批村支部，以支部为单位，就地开办训练班，每期三五天，由区委上课。从6月开始，县委在罗家沟一带开办支委训练班，每期10天左右。由县委讲课，讲课的内容基本都是党员基本知识，当前政治形势报告，各项政策等。训练班的活动，或游动在隐蔽的山坡，或游动在树林里，一有敌情，立即转移。记得县委有一次训练班，因敌情紧张，曾3次转移，时间拖长好几天才办完。这样，1941年共办训练班达十几次，受训人员达150人。经过训练，不仅提高了思想政治水平和工作能力，还从中提拔了一批党员干部，充实到县、区机构里。从此，陆续产生了大批土生土长的本地党员干部。这对以后特别是坚持1942年的艰难残酷的斗争，起到了决定性的作用。

　　江东晚年回忆，当时确实发展了一大批政治品德优秀的好党员，在艰苦革命战争的岁月里，县、区委与他们并肩战斗。如甘营的阎坤，长年给地主扛活，整天下地给东家干活，又挤出时间做抗日工作，到他家一看，三四个孩子，一间破草房，缺吃少穿，全家经常靠采野菜、白薯秧掺些糠米度日。入党后，不仅秘密担负党里的工作，而且兼任盘山至鱼子山的军、地秘密送信的交通员。1941年夏，村子发大水，上万的鬼子、伪军"大扫荡"，平谷城东各村据点住满了鬼子，他却冒着必死的决心，多次浮过深达一两米的沟河激流，往北山送信。有一次夜间几乎被冲走，但他从不自我宣扬。海子的王成（王化廷），自种少量土地，打粮不够吃，自己挑一副小挑到小学卖些小文具以糊口。大冬天，一进他的屋四个墙旮旯，清锅冷灶，炕上瘫着病老伴。入党后，在艰难的生活中，不仅发展和建立了海子支部，还发展了滑子、马屯等一大片党的组织。1942年鬼子围村时，鬼子在被围的人群里点名找他抓不到（他当场报的假名，群众又坚守秘密，故未暴露），回头杀了他的老父亲，父代子殉难。更有后来山东庄的郭德喜、罗家沟的王臣等，他们被敌人抓住后，严刑拷打，洋狗撕咬，皮开肉绽，不吐半个服字，不露半句机密，宁死不屈，直至壮烈牺牲。

　　根据江东回忆，既然从1940年7月到年底，首先在北部山区和山边的鱼子山（包括桃棚）、北寨、白羊、罗家沟、段洼、土门（包括长峪）、熊儿寨、肖家院（即太后）、井儿峪、后北宫、大小峪子、小北关、峨嵋山、上营、甘营、洙水、海子、南水峪等村，发展了平谷地区的第一批党员，并在鱼子山、北寨、白羊、肖家院、甘营、海子等村建立了支部，那么，平谷第一个党支部又是在哪个村先建立的呢？江东写道：

　　鱼子山因为地形好，从1938年至1940年就经常驻我八路军和工作人员，军民互相熟悉了解，较早形成军民鱼水关系，所以就在同年（即四〇年）9月，发展了鱼子山党的支部——平谷县第一个支部。

这即是说，1940年9月，平谷第一个党支部鱼子山党支部，在鱼子山村成立。具体地点，是在桃棚，而桃棚当时为鱼子山村的一个自然村，1945年抗战胜利前夕独立成村至今。主要有王世勋（王仿斋）、于锡元、符运广、王世发（王祥斋）、谢凤宽5名党员，王世勋为支部书记。

这就是第一个党支部的主要情况。

《平谷革命史》在写1940年9月鱼子山党支部成立后，接着写道："这期间，全县共发展党员120名左右。"80年过去，全区现在共有各级党组织近1600个，党员近3.9万名。

二、红谷党员教育基地

2011年3月，为庆祝建党90周年，对"平谷第一个党支部成立旧址""冀东西部地分委旧址""联合县委、县政府旧址""公安科旧址"等进行了恢复，并建设了宣誓广场、英烈园、革命纪念馆。

图26 桃棚村红崖洞（摄于2023年9月）

平谷第一个党支部成立旧址

1940年9月，在桃棚红崖洞（图26）里，平谷第一个党支部成立。支部由桃棚王世勋、于锡元、符运广、王世发和鱼子山村谢凤宽5名党员组成，王世勋任党支部书记。

冀东西部地分委旧址

1940年9月，建立冀东西部地分委（图27），书记先后为田野、李子光。1943年7月，改称第一地委，书记李子光。1944年12月，改称第十四地委，书记李子光。

联合县委、县政府旧址（图28）

1940年11月，建立中共平（谷）密（云）兴（隆）联合县委、县政府，地分委副书记李子光兼任书记，组织部长李越之、宣传部长江东。1942年11月，建立平（谷）三（河）密（云）联合县，李越之任县委书记，组织部长王光远，宣传部长江东，1943年7月，建立平（谷）三（河）蓟（县）联合县，县委书记先后为李越之、谭志诚、尚痴、鲁夫。

公安科旧址

1943年2月，平三密联合县抗日民主政府建立，县委设社会部，政府设公安科（图29）。刘向道任社会部长兼公安科长。公安科负责全县的锄奸、反特和情报工作。公安科设看守所，1944年8月，公安科改为公安局，社

图27 冀东西部地分委旧址（摄于2023年9月）

图28 联合县委、县政府旧址（摄于2023年9月）

图29 公安科旧址（摄于2023年9月）

会部长兼公安局长先后为刘向道、李庭。针对日军派遣特务、奸细混入革命队伍，公安科开展锄奸反特等。

英烈园、纪念广场、纪念碑

2013年，平谷区民政局将平谷区零散烈士墓于桃棚集中建成英烈园。平谷区共有烈士1363名，其中抗日战争时期555名，解放战争时期657名，新中国成立之后151名。英烈园占地5404平方米，共有烈士墓433个，并建有烈士纪念碑、烈士名录墙及烈士纪念广场（图30）。

图30 烈士纪念广场及纪念碑（摄于2023年9月）

《红谷魂》主题浮雕

浮雕表现了抗战时期平谷人民在党的领导下，不怕牺牲、奋起抗战，创建红色堡垒区的英勇事迹。画面为40余位父老乡亲和八路军战士的群像（图31），展现了平谷人民保护八路军、保卫根据地以及在兵工厂参加劳动等场景，表现了不畏强暴、坚忍不拔、百折不挠的英雄气概。

图31 《红谷魂》主题浮雕

红谷主题教育馆

2021年开馆，分为上下两层，建筑面积1100平方米（图32）。一层为冀东西部地区红色革命史主题展览，采用历史实物、图片图表、油画雕塑、实景还原交互式沉浸体验等多种手段展示。二层为开展党课、研学、研讨会、举办临展等活动场所。

图32　红谷主题教育馆（摄于2023年9月）

山　川

山东庄地区地处燕山山脉南麓，北部为山区，南部为平原，地势北高南低，海拔多在30—500米之间，洵河由东向西南沿镇域南部边缘流过。

井儿台山

井儿台山，位于山东庄镇东北部。

井儿台山属于中低山地。新编2001年版《平谷县志》"第二编　自然环境·第二章　地貌"记载：

中低山地，分布在北部、东部和南部。包括刘家店乡北部，大华山镇北、东部，镇罗营乡、熊儿寨乡、黄松峪乡、靠山集乡全部，南独乐河镇、韩庄乡北、南部，王辛庄乡、山东庄镇北部，峪口镇西部，夏各庄乡东、南部和东高村镇东部。呈垄岗状或浑圆状，岩石由元古宙火山岩、石英砂岩组成，山势险峻。

井儿台山海拔775米，为镇域内最高峰（图33）。山间植被主要有松树、杂木、果树、荆条等，约80%。每当4月，顶部山坡上，大片的野生

图33　山东庄镇最高峰井儿台山（摄于2023年10月）

杜鹃花盛开，随风摇曳，极其壮观。著名景区京东大峡谷，即在井儿台山下。明代万里长城从南独乐河镇东来，自井儿台山山顶向北蜿蜒而去。

白浅山

白浅山，位于山东庄镇与王辛庄镇交界处。

新编2001年版《平谷县志》"第二编　自然环境·第二章　地貌"记载：

白浅山，耸立于鱼子山石河两侧，海拔642米。因山岩呈灰白色而得名。为燕山期以来形成的断块山地，由中元古界长城系石英砂岩、石英岩构成，东西两侧出露燕山晚期的正长斑岩侵入体。山势较缓，岭脊向东伸入山前平原，两侧为宽阔谷地。植被繁茂，以栓皮栎林为主，谷地盛产干鲜果品。

鱼子山石河

鱼子山石河，发源于京东大峡谷上游、熊儿寨乡东南部东长峪。

鱼子山石河是一条季节性河流，长9公里，由东长峪东南流，早年东长峪村人在此修建了一座小水库。水由南侧库坝下流，形成京东大峡谷尽头悬崖峭壁的那道响潭瀑布。瀑布下来，水继续西南流，经桃棚口东南，再经过鱼子山村，继续东南流，又折而西南，经山东庄村东南，相继经李辛庄、北寺村东，至东洼村东，又村南再西南流，汇入洵河。当地人记得，鱼子山石河汇入洵河的地方，可见洵河水比较清泠，鱼子山石河水比较混浊。石河水混浊，应该是雨季山里发水所致。

鱼子山石河，为全区10条季节性河流之一（图34）。新编2001年版《平谷县志》"第二编 自然环境·第四章 水系水文"所记：石河"在

图34 鱼子山石河（摄于2021年8月）

枯水年几乎全年无水，平水年、丰水年汛期有水。河道宽阔，河谷均为砂石，俗称石河"。鱼子山石河水情及河道境况，亦是这样。

洵 河

洵河，为境内最大主干河流，且为常年性河流。

新编2001年版《平谷县志》"第二编　自然环境·第四章　水系水文"记载：

　　泃河发源于河北省兴隆县青灰岭南麓，南流天津市蓟县北部黄崖关，经罗庄子急转向西，在泥河村附近入平谷县境。倚山西流，沿途汇入三泉水、将军关、黑水湾、黄松峪、豹子峪等季节性河。至南独乐河附近潜入地下，在西沥津村附近复出。此段有北寨、鱼子山季节性河纳入。流经平谷故城东门外，迂回折向西南，依次纳入龙家务、杨各庄的泉水及逆流河、拉鞭沟水。在前芮营附近纳入洳河，英城村南纳入金鸡河。折向南流，于马坊东南入河北省三河县。在天津市蓟县九王庄附近与州河汇合后流入蓟运河。

　　泃河总长180公里，平谷区境内长66公里，山东庄镇境内长4.9公里。

　　泃河从东流来，在南独乐河镇张辛庄与山东庄镇东洼交界处，进入山东庄镇境内。近年整修了宽阔的河道，河道没有水，满是大大

图35　山东庄镇段泃河河道（摄于2023年9月）

小小的鹅卵石。有些鹅卵石还带有图案与纹饰，这就是闻名的奇石金海石了。河道长满杂草（图35），间或摇曳着一片片狗尾（yǐ）巴草等。

　　鱼子山石河从东洼村东南流，再西南汇入泃河。西沥津村干部53岁的牛国发记得，泃河水比较清凌，汇入的鱼子山石河水比较混浊。大概是从北边山里流来，携带着泥沙之故。

南独乐河镇张辛庄那边地势比西沥津高，地下的沟河经过张辛庄，到了西沥津村南，又从地下多处冒出水来，汇成地上河，往西南县城流去。

沟河在西沥津与上纸寨村交界处，出山东

图36　这里是西沥津与上纸寨村交界处往东拍摄，下面有一道橡胶坝蓄水（摄于2023年10月）

庄镇境。西沥津下面建了一道橡胶坝，使沟河蓄了不少水，南岸坐着些悠然的垂钓人（图36）。

西沥津村南，有座横跨沟河的大桥，山东庄镇就这一座大桥。牛国发记得，小时候这里是座木板桥，3块板并排搭着，就1米多宽，人走木桥，小推车也能小心地推着过去，走不了大马车。一般是6月份水多了木板就拆去，9月份雨季一过，水少了再搭上。当时木板桥东边50来米的地方，河底是硬的，且河也比较宽，水比较浅，大马车就从那儿赶过去。1980年左右，拆去木桥，修建了一座水泥桥，大约40米左右长，3米宽，共8孔。水泥桥平面光板，两边没有护栏。近年，又修建了这座新的宽阔畅通的水泥大桥（图37）。

牛国发说，现在的沟河河道南面约50米，就是原来的老沟河河

图37　西沥津沟河大桥（摄于2023年9月）

道。老话说，"道打中央河打底"，是说道路从中间算分界，河从河底分一边一半。每年到七八月份，雨季来了，泃河就会发水，时有大木头冲下来。传说有一年发水，水上冲下来一些双芯木，据说是搭龙宫用的，结果让马各庄人给捞去了。龙王知道了，泃河的水到马各庄这儿不往下流，直接奔马各庄去了，一下冲了马各庄。

作者近年就泃河多次考察，先是到泃河源头兴隆青灰岭考察，又沿途对泃河与州河交汇而成的蓟运河以及至天津那边入海口考察。结合相关资料进行整理，作为平谷历史文化传承课的一讲。谨将讲稿录此，以便读者全面了解泃河。

泃水长流说古今

"泃水长流说古今"这句话，是作者为区博物馆民俗展厅戏楼所写的一副对联的下句，由书法家翟德年先生书写（图38）。全联为：

图38 柴福善撰、翟德年书"燕山高耸咏天地，泃水长流说古今"联（摄于2017年8月）

燕山高耸咏天地，

泃水长流说古今。

翻阅新编2001年版《平谷县志》，"附录二·古代诗选"收录的第一首诗就是《泃河渡》：

泃河流今古，云帆漫水来。

鸟冲鱼儿遁，波涌堤岸拍。

军粮积如山，车马运征埃。

边关用武地，供给亦劳哉！

以前曾看过这首诗，作者撰写"洵水长流说古今"，是否有化用"洵河流今古"之嫌？当时确实没想到这些，只想要写出平谷特点，便先想出上联，由燕山想到洵河，又引出下联。"燕山"对"洵水"，"高耸"对"长流"，"天地"对"古今"，以为还算工整。用在戏楼上，上联嵌个"咏"字，下联嵌个"说"字。当然，在"古今"词上，也曾想到"往来"等词字。曾请教翟德年先生，一起推敲而后改定。横批，用了原来县城城隍庙前戏楼"演古励今"匾额上的四字，为晚清重臣李鸿章题写。

这首《洵河渡》诗，署名"唐李青云"。作者参加了10年新志编写，但《古代诗选》部分不为作者所选。收录的其他诗篇陆续都找到了相关出处，写错的地方也进行了核校。比如，文彭《平谷道中作》诗，文彭应该是明代大书画家文征明长子，志书却将文彭写作清代人了，而一些文章等也在这样引用，贻误今人与后人了。所选诗中，唯独这首李青云诗一直未查到出处。不但平谷旧志没有收录，就是三河旧志以及三河新志也没有收录。几年前，作者在三河县某作者写的一篇文章上看到了这首诗，就请三河文史朋友向这位朋友请教，传话说这首诗在一本什么书上。结果过了好长时间，再问也没说清到底是什么书。后来又看到网上一篇写洵河的文章，不仅引用了这首诗，而且进一步写明出自《山水漫览》。询问文章作者，只含混地说《山水漫览》应该是一本旧书，他也没看过原著，是从其他资料里看到的。请人帮助查询国家图书馆书目，一时也没查到。再查《全唐诗》，不仅没找到这首诗，甚至都没找到李青云这个名字。是记载在民间逸闻琐事的哪部稗史，还是收录在一时尚未看到的哪部方志？既然新编县志有录，当初编选之人应该是选而有据的。

应该说，平谷境内有大小河流20多条，属海河流域蓟运河水系。洵河自东、北流向西南，这应与平谷地势东、北高、西南低有关。如平谷境内最高峰东纸壶海拔1234米，就在镇罗营镇域内；平谷境内最低点海拔11.2米，在马坊镇小屯村。

而洵河是境内最大主干河流，总长180公里，境内长66公里。

洵河，古为洵水。经踏察，洵河发源于河北省兴隆县青灰岭南麓，属于青松岭镇，号称"京津第一泉"处（图39）。另外还有一个源头，在"京津第一泉"东面，青松岭镇九龙潭景区（图40）上面的窄窝窝，那里也有一眼泉水，形成的河流更长些。而当地人说，在窄窝窝东南花市村附近还有一道水。这三道水在兴隆快活林村附近交汇而成洵河，经天津蓟县入平谷，后流向河北三河，至宝坻九王庄与州河相汇，称为蓟运河（图41），流注渤海湾。1973年，天津在蓟县（今蓟州）

图39　洵河源头河北兴隆青灰岭南麓京津第一泉(摄于2014年5月)

图40　河北兴隆九龙潭景区南口，这里归龙窝村，在石门台村上面（摄于2013年4月）

图41　左边为洵河，右边为州河，在这里交汇为蓟运河（摄于2013年4月）

图42　沟河与潮白河交汇处全景（摄于2013年4月）

图43　上面是沟河，南北向流，打着水泥板面的地下，流着的是鲍丘河，东西向流，也是河之立交了（摄于2013年4月）

图44　入海口西岸（摄于2013年4月）

建辛撞节制闸，将沟河主要水流向南引至潮白新河（图42），称"引沟入潮"工程。辛撞节制闸往东为沟河故道，水不多，依然东南流向蓟运河。辛撞节制闸节制沟河水后，由西边不远往南流，这段可称新沟河，长约20公里。其间，鲍丘河由西向东流过，至新沟河处，水泥浇筑篷板，鲍丘河从新沟河下面流过，形成二河立交景观（图43）。鲍丘河在辛撞节制闸东南不远处汇入沟河。而新沟河流入潮白新河后，继而汇入永定新河。现在，蓟运河至天津滨海新区北塘也汇入永定新河，一起流入渤海湾（图44）。

洵河在天津蓟县泥河村附近流入平谷境内，倚山西流（图45），至南独乐河附近潜入地下，在西沥津村附近复出。也就是说，在南独乐河镇域内，洵河属于地下河，地上裸露着宽阔的鹅卵石河床，近年来进行了河道整修（图46）。洵河流经平谷故城东门外，迂回折向西南，依次纳入龙家务、杨各庄的泉水及逆流河、拉鞭沟水。洵河在前芮营附近纳入洳河，英城村南纳入金鸡河。折向南流，于马坊东南入河北省三河县。

图45　洵河从蓟县流入平谷境内，这是今金海湖一带（摄于1959年海子水库修建前）

图46　南独乐河镇域内洵河河道，正在进行整治（摄于2015年1月）

洳河为洵河最大支流，曾称错河，发源于密云县东邵渠镇。其源头，民国二十三年（1934年）《平谷县志》"卷一·地理志·河流"记载："洳河，源出密云县石峨山。"过密云县太保庄往北几里，即是石峨，是个数千人的大村，一道小河打山里流来，经过石峨村南流（图47），又经太保庄村西

图47　左边是从石峨下来的水，右边是从长峪沟下来的水，到此交汇在一起，继续南流，成为洳河的一个源头，即旧志所说的发源于石峨山（摄于2016年10月）

南。另一源头，1992年北京出版社出版的《北京市密云县地名志》"自然地理篇·河流"记载："错河，泃河支流。在密云县南部东邵渠乡。发源于银冶岭村西北，南流转而东北流，经银冶岭、西邵渠、东邵渠等村，至太保庄南流入平谷县，下注泃河。"此河与石峨那道河交汇于太保庄南，而流入平谷境内。也就是说，洳河应该是两个源头。也有人把镇罗营石河称作洳河源头，镇罗营石河是从北水峪和玻璃台两股水流下来，到关上村东合为一股，继续西流，从镇政府北面流过去（图48），西流入西峪水库，再西南流，至前北宫村北，熊儿寨石河汇入。继续南流，经过翟各庄村西，至许家务村西北，汇入洳河。所以，镇罗营石河应该是洳河的一条重要支流。而洳河经刘家店、峪口、王辛庄、大兴庄、平谷镇及马昌营镇，于前芮营村东南（图49，图50）汇入泃河。总长

图48　镇罗营石河（摄于2011年7月）

图49　岸柳妆点下的洳河（摄于2016年6月）

图50　洳河（左）泃河（右）交汇处（摄于2015年12月）

40.7公里，境内长27.7公里。

金鸡河也为洵河重要支流，史称五百沟水，《北京市平谷地名志》记载："据传说，从前一个地主，欲强行纳长工女儿为妾，姑娘坚贞不从，投河自尽。变成金鸡，每早啼叫，提醒人们劳动。人们为怀念她，将河名改今称。"作者在马昌营镇访谈时，当地人未曾谈及这个传说。金鸡河发源于顺义区东北部唐指山南麓，东南流，于圪塔头村西入马昌营镇境内，经圪塔头村南（图51），继续东南流出境。在河奎村西南，入马坊镇境内，再东南流，至英城村南汇入洵河。金鸡河，在洵河、洳河之后，号称平谷区内第三条河流，总长27公里，境内长5公里。

图51　金鸡河，流经圪塔头村西南情景（摄于2016年6月）

此外，还有季节性河流10条，在枯水年几乎全年无水，平水年、丰水年汛期有水。河道宽阔，河谷均为砂石，俗称石河，如将军关石河、黑水湾石河、黄松峪石河（图52）、豹子

图52　独乐河，今称黄松峪石河（摄于2015年2月）

峪石河（图53）、北寨石河、鱼子山石河（图54）、花峪石河、关上石河、大旺务石河、夏各庄石河、南山村石河、镇罗营石河等，这些河水最终也汇入洳河。

对于洳河，典籍多有记述（图55）。如民

图53　豹子峪石河河道（摄于2011年7月）

图54　鱼子山石河汇入洳河处，雨季时，可见洳河水比较清冷，石河水比较混浊（摄于2023年9月）

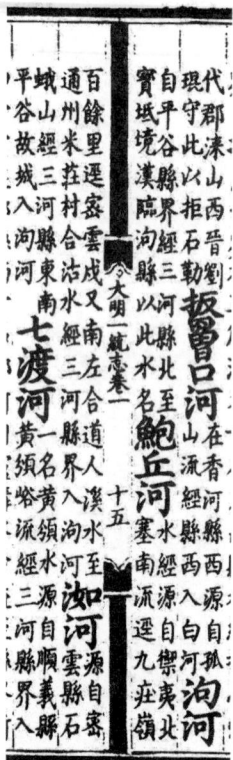

图55　《大明一统志》"卷一·顺天府·山川"之洳河、泃河

国二十三年（1934年）《平谷县志》"卷一·地理志·河流"记载："洳河，在县城东北，源出口外，入蓟州之黄崖口广汉川，俗称头道河。迤逦西流，入平谷境。经红石坎，又西七里经韩家庄南，又三里经洙水庄，又五里经独乐镇，独乐河北来注之，西流经峰台、沥津等庄。由城东门外与马家庄河合流，经西高村、东西鹿角等庄入三河境，至宝坻界会于白龙岗。"又如北魏郦道元所著《水经

注》记载："（洵）水出右北平无终县西山白杨谷，西北流迳平谷县。屈西南流，独乐水入焉。……洵水又左合盘山水。……洵水又东、南迳平谷县故城，东南与泃河会。……洵河又南迳𫗴城东，而南合五百沟水。……洵河又东、南迳临洵城北，屈而历其城东，侧城南出。……洵河又南，入鲍丘水。"

郦道元所记，"屈西南流，独乐水入焉"，独乐水即独乐河，今称黄松峪石河，西南流，在峰台村东汇入北寨石河，而后汇入洵河。对于"洵水又左合盘山水"句，这道"盘山水"，当是从南山村下来，经望马台豹子峪石河而入洵河。所以，这"盘山水"，应该是今天的豹子峪石河。以"石河"而名，可能是依据河流的现状所起。感觉还是适当时机，恢复"独乐河"等古名为宜，以传承文脉。对于留住青山，挽住绿水，记住乡愁，无疑具有重要意义。"洵水又东、南迳平谷县故城"，一般校点书中没有"东"字后面的顿号，让人误解为洵河又往东南流，那是很难经过平谷故城的。实际是洵河从东流来，在故城东面折而南流，至故城南折而西流。这个故城，为东汉时县城故址。东汉时，县城应该已经迁至现在县城东部的老县城地方。"东南与泃河会"，洵河以前如何流向，是否曾改道，不得而知。就现在形势看，洵河不是"东南"，应是"西南

与泃河会"才与实地相符，或说泃河东南与洵河会亦可。

这里的鲍丘水，应该是今天的潮河。

洵河因何得名？何时得名？已不可考。只知这条河一直就称作洵河（图56），未曾改名，先人是为这条河而

图56　洵河（约摄于2001年）

专门造了这个字。可谓是专用之名，别无他解。以致有人以字而及其形，以为当初先人是因河道曲折婉转而造此字。这只是一种表面的通俗理解，究其实，哪条河流不曲折婉转，而如大道笔直呢？至于"洳"字是否有其他寓意，今已无从查考。比如和洳河一起映带平谷左右的另一条河泃河之"泃"字，还可以组成一个词"沮洳"，解释为低湿泥泞的地方，所以"洳"字或为"低湿的地方"之意了。

"洳河"之名见于的最早典籍是战国后期成书的《竹书纪年》。《竹书纪年》是春秋时期晋国史官和战国时期魏国史官所作的一部编年体史书。关于洳河的所引文字在《平谷史话》初稿本写作："梁惠成王十六年，齐师及燕战于洳水，齐师遁。"这是引于专家之书，即为间接资料。后编写《独乐河史话》，研究王国维校《水经注》，见不是"及"字，而是"反"字，便引为"齐师反燕，战于洳水"。待撰写《志书补遗》，想究竟是"齐师及燕战于洳水"，还是"齐师反燕，战于洳水"？为不引起读者困惑甚至误解，又寻得《古本竹书纪年辑校订补》《竹书纪年译注》及不同版本《水经注》等再行研究，以为《古本竹书纪年辑校订补》"魏·梁惠成王"下所记"十六年，齐师及燕师战于洳水，齐师遁"似更为准确。而《平谷史话》初稿本、《独乐河史话》及《知平谷爱平谷干部培训读本》等书都曾谈及洳河，与此相关之处有出入者，应统一于此。

这里记载的是战国中后期齐国与燕国间一场战争，以齐国失败而告终。当时，齐国国君为齐威王，燕国国君为燕文公。刘树芳所撰《北京水运古今谈》对此写道："据《郡国军事考》记述'齐师及燕，战于洳水，齐师遁'。说的是燕文侯七年（公元前355年）秋，齐威王兴师数千，自营丘（今山东淄博）至无棣河，乘舟百艘，绕渤海进沽口，沿鲍丘水（今蓟运河）北上，入侵燕地。文侯率师，与齐军战于洳河口。由于燕地水路舟楫方便运输，供应及时，燕军又人多势众，齐师战败遁逃。"而梁惠成王十六年，即周显王十四年，公元前355年。由此可知，至少从公元前355年起，洵河就叫这个名字，至今未改，已有2300余年了。

就北京地区来看，有5大水系，即永定河、潮白河、温榆河—北运河、拒马河、洵河—蓟运河。河名一般多有变化，尤其是永定河，先后有无定河、浑河、小黄河、卢沟河等多个名字，"永定河"为清康熙皇帝所赐名，也不过300多年历史。与之相比，洵河当是最为古老且一成不变的了。

洵河水运，也应不晚于战国，齐师及燕师战于洵水，水运对于这场战争无疑发挥了重要作用。而新编2001年版《平谷县志》"第七编·交通·邮电·第一章·交通·第一节·水路"记载：

东汉末期，曹操开凿平虏渠、泉州渠，引洵河水入沽水，开辟平谷及沿河各地的水路交通。

唐乾元二年（759），大王镇（今平谷）北屯兵万人，渡口备军船运输军需品，由临洵（今河北三河）至大王镇的洵河渡口（寺渠渡口），每天有数十只船来往。

金明昌六年（1195），京畿转运使张格，征夫修洵、洳二河，令河使吏司巨构在平谷县城四隅开六峪、凿九泉、引七水入洵河，并加以疏浚；同时开七沟引七水壮洳河。是时，芮营以下河槽，加宽加深，水势汹涌，帆樯舟影，运输繁忙。后于寺渠湾、芮营口、英城堰设渡口，漕运大兴。

明代，由于南粮北运，为水运盛期。境内驻军的军需，主要靠水路由外地供应。平谷洵、洳二河的各渡口十分繁忙，在洵河龙庙渡（寺渠渡）和芮营渡实行官督民运，运入军需物品，运出山区土产。平谷水运达于鼎盛。

清同治十一年（1872），漕运改为海运，沟河道上来往驳船只运商货，水运渐衰。至民国初期，水运又兴，在沟、泃二河设东河渡、杨各庄渡、鹿角庄渡、寺渠渡、周村渡、岳各庄渡6渡口。并有货运航道1条，由寺渠渡起锚，经芮营、英城、马坊、小屯、三河错桥、侯家营、掠马庄、三岔口、新安镇、芦台、北塘至天津。1938年，日军华北交通股份有限公司控制水运，沟河水运于1940年停止。

图57　沟河寺渠码头（摄于20世纪30年代）

图58　前芮营村南，过去沟河向西北流，到前芮营村南再向南流，货运码头就在这一带（摄于2016年6月）

从上述资料基本可以看出沟河水运的大致情况。而摄于20世纪30年代的寺渠码头的照片（图57），船只众多，桅杆林立，可见过去水运之一斑。作者在马昌营镇前芮营村访谈时，村里老人也曾谈到过去这里有个货运码头（图58）。沟河与泃河在前芮营村东南交汇后，现在是向西而后折而南流。过去则是经村南西北流，至村西南折而南流。就在这里，形成一个货运码头，历史上船来货往，十分繁忙。地名志记述：

"1940年前，洵河岸设有站房（河运码头）数十间，载重25吨左右的木船常在此来往，沟通了当地与天津等地的货物贸易。"这基本是实情，只是"站房"之"站"或写作"栈"字，即货栈，当更为确切。2016年7月来村时，村里老人记得，这里有上下栈房，以住人存货。上栈房，由一姜家经营，在码头北边五六十米处，有10多间房子。下栈房，由一李家经营，在上栈房下边，有十五六间房子。这些房子，就是平房，有砖，土坯砌芯，房顶用礁子拍的。这些栈房在20世纪50年代，拆毁了。这个码头，把北边的核桃、栗子等干果山货运往天津，而把煤油、盐、碱等物从天津运来，由此再运往承德、赤峰等地。平时有五六只船，多时据说可达二三十只。这些船都是个人的，有前芮营人的，也有附近村如天井人的等。人们谈及货船，说最大船载货有2万斤。现在附近一些村庄的老人，当年还撑过船呢。这些具体口碑资料，可为志书之补充。

洵河以及其他河流，可以为人们所利用，如水运、灌溉等，可一旦发水，就会形成水害。

新编2001年版《平谷县志》"第二编·自然环境·第八章·自然灾害·第一节·天气灾害·四水灾"记载：

元至治元年（1321）七月，大水。

明洪武十年（1377）七月，大水。

嘉庆六年（1801）六、七月，大雨连绵60余日，水势涨发，低洼地多被淹没。

咸丰十年（1860），大水，人被冲溺者甚多，田地冲毁。

光绪三年（1877）五月十六日，洪水暴发，县东村庄淹没人口数十，房屋冲毁。

1950年8月，水灾。淹死6人，倒塌房屋1.17万间，受灾农田23万亩。

1958年7月13—14日，水灾。连续降雨10小时，降雨量256.2毫米，洵河、洳河两岸淹没农田20万亩，冲毁建筑物19座，死亡52人、大牲畜28头、家畜3600头，倒塌房屋5725间。

1987年7月20日，暴雨引发山洪，冲毁农田800亩，毁掉果树3500株，毁坏乡村公路24公里、河堤5200米，冲走电线杆37根。696户民房进水，倒塌81间。倒塌圈舍79处。3个大中型水库泄洪，洵河、洳河两岸200米以内3万亩农田被淹。

图59　海子水库主坝内的劳动情景（摄于1960年5月）

仅摘录这几次灾情，而平谷境内的河流，历史上一定多次发水造成大小水灾。1959年修建海子水库（图59），后来又陆续修建西峪水库、黄松峪水库，区内水灾损失减小。

作者这些年访谈调查中，也收集了一些关于水灾的资料。

平谷镇胜利街90岁老村书记李廷（图60）说，洵河一九五几年发的水最大，洵河西岸县城东门的石狮子都没（mò）挺高，望不到边，全是水。以前发水，一般没不过石狮子。洵河东岸的马各庄庄里，街道上都是水。

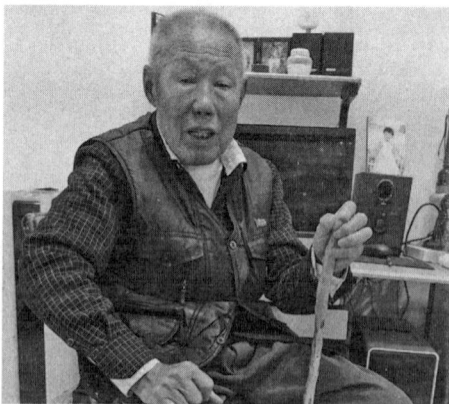

图60　平谷镇胜利街90岁老村书记李廷（摄于2019年10月）

夏各庄镇马各庄人记得，20世纪50年代末，闹水灾，泃河发大水，将村中间三义庙前面的五道庙淹塌了。那时，大水有房檐高，人都跑到房上去，公家派人给送吃的。

马坊镇北石渠人回忆，村西半里处有一墩台，是过去查（zhā）家修的，名叫镇水塔。塔高约5米，下面2米以石头砌筑，上面3米以砖垒砌，方形，2米见方，石头以上略有收分。上为平顶，空心。西面有几块砖，砖上有用朱砂写的一些字迹，如在一块砖上，有核桃大的6个字：唵嘛呢叭咪吽。这是大明咒，即大慈大悲观世音菩萨咒，源于梵文。村北有金鸡河，过去直接奔村街里流过来。修了这座塔，河水就往北一拐，向东流了。从村后东流，村东边的庄叫东撞，河水没撞东撞村，却往英城流，英城叫"西撞"。小河流入泃河，而泃河往西一流，正撞英城街里。村里80岁老人记得，自小时以来，泃河河道往西移了有五六十米，英城搬了不少人家。过去北石渠村真有一道石渠，被水冲走了。还有南石渠一说，据说就是现在的石佛寺。

马坊镇东店村，村东旧有三官庙，坐东朝西，20世纪二三十年代院墙就已坍塌，只剩一座正殿和前面一座门楼了。1947年春天，国民党军拆毁正殿，将砖瓦拆走修马坊炮楼了，就剩墙芯的土坯及梁架。庙东边是泃河，村里有"三官庙脊上挂筝草"之说。是说过去泃河曾发过大水，水漫过了三官庙顶。1949年发大水，拆剩的残殿就整个落架了。

马坊镇小屯村（图61）后街西头道北，旧时也有一座三官庙，坐北朝南。庙为一间，画有三官等神

图61　马坊镇小屯85岁老村干部范云奇（摄于2007年6月）

像。庙前两棵槐树，一搂多粗；庙后，也有两棵槐树。这一带都建三官庙，应该是村在洵河边，建庙以镇水。因为三官庙供奉三官，其中有水官，即治水的大禹。这是题外话。庙北为洵河，1953年前后发大水，连庙带树一块儿冲走。树在河里翻滚，没人敢捞。三官庙的位置，现已在洵河河道中间了。这只是几十年近百年的光景，若是几百年、一两千年或更长时间呢？如何变化难以想象了。

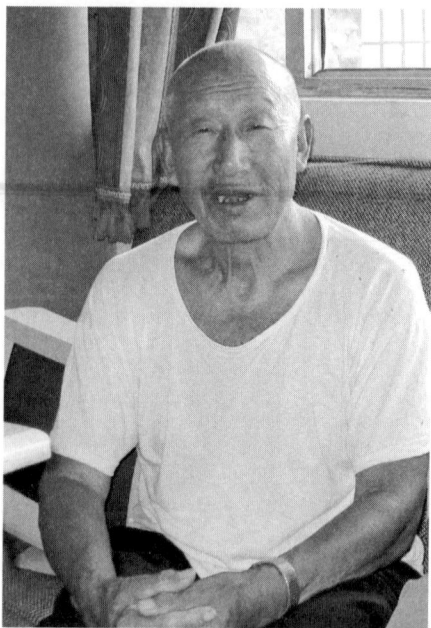

图62　大兴庄镇北埝头村78岁老村干部王永厚（摄于2007年8月）

这几个都是洵河的，再说个洳河的。

大兴庄镇有个北埝头村（图62），现在在洳河南岸。原来在洳河北岸，由于发大水，北岸老是坍塌，就搬到现在的地方了。过去的洳河从许家务、莲花潭村南往东流去，许家务管洳河叫南河。洳河老河道应该在许家务、莲花潭村南不远的地方。北埝头搬到现在的地方有百十年了，洳河似乎也随之南移，由许家务西南不再东流，而是往南一拐，至北埝头村北折东而去。

洵河流淌了千年万年，孕育了距今约7000年的上宅文化。上宅先民就在洵河北岸，即现在上宅村的那个地方生存了约2000年。同时，发源于密云县、流经平谷区西北境内且从县城西南并入洵河的洳河，在大兴庄镇北埝头村一带，孕育了共同创造上宅文化的北埝头先民。当洵河流经平谷县城时，旧时县城南门就称"迎洵门"。而在县城西南，今寺渠桥的地方（图63），就是那座连通南北、通向三河的重要渡口——寺渠渡，

图63 沟水晚渡今景（摄于2014年5月）

平谷旧八景之一"沟水晚渡"亦指此渡口。

沟河，自远古流来，滋润着平谷这片古老的土地，养育了在这片土地上繁衍生息的世世代代的平谷人，是平谷的母亲河。

名　胜

　　山东庄地区地处燕山山脉南麓，北部为中低山地，山清水秀，沟谷纵横，风光秀美，为旅游业发展提供了较为丰富的资源。风景名胜京东大峡谷，为全区较早开发的景区之一。

京东大峡谷

　　京东大峡谷，位于镇域北部，属于燕山余脉。

　　新编2001年版《平谷县志》"第六编·商业·旅游业·第九章·旅游业·第一节·景点"之"自然景观"记述：

　　京东大峡谷旅游区，位于县城东北10公里，坐落在山东庄镇鱼子山村北，全长6公里。以谷长、山秀、崖险闻名，尤以五龙潭称奇，五潭相连如珠，一潭一景，自南而北，依次为惊潭、险潭、怪潭、灵潭、响潭，最北端有瀑布飞泻。景区内还有老君石、倒挂天梯、翠屏山、冷魂谷、龙首岩、通天峡、灵芝岩、卧龙洞、神龟石、铁索桥等多处景点。

　　京东大峡谷，由大峡谷与井儿台山两大景区组成，景区之间以索

图64　京东大峡谷门口牌坊（摄于2023年7月）

道及公路相连，总占地面积20平方公里。景区拥有广阔的湖面、各异的石潭、葱翠的山野，有连接大峡谷和井儿台山的高空索道及依峭壁而建的玻璃栈道，是一处集高山、峡谷、湖潭为一体的综合型自然风景区（图64）。

京东大峡谷随四季变换而景致不同，春时山花烂漫，百鸟鸣啭；夏时清风和煦，爽利畅怀；秋时万山红遍，层林尽染；冬时冰瀑悬挂，银装素裹，是京东少见的适宜四季游览的景区之一。

景区共有大小景点60处，主要有：

五潭，峡谷中天然形成5个石潭，依次名为"惊潭""险潭""怪潭""灵潭""响潭"，峡谷水流不绝，而潭水清澈见底。

瀑布，响潭上方，一道瀑布自天池飞泻而下，落差达30多米，堪称峡谷奇观（图65）。

图 65 京东大峡谷响潭（摄于 2023 年 9 月）

图 67 京东大峡谷龙门湖（摄于 2023 年 7 月）

图 66 京东大峡谷通天峡（摄于 2023 年 9 月）

通天峡，峡谷中一道天然狭长裂缝，最窄处不足 1 米，幽深险峻（图 66）。

龙门湖，峡谷入口处，涧水聚集而成，面积 4 万平方米，可平湖泛舟，游艇冲浪（图 67）。

木栈道和铁索桥，大峡谷以五潭称奇，而惊潭至险潭间，木栈道

图 68 京东大峡谷铁索桥（摄于 2023 年 9 月）

依崖壁构建而成。灵潭至响潭间，铁索桥横悬，数十根铁索连接峡谷，似长虹卧波（图68）。

观光索道，大峡谷与井儿台山两大景区，以千米索道相连，跨越道道山梁，俯瞰峡谷胜景，秀丽壮观（图69）。

玻璃栈道，万丈崖上，随岩就势，依峭壁凌空而建，全长518米。踏上去，下视空无所依，极其惊险（图70）。

京东大峡谷于1992年正式向社会开放，历经30多年发展，打造成了国家4A级旅游景区，是闻名京津冀的山水名胜。

图69　观光索道（摄于2008年5月）

图70　玻璃栈道与万丈崖（摄于2017年8月）

村　落

山东庄镇下辖12个行政村，立庄有早晚，人来有先后。就这些村落看，大多为明清时立庄，而不会太早。至2021年底，山东庄镇乡村有6100多户，1.63万多人。

北寺村

北寺村，坐落于镇域南部，东邻南独乐河镇张辛庄，南接东洼，西南毗连大坎，北临李辛庄（图71，图72）。

图71　北寺村委会（摄于2007年3月）

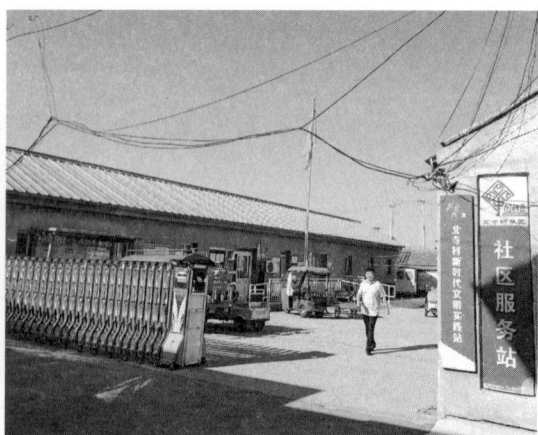

图72　北寺村委会（摄于2023年9月）

北寺村得名，83岁老木匠刘文魁说："村北有座大庙，村子由这儿叫的北寺。过去，东洼、大坎、北寺仨村是一个庄，叫东沥津。吃大食堂的时候还是一个庄，食堂一散，就分庄了。"

老人说的大庙，叫龙泉寺。

82岁村民李玉春（图73）接着说："记得1959年我在平谷中学念书的时候，东沥津就分仨庄了。"在大坎村座谈时，85岁老村支委张希才也说："1958年，东沥津村分为大坎、东洼、北寺3个行政村。"

79岁老村书记李玉才记得，1958年10月或11月，北辛庄（李辛庄）人来弄这村棒子，这仨村一块儿到那边弄北辛庄的白菜。那时候还没分村呢，分开大概是在过了年。

这样看来，东沥津分为东洼、大坎、北寺3个村，或在1958年底

图73　北寺村82岁村民李玉春（摄于2023年9月）

或1959年初，既然多数人都认为是1958年，《北京市平谷县地名志》也记载"1958年东沥津又分为北寺、东洼、大坎3个村"，那么，且认定为1958年，如以后发现准确具体的资料，再行修改。

李玉春老人说："这边叫东沥津，西南不远是西沥津。西沥津由小坎、西洼俩小村组成，西洼是乡政府所在地，当时是小乡。"

1953年6月，建立乡政权，全县划分为6个区，80个乡（镇）。而城关区有山东庄乡、桥头营乡、鱼子山乡、大北关乡。李玉春老人所说的设在西洼的小乡，或是桥头营乡了。

至于沥津，李玉春老人说："这地方比较洼，泃河从东边流过来，东边高，原来这边比较旱。据说一个皇帝从这儿过，说这儿旱，东边的水到这儿就津上来。皇帝金口玉言，一句话，泃河水就打西沥津南边冒出来了。"这是在解释为啥叫"沥津"这个名字了。

刘文魁老人记得，东沥津又叫坎沥津，就是这边有个大土坎子。

村里老人基本说清了北寺的得名及前身东、西沥津的演变过程。至于东、西沥津，翻阅现存最早的清康熙六年（1667年）《平谷县志》记载的村庄，应为明时就已存在了，其中就有"南历西庄，十里。北历西庄，十里"，应该就是后来的东沥津、西沥津。问村人，都说没听说过这俩名字。

《北京市平谷县地名志》记载北寺："商代成村，有居住遗址。原称沥津庄，因泃河水从海子村西渗入地下，至该村东又从地下复出，继续西流，故称。1920年分成东西两村，该村在西，故称西沥津。"对北寺村记述："原称沥津庄。于1920年分为东沥津和西沥津，该村属东沥津。1958年东沥津又分为北寺、东洼、大坎3个村。该村因在北面，其南有龙泉寺，故名北寺。抗日战争时期，化名瓦特。"

地名志所记，有几点值得研究。一是说"商代成村"，即使这一带有商代居住遗址，但这居住遗址与今天的北寺村应该无关，且今天的北寺人不是由商代的人一脉相承繁衍下来的。只能说早在商代就有人类在此生活居住，并留下了居住遗址。二是说北寺"该村因在北面，其南有龙泉寺"，或许有误，因为作者在访谈调查中，村里人说龙泉寺在村西北角。也就是说，因寺在村北，而称村为北寺了。三是说"1920年分成东西两村"，不知所依何据。民国九年（1920年）《平谷县志》"卷一·地理志·乡社"的"村庄"记载第五区有"东沥津庄，八里。西沥津庄，八里"，并未明确记载是1920年分成东西两村，应该是这之前就是两个村，且分别叫东沥津、西沥津了，只是编写县志是在1920年。况且更早的时候，依据县志所记，应该是叫"南历西庄""北历西庄"的。

县志同时还有"北寺庄，十里"的记载，可民国二十三年（1934年）县志又没有"北寺庄"记载了。在民国九年（1920年）、民国二十三年志前地图上，标示的都是"沥津庄"。并标示着"北寺庄"或"北寺"的，这时北寺应该尚未独立成村。这样记述，是否当初北寺不属于东沥津，即东沥津像西沥津一样，都是俩小自然村呢？记得作者在西沥津访谈时，64岁老村副书记张秀生曾说："过去东沥津、西沥津统称坎沥津，包括东洼、西洼、大坎、小坎4片。西沥津包括小坎、西洼，东沥津包括大坎、东洼。"不过，几个村的人都说，东沥津分为大坎、东洼、北寺。

另外，地名志记述东洼、大坎化名也叫瓦特，看来应该是东沥津化名瓦特。所以，编写地名志时，就把这3个小村的化名都分别写作"瓦特"了。

刘文魁老人说："北寺哪姓先来立庄的不知道，过去没听老辈儿人说过。"

李玉春老人接着说："北寺村的张、王、李、赵等几个姓都有，相差不多。还有修海子水库从里边新开峪搬来的，如萧、贾等姓；还有从塔洼搬来的付、李等姓。"

68岁老村会计于长松说："北寺张家人最多，第二是我们于家，再往下是王家等。"

71岁村民张国全说："北寺张不是一个张，我们是一个张，张仲贤是一个张，张贵又是一个张，张德还是一个张。"

李姓，82岁村民李玉春说："我们这个李，不知道从哪儿搬来的。我父亲叫李荣，爷爷叫李会芝，太爷叫啥不知道了。我有俩儿子，老大叫李振起，老二叫李振来。李振起有个儿子叫李明阳，俩女儿叫李旭阳、李丹阳。李明阳有俩儿子。李振来有个儿子叫李阳，李阳有个儿子叫李岳恒。"

刘姓，83岁老木匠刘文魁说："刘家听说是从关东过来的，到我这儿不知道多少辈儿。我父亲叫刘珍，爷爷叫刘宗礼，太爷叫刘增，再往上不知道了。我有俩儿子，老大叫刘立柱，老二叫刘占柱。刘立柱有俩儿子，一个叫刘明举，一个叫刘明伟。刘明举有个儿子，叫刘嘉瑞。刘明伟有个女儿，叫刘子姗。刘占柱有个儿子，叫刘金涛。还有个女儿，叫刘学。"

于姓，68岁老村会计于长松（图74）说："于家不知道从哪儿搬来的。我父亲叫于盈，爷爷不知道叫啥了。我有个儿子叫于朝晖，俩孙女叫于沐恩、于沐泽。

"记得过去于家都到西沥津去添坟，叫吃'官坟'，应该与西沥津是一个于。北寺有仨于，我们是一个于，于有一个于，于文涛又是一个于。"

张姓，71岁村民张国全（图75）说："我不知道张家从哪儿搬来的，记得我们老坟在西沥津府君庙前边，从我爷爷那辈儿扒过来的。我父亲

图74 北寺村68岁老村会计于长松（摄于2023年9月）

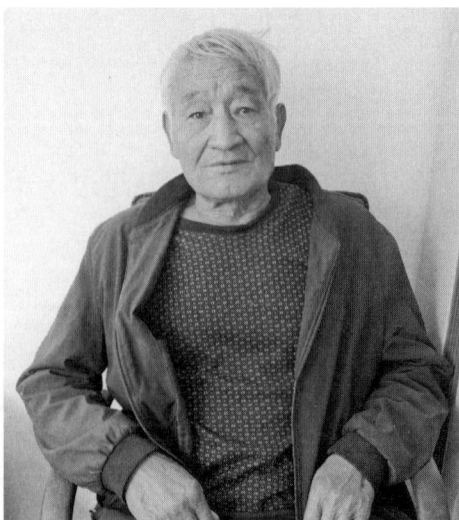

图75 北寺村71岁村民张国全（摄于2023年9月）

叫张儒，爷爷叫张瑞堂，太爷叫啥不知道了。我有个女儿，叫张斯。"

2021年底，北寺村有270多户，760多人。

北屯村

北屯村，坐落于镇域西部，东接大北关，南邻王辛庄镇杜辛庄，西连王辛庄镇中胡家务（图76）。

北屯村得名，86岁村民郭库（图77）说："我们村开始叫东胡家

图76　北屯村委会（摄于2007年5月）

图77　北屯村86岁村民郭库（摄于2023年9月）

务，村东一房子的东房山上，就写着'东胡家务'4个大字，后来才叫北屯的。"

74岁退休干部宋宝悦接过话茬："听老人说，日本鬼子没过来以前，叫东胡家务，老辈儿人也叫'屯喽（lou）'。"

清康熙六年（1667年）《平谷县志》"地理志"记载村庄，有"东胡家务，十里。宋家庄，十里"。雍正六年（1728年）和乾隆四十二年

（1777年）县志所记，与此没有变化。

民国九年（1920年）《平谷县志》所记村庄有"东胡家务"，却没有了"宋家庄"。而志前所绘"平谷县地图"，在"大北关庄"与"东胡家务"之间，却写着有个"屯里庄"，看其位置，应该就是上面的"宋家庄"了。民国二十三年（1934年）《平谷县志》志前所绘"平谷全县地图"，在"大北关"与"东胡家务"之间，写有"屯里"。

宋宝悦老人说的"屯喽"，其实应该就是屯里之意，或是叫白了。但老人一再说，过去北屯就一个村，没有其他自然村。是日本鬼子过来以后，八路军为迷惑鬼子，各村都起化名，东胡家务化名就叫"北屯"（图78）。

图78　北屯村委会（摄于2023年9月）

有资料写"北屯"，"1777年（清乾隆四十二年）称宋家庄，因宋姓人口较多故名。1920年称东胡家务"。这是值得研究的。现存最早的清康熙六年（1667年）《平谷县志》就有"东胡家务，十里。宋家庄，十里"的记载，东胡家务应该是明代就有的村落了。至于"宋家庄"，2023年11月，61岁退休干部狄云峰来作者工作室，说："小时候听二爷狄凤春说过，后来母亲也说过，在北屯东南、大北关西南、杜辛庄东北交界的地方，有个宋家庄。不知道啥时候，宋家庄并到东胡家务了。现在，北屯村东南部那片几乎都姓宋，应该是宋家庄由原来的地方迁到这儿了。"狄云峰民谈，与康熙志所记吻合。

这么说来，应该是由宋家庄后来改为了"屯里庄"，而屯里庄后来并到了东胡家务，这才有了"屯喽"的俗称，抗战时期化名"北屯"或由此而来，且叫到了今天，原名东胡家务却鲜为人知了。

《北京市平谷县地名志》记载北屯："明代成村，称东营防胡府，后改称东胡家府，以后又改称东胡家务。抗战时期，化名北屯，沿用至今。"

地名志谈到"东营防胡府"，未见相关资料，不知所依何据。又说到"后改称东胡家府，以后又改称东胡家务"。作者访谈踏察中，不止一次听到"逢务必府"之说，在北寨村访谈时，83岁李平老人说李家是从西胡家府搬来的，并说西胡家府又叫西胡家务，就是今天的西古村。原土谷子村老书记80岁的计泉说，计家是从王辛庄镇东古搬到土谷子的。过去东古叫西胡家府，又叫西胡家务，是后来分开叫东古、西古的。桥头营78岁村民杜义说，杜家是从东胡家务搬过来的，东胡家务又叫东胡家府。

记得有资料说，一般凡是姓在首的"务"字尾村名往往也称"府"，反之亦然，都应是元代以前建成的村落，且是元代所命名。据说元世祖忽必烈统治时期，采取移民屯田等政策，增强大都经济实力，保持社会稳定。如在大都设置"营田提举司"，管理大都地区的营田事宜。为加强税粮管理，便在适当的村落设负责管理收集税粮的民间机构，称作"务"，"务"的负责人不是官而是吏役，或由地方官指定富户主人操办收取税粮，这种管理者也称作"府"，而税粮收存保管的地方也称作"府"。税粮收集负责人姓氏，就是"务"的具体机构名称。往往有"务"机构的地方就必然有"府"，反之，有税粮收储的"府"则必然有个"务"机构在那里。二者有内在联系，故俗语有"逢务必府"或"有府必务"之说。当然，也不能说绝对带"务"字又称"府"的村名，就一定如此，这是就其大略而言。

清康熙六年（1667年）《平谷县志》"地理志·寺观"记载："石佛寺，在东胡家务北，至县十里，元至正二年（公元1342年）建。"县志所记石佛寺建于元朝末年，这时东胡家务是否立庄就不得而知了。现在一般认同北屯是明代建村，如大姓张家应该就是明朝初年"随龙"过来的。

应该说，不仅有东胡家务，还有依然存在的中胡家务，而西胡家务今已分成东古、西古两村。至于为啥叫胡家务，老人说不清楚，暂且存疑。

图79　北屯村61岁退休干部狄云峰
（摄于2023年11月）

北屯村61岁退休干啊狄云峰（图79）说："北屯村过去集体的时候分4个生产队，村东南就是一队。一队主要是宋姓，如宋印普、宋金普等。还有王姓，王荣、王富、王贵等；李姓，如李景坤、李景满等，还有卢姓1户，都是小姓。一队西边，村南部中心，是二队。以张姓为主，如张自会、张自林、张自俸、张自禄、张自来等。二队还有宋姓，与一队的宋不是一个宋，如宋守强等。北屯的张都是一个张，是村里最大的姓。其次就是宋姓，但北屯不是一个宋。二队还有李姓，如李宝、李满等。王姓，如王文远等。符姓，如符连成、符连清等。还有刘姓1户，这些都是小姓。二队西边，村西南部，是三队。三队的西北角那片，不知为啥叫'上庄上'。三队主要是张姓，还有宋姓，如宋振廷、宋振旺等，这是又一个宋。符姓1户，叫符连满，与二队的符姓是一家，和桃棚的符是一个符。还有几户卢姓（图80）、2户高姓、1户刘姓及1户柴姓。这3个队在村南部，都连着，且在低处，习惯叫下街。

"往北相隔100多米的地方，又在高处，也就是村北部，习惯叫上街，上街比下街房脊还要高。上街主要是宋姓，如宋浩满、宋浩庆等。还有一个宋，如宋宝林、宋宝明等。第二是郭姓，北屯就一个郭，主要在四队，如郭德崇、郭德宗等。一队有，如郭

图80　北屯69岁老村会计卢丛喜（摄于2007年5月）

金。三队也有，如郭财、郭库、郭银，郭银与郭金是亲哥儿俩。第三是我们狄姓。还有李姓，如李瑞友、李宽等，与一队李忠是本家。四队还有1户于姓、1户尉姓。

"另外，1976年地震以后，海子水库扩建，从红石坎搬下来5户刘姓，一、二、三队各1户，四队2户。1户肖姓，落在了二队。

"上下街之间的100多米的地方，在20世纪80年代以后，陆续都盖了房子。过去东边是二队的养猪场，西边是三队的养猪场，随着生产队解散，猪场没了，也都变成了宅基地，把村子的两头都盖严了。但中间有一条东西向的街，还大致可以看出上街下街的。"

谈及各姓，宋宝悦老人说："北屯姓宋的有200多户，是第一大姓，第二大姓是张姓，第三大姓是郭姓，还有李、王、于、刘等小姓。"

90岁老村干部张顺说："北屯最早来立庄的，据说是老于家，随后来的是刘家。现在，于家人不多，刘家还有2户。"

图81　北屯村74岁镇退休干部宋宝悦（摄于2023年9月）

作者访谈多村，发现立庄户或坐庄户多人丁不旺。

宋姓，宋宝悦老人（图81）说："听说我们宋家是从山东石河过来的，挑挑子要饭要到这儿，就落这儿了。我见过山东石河的人，说石河的宋是河南的宋。北屯有两个宋，我们是一个宋，另一个宋守如的宋好像是从山西过来的。

"我父亲叫宋子方，爷爷叫宋合，太爷叫啥不知道了。我有个儿子叫宋国良，有俩孙女叫宋大鑫、宋大晨。"

张姓，张顺老人说："张家是从张家口随龙过来的，这'龙'指的是朱元璋四子燕王。据说燕王是妃子生的，几岁的时候，一天他正在金銮宝殿上抱着柱子玩儿。皇帝朱元璋问文武大臣，我老了以后谁能当皇帝？大臣看到四子朱棣，一指，这不是金龙盘玉柱吗？过去讲究立嫡立长，朱棣不是，朱元璋就把他封为燕王，镇守北方。张家就是这时候，跟着燕王过来的。一路上，据说燕王是泥锅做饭斗量柴。咋讲呢？泥锅经火一烧就成砂锅了，用一斗的煤做饭就够使了。后来朱棣做了皇帝，把都城从南京迁到了北京。张家过去在张家口有地，租出去，每年到那边起租子。张家在那边没人了，那边种地的就不想给租子了。一打官司，结果那边输了。

"我记得张家老祖坟在贾各庄那边，小时候还到那边上坟去。张家是哥儿俩到的这边，就形成南门、北门俩大门，我是北门的。父亲叫张自荣，爷爷叫张伶，太爷叫啥不知道了。我有仨儿子，老大叫张满囤，有个儿子叫张百万；老二叫张满生，有个儿子叫张博；老三叫张军生，有个儿子叫张君。"

郭姓，郭库老人说："郭家是我5岁的时候，从塔洼搬下来的。那时，黄松峪安着日本据点，见人就杀，见房子就烧。把家里的房子都给烧了，没法生活。是我大爷（ye）先下来的，我爸也带着我们搬下来了。搬下来的时候，北屯才80多户。

"我父亲叫郭朝存，爷爷叫郭顺。爷爷去世早，我没见过。太爷叫啥不知道了。我这辈儿哥四个，老大叫郭金，老二叫郭银，我是老三，老四叫郭财。

"我有仨儿子，老大叫郭德新，一儿一女，儿子叫郭宇，女儿叫郭进。郭宇有俩女儿，记不住叫啥了。老二叫郭占河，有个女儿叫郭熙跃。老三叫郭占军，有个儿子叫郭子瑞，正在念书。"

刘姓，74岁退休干部刘山（图82）说："听我奶奶说过，刘家是北屯的老户，从哪儿来的不知道。我父亲叫刘贵生，爷爷叫刘云，太爷叫啥不知道了。我儿子叫刘福国，孙子叫刘玉璋。"

狄姓，狄云峰说："我听老辈儿人说，狄家是从山西大槐树搬来的。第一辈儿叫啥不知道了，有多少辈儿了也不知道。记得我老太太是蒙古族的，从多伦过来的，老太太的娘家据说最早是在科尔沁，她们这家后来到的多伦。我二爷家的一个大爷（ye），跟着舅爷去过多伦，说走了好些天。我父亲叫狄振宗，父亲这辈儿亲哥儿

图82　北屯村74岁教委退休干部刘山（摄于2023年9月）

七个，父亲是老大，老二叫狄振业，老三叫狄振奎，老四叫狄振远，老五叫狄振华，老六叫狄振杰，老七叫狄振国。爷爷叫狄凤明，是老三，二爷叫狄凤春，有个大爷不知道叫啥了，是哑巴，没成家，壮年就去世了。二爷有个儿子，叫狄振廷。我太爷叫狄福，抗战时期跑反，被日伪讨伐队抓住给挑死了。我有个女儿，叫狄颖。"

2021年底，北屯村有720多户，1270多人。

大北关村

大北关村，坐落于镇域中西部，东北接山东庄，东南邻小北关，西连北屯（图83，图84）。

大北关村得名，77岁老村书记张庆楼说："过去这里是不是有个关口啥的，不清楚。记得村南边有个大庙，是三官庙，庙里有两棵大柏树，柏树上挂着一口大铁钟，有两米来高，两搂来粗。这是明代铸造的大钟，钟上铸着字，有'大北官'仨字，是当官的'官'。听说开始没有小北关，小北关是后来的。"

2007年5月来村访谈时，78岁村民郭松山等人记得，钟上有不是清

图83　大北关村委会（摄于2007年5月）

图84　大北关村委会（摄于2023年9月）

代道光就是咸丰年间修的字样。

大铁钟早已无存，暂且并存资料。所说钟上铸有"大北官"仨字，张庆楼老人应该见过大钟的，这点所记大致不会有错。

查阅清康熙六年（1667年）《平谷县志》，在"地理志·村庄"中记载："北管村，十二里"，"在县北境"。志前所绘"城廓屯社图"里，在"东胡家务"东侧，写有"大北管村""小北管村"。雍正六年（1728年）和乾隆四十二年（1777年）《平谷县志》亦如此记述。这"北管村"，应该就是今天的大、小北关。看来，那时小北管村也已存在，只是尚未分为独立的两村。联系到村人所谈的明代大钟上铸着的"大北官"仨字，应该就是"大北管"的"管"字随手简写作"官"字了，就像镇罗营镇关上村药王庙明万历三十七年（1609年）所铸大铁钟，铭文"舍银""施银"等"银"字均写作"艮"字一样。

至民国九年（1920年）《平谷县志》"卷一·地理志·乡社·村庄"记述，民国初年，全县分为4个自治区。第五区所属村庄中，有"大北关庄，十二里；小北关庄，十二里"的记载。说明过去官方一直称作"北管村"，直至这时官方志书才写作"大北关庄""小北关庄"。也就意味着当初村名，应是称"管"而不是"关"的。

整理寺庙资料中，看到中胡家务那通"为阻开山以遗后人重建碑"，记有"中胡家务、东胡家务、上营、熊儿营、大北关、小北关数村"，就有大、小北关村名，时为清光绪二十四年（1898年）。由此看来，或许正名为"北管村"，而"管"字简写为"官"字，"官"字又与"关"字同音，因此民间叫来叫去叫白了，就成了"北关"。当两村各自独立，写成"大北关""小北关"也就顺理成章了。直到民国九年（1920年），志书才始记为"大北关""小北关"。

《北京市平谷县地名志》记载大北关村："汉代成村，因村建在县旧治所北故称北关，以后演变为大北关。抗日战争时期，化名芦台。"

因地名志说大北关村"汉代成村"，"因村建在县旧治所北"之故，作者多次在这一带踏察，未见城址或有一定规模的居住遗址。明嘉靖三年（1524年）《蓟州志》"卷之一·地理志·古迹"记载：平谷县，"县城，县西北十里"。清康熙六年（1667年）《平谷县志》"地理志·古迹"记载："古县城，在县西北十二里，即城子庄。"雍正六年（1728年）、乾隆四十二年（1777年）、民国九年（1920年）及民国二十三年（1934年）县志所记依然如此。官方是依据尹钧科先生所说，确定西汉县城遗址在此。作者以为此说值得研究。对此暂且不论，即使这一带有汉代居住遗址，也只能说汉代这一带就有人类在此生活居住，与今天的大北关村和大北关的人没有必然联系。何况作者多次踏察，未见有一定规模的居住遗址。尤其是今天的大北关人，一定不是汉代的人繁衍至今的。所以，地名志所说大北关村"汉代成村"值得研究，应该到不了汉代。

图85　大北关村79岁老生产队长张树义（摄于2023年9月）

当然，2024年1月，在区老干部局关心下一代大讲堂所讲平谷历史文化第十九讲"平谷老城八大灵塔"时，谈及辽重熙十一年(1042年）"大王镇罗汉院建八大灵塔记"碑，有"施舍利主大王北管赵遂"等语。这里的"大王"如果是指大王镇，那么"北管"是否为北管村？如是，是否意味着北管村在辽时或更早就建村了呢？可再行研究。

79岁老生产队长张树义（图85）

说："大北关李姓是占山户，先来立的庄。李荣给他妈立个碑，写着的，说开始在白浅，就是上营东北边那儿。村支委李会军就是这个李。张、郭、刘、王、郝等姓，都是后来的。"

张庆楼老人近年致力于大北关村史资料的整理，其中整理了《大北关村第二生产队队史》。张庆楼老人说，大北关在集体时分为4个生产队，第二生产队共有73户人家：

郭雨田	郭启奎	郭启祥	郭启明	郭路田	郭世君	郭世连
郭世交	郭松山	郭少先	郭兆生	郭兆启	郭广田	郭富田
郭寿田	郭种田	郭功田	郭后田	郭书田	郭守田	郭德善
郭全善	郭宝善	郭万春	郭万香	郭宝利	张俊楼	张宝楼
张贵楼	张振楼	张文楼	张计楼	张景楼	张影楼	张松楼
张竹楼	张步楼	张进才	张庆友	张庆余	张德山	张寿山
张寿恒	张子俊	张玉合	张玉俭	张玉林	张玉才	张玉书
张瑞福	张瑞恒	张建域	张建平	张建勋	张酉申	张振英
张宝玉	张树林	张淑云	王守中	郝景兴	郝景玉	崔井荣
刘树申	刘树山	刘友增	刘继明	刘继国	刘克友	杜树春
杨翠兰	李士英	赵奎富				

这73户人家，郭家占了26户，张家占了33户，郝家2户，刘家6户，王、崔、杜、杨、李、赵各1户。"村史"中，还整理了一些家庭的具体情况，如说过去某家有一条驴腿，意思是4家合养一头驴，就等于是一家一条驴腿，轮班使，4天一轮班，连使带喂，到晚上从这家送到下一家。还有简单的某家家谱，如：

郭雨田，父亲郭世卿，爷爷郭秀山，太爷郭文尉，老太爷郭庆，再往上郭好贤、郭隆。郭雨田有4个儿子，郭启奎、郭启祥、郭启明、郭启忠。

郭全善，父亲这辈儿哥儿四个，大爷（ye）郭世宗，二大爷郭世祥，三大爷郭世瑞，父亲是老四郭世交，爷爷郭仁山，太爷郭文远，老太爷郭澍。

郭万福，父亲郭功田，爷爷郭世荣，太爷郭云山，老太爷郭文林，老老太爷郭俊。

张贵楼，父亲张德生，爷爷张汝汉，太爷张同云，老太爷张瑞，老老太爷张良福。再往上张顺，是搬到大北关的第一辈儿。张贵楼有两个儿子，张玉琨、张玉来。

张振楼，父亲张德儒，爷爷张汝静，太爷张步云，老太爷张同，老老太爷张良顺。再往上张顺，是张顺用扁担挑着良顺、良福俩儿子，逃荒过来，落在大北关。

张玉书、张玉兴、张玉石，父亲张景楼，大爷（ye）张岑楼，爷爷张德魁，太爷张林，老太爷张万仓，老老太爷张福。

仅录这些，从中可见大北关村姓氏的大概。

李姓，张庆楼老人认为李家是明朝初年过来的，并帮助整理了李氏家谱：

第一辈儿　李通才　李达才　李显才

第二辈儿　李　常　李　琛　李　珍　李　瑞　李　琨　李　俭

　　　　　李　勤　李　祥　李　林　李　顺

第三辈儿　李廷先　李廷宽　李廷山　李廷恩　李廷海　李廷奎

李廷福	李廷相	李廷弼	李廷贵	李廷杰	李福先
李福如	李维旺	李维章			

第四辈儿　李　友　李　富　李　权　李　信　李　志　李　仁
　　　　　李　义　李　林　李　荣　李　香　李　兰　李　英
　　　　　李　元　李　春　李　盛　李　正　李　生　李　勋
　　　　　李　瑞　李　维　李　成　李　温

第五辈儿　李占军　李国良　李国来　李占旺　李占才　李占起
　　　　　李淑平　李占发　李马立　李占满　李占元　李占奎
　　　　　李占刚　李冬艳　李福青　李连福　李连青　李连海
　　　　　李连河　李连义　李连祥　李连如　李连旺　李连瑞
　　　　　李连增　李连江　李仲义　李仲贤　李仲先　李仲元
　　　　　李仲奎　李福全　李福合　李福田　李仲德　李贵德
　　　　　李连华　李连贵　李连富　李连庆　李连全　李连忠
　　　　　李连启　李连仲

第六辈儿　李春悦　李俊慧　李春浩　李春光　李春雨　李　悦
　　　　　李　爽　李　静　李小鹏　李春梅　李秀娟　李　艳
　　　　　李　杰　李　凯　李　娜　李　敏　李　颖　李　军
　　　　　李小霞　李　发　李　旺　李银生　李宝生　李春霞
　　　　　李春海　李　凯　李　丹　李　国　李　涛　李来存
　　　　　李品荣　李德荣　李艳玲　李艳军　李全军　李全荣
　　　　　李春光　李瑞光　李文荣　李富荣　李欣英　李欣华
　　　　　李海明　李艳文　李海静　李小青　李海峰　李凤华
　　　　　李凤全　李凤山　李凤生　李凤桐　李树芹　李凤合
　　　　　李凤武　李凤江　李凤海　李凤祥　李凤林　李凤明
　　　　　李凤仪　李　均　李　尊　李志生　李志祥　李　楠

李　洋　李　刚　李　峥　李彩云　李　永　李小金

李银伟　李卫芹　李卫平　李春云　李秋云　李相荣

李成林

第七辈儿　李学智　李学超　李艳红　李艳丽　李艳军　李振东

李保东　李文东　李晶晶　李　浩　李金薇　李室莹

李室伟　李室佑　李振友　李巧红　李金悦　李博远

李　东　李　平　李　廷　李海伶　李银伶　李　鹏

李艳伶　李学斌　李秋生　李连英　李　维　李学勇

李学卿　李艳芹　李秋红　李学谦　李学强　李艳立

李学刚　李学立　李学军　李新民　李学良　李满合

李满芹　李凤起　李振旺　李振胜　李振全　李振才

李振生　李长江

第八辈儿　李贺新　李京京　李会强　李会冬　李会永　李会猛

李会丰　李会刚　李会军

图86　大北关村52岁村支委李会军（摄于2023年9月）

这是一份简略的李氏家谱，从第四辈儿起，或有女儿名字记述其间了。家谱仅写到第八辈儿，下面应该还有两三辈人。即是大北关明代立庄，那么李家至今应该不止十来辈儿，或者这只是自今往上的几辈儿人。

52岁村支委李会军（图86）记得："听说我们这个李是从山东过来的，到这边的第一辈儿叫啥不知道了，老人也没说过。我父亲叫李振生，爷爷叫李相荣，太爷叫李建启，老太爷叫李温，老老太爷叫李维章，再往上记不清了。我有个儿子叫李旭，有个女儿叫李纯。还有个孙女，叫李昕阳。"

这样看来，李旭、李纯是第九辈儿，李昕阳则是李家的第十辈儿了。

说到李家，张庆楼老人尤其说到明朝初期有个李愫，官至西台御史，县志有记载。李愫为他母亲在村北的三道坎上的李家坟地立了一块碑，碑正面记得是"故显妣母寿李氏之墓，男李愫泣立"等字，背面没字。碑有1米左右高，五六十厘米宽。大北关的李，就是李愫的后代。

查阅民国九年（1920年）《平谷县志》"卷二·选举志·贡荫"，"岁贡"记载："李素，坊廓社人，见传。"这里写"李素"是"朴素"的"素"，而不是张庆楼老人所说碑上的"李愫"的"愫"。说李素是"坊廓社人"，即县城的人或城关的人。大北关则"在县北境"，康熙县志记载"北管村，十二里"，民国九年县志记载"第五区""大北关，十二里"。康熙县志记载"乡社"，"坊廓社，在城"，"日勤屯，在县北"，"负廓屯，在县北"，"广成屯，在县北"。作者对"乡社"的具体情况没有研究，大北关应该在县北的这3个屯里，而不会是属于县城或城关的。

即是志书说的"见传"，再看民国九年（1920年）《平谷县志》"卷三·人物志"所记，明代第一个人物就是"李素"：

李素，坊廓社人，洪武间由岁贡除户部主事，□□有功，升福建按察使，寻调湖□□都察院右副都御史。阅视边关，请建通州潞河驿。后改江南。七年，加正二品俸。取回京，掌院事。洪熙时，因事力荐不纳，致仕。历事三朝，忠耿一致。

问及李会军，说过去没听老人说李家有当官的。若是有人做官，后人一定是知道的，如明代工部尚书倪光荐，倪家后人几乎没有不知道的。明代山西右布政使金纯，后人一说起来，就自豪地说我们老祖是金布政。因此，李家后人不大可能不知道自己祖上有没有做官的，尤其是很高的官。再者，作为正二品的官员，如立碑应该也不会立个1米来高的小碑。这样的小碑往往为民间所立，如东高村镇青杨屯村原高家坟地所立民国修前清高芝墓碑，就高90厘米，宽40厘米，厚20厘米，碑上连简单的图案及纹饰都没有。况且，志书所记，李素明洪武时就已经做官了，按张庆楼老人整理的家谱，李家明朝初年才从山东过来，一个普通百姓应该不会刚到这边就做官的。所以，作者以为大北关碑上所刻的"李愫"，或者不是志书记载的"李素"。以后再行研究。

后来，李会军又让作者联系其叔叔李振全，说："他年长些，知道的比我多些。"

69岁村民李振全说："听父亲说过，李家是随龙过来的落这儿了，第一辈儿叫啥不知道了。李家老坟在村北山根下，海子水库北干渠北沿（yàn）儿那儿，有20多个坟头。是有个碑，不大，我看到的时候好像就坏了，记不住碑上有啥字了，是不是还有石人石马、是不是做过啥官都不清楚了。李家还有个李连祥，是李家最年长的，我爷辈儿的，80多岁了。"李振全听老人说的"随龙过来"，也就是明朝初年移民过来的。说过来时不知道是不是个军队的官。应该不是军队的，要是就会写着"军籍"了。如山西右布政使金纯，是永乐元年（1403年）随着营州中屯卫从塞北大宁地区徙入平谷县内，志书记载金纯就是"营州中屯卫军籍"，就是明证。

联系上82岁退休职工李连祥（图87），说："我从小就出来了，对家里的事了解不多。记得李家坟在村北菜子峪，那片有五六亩地，得有六七十个坟头，是从北往南一辈儿辈儿埋的，这片坟地没有石碑。"这时，一旁的李会军接过话茬，说："老坟南边还有一片李家坟，那儿有个石碑，也就1米多高。"李连祥老人想想，说："那儿是有个小碑，没有其他碑了，也没啥雕像。李家从哪儿来的不知道，也没听说过李家有啥大官。我父亲叫李英，爷爷叫李廷州，太爷叫啥不知道了。我有个儿子叫李全荣，还有俩女儿叫李艳玲、李艳军。有个孙子，叫李振博。"

图87　大北关村82岁退休职工李连祥（摄于2023年10月）

张姓，张庆楼老人说："我们张家是从山东过来的，第一辈儿张顺老两口儿，挑着挑子，一头挑着俩儿子（老大叫张良顺，老二叫张良福），一头挑着家用东西，辗转到张家口，清顺治六年或七年来到大北关落户。我父亲叫张德山，爷爷叫张汝齐，太爷叫张步云，老太爷叫张同，老老太爷叫张良顺，再往上就是来大北关的第一辈儿张顺了。我有俩女儿，叫张峥嵘、张艳嵘。我是'楼'字辈儿，在张家是大辈儿，七八十年前就有'楼'字辈儿的了，我下面还有六七辈儿。"

图88　大北关村75岁老村支委张玉启（摄于2023年9月）

75岁老村支委张玉启（图88）说："张庆楼我们是一个张，我父亲叫张俊楼，爷爷叫张德生，太爷叫张汝汉，再往上不知道了。我有俩儿子，张福青、张国青；一个女儿，叫张海青。张国青有个儿子，叫张良帅。"

张庆楼老人亲手整理了张氏家谱:

第一辈儿　张　顺　子二张良顺　张良福

第二辈儿　张良顺　张良福

第三辈儿　张　同　张　琨　张　瑞　张　福

第四辈儿　张伯云　张颜云　张纪云　张同云　张万封　张万仓

第五辈儿　张汝齐　张汝志　张汝净　张汝真　张汝俊　张汝义

　　　　　张汝成　张汝朋　张汝汉　张汝红　张　庸　张　芳

　　　　　张　林　张　春

第六辈儿　张德山　张德林　张德儒　张德吉　张德润　张德祥

　　　　　张德玉　张德全　张德生　张德才　张德兴　张德远

　　　　　张德元　张德刚　张德秀　张德瑞　张德金　张德荣

　　　　　张德功　张德让　张德谦

第七辈儿　张吉楼　张庆楼　张银楼　张志楼　张进楼　张瑞楼

　　　　　张洪楼　张文楼　张振楼　张层楼　张新楼　张中楼

　　　　　张增楼　张选楼　张桂楼　张宝楼　张俊楼　张颜楼

　　　　　张春楼　张　海　张　江　张　河　张瑞恒　张金楼

　　　　　张竹楼　张琴楼　张亚楼　张明楼　张步楼　张重楼

　　　　　张华楼　张英楼　张松楼　张净楼　张画楼　张彩楼

　　　　　张兴楼　张计楼　张景楼　张岑楼　张锦楼　张翠楼

　　　　　张玉楼　张江楼　张城楼　张雀楼　张海楼　张绮楼

　　　　　张书楼　张云楼　张□楼　张凤楼

第八辈儿　张玉文　张玉柱　张艳荣　张京荣　张峥嵘　张玉永

　　　　　张玉红　张玉波　张玉良　张玉连　张玉营　张满全

　　　　　张满成　张满学　张玉松　张玉生　张玉奎　张玉江

张玉东	张玉彪	张玉泉	张玉海	张玉广	张占利
张玉荣	张玉琢	张玉果	张玉山	张玉福	张玉国
张玉来	张玉坤	张玉旺	张玉盛	张玉启	张玉发
张玉宝	张玉足	张玉满	张宝玉	张树林	张立新
张立国	张玉增	张玉生	张玉文	张玉祥	张玉善
张玉玺	张玉珍	张建春	张建英	张建忠	张建华
张建业	张建邦	张建勋	张建勤	张建文	张建玉
张建江	张建光	张建明	张建维	张建平	张建刚
张建基	张建新	张玉才	张玉林	张玉俭	张玉石
张玉兴	张玉书	张玉勤	张玉军	张玉合	张玉明
张玉忠	张玉恒	张义臣	张玉庆	张玉臣	张玉廷
张玉清	张玉泰	张玉朝	张玉爵	张玉池	张玉成
张玉贤	张玉朋	张玉龙	张玉峰		

第九辈儿

张子怡	张子杨	张子晔	张 萌	张明月	张明磊
张柏柱	张柏健	张柏亮	张柏明	张 陈	张 祥
张 强	张 旭	张 佳	张 健	张秋菊	张海菊
张亚龙	张志慧	张志民	张军强	张军霞	张志军
张志国	张担子	张学军	张学林	张建伟	张志伟
张瑞刚	张爱民	张爱军	张爱连	张志强	张爱华
张志刚	张琳娜	张一凡	张大卫	张大勇	张福平
张三华	张福利	张秋增	张国青	张海青	张福青
张福庆	张福明	张秋芳	张海强	张福强	张长新
张长文	张长春	张国华	张中华	张 悦	张胜利
张 健	张庆国	张长永	张庆山	张庆江	张庆和
张庆义	张庆明	张庆云	张庆生	张立群	张立明

张海龙　张海峰　张国生　张永生　张春生　张连生

张瑞生　张雨生　张文杰　张成杰　张东革　张立军

张立功　张和平　张宏义　张小宁　张小平　张慕军

张东旺　张东升　张小涛　张宏波　张小波　张淑芹

张友良　张瑞友　张瑞林　张瑞东　张瑞德　张永恩

张永利　张天明　张秋明　张秋芬　张瑞宝　张瑞连

张瑞旺　张瑞祥　张瑞久　张瑞生　张瑞恒　张瑞民

张瑞福　张瑞启　张瑞先　张瑞盛　张瑞茂　张瑞发

张宝珍　张增先　张品先　张文先　张占先　张顺先

张长先　张福先　张国先　张德先　张贵先　张富先

张荣先　张晓东　张振刚　张振青　张振杰　张振辉

张振光　张秋同　张振宇　张青华　张国华　张满华

张振江　张振华　张振启　张振英　张占华　张立华

张宝华　张新华　张桂华　张庆华　张志华　张振申

张振合　张振海

第十辈儿　张梓钰　张梓涵　张　鹏　张炜伦　张炜幻　张久轩

张宏宇　张宏起　张兴伟　张艳杰　张明哲　张海烨

张海星　张　臣　张　媛　张　雪　张晓星　张鑫文

张晓明　张晓垒　张晓良　张国平　张晓光　张晓亮

张欣雅　张子骏　张卫东　张　同　张　禄　张雨涵

张雨琪　张　拓　张　婧　张　硕　张　寒　张　贺

张　明　张　静　张　峻　张　泊　张　塞　张文东

张立柱　张立闯　张立忠　张小峥　张立新　张立果

张建华　张志昶　张启来　张启林　张金平　张亚会

张亚志　张亚利　张亚文　张雅芝　张雅芬　张占辉

张占山	张大龙	张小虎	张宾宾	张新晔	张 硕
张 滢	张 航	张 海	张 宁	张 维	张 楠
张艺珊	张艺曼	张亚男	张亚倩	张盼盼	张丹丹
张东辉	张 彬	张 星	张 贺	张 伟	张小轩
张小航	张小远	张伟利	张小浩	张国成	张国旺
张仕鑫	张 艳	张艳军	张贺军	张春明	张秋明
张冬明	张贺荣	张维鹏	张维峰	张维明	张维杰
张永明	张永强	张永刚	张燕斌	张艳芹	

在访谈中，张庆楼老人谈及抗战时的村干部张子祥，说："原名叫张玉珍，1949年3月南下到湖南。他父亲叫张明楼，爷爷叫张德刚，太爷叫张庸。张子祥这边生有4个儿子1个女儿，老大叫张庆生，老二叫张庆云，老三叫张庆明，老四叫张庆义，女儿叫张松伶。"

张子祥之子60岁退休干部张庆龙说："父亲在湖南生有3子1女。老大叫张庆东，老二叫张庆平（女儿），老三叫张庆彪，我是老四，在家里排行最小，又称老九。三哥庆彪有个女儿，叫张雯；我有个儿子，叫张骁。"

按张庆楼老人所说，他们这个张，如从清顺治时算起，张家来大北关已三百七八十年了。

村人对张庆楼、张玉起这个张，称为"大张"，说是来得更早些，人口也多些。而张树义这个张，村人称为"小张"，说是来得晚些，人口也少些。

80岁老村副书记张树芳（图89）说："我们这个张，是从山东随龙过来的，到这边的第一辈儿叫啥不知道。我父亲叫张自利，爷爷叫张春生，太爷叫张必武，老太爷叫张选昆，老老太爷叫张荣。就是由张荣那辈儿从王辛庄搬来的，张荣的坟是名堂，20世纪70年代平整土地的时

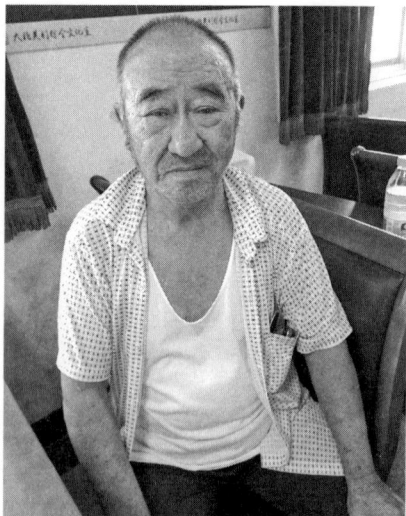

图89 大北关村80岁老村副书记张树芳（摄于2023年9月）

候，张荣的坟扒了，里边有块青砖，写着'张荣之灵位'。我有俩儿子叫张文军、张志军，张文军有个儿子叫张博，张志军有个儿子叫张含一，张博有个女儿叫张铭扬。"

这里说的"随龙过来"，应该跟常说的"燕王扫北"有关。所谓燕王，就是朱棣，为明太祖朱元璋第四子，领重兵镇守大都（今北京）。朱元璋长子朱标早逝，朱元璋死后便将皇位传给皇太孙朱允炆，这就是建文帝。建文帝即位后，与侍臣谋划削藩。燕王朱棣以"诛奸臣，清君侧"之名起兵，建文帝派兵平叛。双方在河北和山东等地进行了三四年争战。最后燕王朱棣率军攻入南京，《明史》记载，"城破，宫中火起，帝不知所终"。公元1403年朱棣登帝位，改号永乐，后又迁都北京。史称此为"靖难之役"，即民间流传的"燕王扫北"。经过元末明初的长期战争，河北地区的人死于战火，或因战乱大量外逃，造成人口急剧减少。包括平谷地区，那时也一定是人烟稀少，以致很多村落都是明、清以后成村。当然，明成祖朱棣是一位雄才大略且有作为的皇帝，就从山西、山东大量移民。所以，作者在各村访谈中，几乎一说祖先不是山西就是山东过来的。

看来，大北关村张树芳这个张，是在明朝永乐时，也就是明朝初年过来的，先到王辛庄。

关于王辛庄，作者2007年去访谈，村里老人说王辛庄过去与东古、西古是一个村，大约20世纪20年代，王姓、张姓人与东古、西古村人打官司，才分开另建了王辛庄。东古、西古都有姓张的，土谷子张朝元的张说是从西古村搬来的。园田队72岁村民张忠说，他们这个张就是从东古搬过来的，并说东古的张是从山东搬过来的。而东古、西古是抗战时期的化名，其实就是过去的西胡家务。那么，张树芳这个张，就是西胡家务的张了，且是明朝初年从山东搬过来的。

张树芳老人说到张荣的坟是名堂，一般应该是他这辈儿没过来，是下辈儿过来的，立坟时才往往将上辈儿立个名堂作为祖坟。当然，也不排除这辈儿确实过来了，去世时又葬回了老家那边。

张树义老人说："我们这个张不知道从哪儿搬来的，父亲叫张自新，爷爷叫张春生，再往上与树芳说的一样了。我有俩儿子、俩女儿。俩儿子，老大叫张全军，全军有俩女儿，叫张峰、张岩；老二叫张爱军，有个儿子叫张睿。俩女儿，叫张晓荣、张玉玲。"

郭姓，张庆楼老人记得，郭家与张家是前后脚来的，听老人说郭家和张家是老亲，并帮助整理了郭氏家谱。家谱录到第十二辈儿，下面应该还有一两辈儿，与张家辈儿数差不多，也能印证张家和郭家确实应是前后脚从山东过来的：

第一辈儿　　郭　隆

第二辈儿　　郭好贤

第三辈儿　　郭　友　郭　发

第四辈儿　　郭应选　郭强选

第五辈儿　　郭　澄　郭　澍　郭　洵　郭　汉　郭　海　郭　俊
　　　　　　郭　印　郭　应　郭　汾　郭　瑞

第六辈儿　　郭文达　郭文蔚　郭文远　郭文兰　郭文珍　郭文章
　　　　　　郭文新　郭文锦　郭文彩　郭文明　郭文林　郭文博
　　　　　　郭文奇　郭文景　郭文奎　郭文元

第七辈儿　　郭翠山　　郭景山　　郭秀山　　郭俊山　　郭静山　　郭岐山

　　　　　　郭立山　　郭恒山　　郭青山　　郭宝山　　郭学山　　郭来山

　　　　　　郭全山　　郭德山　　郭福山　　郭云山　　郭荣山　　郭岳山

　　　　　　郭昆山　　郭凤山　　郭松山　　郭中山

第八辈儿　　郭世昌　　郭世恩　　郭世增　　郭世卿　　郭世勋　　郭世儒

　　　　　　郭世禄　　郭世臣　　郭世泽　　郭世忠　　郭世伦　　郭世珍

　　　　　　郭世林　　郭世宗　　郭世祥　　郭世瑞　　郭世交　　郭世奎

　　　　　　郭世杰　　郭世连　　郭世功　　郭世启　　郭世财　　郭世发

　　　　　　郭世广　　郭大岭　　郭世均　　郭世封　　郭世恒　　郭世荣

　　　　　　郭世贤　　郭世平　　郭世春　　郭世尊　　郭世维　　郭世俊

　　　　　　郭世福　　郭世良　　郭世先　　郭满生　　郭占生　　郭全生

第九辈儿　　郭大田　　郭宝田　　郭满田　　郭玉田　　郭瑞田　　郭力田

　　　　　　郭新田　　郭雨田　　郭尚田　　郭路田　　郭广田　　郭锡田

　　　　　　郭仲田　　郭富田　　郭寿田　　郭书田　　郭同善　　郭元善

　　　　　　郭乐善　　郭告善　　郭福善　　郭友善　　郭永善　　郭宝善

　　　　　　郭维善　　郭志善　　郭明善　　郭守善　　郭广善　　郭成善

　　　　　　郭进善　　郭德善　　郭全善　　郭景田　　郭文田　　郭良田

　　　　　　郭淑瑞　　郭善田　　郭义田　　郭永田　　郭百田　　郭万田

　　　　　　郭少先　　郭荣先　　郭守先　　郭友先　　郭守田　　郭功田

　　　　　　郭庆田　　郭再田　　郭中田　　郭厚田　　郭任田　　郭泽田

　　　　　　郭久田　　郭德田　　郭顺田　　郭耕田　　郭荣田　　郭树田

　　　　　　郭增田　　郭学军　　郭雅军　　郭子瞳

第十辈儿　　郭荣富　　郭荣启　　郭荣财　　郭荣桂　　郭荣刚　　郭荣茂

　　　　　　郭荣胜　　郭荣耀　　郭荣辉　　郭荣光　　郭荣峰　　郭启奎

　　　　　　郭启祥　　郭启明　　郭启忠　　郭悦旺　　郭悦发　　郭悦才

郭悦明	郭满利	郭瑞林	郭瑞祥	郭启旺	郭金锁
郭满来	郭　悦	郭　海	郭　江	郭　刚	郭　强
郭　恒	郭　富	郭　启	郭　发	郭　明	郭　华
郭春生	郭　立	郭　旺	郭　军	郭　臣	郭　义
郭　良	郭　满	郭　斌	郭　柱	郭　健	郭百利
郭　忠	郭　剑	郭　武	郭　文	郭　福	郭宝财
郭宝旺	郭宝娟	郭利娟	郭利颖	郭国旺	郭国利
郭　兴	郭志成	郭莹莹	郭鹏飞	郭鹏宇	郭银辉
郭银明	郭兆生	郭兆启	郭兆发	郭兆才	郭兆国
郭兆海	郭兆江	郭万春	郭万香	郭万和	郭万海
郭万才	郭万义	郭万福	郭万林	郭万友	郭万盛
郭万增	郭万江	郭万成	郭小明	郭小东	郭万申
郭万芳	郭万红	郭臣良	郭富良	郭金艳	郭　志
郭　永	郭会来	郭翠兰	郭淑明	郭　杰	郭晓革
郭金默	郭雨默				

第十一辈儿

郭福银	郭玉琢	郭福明	郭福义	郭福成	郭文武
郭文贺	郭相臣	郭宝臣	郭广军	郭长军	郭良臣
郭广臣	郭艳军	郭佳兴	郭佳祥	郭金桂	郭军生
郭军志	郭军龙	郭军利	郭军义	郭军友	郭旭生
郭小飞	郭小奔	郭小刚	郭小强	郭玉梅	郭玉松
郭军良	郭军艳	郭小容	郭小春	郭鹏华	郭鹏帅
郭鹏勋	郭聪颖	郭路刚	郭路军	郭志新	郭智伟
郭时伟	郭成伟	郭冬生	郭雪生	郭润涛	郭俊涛
郭显涛	郭云峰	郭云飞	郭雨佳	郭劲峰	郭新宇
郭旭生	郭旭东	郭旭波	郭贺元	郭贺清	郭银燕

郭银波　郭紫新　郭贺峰　郭贺杰　郭贺玉　郭兴月

郭兴圆　郭郑佳　郭郑勋　郭东波　郭东霞　郭东海

郭东杰　郭东坤　郭东城　郭明辉　郭明霞　郭明利

郭新蕾　郭然然　郭明硕　郭明忠　郭明宗　郭　俊

郭树林　郭松林　郭春林　郭宝东　郭保忠　郭长明

郭宝明　郭　峰　郭文德　郭成立　郭文明　郭文发

郭艳霞　郭艳芳　郭丽咏　郭丽娟　郭鑫犇　郭文利

郭文清　郭文革　郭桂琴　郭桂平　郭静涛　郭荣珍

郭静珍　郭福利　郭福和　郭　涛　郭俊佷　郭俊第

郭俊志　郭俊男　郭占山　郭文杰　郭英男　郭宋宇

郭宏菲　郭静文　郭静滔　郭文博　郭静心　郭付存

郭付保　郭付才　郭海涛　郭海峰　郭海龙

第十二辈儿　郭　磊　郭　莹　郭亚光　郭亚力　郭　丹　郭　伟

郭　俊　郭剑波　郭俊波　郭　强　郭奥汉　郭瑞雪

郭文超　郭秉奇　郭新伟　郭凯硕　郭嘉琦　郭雄伟

郭颖新　郭颖伟　郭静伟　郭伟安　郭俊惠　郭天赐

郭海军　郭金友　郭金虎　郭新伟　郭新星　郭晶亮

郭晓俊　郭晓媛　郭　颖　郭　研

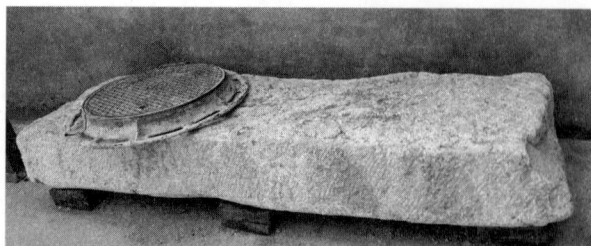

图90　大北关村委会院内南墙下保存的原村南石桥大条石（摄于2023年8月）

对刘姓不是很清楚，村人说好像是新中国成立初期，从兴隆那边搬过来的。

村委会南墙下，搁着一块大条石（图90）。

张庆楼老人说："村子向南有条路，3里来地的地方有座南台子，足有七八十亩地，西边是洼地，南台子就在路东边。从北山流下来一道水，经过村东往南，像个长条坑，在村南1里来地往西。经过村子向南的路，建了一座石桥。这道水过了桥，向西南杜辛庄那边流去，最后流入泇河。这道水过去称清沟河，上边是黄土，下边是黑土，俗称铜帮铁底运粮河。

"这座石桥，中间一座石头垒的桥墩，岸两边一边一座桥墩，上面横搭着两排大条石，每块条石有2米多长。这样，桥面南北向就有5米来长。桥面两头，分别以小些的条石或石块，铺砌2米多，以连接两边的路。所以，这座石桥实际有10来米长。桥有3.5米宽，桥面两边有石头垒砌的矮墙，相当于桥栏，人们累了，可以坐矮墙上歇息。"

根据老人所述，这是一座二孔石桥，不是拱桥，而是普通且结实耐用的平桥或梁桥。所以，老人说，桥上过去可以走大马车。老人记得，1965年曾进行维修，1975年学大寨运动中，平整土地，将石桥埋在下面了。村委会的这块大条石，就是从这座石桥上拆下来的一块条石，长2.4米，宽0.7米，厚0.33米。

2021年底，大北关村有430户，1290多人。

大坎村

大坎村，坐落于镇域南部，东邻东洼，西南接西沥津，西连桥头营，东北毗连北寺（图91）。

大坎村得名，85岁老村支委张希才说："以前是东沥津，属于小乡张辛庄乡。1958年，东沥津村分为了大坎、东洼、北寺3个行政村。为啥叫沥津？过去听老人说，东边沟河的水到独乐河就漏下去了，到沥津这边就津上来了，沥津就这么来的。北寺是个庙，据说庙门在沟河边上，

图91　大坎村委会（摄于2007年5月）

图92　大坎村委会（摄于2023年9月）

发水给冲走了。从东沥津分出来后，全村30多户，100多人。有6户住在村南边大土坎子下边，大土坎子上边住20多户。最开始也没有村名，别人都说你们村人住坎子上，就叫大坎吧，大坎村（图92）就这么来的。"

民国二十三年（1934年）《平谷县志》志前所绘"平谷全县地图"，"北寺"下面、"沥津庄"右边，写着"大楷"，是楷书的楷字，应该就是今天的"大坎"。编志者记述或绘图往往也是依据字音而写，就出现了一个事物在不同地方会有不同写法的情况。

《北京市平谷县地名志》记载大坎村："商代成村，有当时居住遗址。原称东沥津。1953年从东沥津分出，另立村庄，因地处高处的大坎上，故称大坎。抗日战争时期，化名瓦特。"

地名志记载大坎"商代成村"，即使这一带有商代居住遗址，但这居住遗址与今天的大坎应该无关，且今天的大坎人不是由商代的人一脉相承繁衍下来的。只能说早在商代就有人类在此生活居住，并留下了居住遗址。说"1953年从东沥津分出，另立村庄"，不知是否为笔误，与村人所谈有异，北寺人也基本认同是1958年分庄的。地名志记载北寺时，也说是1958年东沥津分为北寺、东洼、大坎3个村的。

大坎村哪姓先来立庄，村人说不清了，但公认张姓是大坎村第一大姓。

张姓，85岁老村支委张希才说："听老人说，张家是从山东过来的，过去也是穷，一路上连要饭带干活，就过来了，啥时候过来的不知道了。我父亲叫张福安，爷爷叫张连增，再往上不知道了。

"我有仨儿子，老大叫张小平，有一儿一女，儿子叫张亚光，女儿叫张梦圆。张亚光有个男孩，叫张泽辰。

"老二叫张军，有一女一儿，女儿叫张丽伟，儿子叫张金光。张金光有个男孩，叫张谦禹。

"老三叫张小忠，也有一女一儿，女儿叫张雪莹，儿子叫张亚旭。"

现在，大坎村张姓有100多户，200多人。

王姓，大坎村第二大姓。69岁老村书记王文才（图93）说："王家听说是从山西大槐树搬来的，啥时候过来的不知道了。我记得老太爷叫王继业，再往上不知道了。老太爷有俩儿子，老大是我太爷叫王自忠，老二叫王自顺。

"太爷王自忠有俩儿子，叫王山、王海。王自顺也有俩儿子，叫王模、王俊。

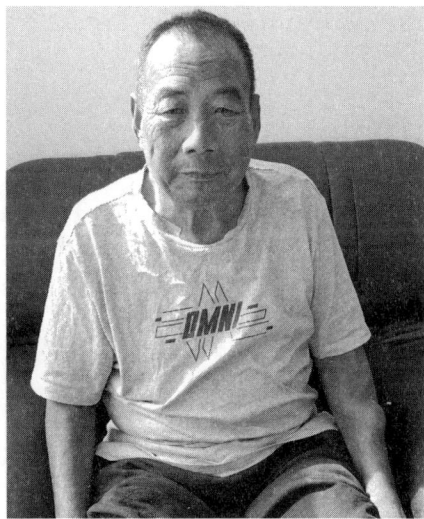

图93　大坎村69岁老村书记王文才（摄于2023年9月）

"爷爷王海有6个儿子，老大王仲元，老二叫王仲宝，老三是我父亲王仲德，老四叫王仲友，老五叫王仲福，老六叫王仲起。

"父亲王仲德有俩儿子，我是老大叫王文才，老二叫王文学。

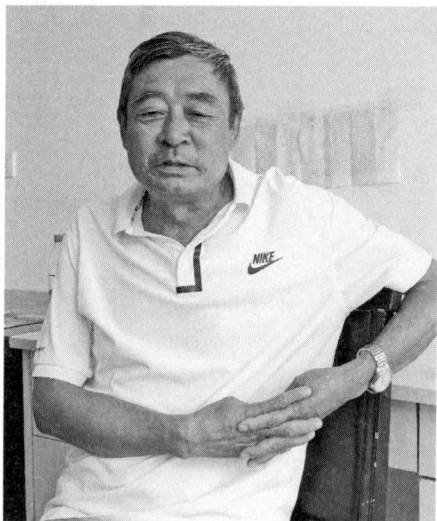

图94 大坎村59岁村支委王满旺
（摄于2023年9月）

"我有俩女儿，叫王丽艳、王丽娜；一个儿子，叫王波。

"王文学有一个女儿，叫王小溪；一个儿子，叫王寒树。"

59岁村支委王满旺（图94）说："我父亲叫王春福，爷爷叫王成，太爷叫王久和，老太爷叫王利，再往上不知道了。我有俩女儿，叫王佳、王艳。"

现在，大坎村王姓比张姓少些，有百十来户，200来人。

访谈完张、王两姓，作者便想去村里拍一下2007年调查寺庙时曾拍过的老槐树。谁知当走在村东部中间时，发现一座典型的三合套房（图95），从外面看，北为正房五间，前面是六七

图95 大坎村路景芳家老宅（摄于2023年9月）

尺的房岔，接着是东西厢房各三间，接着厢房南山墙横着垒一堵墙，中为二门（图96），二门外是五六尺宽的外院，东南角、东厢房山墙外侧为朝东开的大门（图97，图98）。细看，只有北正房翻盖过了，东西厢房、大门楼、二门楼保存着原貌，起码有百八十年了。像这样的老民居，

图96　大坎村路景芳家二门楼（摄于2023年9月）

图97　大坎村路景芳家大门楼（摄于2023年9月）

图98　大坎村路景芳家大门楼门洞北侧墙垛放灯的灯窑（摄于2023年9月）

全区已不多见。经了解，这是退休干部路景芳家的房子。路景芳作者认识，20世纪70年代曾在北杨家桥公社工作，那时作者还在北杨家桥公社所属的云峰寺村里。恰巧路景芳就在门外不远处整理东西，上前询问，已然77岁了，并认出作者。先从路姓谈起。

路姓，大坎村第三大姓。路景芳老人（图99）说："路家是从东街搬来的。东街就是东洼，还有西街就是大坎，北街就是北寺，这仨村在一块儿时叫东沥津。过去村南边手一扒就出泉，一到张辛庄就没

图99　大坎村77岁退休干部路景芳在二门楼前留影（摄于2023年9月）

105

有了。沟河就从这儿津上来，这村在东边就叫东沥津，那村在西边就叫西沥津。大坎村东边，有一条南北向路，称为大坎东路。以此为界，路东边是东洼，路西边是大坎，不注意还以为是一个村呢。

"我们与东洼的路是一个路，听说是从北上营搬过来的，当时过来的时候是老哥儿俩，到我这儿够8辈儿了。父亲叫路富，爷爷叫路德幅，太爷叫路亮，老太爷叫路井峰，再往上不知道了。我有一个儿子叫路桥，有个孙女叫路明珠。"

现在，大坎村路姓有四五十户，百十人。

图100 大坎村路景芳家老宅东厢房（摄于2023年9月）

图101 大坎村路景芳家老宅西厢房（摄于2023年9月）

说到这座房子，路景芳老人记得："正房，原是一个三河人的，土改时分给他的。后来他回老家了，就把房子卖给了我二大爷（ye）路银。东厢房（图100）土改时分给了村里的靖文祥。靖文祥家需要地，我二大爷就把自家的一块地给了靖文祥，靖文祥把东厢房给了我二大爷。当时是以地换房子，谁也不贴补。西厢房（图101）土改时分给房子本主王振坤了。20世纪60年代中期，即'四清'后，'文革'前，路银把土改时分的前院的房子给了王振坤，王振坤把西厢房给了路银，以房换房，是对换，互不补贴。实际上，从南往北，这溜房子分前院、中院、后院，我们这房子就是原来的后院。"

2007年5月，作者来村调查寺庙时，看到村中一家老房子，墙上还写着"文革"时"无产阶级文化大革命万岁"的标语（图102），大致写于

图102　大坎村一家老房子，墙上还写着"文革"时的标语"无产阶级文化大革命万岁"，也是一个时代的烙印了（摄于2007年5月）

20世纪60年代末70年代初，也是一个特殊时代的烙印了。经了解，这是王秀琴的家，近年已经翻盖了。

2021年底，大坎村有208户，680多人。

图103　东洼村80岁老书记路满来（摄于2023年9月）

东洼村

东洼村，坐落于镇域南部，北邻北寺，西接大坎，鱼子山石河从村东流过。

东洼村得名，80岁老村书记路满来（图103）说："过去东洼、大坎、北寺3个村是一个村，叫东沥津。张辛庄往上叫独乐河，沟河

图104 东洼村委会（摄于2007年5月）

水都漏地下去了，到我们这儿水又冒出来。这地方洼，又在东边，建成村了随口就叫东洼（图104）。"

《北京市平谷县地名志》记载东洼村："商末成村，有居住遗址。原属东沥津，后于1953年从东沥津分出，因地势低洼，又在大坎东面，故称东洼。抗日战争时期，化名瓦特。"

地名志记载东洼"商代成村"，即使这一带有商代居住遗址，但这居住遗址与今天的东洼应该无关，且今天的东洼人不是由商代的人一脉相承繁衍下来的。只能说早在商代就有人类在此生活居住，并留下了居住遗址。地名志写东洼"1953年从东沥津分出，另立村庄"，或为笔误。尽管东洼人未曾谈及哪年分村，但北寺和大坎两村人所谈，基本认同东沥津是在1958年分为北寺、大坎、东洼3个行政村的（图105）。

图105 东洼村委会（摄于2023年9月）

路满来老人说，东洼村主要有路姓、马姓、李姓、张姓4大姓，还有一些小姓，如王姓等，路姓占全村人的大约80%。72岁村民马宝龙说："听说东洼是马家、申家前后脚来立的庄。"

路姓，路满来老人记得："听说路家是老哥儿俩从山东挑过来的，有多少辈儿了不知道。我父亲叫路胜，爷爷叫路德举，太爷叫啥不知道了。我有俩儿子，大儿子叫路月明，二儿子叫路月宾。月明有个儿子路涛，有个女儿路畅；月宾有俩女儿，叫路新宇、路宇奇。"

大坎77岁退休干部路景芳说，他家是从东街搬来的，特意说东街就是东洼，与东洼是一个路，并听说是从北上营搬过来的，在东洼并未谈及。所说有异，暂且存疑，方便时再行研究。

马姓，马宝龙老人（图106）说："听说马家是从山东搬过来的，到这儿的第一辈儿叫啥不知道了。父亲叫马继祥，亲爷叫马财，是老三；我还有个大爷叫马顺，一辈子没结婚，我父亲过继给了大爷；父亲这辈儿哥儿仨，父亲是老大，老二叫马继贤，过继给了二爷马有，老三叫马继胜。我们这辈儿，大排行哥儿十个。我家这边是哥儿仨，老大叫马荣，我是老二马宝龙，老三叫马芝；二叔家哥儿四个，老大

图106 东洼村72岁村民马宝龙（摄于2023年10月）

叫马增，老二叫马忠，老三叫马子贵，老四叫马来贵；三叔家哥儿仨，老大叫马存，老二叫马志，老三叫马宝金。我有个儿子叫马长辉，有个女儿叫马长旭。我还有个孙子，叫马梓淋。"

李姓，56岁村书记李长军（图107）说："李家从山东过来的，我父亲叫李才，爷爷叫李进富，太爷叫啥不知道了。我有俩儿子，老大叫李

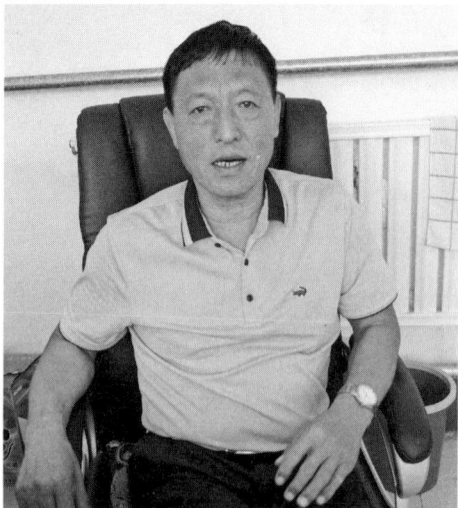

图107　东洼村56岁村书记李长军
（摄于2023年9月）

图108　东洼村58岁村支委张秋利
（摄于2023年9月）

亮，老二叫李浩。李亮有俩女儿，叫李思桐、李思沐；李浩也有俩女儿，叫李思诺、李思谨。"

张姓，58岁村支委张秋利（图108）说："我们这个张是从中胡家务搬过来的，张家在中胡家务是大户，据说是从山东搬到中胡家务的。父亲姓张，母亲是这村的，娘家姓路。我爷爷在北京种地摔死了，奶奶就带着我父亲到这儿。等土改复查时，我大爷（ye）又回到中胡家务了，我一个叔叔在北京。到这边我奶奶又生我老叔、老姑。这边的爷叫路巨，让我们还姓张。我有个女儿叫张艺欣，有个儿子叫张磊，孙女叫张晓晶。"

2021年底，东洼村有280户，830多人。

李辛庄村

李辛庄村，坐落于镇域南部，东连南独乐河镇张辛庄，南邻北寺，西北接小北关。

图 109　李辛庄村 69 岁村民李国成
（摄于 2023 年 9 月）

李辛庄得名，69 岁村民李国成（图 109）说："开始就叫李辛庄，据说是三河大道李旗庄的姑奶奶陪送的烟粉地。听说那边是清代一位侯爷，是陪送他妹子的烟粉地。"

61 岁村干部张宝明说："过去也有人说，是三河大道李旗庄陪送了烟粉地，得雇长工干活，长工姓李，落这儿了，就叫李辛庄（图 110）。"

村人说的是，"辛"字虽是"辛苦"的辛，但意同"新旧"的新，意思是李辛庄是个新建立时间不是很长的村庄。比如清康熙六年（1667年）《平谷县志》"地理志·乡社·村庄"中，

图 110　李辛庄村委会（摄于 2007 年 5 月）

有"大新寨，八里；小新寨，七里"的记载，都写作新旧的"新"字。民国九年（1920年）《平谷县志》"卷一·地理志·乡社·村庄"第一区所属村庄中，有"小辛寨，七里；大辛寨，十里"的记载，就写作辛苦的"辛"字了。又如清乾隆二十五年（1760年）《三河县志》"卷之六·

乡闾志·村庄"记载：在"正北路忠二乡"，有"魏家新庄"。民国二十四年（1935年）《三河县新志》"卷之六·经制志·乡闾篇·村庄户口"所列"三河县第八区户口调查表"中，已写作"魏辛庄"，且延续至今。现在，区内村落中，用"新"字的不少，用"辛"字的也不少。

李国成说："李辛庄后来才改为北辛庄。过去都说是先有北寺，后有北辛庄。"

图111　李辛庄村委会（摄于2023年9月）

75岁村民于春合接过话茬："过去老百姓说，北寺的地在李辛庄北边，北寺的人一问到哪儿干活儿去，都说到北辛庄干活去。一来二去，李辛庄就叫成北辛庄了（图111）。"

李国成说："一九九几年，县里来人，说乐政务那边还有一个北辛庄，你们就叫南辛庄吧。当时的村书记是尉怀春，说我们村够难的了，要不还叫老名李辛庄吧。"

文旅局干部张晓强就是李辛庄人，作者托其进一步了解，1944年出生的尉怀志，在1970年至1973年和1979年至1984年，曾两次任村书记。他说一开始就叫李辛庄，不知道啥时候改的北辛庄，也记不清啥时候又叫李辛庄的。张晓强又问村里多年的老会计，是个老太太，她记得挺清楚的，说她是1974年或1975年当的会计，是在10多年以后，才由北辛庄改叫李辛庄的。

村里人所说不一，综合来看，村名由北辛庄改为李辛庄或大致在20

世纪90年代初了。以后如发现档案等资料有确切记载，再行修改。

至于立庄，访谈村里老人，啥时候立庄、谁先来立庄都说不清楚。

张晓强问到70多岁的王自光，他过去听老人说，李辛庄是他们这个王家先来立的庄，这个王家是从大坎搬过来的。大坎、北寺、李辛庄和西山（在密云）的王，都是一个王。王家到他这儿，有十一二辈儿了。

这样看来，王自光下面起码还有两辈儿。也就是说，王家到这儿有十三四辈儿，330年上下，大致在清康熙时过来的。也就意味着，如李辛庄是王家先来立的庄，则大致立庄于清康熙时了。

村名叫李辛庄，75岁村民于春合说："其实李辛庄并没有姓李的，国成这个李是后来的。"

张晓强经与79岁老村书记尉怀志（图112）了解，尉怀志老人说："过去说是三河大道李旗庄一家财主，陪送闺女的60亩烟粉地。都说是侯爷。也有说是叫李七侯、李八侯，康熙年间在昌平那边开有镖局。李辛庄过去是有一家姓李的，叫李陈。李陈是从西古招过来的，西古那边姓陈，丈人这边姓李，叫李殿元，就改随这边姓了。当时李家在村里就是干活的，没有地。后来有钱了，才置了点地。"

《北京市平谷县地名志》记载李辛庄村："商代成村，有商代居住遗址，时名不详。据传，清朝时三河县李旗庄有个财主，在该地雇长工种地，以后形成村庄，起名李新庄，后来演变为李辛庄。因该村又在北寺北面，故改称北辛庄，后又因与

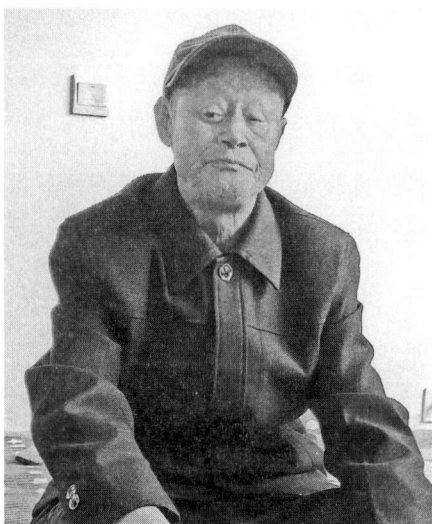

图112　李辛庄79岁老书记尉怀志（摄于2023年10月）

113

乐政务乡的北辛庄同名，于1981年仍恢复李辛庄旧称。抗战时期，化名三河李。"

地名志记载李辛庄"商代成村"，值得研究。即使这一带有商代居住遗址，但这居住遗址与今天的李辛庄应该无关，且今天的李辛庄人不是由商代的人一脉相承繁衍下来的。只能说早在商代就有人类在此生活居住，并留下了居住遗址。

这里谈及乐政务乡及北辛庄，2000年6月以前，区内设有乐政务乡，辖许家务、莲花潭、放光庄、杨家会、井儿峪、北辛庄、翟各庄、东杏园、西杏园、乐政务10个行政村，北辛庄在其中。2000年6月，撤销乐政务乡及王辛庄乡，合并设立王辛庄镇。至今，北辛庄隶属于王辛庄镇。

地名志记载"1981年仍恢复李辛庄旧称"，与村人所谈有异。

民国九年（1920年）《平谷县志》"卷一·地理志·乡社"中"村庄"第五区，有"李辛庄，十一里"的记载，志前所绘"平谷县地图"则标示有"北辛庄"。民国二十三年（1934年）《平谷县志》"卷二下·经政志·自治"记载"现时区镇乡村"第三区，有"第二十五乡，李辛庄"的记载，志前所绘"平谷全县地图"依然标示为"北辛庄"。这是否意味着两个村名同时都用呢？只是到了20世纪90年代初，为回避村落重名，才彻底改为"李辛庄"，不再称呼"北辛庄"了。

于春合老人（图113）说："我们于家从哪儿搬来的不知道，过去家穷，我爷爷给蓟县那边看坟，从那边又搬回老家。父亲叫于立田，父亲那辈儿哥儿四个，老大叫于福田，老二叫于有田，我父亲是老三，老四叫于普田。爷爷不知道叫啥，我从小就没看见。我有个儿子叫于庆华，还有个孙女叫于淼。我们村于家有十五六户，60来人。"

李国成说："我们这个李，是我爸爸在这儿做买卖，就招这儿了。"

于春合老人接着说："那年发大水，李家逃荒到这儿。他爸爸会做香油，入赘了老于家。"

李国成说："我们李家是香河的老家，父亲叫李俊海，香河那边的爷爷不知道叫啥。这边跟着于家过，这边的爷爷叫于清连。于清连有个儿子死了，儿媳妇就招了我爸爸。我这辈儿哥儿仨，我是老大，老二叫李国生，老三叫李国金。我有个儿子叫李朋，孙子叫李宇乾。我们李家就3户，十几个人。"

图113　李辛庄村75岁村民于春合（摄于2023年9月）

61岁村干部张宝明说："张家是从张各庄搬过来的，第一辈儿就是我爷爷。父亲叫张义，爷爷叫张景顺，再往上不知道了。我儿子叫张硕，还有俩女儿，大女儿叫张雪莲，二女儿叫张慧璇。我有个孙女，叫张婉彤。"

"我们张家有六七十户，还有刘家百十来户、任家七八十户。"

2021年底，李辛庄村有330多户，1020多人。

桥头营村

桥头营村，坐落于镇域西南部，东连西沥津，西南邻兴谷街道上纸寨，北接小北关。

桥头营村得名，78岁村民杜义过去听老人说，村东边有个大桥，是个石头桥，村名应该跟这有关。桥下面是个小河沟子，从山东庄、北辛庄那边流过来的。桥东西向，有十几米长，3米多宽，大条石铺的。在桥西头北边有个石碑，碑上写着好多的人名。后来在石桥下游建了新桥，

图114　桥头营村委会（摄于2007年5月）

图115　桥头营村委会（摄于2023年9月）

郭松林老人说："过去桥头营村有周、李、杨、王、郭、杜等姓，比较杂，到底哪姓来得早不知道了，村里现在是周、李、杜三大姓。"

杜姓，78岁村民杜义（图116）说："我们杜家是从东胡家务搬过来的，东胡家务又叫东胡家府，现在叫北屯。是我太爷那辈儿过来的，太爷叫啥不知道了，爷爷去世早也不知道叫啥，父亲叫杜昆海。我有俩儿子，老大叫

这桥不用了，就拆了（图114，图115）。

81岁村民郭松林说："拆桥大致在1958年前后。石碑有2米来高，两边砌有砖垛，把碑砌在里边。不知道啥时候立的碑，也不知道碑上有啥字。"

《北京市平谷县地名志》记载桥头营村："明代成村，当时有兵营驻扎，因村东有一座石桥，故得名桥头营。抗日战争时期，化名勒特。"

图116　桥头营村78岁村民杜义
（摄于2023年9月）

杜宝军，老二叫杜宝仓；有个女儿，叫杜青萍。杜宝军有俩儿子，叫杜晓宇、杜晓彬；杜宝仓也有俩儿子，叫杜森、杜文。杜晓宇有俩女儿。"

杜家已见着7辈儿人了，最小一辈儿尚未成年，以每辈儿25年、6辈儿计，杜家来桥头营150年上下，大致在1870年前后，即清同治末期、光绪初期。

现在，杜家有20多户，六七十人。

郭姓，郭松林老人（图117）说："我们郭家好像是从小辛寨那边搬过来的。父亲叫郭成方，爷爷叫郭进宝，就是爷爷那辈儿过来的。

"父亲这辈儿老哥儿仨，老大不知道叫啥了，他在北京开一家鞋铺，一直没回来。父亲是老二，老三叫郭成志。

"父亲有个女儿叫郭桂珍，没有男孩儿，就把我抱养了。听说我是平谷城东门口的，那边姓王。我有俩女儿，老大叫郭艳伶，老二叫郭艳芳。有个儿子，叫郭艳军。有个孙子叫郭家豪，有个孙女叫郭宇航。

图117　桥头营村81岁村民郭松林（摄于2023年9月）

"三叔郭成志，有俩儿子，老大叫郭强，老二叫郭富。有俩女儿，大女儿叫郭连英，二女儿叫郭连荣。郭强有一儿一女，郭富有一个儿子。"

周姓，81岁村民郭松林说："周家，如周自顺、周自福，是老哥儿俩。周自福儿子周全，周全儿子周大龙；周自福另一个儿子周庆，周庆儿子周二龙。周家还有如周才，有俩儿子，叫周维新、周维芳。又如周营，有俩儿子，老大周连生，周连生有个儿子周铁创；老二周连祥，搬到了魏太务。"

李姓，78岁村民杜义说："李家'寿'字辈儿就有十几个，如李增寿、李尊寿，这是亲哥儿俩。还有如李兴寿、李义寿、李连寿、李朋寿、李福寿、李有寿、李禄寿、李洪寿、李云寿等。"

桥头营保存一眼老井（图118）。《平谷文物揽胜——北京市平谷区第三次全国文物普查资料汇编》记载：

图118　桥头营村老井（摄于2011年）

古井位于桥头营桥西北侧，井口条石垒砌，长方形，长0.76米，宽0.74米。井壁圆形，山石垒砌，直径为1米。井深3.8米。现井口用条石封盖，但井里仍有井水。

2021年底，桥头营村有420户，1090多人。

山东庄村

山东庄村，坐落于镇域中部，东连南独乐河镇公爷坟，南邻李辛庄，西接大北关，北部毗连鱼子山。

为编写《山东庄史话》，2023年9月，作者就山东庄得名等来村访谈，86岁老生产队长张祥说："据说是村子建在庙山东边，就叫山东庄（图119）。"

图119　山东庄村委会（摄于2007年3月）

这里说的庙山，就是上有轩辕庙的那座山，村人称为庙山。

2016年9月，为市旅游委编写《山东庄》小册子，作者也曾来村访谈。84岁退休教师李谦（图120）说："除去村子在庙山东边的说法外，我记得还有一个说法：当初一部分人是从山东搬过来的，落户到这儿后，就起名山东庄，为的是纪念和不忘他们是从山东来的，山东是他们的根儿。"

此说亦觉可信，因为村中张姓、杨姓、李姓等村中大户，都是从山东迁过来的。

2016年9月，78岁的村民刘守仁（图121），曾参加1962年村史编写。他说："慈福寺山门内甬路两侧有6通石碑，其中一通碑上写着山东庄建庄的事。编写村史时，他还去井沿（yán）儿看石碑上的刻字。早在战国时，这里已形成村落。全村有五大姓氏，也就是占山户，白

图120　山东庄村84岁退休教师李谦在座谈中（摄于2016年9月）

图121　山东庄78岁村民刘守仁在座谈中（摄于2007年3月）

姓、商姓、张姓、李姓、杨姓。有4个自然村，白家庄，在现在村东南角；枣林庄，也就是广成老街，在村东北角，鞋底坑（kèng）东半部，就是现在林业队、鹿场一带，据说广成子曾在枣林庄捉过妖；小桃园，

在村西北，大寺（慈福寺）左右；文家庄，也叫卜子庄，在现在村委会西边。金大定九年（公元1169年）并村，因在轩辕庙的庙山东边，故称山东庄。"刘守仁老人肯定地说，有个碑上确实就这么写的。

2023年9月来村座谈时，刘守仁长子刘铁利参加了座谈，随后带来了2001年刘守仁整理的《山东庄村史》稿，写道：

据县志记载和原村史记载：山东庄建村大约在南北朝时代，那时山东庄已经有了村址，不过住户很不集中。在唐朝贞观三年（公元629年），山东庄已经有了4个自然村：位于现在的村西北即现在的大寺左右，叫小桃园。位于本村正北即现在的后道，东坝左右的自然村，叫枣林子。位于庄西南即现在的大街西头（西大门外）以西的自然村，叫文家庄，也叫卜子庄。位于现在的东上台左右的白家庄。以上有慈福寺石碑为证（此碑解放以后运到前街井沿搭井台用了）。

在金朝大定九年（公元1169年）时，正是北宋孝宗赵昚（shèn）道元五年，金朝第四代皇帝金世宗完颜雍为了加强统治规划，在北方实行并村。因此，把小桃园、枣林子、白家庄、文家庄四村合并为一个行政村叫山东庄。因这四村都在渔山（庙山）之东，故称山东庄（图122）。

村史稿所写与2016年所谈，前后不一。

慈福寺的石碑

图122　山东庄村委会（摄于2023年9月）

现在在哪儿呢？记得刘守仁老人说，1950年秋后打村南前街井，将这些石碑铺井台上了。也就是说这些碑刻没有毁坏，如以后街道施工等，这些碑刻倘能清理出来，对慈福寺、山东庄乃至平谷地区的历史文化研究，是具有重要价值的。届时，碑上的碑文究竟如何记述山东庄建庄的，战国时这里有无村落，或是什么村落，再深入具体研究。清康熙六年（1667年）《平谷县志》"下卷·艺文志·文类"收录的明正德四年（1509年）山西右布政使金纯所撰《重修慈福寺记》碑文，未见此记述。

《北京市平谷县地名志》记载山东庄："秦汉时期已成村，名广成。金、元时期仍称广成。明代称山东庄至今。因村西有庙山，山上有轩辕庙，村在庙山东面，故称山东庄。抗日战争时期化名沽冶。"地名志所记"秦汉时期已成村，名广成。金、元时期仍称广成"，不知所依何据，与刘守仁老人所谈相似。

由村人先后所谈，可以看出如今村中这些主要姓氏，基本应为明时迁来，有些姓甚至来得更晚些。当然，也不排除金元之际，尤其元朝末年战乱，这里有人家，但也早已逃亡他乡，致使这里荒无人烟了。

2016年9月，来村访谈，村人公认，张姓、杨姓、李姓、刘姓、王姓等，为山东庄村大姓。

张姓，73岁老村干部张俊（图123）说："我们这个张，据说是从峪口搬来的，一挑子挑来的，我们住在前街，就叫'前街张'，有70多户，200多人。"

谈及张姓，村人说，山东庄不

图123　山东庄73岁老村干部张俊在座谈中（摄于2016年9月）

图124 山东庄老村书记杨友
（摄于2016年9月）

是一个张，张品正那个张是从山东过来的，先到张辛庄，而后再到这儿。这个张全村有200多户，600多人。

杨姓，老村书记杨友（图124）脱口说出："我们这个杨，从山东随着'燕王扫北'过来的，落到这儿，过去有家谱。村里有3个杨，其中一个杨过去是旗人，那就到清代了。"

李姓，84岁退休教师李谦说："李家是从山东大柳树搬过来的，来这儿的始祖叫啥、多少辈了都不知道了。"

李姓现在有80多户，300多人。

刘姓，78岁村民刘守仁（图125）说："刘家从山西大槐树迁来的，是安徽凤阳人，始祖刘鑑，跟着朱元璋起事，在军队中是个'统制'，大概相当于一个营长。后落脚到山东

图125 作者到78岁刘守仁家中访谈（摄于2016年10月）

庄。当时好像是老哥儿仨，有一个落河北滦县大刘庄，有一个落这儿，另一个听我大爷说好像落在西鹿角了，与常姓是当（dàng）家子，过去说是'常''刘'是一家。山东庄刘家和李辛庄刘家、南独乐河镇刘家河刘家，据说是一个刘。到我这儿，是第二十二代。我太爷刘启芳，同治年间进士，云南开化府做过知府，落在四川，是四川政协委员，1964年去世。"

有清一代，只有嘉庆元年进士、放光村贾名伸。查阅民国二十三年（1934年）《平谷县志》，"卷五·人物志·中学以上毕业"有"刘启芳"，但"刘启芳"不是进士。

刘启芳，字春圃，山东庄人，北洋陆军大学第一期毕业。历官开化府知府兼该府统带，民国四年充四川兵工厂厂长，十七年任滇军总指挥部参谋长，授陆军少将。

石姓，70岁退休职工石振（图126）说："石家据说也是从山东过来的，先到北寺，后来落到这儿。我父亲叫石有玉，爷爷叫石祥，太爷叫石殿左。就是太爷那辈儿过来的。父亲92岁了，抗日那时候出去的，师级，离休后住在大连一个干休所。我儿子叫石鑫磊，孙女叫石梦瑜。"

图126　山东庄村70岁退休职工石振（摄于2016年9月）

这次访谈，村里老人谈到了山东庄村历史上两个较为有名的人物，都出自张家。一是张国栋，说张家还有个人中了举人。

查阅民国二十三年（1934年）《平谷县志》"卷五上·人物志·科第·武举"记载："张锡焕，字晋三，山东庄人。光绪己丑科，由武生中式。""光绪己丑"，为光绪十五年（1889年），清晚期了。平谷历史上武举不多，有清一代，仅此一人。

张国栋为张锡焕侄，是个大地主。1991年北京出版社出版的《平谷革命史》"第一章 绪论"中记述："山东庄张国栋是个封建官僚大地主，外号'大白薯'。他伯父张锡煐是清末的武举，依仗权势，强买民房，修建一座豪华的住宅，面积几十亩，占据大半个村庄。院四周修筑高大的围墙，墙头上有垛口，墙角筑有碉楼，安放着'大抬杆儿'（一种大型火枪），向人民炫耀威武。张家占有土地3000多亩（一说4800多亩），占全村土地的80%，外村还有土地。自营土地600亩，其余出租。他常借物价上涨时机，不断出当土地，回赎再当，从中取利。抗战前夕，虽称家境有些衰落，但还雇用长工30多人。张家还多次承包花果捐，任意提高税额，搜刮民财。"

村里老人谈及张国栋，还记得是个大胖子，约一米九的大个子，人送外号"大白薯"。他家一是地多，究竟有多少地不知道，反正村里2/3的地都是他的。二是房多，他家的房子，在村中心，从南到北有四五进，约300米长，门都是贯通的，所谓穿堂过屋。东西有400多米宽，设有东大门、西大门。院子四遭有围墙，围墙上垒砌着像长城那样的垛口。在围墙的西南角和西北角，各垒砌一座碉楼，就像炮楼子一样，二层，2丈多高，一间见方，四面辟小窗口，可以眺望。夜间，有人在上面打更（jīng）。对于这院子，张家就一样不称心，西南缺一角，不是方方正正的。其实就十六七平方米大的地方，是村里老刘家的。张国栋一直想把这个地方买过来，就与老刘家商量，说你要多少钱我给多少钱。老刘家人说，你就是用现大洋码五尺高，把那块地儿码满了，我也不卖！后来，老刘家干脆在那儿还盖了座磨道。张国栋平常穿着打扮较为简朴，看上去不像个阔财主。他家在天津等地有买卖铺子，新中国成立前就与家人出去了，后来落（lào）在了良乡。

2023年9月，再来村访谈，所谈更为细致些，是对上次访谈的补充。

86岁老生产队长张祥说："山东庄张、杨都是大户，杨还有杨春发那个杨，是小北关的杨。张也不是一个张。"62岁村民刘铁利接过话茬，说："山东庄有四五个张。"

杨姓，山东庄村85岁村民杨振（图127）说："杨家据说是从山东过来的，杨家坟在村北山杨波峪下边，有八九亩地。父亲叫杨德宝，爷爷记不住叫啥了，是前清的武秀才，有顶戴花翎，能骑马搭弓射箭。我有5个女儿，叫杨晓燕、杨晓霞、杨晓静、杨晓轩，老五从小给到北屯宋家，叫宋建文，是现在的村书记。"

图127　山东庄村85岁村民杨振（摄于2023年9月）

张姓，张祥老人说："张姓其中一个是山东庄'大白薯'的张，老祖坟在村东南二队社场旁边，有一二亩地。后分开了，在轩辕庙西边洼地，有十几个坟头。'大白薯'叫张国栋，'大白薯'是外号，听说是用花辘轳车装白薯，他在车上坐着，白薯也长得挺好的，村人见了，说这'大白薯'！一来二去，就把他叫'大白薯'了。

"我们这个张，听说是从山东老哥儿俩挑挑子挑过来的，老哥儿俩叫啥不知道了，到我这儿多少辈儿也不知道了。过来以后，在民国初年，还曾到兴隆那边开荒种地，后来闹土匪，又回来了。我父亲叫张俊荣，爷爷叫张银，再往上就不知道了。张家是五辈儿单传，有一辈儿没儿子，从贾家抱养了一个。我父亲这辈儿哥儿俩，有个弟弟叫张俊峰。我有俩女儿，一个叫张爱华，一个叫张爱萍。有个儿子叫张爱军，有个孙女叫张月影。"

张祥老人说："张家坟北边是毛知府的坟，毛家出了个大官，后来全家被斩。据说，当初请个风水先生瞧风水，选墓地，说这个地方好。毛家答应风水先生给养老，可后来对人家不好，把人家轰走了。风水先生的徒弟知道了这件事，就来到毛家，说，这坟地要是再往下挖一尺，老爷您不止当知府。知府一听高兴了，马上着人去挖。结果挖出一个倒扣的铁锅，一掀开，底下有一盆水，水里有两条鱼。趁着铁锅一掀开，一条鱼蹦出去了，一条鱼正往上蹦，挖的人赶紧把锅一扣，就把那条鱼扣在锅沿上，头被叉断了。这风水就给破了。据说过了没几年，毛知府就被斩了，家就败了。现在，毛家早没人了。"

刘姓，62岁村民刘铁利说："刘家是从山西大槐树来的，第一辈儿是刘鑑，到我这儿是第二十五辈儿了。我父亲叫刘守仁，爷爷叫刘祖训，太爷叫刘启亨，老太爷叫刘献廷，老老太爷叫刘尚和，再往上是刘崑、刘思明、刘舜，刘舜是第十七辈儿。我儿子叫刘云龙，孙子叫刘菲凡。"

刘守仁说自己是第二十二辈儿，其子刘铁利则说自己是第二十五辈儿，所说其他亦有不一致处。一并存此，供人研究。

2019年，刘铁利在其父整理的家谱基础上，重新整理了山东庄刘氏家谱，依谱抄录如下：

第一辈儿　刘　鑑　子二刘永安　刘永顺

第二辈儿　刘永安　子一刘　成

　　　　　刘永顺　不详，一说入赘西鹿角常姓，故此常姓与我颇有渊源

第三辈儿　刘　成　子四刘继祖　刘继宗　刘继文　刘继武

第四辈儿　刘继祖　子一刘　广

　　　　　刘继宗、刘继文、刘继武三昆仲不知所终

第五辈儿　刘　广　子一刘文远

第六辈儿　刘文远　子一刘　胜

第七辈儿　刘　胜　子一刘志通

第八辈儿　刘志通　子一刘举

第九辈儿　刘　举　子三刘广成　刘广斌　刘广来

第十辈儿　刘广成　子三刘　信　刘　桐　刘　春

　　　　　　刘广斌、刘广来兄弟所终不详

第十一辈儿　刘　信　子一刘景泰

　　　　　　刘桐系刘苍、刘才祖，后几世不详。刘春不详

第十二辈儿　刘景泰　子一刘　珍

第十三辈儿　刘　珍　子一刘福兴

第十四辈儿　刘福兴　子三刘　忠　刘　义　刘　德

第十五辈儿　刘　忠　子二刘长富　刘长发

　　　　　　刘义后三世不详，刘德不知所终

第十六辈儿　刘长富　子一刘　舜

　　　　　　刘长发　子一刘　禹

第十七辈儿　刘　舜　子三刘思明　刘思聪　刘思扬

　　　　　　刘　禹　子二刘思成　刘思忠

第十八辈儿　刘思明　子一刘　崑

　　　　　　刘思聪　子二刘　云　刘　英

　　　　　　刘思扬　子二刘　金　刘　银

　　　　　　刘思成、刘思忠不详

第十九辈儿　刘　崑　子三刘尚和　刘尚景　刘尚目

　　　　　　刘　云　子二刘尚文　刘尚武

　　　　　　刘　英　子一刘尚启

　　　　　　刘　金　子二刘尚德　刘尚友

　　　　　　刘银不详

第二十辈儿　刘尚和　子一刘献廷

刘尚景　子二刘献文　刘献武

刘尚目　生理有疾，无后

刘尚文　子四刘　生　刘　立　刘　恩　刘　清

刘尚武　子一刘　森

刘尚启　去了兴隆，不详

刘尚德　子二刘　启　刘俊过继给尚友

刘尚友　无子，过继尚德子刘俊

刘尚发　刘义后人，前四世不详。子二刘　宪刘　凤

第廿一辈儿　由此辈儿起多已不排，故按辈儿排行简记

刘献廷　刘献文　刘献武　刘　生　刘　立　刘　恩

刘　清　刘　森　刘　启　刘　俊　刘　宪　刘　凤

刘　苍　刘　财

第廿二辈儿　刘启俊　刘启芳　刘启亨　刘启元　刘启昌　刘启庸

刘启泰　刘启尊　刘启□　刘启林　刘启汉　刘启云

刘启刚　刘启兴　刘启增　刘启贵　刘启隆　刘启财

刘启福　刘启禄　刘启文　刘启武　刘启□　刘启儒

刘启顺　刘启祥　刘启明　刘启芝　刘启发　刘启瑞

第廿三辈儿　刘祖甄　刘祖荫　刘祖成　刘祖光　刘祖武　刘祖贤

刘祖克　刘祖舜　刘祖训　刘祖培　刘祖熙　刘祖恩

刘祖泽　刘祖庆　刘荣庆　刘祖全　刘祖满　刘祖存

刘祖香　刘　旺　刘　连　刘　全　刘　海　刘　华

刘　沛　刘　发　刘　甫　刘　明　刘　军　刘　柱

刘　敏　刘柏东　刘　满　刘　辉　刘　义　刘　云

刘　江　刘　海　刘　学　刘海旺　刘　庆　刘友财

	刘万财	刘友旺	刘友贵	刘庆云	刘庆祥	刘 彦
	刘富荣	刘富春	刘福成	刘富宽	刘富全	刘富真
	刘富友	刘富河	刘富海			
第廿四辈儿	刘守信	刘守合	刘守刚	刘守志	刘守瑞	刘守阙
	刘守仁	刘守玉	刘守发	刘守德	刘守廷	刘守春
	刘守芝	刘守祥	刘守义	刘守诚	刘守芳	刘守林
	刘守旺	刘守财	刘守珍	刘守荣	刘守珠	刘守江
	刘守平	刘守海	刘守国	刘守富	刘守华	刘 平
	刘守臣	刘守恒	刘守明	刘守军	刘守发	刘满来
	刘仕军	刘守忠	刘守利	刘小利	刘 扬	刘永利
	刘永平	刘少乙	刘秋立	刘守立	刘宝立	刘永新
	刘志新	刘振宇	刘志超	刘志佳	刘志晨	刘博友
	刘宝来	刘宝民	刘国良	刘国发	刘国新	刘国宾
	刘国军	刘国敬	刘国斋	刘宝山	刘存山	刘永山
	刘玉山	刘长山	刘凤山	刘林山	刘金山	刘云山
第廿五辈儿	刘马利	刘顺利	刘春利	刘长庚	刘铁利	刘长利
	刘全利	刘永利	刘 伟	刘金明	刘金龙	刘再利
	刘金权	刘新生	刘晨亮	刘晨辉	刘小光	刘 春
	刘 祥	刘 君	刘 东	刘 建	刘 伟	刘立志
	刘 超	刘 晋	刘新桐	刘 琪	刘 斌	刘 嘉
	刘 鑫	刘 昊	刘海波	刘月龙	刘 帅	刘晋瑞
	刘 超	刘 平	刘 东	刘 伟	刘 亮	刘 革
	刘 生	刘占良	刘 春	刘 军	刘 锦	刘彦新
	刘彦福	刘 佳	刘 凯	刘 昆	刘 林	刘 宇
	刘 永	刘 寒	刘俊奇	刘桂明	刘桂林	刘来福

	刘自忠	刘二柱	刘凯新	刘凯飞	刘志飞	刘英飞
第廿六辈儿	刘思扬	刘　文	刘云龙	刘　森	刘　斌	刘思恒
	刘海龙	刘文龙	刘宇鑫	刘瑞杰	刘俊杰	刘泽恩
	刘锦涛	刘岳樟	刘　博	刘欣雨	刘　骆	刘润泽
	刘小念	刘雨初	刘敬伟	刘　洋	刘金良	刘思鹏
	刘子硕	刘一宁	刘桐锦			

图128　64岁京东石林峡旅游服务管理有限公司董事长安满（摄于2023年10月）

安姓，64岁京东石林峡旅游服务管理有限公司董事长安满（图128）记得："父亲说安家是从大兴庄镇北城子村搬过来的，北城子的安家是从山东逃荒过来的。到山东庄，就是我太爷安俊银，挑着挑子，一头挑着我大爷安大荣，一头挑着我爷安大贵。我有个姑奶奶（nāi nai），是大的，在地上走着过来的。"安家家谱：

第一辈儿　安俊银，二子安大荣　安大贵，一女

第二辈儿　安大荣，二子安伯坤　安树坤，一女

　　　　　安大贵，二子安柱坤　安立坤，二女安淑芳　安淑芬

第三辈儿　安柱坤，二子安　祥　安　满，一女安瑞琴

　　　　　安立坤，二子安　海　安　江，二女安瑞华　安秀兰

第四辈儿　安　满，一子安东旺，一女安东兴

第五辈儿　安东旺，一子安清明，一女安清玥

山东庄村委会附近小学校前，保存着一座不是很高的水塔，大致应

图 129　山东庄镇山东庄村小学前水塔（摄于 2007 年 3 月）

图 130　山东庄村小学前水塔（摄于 2023 年 9 月）

建于 1969 年前后，上有林彪题词："大海航行靠舵手，干革命靠毛泽东思想"。还有"伟大的领袖毛主席万岁"，"伟大的中国共产党万岁"（图 129），"翻身不忘共产党，幸福不忘毛主席"，"伟大的导师、伟大的领袖、伟大的统帅、伟大的舵手毛主席万岁"等字迹。这些字迹是以水泥粘抹上的，内容很有时代特点。2023 年 9 月来村，水塔保存完好，只是爬满了绿莹莹的爬山虎，俨然村中一景（图 130）。

2021 年底，山东庄村有 1320 户，3580 多人。

桃棚村

桃棚村，坐落于镇域北部，处于群山间，东南与鱼子山相邻。

图131 桃棚村书记符宝森在画桃棚村示意图（摄于2023年9月）

桃棚村得名，61岁村书记符宝森（图131）说："村西边是九泉山，山半腰有泉水，泉水旁过去建有一座桃棚寺，啥时候毁的、咋毁的不知道，连村里年岁最大的老人也没见过。后来这里有了人家，就以寺名桃棚为村名。"

符宝森书记说："作为行政村，桃棚村分5片，桃棚口，现在村委会所在地；桃棚，在桃棚口西南七八里地，桃棚寺附近；片石，因山上有一大片裸露的山石而得名，在桃棚口西边8里地；鸭桥，在桃棚

图132 桃棚村委会（摄于2007年4月）

口北边六七里地；放马场，在桃棚口东北8里地。在1945年，抗战胜利前夕，独立成村，叫桃棚村（图132）。"

正在撰写村史的鱼子山村69岁退休干部王宝成谈及桃棚，说："桃棚过去属于鱼子山村。桃棚村分4片，桃棚，又称里沟，还有片石、鸭桥、放马场。而桃棚口，是里沟的沟口那儿。开始是符陈两家，符家主要在北屯，这边有地，是民国时过来的。陈家在桃棚口北边的又一条沟，叫闹子（zi）峪，那边全是开阔的大地坝儿。桃棚主要是王家，从鱼子

山搬去的，是'希'字王。后来，陈家、王家都往外搬，搬到了桃棚口，慢慢形成一个小村。"

王宝成说："1945年初，桃棚从鱼子山村独立成村。1953年全县设80个小乡，其中有鱼子山乡，桃棚属于鱼子山乡。1957年桃棚与鱼子山合并为一个高级社，当时鱼子山是一、二、三、四队，桃棚是五队。1958年，又分为两村至今。"

王宝成所说，是对桃棚村的一种参考与补充。

历史上，桃棚和鱼子山一起，属于密云县所辖。1946年3月，取消平三蓟联合县建制，恢复平谷县单一建制。这时，从密云县划入12个行政村，其中就有桃棚村（图133）。

图133　桃棚村委会（摄于2023年9月）

《北京市平谷县地名志》记载桃棚村："村委会驻地桃棚口，辖桃棚、鸭桥岭、片石、放马场、桃棚口5个自然村。以桃棚命名。"

地名志对这5个自然村分别记述：

桃棚口，村委会驻地。清代成村，原称桃棚，因村委会辖村中有两个桃棚，为了有所区别，该村又在山口处，故改称桃棚口。

鸭桥岭，清代成村，因该地有一座石桥，桥形似鸭，而得名鸭桥。又因村建在北山坡台地上，故名鸭桥岭。

地名志写作"鸭桥岭"，访谈村人称作"鸭桥"。

片石，清代成村，因村建在半山腰处，石多呈片状，而得名片石。村西有尺山，九个山峰，各峰之间共有九个泉眼，故又有九泉山之称。半山腰处有一石洞，称神仙洞，洞口上方有壁画，但已模糊不清。

放马场，明代成村，据传辽代时萧太后曾派人在这里放马，故名放马场。

桃棚，明代成村，据传元末曾派兵镇守该地，驻于一座寺庙，因军官克扣军饷，士兵纷纷逃跑，后人称该寺为逃兵寺，以后演变为桃棚寺，建村后命名桃棚。抗日战争时期，化名清水村。

别的不说，只说桃棚自然村，地名志所记桃棚得名由来不知所依何据。作者多年来未曾见典籍对此有记，且不止一次来村访谈，亦未曾听村人谈及。寺庙又何时所建？最初什么寺名？怎么就从"逃兵"演化为"桃棚"？这些值得研究。

对各自然村主要姓氏，符宝森书记分别说道：

桃棚口，主要是符、陈、王3姓。

符姓，是从三河大唐会搬过来的，父亲小时候还到大唐会那边上坟呢。我太爷叫符义民，就是太爷从大唐会搬过来的。

爷爷那辈儿老哥儿仨，大爷（yé）是符运广，二爷是符运祥，我爷爷是老三符运恒。

符运广有4个儿子，老大叫符连芳，老二叫符连清，老三叫符连秀，老四叫符连永。

符运祥有3个儿子，老大叫符连泉，老二、老三很早就去世了。

符运恒有3个儿子，老大是我父亲叫符连印，老二叫符连生，老三叫符连成。

符家到这边刨些山地，也在北屯置些家业。后来分家，符运广的4个儿子，老大符连芳、老三符连秀留在了桃棚，老二符连清、老四符连永去了北屯。我们这支，父亲分家抽勾抽到了这边，二叔符连生、三叔符连成到下头北屯去了。符运广老了，就在上头、下头两边住着。我爷爷也是这样。

父亲符连印有4个儿子，老大叫符宝山，老二叫符宝忠，我是老三叫符宝森，老四叫符宝田。父亲还有4个女儿，老大叫符玉兰，老二叫符玉华，老三叫符玉琴，老四叫符玉荣。

我有1个儿子，叫符鑫宇；2个女儿，大女儿叫符静宇，二女儿叫符孟宇。我有个孙子，叫符子晨。

符家来此满打满算6辈儿，最小一辈儿尚未成年不计，仅以5辈儿、每辈儿25年计，符家来此130年上下。为光绪中后期，清末了。地名志说桃棚口清代成村，亦不为过。

陈姓，是从水峪寺东沟搬过来的。

水峪寺即兴善寺，在南独乐河镇峨嵋山村。看平谷地图，在峨嵋山村东边，刘家河村北边，是有个小圆圈，标志着"东沟"。

王姓，桃棚口主要是王姓，从鱼子山搬来的。抗战时期，有王世勋、王世发。王世勋后人王廷禄、王廷元；王世发后人王廷佐、王廷佑。

桃棚，主要是王家，从鱼子山搬过来的。

片石，有张、于、赵3姓。

赵姓，78岁退休职工赵臣（图134）说："我们赵家是从峪口镇黎各庄村搬过来的，是我太爷挑着挑子过来的，太爷叫啥记不住了。我父亲叫赵振东，爷爷去世早，也不知道叫啥了。我这辈儿哥儿仨，老大赵维，我是老二赵臣，老三赵起。我有个儿子叫赵大明，有个女儿叫赵晓丽。

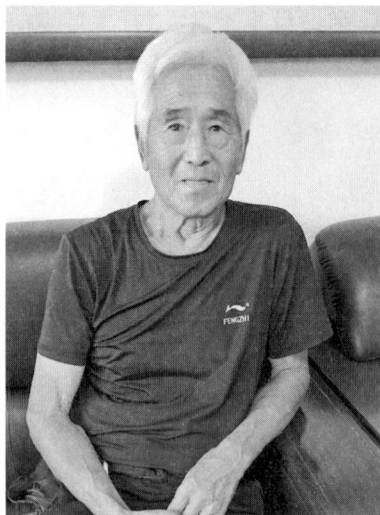

图134 桃棚村78岁退休职工赵臣（摄于2023年9月）

有个孙子叫赵函。"

鸭桥，主要是田、于、张、王等姓。

放马场，主要是张、杨、王等姓。

桃棚村西沟保存两眼老井。《平谷文物揽胜——北京市平谷区第三次全国文物普查资料汇编》记载：

桃棚村西沟路西侧，有古井两口，井口为圆形，井口、井壁为山石垒砌。两井南北相距约60米，其中南边的井位于坝墙下（图135），井口直径为1.08米，外沿直径为1.6米，井口距水面4.3米。北边的井（图136）井口直径为0.8米，外沿直径为1.3米，井口距水面5.2米。两口古井井口井壁完好。井内有水，村民仍在使用南边井的井水。

图135 桃棚村西沟南侧古井（摄于2011年）

图136 桃棚村西沟北侧古井（摄于2011年）

2007年4月，作者来村访谈踏察寺庙时，在村里发现一座老房子，山石垒砌，青砖包角，上覆小青瓦，典型的传统民居。两面山墙，还用

图 137　桃棚一家老房子（摄于 2007 年 4 月）

砖砌个大大的"囍"字。后檐墙下，写着"战无不胜的毛泽东思想万岁"字迹（图 137）。这应是"文革"中的标语，也是一个时代的印记。房后下面，为山石小路，可通向山里。路旁，红的白的山花正开。这是王贵金家的房子。2023 年 9 月再来，房已无存。村里多翻盖了新房，早旧貌换新颜了。

2021 年底，桃棚村有 70 多户，130 多人。

西沥津村

西沥津村，坐落于镇域西南部，东北毗连大坎，南滨沟河，西接桥头营，北邻小北关。

关于村庄得名，83 岁的村民周俭（图 138）说："沟河在独乐河那边流入地下，这边是泥底，沟河到这儿水就冒上来了。"77 岁的老生产队长王成林接着说："我小时候就听大人说，沟河在洙水那边就流入地下了，到我们这儿又流出来了。"73 岁的退休职工于勋说："传说

图 138　西沥津村 83 岁村民周俭（摄于 2023 年 9 月）

图139　西沥津村委会（摄于2007年3月）

当年乾隆皇帝经过这里，一看这一带沟河没水，走到西沥津这儿，就说这里不能没水。水就从地下津上来了。"（图139）

作者在大坎、东洼访谈时，村民们也大致这么说的，村名应该跟这有关。

64岁老村副书记张秀生说："过去东沥津、西沥津统称坎沥津，包括东洼、西洼、大坎、小坎4片。西沥津包括小坎、西洼，张家胡同

图140　西沥津村委会（摄于2023年9月）

往西叫西洼，张家胡同往东到大坎叫小坎。东沥津包括大坎、东洼。叫大坎、小坎，是这些人家都盖在了坎子上。"（图140）

清康熙六年（1667年）《平谷县志》记载的村庄，其中有"南历西庄，十里。北历西庄，十里"，应该就是后来的东沥津、西沥津了。作者问村人是否知道南、北历西庄，都说没听说过。

《北京市平谷县地名志》记载西沥津村："商代成村，至今留有居住遗址。原称沥津庄，因沟河水从海子村西渗入地下，至该村东又从地下复出，继续西流，故称。1920年分成两村，该村在西，故称西沥津。抗

日战争时期，化名福特。"

地名志记载西沥津"商代成村"，即使这一带有商代居住遗址，但这居住遗址与今天的西沥津应该无关，且今天的西沥津人不是由商代的人一脉相承繁衍下来的。只能说早在商代就有人类在此生活居住，并留下了居住遗址。

地名志所记"1920年分成东西两村"，不知所依何据。民国九年（1920年）《平谷县志》"卷一·地理志·乡社"的"村庄"记载第五区有"东沥津庄，八里。西沥津庄，八里"，并未明确记载是1920年分成东西两村，应该是这之前就已经形成两个村，且分别叫东沥津、西沥津了，只是编写县志是在1920年。况且更早的时候，依据县志所记，应该是叫"南历西庄""北历西庄"的。

至于立庄，于勋老人说："我听说开始这里是没有庄的，外地逃荒来的等落这儿了，就叫东户、西户。有的在洼地，我们叫西洼，有的在坎子上，就是大坎了。后来慢慢地越聚越多。据说，西沥津最早来了3户，是马家先来，随后张家、于家也来了。西沥津有护庄河，就从山东庄那边流过来，经过村西，汇入沟河。村南还有一条小河，有一眼大泉水。到冷的时候泉水还是热乎的。过去有个顺口溜，叫'牛半街，马半庄'，到1947年土改的时候，村里就没有姓牛的、姓马的了。"

周俭老人说："听老人说过'牛半街，马半庄'，姓张的、姓周的应该都没牛姓、马姓来得早。"

这么说来，西沥津是牛家、马家来得早了。作者访谈全区各村，发现常常是立庄户或称坐庄户多人丁不旺，甚至搬走了或没人了。

王成林老人说："听说是张家胡同往东的先来，张家胡同往西的后来。过去的财主都在东半个庄，西半个庄很少，先来的把好地都占了。现在，大槐树是村庄中心，早到的都在这一片。"

周俭老人说："周姓、张姓在小坎都是大户，张姓来得更早些。在府君庙东边是张家坟，听说是金牌炮手张伯道，有人说是拔营起寨时管3声炮响的事。具体的说不清楚。坟前有石人石马，入社的时候还有呢。"

于勋老人说："西沥津最早的老宅应在张家湾，在村西南沟河边。"

图141　西沥津村64岁老村副书记张秀生（摄于2023年9月）

图142　西沥津村73岁退休职工于勋（摄于2023年9月）

张姓，64岁老村副书记张秀生（图141）说："张家从山东搬过来的，到这儿的第一辈儿不知道叫啥了。我父亲叫张志林，爷爷叫张儒，再往上不知道了。我儿子叫张佳宾，我女儿叫张晓桔。有个孙子叫张钊然。"

张家是西沥津村大户，但西沥津不是一个张。

于姓，于勋老人（图142）说："于家从山东德州大水泊搬过来的，啥时候搬来的不知道了。我父亲叫于福才，爷爷叫于贵德，太爷叫于凤廷，老太爷叫啥不知道了。我有仨女儿，老大叫于金凤，老二叫于金华，老三叫于金玉。"

于家也是西沥津大户，比张家小一些。

周姓，周俭老人说："听说周家是从河南过来的，具体啥地方不知道。我父亲叫周义如，爷爷叫周申，太爷叫周冠英，老太爷叫啥不知道了。就由老太爷那辈儿，周家分为四大门。我儿子叫周国东，女儿叫周国红。有个孙子叫周帅。"

在西沥津，周家比张家人还要多，是村里最大的户。

王姓，王成林老人说："王家也是从河南搬过来的，原先在平谷城里开店，后来就落这儿了。西洼主要姓王，占一半多，都是一家子。我父亲叫王俊，爷爷叫王义经，太爷叫啥不知道了。我有俩儿子，大儿子叫王卫忠，二儿子叫王卫明。王卫忠有个女儿叫王敬函；王卫明有个女儿叫王安然，有个儿子叫王庞印。"

赵姓，76岁老村电工赵富苍（图143）说："赵家是从平谷镇西寺渠搬过来的，我父亲在这边扛活，土改的时候这边分了房子，就落户这边了。父亲叫赵更普，爷爷没见过不知道叫啥。我有个儿子叫赵长江，有个孙子叫赵金凡。"

牛姓，53岁村干部牛国发（图144）说："我们牛家是从山东章丘过来的，就是爷爷那辈儿，先到桥头营，后来落到了西沥津。

"爷爷叫牛其富，父亲叫牛井玉。父亲那辈儿还有个大爷（ye）叫牛井

图143 西沥津村76岁老村电工赵富苍（摄于2023年9月）

图144 西沥津村53岁村干部牛国发（摄于2023年9月）

全，落户小北关了。我这辈儿哥儿俩，我有个哥哥叫牛连发。我有个儿子叫牛祥宇，有个孙子叫牛瑞林。哥哥牛连发有个儿子叫牛旭辉，有个孙子记不住叫啥了。牛景全有仨儿子，老大叫牛秋发，有个儿子叫牛新华；老二叫牛春发，有2个女儿；老三叫牛占发，有个女儿。

图145　牛国发的爷爷打铁用的铁砧（摄于2023年9月）

"爷爷是铁匠，父亲跟着爷爷打铁。现在，父亲80多岁了，不需要像过去那样打锄镰镐杖了，我也就没跟父亲学打铁的那套手艺。那些从爷爷就开始使用的铁砧（图145）、铁钳等打铁的工具还保留着。"

作者见后，感觉既然不打铁了，这些重要的民俗文物，应该捐献给区博物馆收藏展示。牛国发当即表示同意，作者随即联系了区博物馆馆长贾福胜。这些日渐消失的东西，应该注意保存才是。

崔姓，作者也曾问及西沥津崔姓，说在村里算不上大户，但也不是小户。据说崔家近年有人编写家谱，经询问，说就是写的"老六家"，第一辈儿是老太爷辈儿，满打满算不过7辈儿人。最小一辈儿尚未成年不计，仅以6辈儿、每辈儿25年计，150年上下，崔家生活在西沥津应该100多年。再问崔家从哪儿搬过来的，说听老人说是山东。与平谷镇赵各庄的崔和西鹿角的崔的关系，更说不清了。

作者在区内访谈中，多次听别村人谈到崔姓，甚至说是从西沥津搬来的。如编写《独乐河史话》时，峨嵋山村81岁的崔桐山老人就说："我们是从西沥津搬来的，到这儿有七八辈儿了，说小时还到西沥津上坟呢。"老人说，西沥津村的崔是从平谷镇赵各庄搬去的，赵各庄的崔是从山东过来的。

就赵各庄的崔，作者专程到赵各庄访谈崔姓人，说是"随龙过来"的，一时也未说清。若是"随龙过来"，一般应在明朝初年。

后来编写《平谷镇史话》，作者又与退休干部崔爱国联系，他曾简单整理崔氏家谱，说崔家是山东滨州的根，从滨州大概到了曲阜。也是家里困难，后来有老哥儿四个，把最小的留在了老家，其他三个就各奔东西了。其中，一个到了河南，一个到了山西，一个到了河北。到河北的就落在了赵各庄，始祖叫崔应坤，第二世叫崔养元，第三世叫崔凤仪，都是单传。东鹿角的崔姓，是从第五世时由赵各庄搬去的。当时也是哥儿四个，人多地少，有一个叫崔显宗，就到了东鹿角，开河边地种。所以，东鹿角的崔始祖就是崔显宗。到崔爱国这代，为第十四代。平均以25年为一代计，14代约350年，大概在清顺治、康熙年间。这是一说。

也是赵各庄人、在外工作多年、63岁的崔玉春另有一说，他家过去有家谱，一辈儿辈儿记得挺厚的，装在席篓里，放房柁上，"文革"破"四旧"全毁了。他记得崔家是"金陵（今南京）人士"，随燕王扫北过来，俗话"随龙过来"的。当时老哥儿仁，老大崔达，到了赵各庄，老二去了山东，老三去了东北。赵各庄的崔家坟在村东，旧电子管厂西侧，祖坟在东北角，第一个大坟头四五米高，直径10来米。20世纪70年代大平大整中把坟平了。他记得祖坟里有块大城砖，上面刻着"崔达"的名字。看来这是一座名堂，也就是一座空坟了，极有可能这是搬这来的人的上一辈儿，不然不会立名堂的。

赵各庄崔，或说山东，或说金陵，应该是明朝初年搬过来的，大致不差。

谈及东鹿角村崔姓，70岁老生产队长崔玉清说："听老人说崔家是从山东随燕王过来的，过来哥儿俩，一个落西沥津，一个落这儿。老坟在村东1里多地，有几亩地，旁边有个坑，是年年填坟挖土挖的，没有石碑啥的。后来分穴了，在村南，有2亩多地，坟地上有两棵大毛白杨，四五搂粗，20多米高，就把这个坟地叫大杨坟。"

崔玉清说是来时的老哥儿俩，一个落在西沥津了。记得以前与崔家人聊，也有说西沥津的崔从这儿搬过去的。

东鹿角80岁老村干部崔廷顺说："崔家是从山东崔老庄搬来的，先搬到西沥津，由西沥津再搬到这儿，到这儿也有好几辈儿了。"74岁退休教师崔桐钵也说："我们崔家是从山东博陵崔家老庄过来的，先到的西沥津，西沥津是老哥儿仨，那边留一个，东鹿角和赵各庄各一个。"

对于西沥津崔、赵各庄崔和东鹿角崔，众说不一，应该是本家一个崔无疑。当然，以后如有新的发现，再行研究。

2021年底，西沥津村有770多户，2180多人。

小北关村

图146　小北关村75岁村民马运成（摄于2023年9月）

小北关村，坐落于镇域中部，东北接山东庄，东南连李辛庄，南邻大坎、桥头营，西北毗连大北关。

小北关得名，75岁村民马运成（图146）记得，过去"关"字写的是当官的"官"。73岁老村干部贾广生也说："我见过老辈儿人记账、写文书，都写的是当官的'官'，不知道啥时

图147　小北关村委会（摄于2007年4月）

图148　小北关村委会（摄于2023年9月）

候写成这个'关'了。"（图147）

作者在大北关访谈时，77岁老村书记张庆楼说："过去这里是不是有个关口啥的，不清楚。记得村南边有个大庙，大庙后面有两棵大松树，松树上挂着一口大铁钟，有2米来高，2搂来粗。这是明代铸造的大钟，钟上铸着字，有'大北官'仨字，是当官的'官'。听说开始没有小北关，小北关是后来的。"（图148）

访谈中，两村老人不约而同地都谈到了过去"关"字是当官的"官"。

查阅清康熙六年（1667年）《平谷县志》，在"地理志·村庄"中记载"北管村，十二里"，"在县北境"。志前所绘"城廓屯社图"里，在"东胡家务"东侧，写有"大北管村""小北管村"。雍正六年（1728年）和乾隆四十二年（1777年）《平谷县志》亦如此记述。这"北管村"，应该就是今天的大、小北关。看来，那时小北管村也已存在，只是尚未分为独立的两个村。联系两村人所谈的明代大钟上铸着的"大北官"仨字、老辈儿人记账写文书都写当官的"官"字，可知应是"大北管村""小北管村"的"管"字随手就写作"官"字了，就像镇罗营镇关上村药王庙明万历三十七年（1609年）所铸大铁钟，铭文"舍银""施银"等"银"

字均写作"艮"字一样。

至民国九年（1920年）《平谷县志》"卷一·地理志·乡社·村庄"记述，民国初年，全县分为4个自治区。第五区所属村庄中，有"大北关庄，十二里；小北关庄，十二里"记载。说明过去官方一直称作"北管村"，直至这时官方志书才写作"大北关庄""小北关庄"。也就意味着当初村名，应是称"管"而不是"关"的。

中胡家务有通"为阻开山以遗后人重建碑"，记有"中胡家务、东胡家务、上营、熊儿营、大北关、小北关数村"，就有大、小北关村名，时为清光绪二十四年（1898年）。由此看来，或许过去大北关、小北关正名应为"北管村"，而"管"字简写为"官"字，"官"字又与"关"字同音，因此民间叫来叫去叫白了，又成了"北关"，书写时也会随手这么写。当两个村各自独立，写成"大北关""小北关"也就顺理成章了。直到民国九年（1920年），志书才始记为"大北关""小北关"。

至于为啥叫"北管村"，大北关、小北关的老人都说不清楚，甚至都没听说过这个村名。对这里有老县城的事，79岁退休职工杨海山说："没听老辈儿人说过县城的事。"现在一些人随口谈及老县城，或是跟近年官方认定西汉县城在此有关了。

《北京市平谷县地名志》记载小北关村："汉代成村，原名北关庄户，因村建北关附近，故称北关庄户，后演变为小北关。抗日战争时期，化名白道子。"

地名志所说小北关村"汉代成村"，"因村建北关附近"。与地名志记载大北关村"汉代成村"，"因村建在县旧治所北"基本相同。作者多次在这一带踏察，未见城址或有一定规模的居住遗址。明嘉靖三年（1524年）《蓟州志》"卷之一·地理志·古迹"记载：平谷县，"县城，县西北十里"。清康熙六年（1667年）《平谷县志》"地理志·古迹"记载："古县城，在县西北十二里，即城子庄。"雍正六年（1728年）、乾隆四十二年（1777年）、民国九年（1920年）及民国二十三年（1934年）县志所记依然如此。官方是依据尹钧科先生所说，确定西汉县城在此。作者以为此说值得研究。对此暂且不论，即使这一带有汉代居住遗址，也只能说汉代这一带就有人类在此生活居住，与今天的小北关村和小北关的人没有必然联系。尤其是今天的小北关的人，一定不是汉代的人繁衍至今的。所以，地名志所说小北关村"汉代成村"值得研究，应该没有那么早。

杨海山老人说，以前他看过一些老家谱，家谱上写着小北关元代建村。不知老人所看的是哪家的家谱，更不知家谱是古人还是今人编写。对此姑且不论，小北关若确如家谱所记"元代成村"，也比地名志所写"汉代成村"晚多了。

地名志还写小北关"原名北关庄户"，所谓"庄户"，作者编写《东高村史话》时，发现东高村地区就有"大庄户""赵庄户""南宅庄户"。如民国九年（1920年）《平谷县志》"卷一·地理志·乡社"的"村庄"，第三区有"大旺务庄窠"的记载。南宅庄户，74岁老村书记张福贵说，村里李姓、侯姓、盛姓就从南宅搬过来的，过去这边有南宅人的地，有的盖上房子就过来了。民国二十四年（1935年）《三河县新志》"卷之六·经制志·乡间篇·村庄户口"所列"三河县第九区户口调查表"中，有"南宅庄窠"。赵庄户，89岁老生产队长艾仲连说："过去叫赵庄窝，后来改为赵庄户。小时候我背着上马子赶集去，上马子上面就写着'赵庄窝'。"

所以，"庄户"又称"庄窝"或"庄窠"，大致是指在老庄旁边，由老庄的人渐渐建起新的人家，对这新成的小村便称"庄户""庄窝"或"庄窠"。

地名志说小北关"原名北关庄户",访谈中不曾听人说过。访谈中,村里老人公认,小北关第一大姓是杨家,第二大姓是贾家,第三是黄家,第四是马家、王家等。杨海山老人说:"村南边1里多地,有郑家坟,小时候就没见过郑家人添坟,郑家应该也来得挺早的,只是早就没人了。"大北关李家是占山户,张、郭、刘、王、郝等姓都是后来的。可见小北关的这些人家,或从山东或从周边村落搬迁过来,与大北关无关。在大北关也不曾谈及"北关庄户"的事。

图149　小北关村79岁退休职工杨海山(摄于2023年9月)

杨姓,杨海山老人(图149)说:"我们杨家是山东的,是在靖难之役后,朱棣迁都北京,随着移民过来的。杨家祖坟在村北2里多地,有10亩地。坟地上没有石碑,没有松柏树,只有一个石供桌。每到清明了,杨家一块儿来上坟。坟地边有地,过去轮到谁家种,谁家清明时就管大伙儿一顿饭,这叫吃'官坟'。后来埋不下了,就陆续分穴了。20世纪70年代中期平整土地,把杨家坟地平了。杨家坟是从北往南埋的,最北的一座大坟,是空坟,里边什么都没有。第二排两座坟头,各有一块砖,东边坟里的砖上刻着'杨天福'的名字,西边坟里的砖上刻着'杨天禄'的名字,是两座名堂。我们杨家过去有老家谱,烧没了,到我这儿有多少辈儿也就不知道了。"

根据坟头排列,杨海山老人认为"杨天福""杨天禄"是小北关杨家第二辈儿先祖,并一直在考证,小北关杨家是杨家将后裔。且说经天津武清河西务杨学明宗亲考证，"杨天福""杨天禄"是明代昌平侯杨俊手下镇守居庸关东西两个山头的。其实，"杨天福""杨天禄"墓即是名堂，就说明两位杨家先祖没有葬在这里，即两位先祖一定没过这边来。如过来了，葬在这里就不会是名堂了。如确有这两座名堂，那么，小北关杨家到这边的第一辈儿，应该是两座名堂下面的那排墓。再者，若如杨海山老人所说，小北关杨家是从山东随着朱棣迁都北京移民过来的，距今则有600多年了。而"杨天福""杨天禄"即是昌平侯杨俊手下镇守居庸关东西山头，那么杨俊守卫居庸关，应该是明景帝朱祁镇时，距明成祖朱棣时已过去50多年了，时间上有些不吻合。而这50多年里，又该有两三代人了。所以，此"杨天福""杨天禄"，是不是杨学明宗亲考证的昌平侯杨俊手下镇守居庸关东西两个山头的"杨天福""杨天禄"，是不是武清那边宗亲提供的杨正呈二子"杨天福""杨天禄"，还需要深入研究，甚至需要衔接得上的一脉相承的直接证据才好。

99岁老中医杨旺（图150）说："到这儿的杨家第一辈儿不知道叫啥，对于杨家的老家谱，不清楚过去有没有，没听说过，祖宗牌位也没有。"并说："杨家祖坟在村北山前头，面积很大，坟头很多，小时候年年跟着大人上坟去，坟地上没有石碑。坟地两座名堂刻着名字砖的事，也没听说过。小北关的杨分东杨、西杨，我是东杨。东杨大多在村东部住，西杨大多在村西部住。"

图150　作者访谈小北关村99岁退休老中医杨旺（摄于2023年10月）

图151　小北关村77岁老村副主任杨玉合（摄于2023年10月）

77岁老村副主任杨玉合（图151）记得："听老人说，杨家是老哥儿俩，好像是从山西过来的，说有500多年了。老哥儿俩一分家，老大住东边，就是东杨；老二住西边，就是西杨。现在东西都住串了。这哥儿俩叫啥不知道了，我是东杨。杨家坟在村北三四里地的山根底下，有五六亩地，一大片坟头。南北向有一条道，一直通到北山，杨家坟在道西边。当时小北关分4个生产队，我是第三队队长，三队地就在杨家坟西边。开始杨家坟属于村北四队。后来村里在4个队之外，又成立个林业队，杨家坟那地方就归林业队了，也栽了不少树。平坟记得是在1976年前后。北山路北边有条渠道，就是海子水库的北干渠。当时规定凡是扒坟的，都埋到渠道北边。有的家扒坟了，有的家没扒。像我家，我爷爷就埋到老坟这边了，没扒过去。等父亲1993年去世的时候，就给爷爷立个名堂。再说杨家坟，是从北往南排的，北边就一个大坟头，下面第二排是俩坟头，再往下就多了。记得当时平坟一般就是一平，北边的大坟头就是平的，没扒，也没听说过扒出砖的事。记得过去杨家没有老家谱，现在有人在写。记得小时候上鱼子山那边割柴火去，那边有个放马场，传说是穆桂英在那儿放过马。还有个饮马槽，传说穆桂英在那儿饮（yìn）过马。有一块大石头，上面有个一拃多长的尖脚印，传说穆桂英登着石头射过箭。小时候听说过不少杨家将的事，我们这个杨是不是杨家将后代，不知道。"

杨海山老人说："我父亲叫杨进珍，爷爷叫杨清，太爷叫杨文卿，再往上记不住了。我儿子叫杨森，孙子叫杨贺宇。"

杨旺老人说："父亲叫杨立德，爷爷叫杨勋，太爷叫杨普顺，再往上不知道了。我有仨儿子，老大叫杨振国，老二叫杨振海，老三叫杨振江。杨振国有个儿子叫杨光，杨光又有个儿子叫杨明轩；杨振海有个女儿叫杨荣，杨振江也有个女儿叫杨艳。"

杨玉合老人说："我父亲叫杨连义，我有俩儿子，老大叫杨占国，老二叫杨占立。占国有俩儿子，叫杨超宇、杨鹏宇。鹏宇有个女儿。占立有个儿子，叫杨浩然。"

87岁退休干部杨亚荣（图152）说："我是从畜牧局退休的科级干部，退休以后，80多岁的叔叔杨瑞跟我说，你有文化，把咱杨家的家谱写写。叔叔就把他知道的过去杨家的情况跟我说了，叔叔要活着有100多岁了。我跑了3年，到处找杨家人调查。我叔叔往上就能说到太爷那辈儿，所以，到我这儿，共写了5辈儿。我大哥亚勤写《苦难与幸福》那本书时，把家谱的主要内容收进去了。

图152　小北关村87岁退休干部杨亚荣（摄于2023年10月）

"小北关村杨家人最多，据说开始这里没有人家，我们杨家来了，经过五六百年，杨家分了东杨、西杨。大明朝朱元璋的马皇后，据说不喜欢朱棣，不是亲生的。朱元璋就封他为燕王，到北方来了。后来朱棣做了皇帝，把都城从南京迁到了北京，这就是燕王扫北。朱棣过来的时候，从南京那边带来不少百姓，一路上他爱护百姓，有不少百姓也跟着过来了，我们杨家就这样跟着燕王过来的。听我叔叔说，当时是两口子带着俩儿子逃荒，挑着的挑子一边挑着一个，就到了这边。先到大旺务，不够一年，觉着不行，又挑着俩儿子继续往北走。到了小北关这地方，山根底下，没有人家，就住下了。后来俩儿子大了，哥儿俩一商量，说你住东边，我住西边，就形成了小北关的东杨、西杨，我们是东杨。张家、李家、赵家等，都是后来的。我叔叔跟我说过，我们这个杨，是随着燕王扫北过来的，不是山西杨家将过来的。特意说，我们这个杨，不是杨家将后代，与杨家将没有关系。"

杨亚荣大哥杨亚勤（图153）撰写《苦难与幸福》书时，收录了《杨氏家族》一篇，记述："杨氏家族，据说祖籍在山西，当时为摆脱连年的战乱和生活的贫困，祖先用担挑挑着两个孩子，来到小北关定居落户。夫妻二人开荒种地，辛勤劳作，将两个男孩抚养成人。孩子长大后娶妻生子，开始另立门户。一个住村东头，一个住村西头。又经几世几代繁衍生息，杨氏家族人丁越来越旺，就形成了东杨和西杨。"

图153　杨亚勤兄弟四人合影，右起杨亚福、杨亚勤、杨亚荣、杨亚会

杨家之事，众说纷纭，综而观之，作者以为，杨家或是明朝初年随着燕王扫北从山西过来的，也就是所谓"随龙过来"。当时是两口子挑着俩儿子，一路逃荒最终

落到小北关，也就有了相传至今的东杨、西杨。当然，以后如有其他直接具体明确的资料发现，再行研究与修改。

《苦难与幸福》中收录的"杨氏家谱"，记述的就是杨亚荣老人所说的5辈儿：

第一辈儿　杨全顺，三子杨　×　杨　俊　杨　霞

第二辈儿　杨　俊，三子杨生德　杨掌德　杨起德，1女杨　氏

第三辈儿　杨生德，三子杨　福　杨　臣　杨　品

　　　　　　　　　二女杨　氏　杨　氏

　　　　　杨掌德，一子杨　山，一女杨玉英

　　　　　杨起德，二子杨　瑞　杨　海，二女杨　氏　杨淑伶

　　　　　杨　氏，嫁至峨嵋山村任家

第四辈儿　杨　福，二子杨亚序　杨亚利

　　　　　　　　　五女杨素兰　杨素荣　杨素英　杨秀云　杨素平

　　　　　杨　臣，一子杨亚军，三女杨素珍　杨淑英　杨淑桂

　　　　　杨　品，未结婚，杨亚序赡养

　　　　　杨　氏，嫁至大北关村张家

　　　　　杨　氏，嫁至韩庄村张家

　　　　　杨　山，五子杨亚勤　杨亚志　杨亚荣　杨亚福　杨亚会

　　　　　杨玉英，嫁至东洼村杨家

　　　　　杨　瑞，一子杨亚明

　　　　　　　　　四女杨玉秀　杨玉春　杨玉芳　杨玉华

　　　　　杨　海，二子杨亚先　杨亚东

　　　　　　　　　二女杨秀兰　杨秀琴

　　　　　杨　氏，嫁至夏各庄村

杨淑伶，嫁至山东庄村

第五辈儿　杨亚序　杨亚利　杨亚军　杨亚勤　杨亚志　杨亚荣

　　　　　　杨亚福　杨亚会　杨亚明　杨亚先　杨亚东

这是"杨氏家谱"记述的主要内容，访谈中，杨亚荣老人说自己有1儿1女和俩孙女，只是二孙女名字一时想不起来了。也就是杨家的第六辈儿、第七辈儿了。按理老人近90岁高龄，是应该有重孙辈儿的人，即第八辈儿人了。

第六辈儿　杨国军　杨艳霞

第七辈儿　杨博然

马姓，马运成老人说："我们马家是从夏各庄搬来的，到这边的第一辈儿是哥儿俩，叫马文、马武。我记得到初级社了，我们还去那边添坟呢，叫吃'官坟'。马家到我这儿已有8辈儿。我父亲叫马赛杰，爷爷叫马品清，再往上记不住了。我这辈儿哥儿俩，我是老大，还有个弟弟叫马运生。我有个女儿叫马秀芝。我弟弟有俩儿子，叫马骥、马跃。马骥有个儿子叫马正明，马跃有俩女儿。"

贾姓，73岁老村干部贾广生（图154）说："我们贾家是从中罗庄搬来的，啥时候搬来的、第一辈儿叫啥不知道了。"

作者曾到兴谷街道中罗庄访谈，80

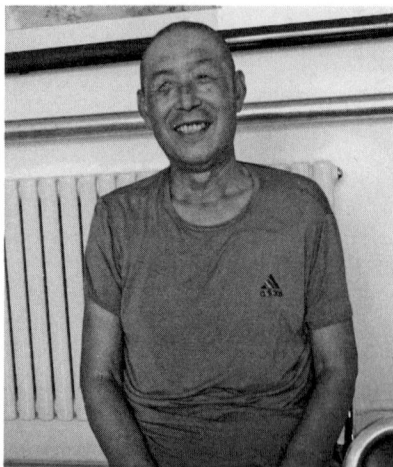

图154　小北关村73岁老村干部贾广生（摄于2023年9月）

岁老村书记贾凤如说："全村最大的姓是贾姓，我是前罗庄的，不知道贾家从哪儿搬来的，过去前罗庄、中罗庄的贾都是一个贾，都到放光那边去上坟，说是一个坟地。"

近年，作者到王辛庄镇放光村访谈，看到贾家保存的清代平谷唯一进士贾名伸整理的《贾氏家谱》，前面拟定的"发凡十二则"，记述了放光村贾氏自齐各庄迁出，其中第七则（图155）写道：

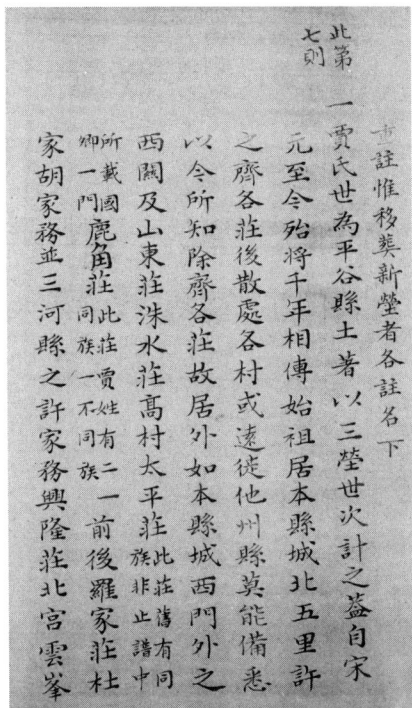

图155 放光村清代贾名伸所编《贾氏家谱》发凡第七则（摄于2014年6月）

贾氏，世为平谷县土著。以三茔世次计之，盖自宋、元，至今殆将千年。相传始祖居本县城北五里许之齐各庄，后散处各村，或远徙他州县，莫能备悉。以今所知，除齐各庄故居外，如本县城西门外之西关及山东庄、洙水庄、高村、太平庄（此庄旧有同族非止谱中所载国卿一门）、鹿角庄（此庄贾姓有二，一同族，一不同族）、前后罗家庄、杜家、胡家务，并三河县之许家务、兴隆庄、北宫、云峰寺、蓟州之大白塔庄支，分派别统，俟将来另为详考，以作合谱。

这说明放光、前后罗庄的贾，都来自齐各庄。作者为此于2014年6月到齐各庄村，访谈86岁老村干部李有，说："齐各庄村有李、潘、王三大姓，还有其他一些外来小姓，但没有姓贾的。李姓当初是从山东

'随龙过来'的，落户到齐各庄。李家人多势大，贾家后来就搬走了，所以村里早就没有姓贾的了。"

也就是说，小北关的贾是从中罗庄搬来的，中罗庄的贾大概是在明朝初年由王辛庄镇齐各庄搬来的，齐各庄的贾是平谷土著，大致在宋辽中期，距今近千年了。

贾广生老人说："我父亲叫贾廷玉，爷爷在我几岁的时候就没了，我不知道叫啥。我有个大女儿，叫贾国芳。还有俩儿子，叫贾国清、贾国辉；贾国清有个女儿，叫贾怡然；贾国辉有个儿子，叫贾浩然。我们贾家有30多户，100多人。"

黄姓，座谈时黄家没来人，村人说有黄彩元，儿子叫黄自兴。黄家有30来户，百十来人。

2021年底，小北关村有580多户，1530多人。

鱼子山村

图156　鱼子山村69岁退休干部王宝成（摄于2023年9月）

鱼子山村，坐落于镇域北部，处于一道沟谷间，西北与桃棚相邻。

村子得名，一直研究鱼子山村史的69岁退休干部王宝成（图156）及几位座谈的老人说，在鱼子山老山寨西侧龙潭边上和山寨南门前边岩石上，有鱼子一样的小石粒，由此得名鱼子山村。

这是村人所言，其实所说应是鱼子山得名，哪座山是鱼子山呢？村人说没有哪座山叫鱼子山的，也就是说不清楚哪座山叫鱼子山。

查阅民国二十三年（1934年）《平谷县志》，志前有"渔山轩辕陵"照片，照片下有说明文字：

轩辕陵：在平谷县城北十五里，岗阜隆然，形如大冢。相传为轩辕陵，上有轩辕庙。

又此山名渔山，县治在山之南，故平谷古名渔阳。

此志"卷一·地理志·山脉"亦记载：

渔子山，在县城东北十五里，上有轩辕庙。

这么说，渔山与渔子山应该是一座山，也就是今天说的庙山，或是庙山这一带的山。

而明万历四年（1576年）《四镇三关志》记载：

鱼子山寨，洪武年（公元1368—1398年）建，通步缓。

也就意味着，明洪武时所建这座守卫长城的寨子，是因鱼子山而得名鱼子山寨。作为村落，应该是由鱼子山寨而成村，且以寨名名村。如此说来，如果营寨一建立就认为是成村，那么，鱼子山村至早也就成村于明朝初年（图157）。

历史上，鱼子山村一直属于密云县所辖。故清光绪八年（1882年）《密云县志》"卷二之八·舆地·村庄"记载：东南，"鱼子山，至县一百二十里平谷县界"。1946年3月，取消平三蓟联合县建制，恢复平谷县单

图157　鱼子山村委会（摄于2007年4月）

图158　鱼子山村委会（摄于2023年9月）

一建制。这时，从密云县划入12个行政村，其中就有鱼子山村（图158）。

王宝成说："鱼子山村过去有12个自然村，从南往北：大水峪、老官地、小麻子峪、大麻子峪、行狼峪、大果园、前寺、鱼子山寨，这是8个，鱼子山寨是主村，一说上庄里，就是指的鱼子山寨。还有桃棚村4个，里沟（就是桃棚）、片石、鸭桥、放马场。还有个桃棚口，就是里沟的沟口那儿。开始是符陈两家，符家主要在北屯，这边有地，是民国时过去的。陈家在桃棚口北边的又一条沟，叫闹子（zi）峪，那边全是开阔的大地坝儿。桃棚主要是王家，从鱼子山搬去的，是'希'字王，我们是'德'字王，鱼子山有多个王。后来，陈家、王家都往外搬，搬到桃棚口，慢慢形成一个小村。其实，那边过去是鱼子山7队的地，离这边又远。1985年，我当鱼子山书记的时候，经过商量，把那边的地给了桃棚，桃棚把大麻子峪一块地、山神庙一小块地给了我们。

"我在乡里工作，鱼子山不是很稳定，乡里叫我回村任书记，过渡一下，我干了一年多，就是王希宝，他干一年多，是王希华，王希华干一年多，是王泽芳，王泽芳干了14年。后来王泽芳回家烧火炕，受熏了，抢救过来了，恢复得挺好。又接着干，一着急，又反复了，就重了，干不了了。2010年前后，村支委王柏清代理书记，到2013年，就换人了。"

桃棚是1945年初独立成村的。1953年全县设80个小乡，其中有鱼子山乡，桃棚属于鱼子山乡。1957年桃棚与鱼子山又合并为一个高级社，当时鱼子山是一、二、三、四队，桃棚是五队。1958年又分为两村。1962年至1963年，鱼子山村由4个队分成8个生产队。1981年，由七队又分出个第九队。时间不长，到1983年底，就散了。各生产队大致位置：

一队，在村南，主要是老官地、大水峪；

二队，在村西南，西沟大麻子峪、小麻子峪；

三队，在村东部，村委会所在地，主要是行狼峪；

四队，在村中间；

五队，村西大果园；

六队，村西前寺、小果园；

七队，山寨东部等；

八队，山寨西北部等；

九队，原是七队一部分，到村南山神庙，与一队老官地挨着。

现在，鱼子山村由3片组成：

一是老官地，在鱼子山村委会南边200来米处的鱼子山石河的河西，有一座由西向东伸着的小山，叫路墩山，山南那片人家统称老官地。具体又分两小片，河东为老官地，河西为小麻子峪。小麻子峪原为独立的一片，约2000年前后并入老官地。但村人习惯上还把那片称为小麻子峪。

二是鱼子山，在路墩山北面，鱼子山石河东边。

三是大果园，在路墩山北面，鱼子山石河西边。

《北京市平谷县地名志》记载鱼子山村："辖鱼子山、大果园、老官地、小麻子峪4个自然村，以驻地命名。"

　　鱼子山，明代成村，原称鱼子山寨，驻兵守卫北部长城。又因营寨旁有巨石，上面满是黄褐色小斑点，形如鱼子，故名鱼子山，村以山得名。抗日战争时期化名复兴村。住寨址的村民都陆续搬迁到新址行狼台，1991年行狼台更名为鱼子山。

　　大果园，清代成村，因村西是一片果园，故名。

　　老官地，清代成村，据传该地因有"风水"，许多人在此选地葬坟，称为老官地。建村后，仍以老官地命名。

　　小麻子峪，清代成村，据传这小山沟里曾长过大麻子（野蓖麻），故得名小麻子峪，村以山得名。

　　地名志所记，小麻子峪还是独立的一片，尚未并入老官地。

　　王宝成说："北边的东长峪，过去也属于鱼子山村，分东长峪、西南沟、碾子峪、东沟4片。一条石河，从东长峪那边流过来，经过大峡谷，往山外边流去，这就是鱼子山石河，东长峪在石河上游。"东长峪书记赵俊臣记得，过去听他爸爸说过，东长峪与鱼子山是一个村，都在这道山沟里，石河的上头。东长峪早就独立成村了。

图159　鱼子山村党总支委员53岁的薛长福（摄于2023年11月）

　　鱼子山村哪姓先来立的庄，84岁老村支委薛广聚听老人说的，说："我们村的薛、史、皮、邱4姓，前后脚来立的庄。现在，其他三姓都没人了，就剩我们薛姓了。"

　　薛广聚儿子、村干部薛长福（图159）补充道："父亲不止一次说，过去老人说，'先有老薛家，后有鱼子山'。"

这句口口相传、流传至今的俗语，正说明薛姓等是最早来鱼子山立庄的。

91岁老村书记马有志说："过去听说是祥云寺建得最早，祥云寺西南十几米有个西洞，听说鱼子山最早来立庄的人就住西洞那儿，那时候这边还没有人家。"

2007年4月来村调查寺庙时，村人就有"先有寺，后立庄"之说，这"寺"即指祥云寺。

王宝成说："史家，在20世纪50年代还有人，叫史大杰、史大贵。这是哥儿俩，都没有成家；皮家，1925年从鱼子山到兴隆六道河子那边开荒去了，这边从此没有姓皮的了；邱家，在清末民初邱家就没人了。民国时，在日本鬼子来之前，鱼子山搬来个姓邱的，叫邱生。当时在县衙里做事。后来邱家败落了，就搬到这儿了，投奔他姐夫王福成。再后来邱生成了家，落在了老官地，20世纪50年代一家搬到了北京。"

鱼子山北洞有通《重修老君堂捐资碑》，为清咸丰时所立，刻有具体的捐款人及捐款数目。为重修老君堂捐资的人中，有薛家1人薛万银、史家2人史庭和及史庭职的名字，而没有皮家、邱家人的名字。

鱼子山村的一些姓虽然没有了，可还是留下了一些小地名，保留到现在。如"邱皮沟"，在鱼子山寨东北边，在一条大沟里边的南边一个洼。"邱峪"，在鱼子山寨龙潭西边的那条沟。这些流传至今的小地名，恰证明邱家确实应该来得很早。

王宝成说："就鱼子山村的姓氏看，有'东李西巨，南王北尉'之说，这是村里比较大的4个姓。还有马、陈、梁、于、周、尹、杨、谢等，鱼子山村大小有20多个姓。"

鱼子山北洞《重修老君堂捐资碑》，为重修老君堂捐资的人中，就有李家，李国兴、李国安、李国泰、李广质、李广山、李科名、李科会、李国民；于家，于开富；陈家，陈善；张家，张胡义；尹家，尹亮、尹学、尹有□；周家，周良才、周山等名字。

薛姓，薛广聚老人说："过去听老人说薛家是从山东过来的，第一辈儿叫啥不知道了。薛家祖坟，在村西蔡家沟，又称西台子那儿，有六七亩地，30多个坟头，没有石碑，也没有大树。我小时记事的时候，清明节和大人就去那儿添坟。薛家到我这儿不知道有多少辈儿了，我父亲叫薛三，闹日本的时候，那年正月初一跑反，叫鬼子打死了。父亲那辈儿哥儿四个，老大叫大花子，老二叫薛荣堂，小名二拐子，父亲是老三，老四叫老骚。爷爷不知道叫啥了。我这辈儿哥儿仨，老大叫薛大忠，老二叫薛广来，我是老三叫薛广聚。我有4个女儿，大女儿叫薛秋萍，二女儿叫薛秀兰，三女儿叫薛秀伶，四女儿叫薛秀芬。有个儿子叫薛长福，有俩孙子叫薛成业、薛敬业。现在，薛家共有4户，十几个人。"

马姓，马有志老人（图160）说："我们马家是从峨嵋山搬过来的，就是我爷爷到这儿的。爷爷给人扛活，后来说个这村的媳妇，我奶奶姓尉，就落这儿了。听说马家是从兴隆搬到峨嵋山的。"

作者编写《独乐河史话》时访谈峨嵋山村，村里老人随口说出至今流传着的一些地名：马家坎、丁家台、田家坟、韩家洼、郭家壕、赵家湾等。村人公认，马家应该最先来，随后丁家、田家，再后韩家、郭家及赵家。当时是先来的占高地方，占好地方，占离家近的地方。后来的只能占洼地方、次地方、远地方了。马家坎，在

图160　鱼子山村91岁老村书记马有志（摄于2023年9月）

村西大桃市场一带；丁家台，在村西南大渠道南边一带；田家坟，在村南大渠道南边一带；韩家洼，在村虫王庙西南一带；郭家壕，在田家坟西边一带；赵家湾，在村东渡水桥东北一带。峨嵋山村有马、张、丁、任、王等大姓，马姓是从西边马昌营村搬来的。

作者编写《马昌营史话》时，访谈马昌营村。76岁老村干部马润明说，据传村名曾叫"马池营"。对于马家，过去有随燕王扫北过来的说法。83岁退休教师马润海也说，马昌营应该是先由姓马的立的庄。据传明太祖朱元璋有个马娘娘，是马娘娘带过来的家人，搬到这里落下了。随燕王扫北与"马娘娘带过来的家人"，所说都在明朝初年。也就是说，马昌营立庄，当在明朝初年。如联系在一起，即马娘娘带过来的家人，随燕王扫北落户于此，也不是没有这种可能，这些说法极可能是一代代口口相传，以至于年深日久，有些出入，实属正常。无论如何，当初一定是马家的人带着兵及家属来此扎营，屯田戍守，而成村落。大圖所写"马池营"之"马池"，如为人名，极可能是第一代带兵者。也就是说，马姓来此的第一代始祖，极可能就是马池。

马有志老人是爷爷这辈儿从峨嵋山搬到鱼子山，这样看来，马家到鱼子山大致有一百四五十年了。

马有志老人说："我父亲叫马峰春，爷爷叫马德林，再往上不知道了。父亲这辈儿哥儿仨，老大叫马叔春，老二叫马玉春，父亲是老三。我这辈儿就我自个儿。我有个儿子叫马来海，俩女儿叫马秀敏、马秀华。

"我大爷（ye）马叔春没有成家，也就没有后代。二大爷（ye）马玉春又搬回峨嵋山了，那边是哥儿四个，老大叫马有功，老二叫马有勋，老三叫马有德，老四叫马有利。所以，鱼子山村马家现在就我们这一家。"

鱼子山北洞《重修老君堂捐资碑》，为重修老君堂捐资的人中，就有

图161 鱼子山村86岁老生产队长巨起勋（摄于2023年9月）

马家的马良福名字。

巨姓，86岁老生产队长巨起勋（图161）说："我们巨家是从东高村搬来的。"

为编写《东高村史话》，来东高村访谈。69岁老社区书记巨存说："巨姓是这儿的老民，据说过去是皇上封的。过去有家谱，大年三十挂出来。我没见过，早就没了。巨家坟在村西北1里，有100亩地，600多坟头，从西向东埋的。石人石马在坟地的西北位置，附近有个大碑，大碑东西两边各有一小碑。这3个是交龙碑，底下方座。石人抱着上朝的笏板，一边一个石人，还有一对石马、一对石羊等。我小时候上坟去还骑上去玩呢，'文化大革命'时全给砸了。金代老祖巨构，传说叫巨无霸，在朝廷做节度使。据说打仗让人把脑袋砍了，朝廷给做个金脑袋。下葬时，一宿刮起一个大沙坨子，把这坟就埋上了。"巨存老人记得，石人石马的坟没扒，就是平了。修大道建琴岛时，挖出不少尸骨。巨家有不少搬到外面去了。如西高村过去有1户，叫巨同，现在没了。稻地有1户，将军关也有，都从这儿搬去的。鱼子山巨家也是这儿的，那儿人多，有几十户。现在，东高村有巨家3户，20多人。

这里谈的老祖巨构，就是《金史》有传的官至横海军节度使的巨构，其墓就在东高村西北，平三公路西侧原金属公司院内。

巨起勋老人说："巨家搬到鱼子山的，是分两拨儿，我家是我老太爷那辈儿搬过来的。像巨福、巨成、巨明山等，是先来的那拨儿；我家和巨柏林、巨志祥、巨志云等，是后拨儿来的。

"我父亲叫巨志先，爷爷叫巨卓，太爷、老太爷叫啥不知道了。我爷爷20多岁有病死了，我爸爸也是20多岁有病死了，那时我6岁，提着个灯笼还乐呢，小孩儿不懂事。"

鱼子山北洞《重修老君堂捐资碑》，为重修老君堂捐资的人中，就有巨家的巨习仲、巨习路、巨起、巨广4个人的名字。

现在，鱼子山村巨家有六七十户，200多人，比东高村的巨家本家人还多。

尉姓，78岁老村干部尉福生（图162）说："尉家从山东过来的，一过来就到这儿了。咋过来的不知道了，是在1637年以前过来的，并说北洞有碑，上面刻着有尉家捐款，时间就是1637年。明末了。"

上面谈及的鱼子山北洞那通《重修老君堂捐资碑》，为清末咸丰时所立，其中有尉家的尉天恭、尉述、尉通、尉进、尉适、尉逎、尉蓬、尉天保、尉天位、尉天龙、尉□迎及2个不知名字的人，共13个

图162　鱼子山村78岁老村支部组织委员尉福生（摄于2023年9月）

尉家人为重修老君堂捐资。不知尉福生老人说的是不是这通碑刻。

查阅民国二十七年（1938年）《密云县志》，摘录了明万历九年（1581年）重修鱼子山香岚寺的一通石碑碑文，其中立碑人为"善众尉起发、王宝臣等六十九人"，这应该是鱼子山人，第一个就是尉家人尉起发，还有王家人王宝臣。而"万历九年"为1581年。这是否说明，尉家、王家，明时就都到鱼子山了呢？只是不知道这王宝臣是现在鱼子山

十来个王家的哪一个王了。

尉福生老人说："尉家过去有老家谱，2011年我进行了整理，第一辈儿叫尉明善，尉明善生俩儿子，叫尉会、尉遵。往下分为两支，有一支人旺，有一支财旺，我家算是财旺的。"

2011年，尉福生老人整理的尉家家谱：

第一辈儿　尉明善，生二子尉　会　尉　遵

第二辈儿　尉　会，生四子尉天才　尉天明　尉天功　尉天成

　　　　　尉　遵，生一子尉天爵

第三辈儿　尉天才，生五子尉君儒　尉辰儒　尉承儒

　　　　　　　　　　　　　尉廉儒　尉英儒

　　　　　尉天明，生三子尉振儒　尉学儒　尉汉儒

　　　　　尉天功，无子，继子尉英儒

　　　　　尉天成，无子，继子尉汉儒

　　　　　尉天爵，生一子尉俊儒

第四辈儿　尉君儒，生二子尉自华　尉自荣

　　　　　尉辰儒，生一子尉自敏

　　　　　尉承儒，生一子尉自景

　　　　　尉廉儒，生一子尉自绅

　　　　　尉振儒，生三子尉自富　尉自全　尉自助

　　　　　尉学儒

　　　　　尉英儒，生五子尉自振　尉自持　尉自勤

　　　　　　　　　　　　尉自瑞　尉自恒

　　　　　尉汉儒，生一子尉自欣

　　　　　尉俊儒，生二子尉自琳　尉自珍

第五辈儿　尉自敏，生一子尉海祥

尉自绅，生二子尉贺祥　尉庆祥

尉自富，生二子尉　焱　尉　鑫

尉自振，生二子尉昆祥　尉普祥

尉自持，生二子尉宝祥　尉禄祥

尉自瑞，生二子尉顺祥　尉吉祥

尉自恒，生三子尉启祥　尉桢祥　尉孟祥

尉自欣，生三子尉凤祥　尉林祥　尉福祥

尉自琳，生二子尉霭昌　尉霭祥

第六辈儿　尉海祥，生一子尉宝山

尉贺祥，生一子尉文光

尉庆祥，生二子尉福旺　尉福生

尉　焱，生一子尉伊然

尉　鑫，生一子尉笑然

尉昆祥，生二子尉成浩　尉成亮

尉普祥，生二子尉建军　尉建国

尉宝祥，生二子尉连柱　尉连清

尉禄祥，生三子尉连顿　尉连增　尉连仓

尉顺祥，生三子尉富义　尉可义　尉锁义

尉吉祥，生二子尉福义　尉连义

尉启祥，生二子尉连成　尉连铁

尉桢祥，生二子尉连富　尉连全

尉孟祥，生三子尉连勇　尉连启　尉连顺

尉凤祥

尉林祥

尉福祥

尉霭昌

尉霭祥

第七辈儿　尉宝山　尉文光　尉福旺　尉福生　尉伊然　尉笑然

尉成浩　尉成亮　尉建军　尉建国　尉连柱　尉连清

尉连顿　尉连增　尉连仓　尉富义　尉可义　尉锁义

尉福义　尉连义　尉连成　尉连铁　尉连富　尉连全

尉连勇　尉连启　尉连顺

这是一份简单的鱼子山尉氏家谱，后有注释：尉汉儒之子尉自欣至其3个儿子，在北屯居住，后人情况不详。还有尉霭昌、尉霭祥后人情况也未记述，看来也是情况不详了。鱼子山村小麻子峪尉姓和本镇北辛庄尉姓祖籍不详。即是说，小麻子峪尉姓和李辛庄尉姓不知道从哪儿搬来的，与鱼子山的尉不是一个尉。

尉福生老人说："尉家有200多户，八九百人。就鱼子山来说，第一人多应该是王家，第二就是尉家。尉家老坟在村西的南台，有石碑，也有柏树。我父亲叫尉庆祥，爷爷叫尉自绅，太爷叫尉廉儒，老太爷叫尉天才，老老太爷叫尉会，再往上就是尉明善。我有个儿子叫尉朝晖，孙子叫尉骥雄。"

按尉福生老人整理的家谱，记载到尉家7辈儿，就其所述儿孙，也仅到9辈儿。按25年一辈儿、最小一辈儿尚未成年不计，即以8辈儿计，200年左右，与明代相差甚远。如所记辈数是连贯的，意味着尉明善不是来鱼子山的第一辈儿；如尉明善是来鱼子山的第一辈儿，则尉家来鱼子山的辈数当不止9辈儿人，其中一定缺辈儿了。

王姓，69岁退休干部王宝成说："鱼子山有大小10个王，其中家族比较大的有3个，一是'希'字王，从王辛庄镇莲花潭村搬过来的，如王希宝、王希旺、王希华、王希芝、王希忠等；一是'寿'字王，是从大兴庄镇周村搬过来的，如王益寿、王灵寿、王仁寿、王松寿、王庆寿、王忠寿等；一是'德'字王，就是我们这个王，如王德旺、王德君、王德礼、王德有、王德元、王德全等。"

这里说"寿"字王是从大兴庄镇周村搬过来的，作者编写《大兴庄史话》时，曾到周村、白各庄访谈，两村王家人公认，王家是随"燕王扫北"从山东周村过来的。据说当时过来老哥儿仨，老大王君佐落在了周村，老二王君佑落在了白各庄，老三王君章落在了岳各庄。为编写《平谷镇史话》，作者到岳各庄访谈，看王家家谱，第一代写的是王君恒。但这三村的王家人一致认同，是老哥儿仨明朝初年随"燕王扫北"从山东周村搬过来的。也就是说，鱼子山"寿"字王是从山东周村搬过来的，且到平谷的第一辈儿叫王君佐。

鱼子山北洞《重修老君堂捐资碑》，为重修老君堂捐资的人中，就有王君、王达、王来、王凤、王春塘、王连塘、王朝臣、王常、王臣、王有仁、王辅、王杰、王之宽、王举、王德财、王永塘、王朝仓、王朝选、王朝文、王朝辅、王朝起、王兴本、王有魁、王有富、王有恒、王有□、王有生、王景塘、王新塘、王有贵、王良、王大宏、王□□、王□、王有春、王莲峰等36人，个别辨识不清的还不算在内，王家大户由此可见一斑。

王宝成说："我们这个王是从山东搬过来的，第一辈儿叫啥不知道了，到我这儿有十七八辈儿。"

这样说来，且不管在"德"字王家族中，大排行下面还有几辈儿，他已69岁了，起码下面有2辈儿人无疑，这就20来辈儿了。每辈儿按25年计，他们这个王来鱼子山有500来年了，约在明嘉靖时，即明后期。

王宝成说:"我父亲叫王德君,爷爷叫王景宽,太爷叫王兴富,老太爷叫王有成,再往上记不住了。我有俩女儿,老大叫王昭兵,老二叫王昭帅。"

2021年底,鱼子山村有690多户,1910多人。

寺 庙

　　山东庄镇，辖12个行政村，旧有大小庙宇120多座，分为纪念性祠庙3座，主要是轩辕庙、关公庙；道教庙宇100多座，主要是老君堂、真武庙、三官庙、龙王庙、山神庙、五道庙等；佛教庙宇13座，主要是佛祖庙、菩萨庙等。其中，山东庄村轩辕庙、鱼子山村龙王庙等为近年来所复建。

　　这些庙宇规模大小不一，既有前后两进大殿，也有一进大殿的。更多的则是一间，甚至一小间，有的五道庙还在中间砌一堵隔断墙，前面供奉五道等，后面供奉观音菩萨。甚至还有不少三五块石头一搭的小山神庙。

　　庙宇中供奉的神像，多为泥塑像，也有铜铸像。那些规模较小的庙宇，尤其是五道庙，则多为画像。每座庙宇供奉的神像常以一种为主，兼及其他神像。纪念性祠庙主要供奉黄帝、伏羲、神农、关公等，道教庙宇主要供奉太上老君、玉皇大帝、真武大帝、龙王、崔府君、山神、土地、苗神、虫王、火神、五道等，佛教庙宇主要供奉佛祖释迦牟尼、观音菩萨等。这一切，充分体现了民间的多神信仰。

　　随着寺庙的建造，一些村落逐渐形成自己的庙会，如山东庄轩辕庙农历正月十五庙会、大北关二月二庙会、西沥津农历四月初八庙会等，到时三里五村人都来进香赶会，一时间热闹非常。

祠　庙

山东庄地区有纪念性祠庙3座，主要是轩辕庙1座、关公庙2座。

轩辕庙

轩辕庙，又称轩辕黄帝庙，主要是供奉人文始祖黄帝的庙宇。

黄帝，为我国远古时部落联盟首领，本姓公孙，为少典之子。因出生于轩辕（今河南新郑西北），故号称轩辕。而长于姬水，便以姬为姓。又建国有熊（今河南新郑），亦称有熊氏。因其有土德之瑞，故号黄帝。黄帝大约生活于距今5000年前，相传率领氏族部落，伐炎帝，战蚩尤，统一各部族，建都河北涿鹿。同时，黄帝创造文字，始制衣冠，制造舟车，培育蚕桑，发明指南车，定算术，制音律，创医学等，而彪炳千秋，被尊为中华民族"人文始祖"。远古中相继为帝的5个部落首领为黄帝、颛顼、帝喾、尧、舜，黄帝居五帝之首。《史记》记载，黄帝建都于河北涿鹿。涿鹿紧邻北京门头沟，距平谷不过百余公里，故平谷留下黄帝或黄帝后代活动遗迹，亦属正常。

山东庄地区有轩辕庙1座。

山东庄村轩辕庙

轩辕庙，位于山东庄村西庙山上。

明代刘侗、于奕正《帝京景物略》"畿辅名迹·延祥观柏"记载："观东北十五里，冈窿然，如大冢，渔子山也。世传是轩辕陵，或呼之轩辕台也。旧有轩辕庙焉，今圮也。"民国二十三年（1934年）《平谷县志》载："渔子山，在县城东北十五里，上有轩辕庙。""轩辕黄帝庙，在县城北渔子山上。""县治东北山东庄之西有山，岗阜隆然，形如大冢。

相传为轩辕坟，然无实录可稽，真赝莫辨。上有轩辕庙，亦不知建自何代。庙内碑文引唐陈子昂轩辕台诗：'北登蓟丘望，求古轩辕台。应龙已不见，牧马空黄埃。尚想广成子，遗迹白云隈。'以证其处。又《礼乐》记载，封黄帝之后于蓟。以此，则所传非无因耳。"《大明一统志》《光绪顺天府志》《日下旧闻考》等典籍中亦有记载。

轩辕庙，坐北朝南，东西宽七八丈，南北长七八丈，南为山门，形如门楼。院内有2棵槐树，门内西侧1通石碑。现残碑及碑座尚存。

轩辕庙正殿三间，殿内为泥塑坐像，中为轩辕黄帝，东为伏羲，西为神农。村里人称伏羲为药圣，称神农为药王。残碑上还有"三皇之祠"语，可见历史上

图163　山东庄轩辕庙大殿（摄于2007年3月）

轩辕庙供奉的就是三皇，即天皇、地皇、人皇。而这"三皇"通常就指伏羲、神农、黄帝，故轩辕庙又称"三皇祠"（图163）。

1941年，日军在庙内修建炮楼。1945年，日本投降后炮楼拆毁。轩辕庙毁于20世纪50年代。1993年4月，北京市文物研究所与平谷县文物管理所联合对轩辕庙遗址进行考古发掘，清理出汉代板瓦残片、辽金兽面瓦当、明清建筑基础等。1995年，在原址重建。

关公庙

关公庙，又称关帝庙，俗称老爷庙，是主要供奉关羽的庙宇。

关羽，三国蜀将，俗称关公，山西省运城市解州东南10公里常平村，为关羽故里。关羽少时以打铁为生，后到涿郡，与刘备、张飞结为兄弟，跟从刘备起军。建安五年（200年），被曹操所俘，委任为偏将军，封汉寿亭侯。之后，关羽脱离曹操，仍归刘备。建安十九年（214年），关羽驻守荆州，率兵大破曹军。后大意失荆州，被东吴将领吕蒙杀害。关羽生前官至"前将军"，封爵"汉寿亭侯"，以忠义闻名于世。死后，历代帝王对其多有加封，由"壮缪侯""忠惠公""武安王"，直至封为"三界伏魔大帝神威远镇天尊关圣帝君""忠义神武关圣大帝"及"忠义神武灵佑仁勇威显关圣大帝"等。由于历代统治者大力推崇，尤其清雍正三年（1725年），命天下直省郡邑皆得立庙，春秋祭以太牢，再有描写刘、关、张故事的长篇小说《三国演义》广泛传播，使关羽社会影响不断扩大，祭祀的祠庙也在全国广为修建。而关羽就有了"武圣人"之称，与"文圣人"孔子齐名，故关庙又称武庙。

关羽是"忠义神武灵佑仁勇威显关圣大帝"，"神武""仁勇"自是守城作战所不可或缺；关公还"司命禄，庇护商贾，招财进宝"，且忠义，故被奉为财神，所以，祈求财神保佑，甚至祈求自己发财，为民众普遍信念；关羽被封为"三界伏魔大帝神威远镇天尊关圣帝君"，"伏魔大帝，神威远镇"，"祛病除灾，驱邪辟恶，诛罚叛逆，巡察冥司"，因此，民间有时又将关公庙作为一种"镇物"，建在街头或河边等地，祈求一方平安。

山东庄地区的关公庙，从关公塑像或画像来看，没有关羽头戴冕旒、手持圭板、一副帝王装束的关圣帝君形象，也就是说没有关帝庙了。主要是形如武将的关羽形象且周仓、关平在前侍立的关公庙。

山东庄地区有关公庙2座。

山东庄村老爷庙

老爷庙，位于山东庄村东南。

老爷庙坐北朝南，东西宽四五丈，南北长20来丈。南为山门，砖砌门楼。山门前砌筑十五六级台阶，台阶东侧，有一棵大槐树。

院内有前后两进大殿，前殿面阔五间，殿内供奉关公泥塑坐像，红脸庞。东边为周仓侍立像，拿一把大刀；西边为关平侍立像。村里人说前殿西边也有一些塑像，记不得塑的啥像了。殿内有关于关公事迹的壁画。

从前殿西侧门进入后院，后殿面阔五间，为菩萨殿，殿内供奉观音泥塑菩萨，手持净水瓶。观音两侧侍立善财童子和龙女。在观音两边，还各有一尊塑像，不知塑像名字。墙上绘有壁画。

庙西侧有跨院，为看庙人所住。

老爷庙毁于20世纪50年代（图164）。

图164　山东庄89岁老村干部刘成谈寺庙情况（摄于2007年3月）

鱼子山村老爷庙

老爷庙，位于鱼子山村中心，崇光门楼内。

村西北旧有鱼子山寨，据《四镇三关志》载："洪武年建，通步缓。"东西长约200米，南北宽约200米，建有围墙，以山石垒砌。南北设门，今北门无存，崇光门为南门，多次重修。

崇光门下为券拱门，南北贯通，以供人出入，南侧上书"崇光门"三

图165　鱼子山村鱼子山寨南门崇光门（20世纪90年代摄）

个楷体大字（图165）。

上为单层楼屋，面阔一间，硬山顶，上覆筒瓦，挑大脊。这是一座过街楼。楼屋内供奉关公坐像，泥塑，故称老爷庙。旧有对联，现已无存，人们记得横批为"亘古一人"。

抗战时期，平（谷）密（云）兴（隆）联合县县委书记李子光等经常在崇光楼开会研究工作，故当地又称"子光楼"。近年经修葺，保存完好。

宫　观

山东庄地区有宫观百余座，主要是老君堂1座、玉皇庙2座、真武庙2座、三官庙2座、府君庙1座、龙王庙1座、山神庙70多座、五道庙22座。

老君堂

老君堂，是主要供奉太上老君的庙宇。

道教为我国本土宗教，大约形成于公元2世纪。东汉末年，一些人曾利用"五斗米道"和"太平道"组织进行反抗活动。其后，葛洪、陶洪景等以探求长生不老之术，炼丹觅药，敬天奉神，发展了以神仙养生为内、儒术应世为外的道教理论，创立了道教。于是，正式追封道教学派创始人老子（李耳）为始祖，尊号太上老君。道教创立虽晚，但其教义源远流长，可以说上承炎黄以来我国庞杂的历史信仰、文化内涵，以及商周巫卜、秦汉方士神仙思想和佛教影响，其内容丰富而庞杂。后历代统治者大加推崇，使其进一步发展，为广大群众认许，从而长存不衰，并形成不同的大小流派。道教建筑一般称为宫观，供奉的最高神就是"三清"，即玉清元始天尊、上清灵宝天尊和太清道德天尊（即太上老君），所谓天界神仙所居最高仙境之主宰。

山东庄地区有老君堂1座。

鱼子山村双峰圣水洞

双峰圣水洞，旧称老君堂，位于鱼子山村北，京东大峡谷东侧北山上，又称北洞。

此庙依洞穴而建，所建年代不详，洞深15米，高3米有余。坐东朝西，前有小院，现存遗址，近年进行修葺（图166，图167）。洞内供奉太上老君。

图166　鱼子山村双峰圣水洞（摄于2008年3月）

2023年9月，再次踏察北洞，编写村史的69岁退休干部王宝成说："洞北侧还有三间殿，坐北朝南，西侧两间供奉两三个神像，东侧一间作为

图167　鱼子山村双峰圣水洞（摄于2023年9月）

图168　双峰圣水洞北侧，还有三间殿。遗址尚存（摄于2023年9月）

过道。再北面30来米处还有一间，说是住看庙的人和存放杂物的。"遗址尚存（图168）。

抗战时期，这里为八路军十三团装配车间，在祥云寺那里的西洞将手榴弹、地雷等铸造好后，在这里进行装配，运至前线。

现存2通石碑，一通《双峰圣水洞碑》，一通《重修老君堂捐资碑》，当立于清咸丰六年（1856年），这两通都为功德碑。

玉皇庙

玉皇庙，是主要供奉玉皇大帝的庙宇。

玉皇大帝，简称玉帝，全称为昊天金阙玉皇大帝、玄穹高上玉皇大帝，是道教中最高级的神明之一，源于上古的天帝崇拜。道教里，其地位在三清之下，总管三界、十方、四生、六道等。在民间百姓心中，玉皇大帝就是最大的神，简直是众神之王。所以，玉皇大帝成为民间（汉族为主）崇拜的最高神。玉皇大帝的形象，一般是身穿九章法服，头戴十二行珠冠冕旒，有的手持玉笏，旁侍金童玉女，完全是秦汉帝王的装扮。

山东庄地区有玉皇庙2座。

西沥津村玉皇庙

玉皇庙，位于西沥津村南。

玉皇庙坐北朝南，东西宽十几米，南北长30余米。南为山门，前有10来步石阶，二进殿，前殿面阔三间，殿内供奉玉皇大帝泥塑坐像。殿前东侧有一座钟楼，悬挂一口铁钟，高近2米。前殿辟有后门，进入后院，后殿面阔三间，村里人已不知殿内供奉什么神像了。前殿曾做村生产队库房。

玉皇庙已毁，现仅存前殿西山墙（图169）。

鱼子山村玉皇庙

玉皇庙，位于鱼子山村东北。

玉皇庙建在一座高台上，坐北朝南。东西宽三四丈，南北长约5丈。前有十几级台阶，沿台阶可登上庙台。庙台上为正殿三间，前为敞院，没有院墙。殿内供奉玉皇大帝神像，泥塑坐像。

玉皇庙1942年被日军烧毁，遗址无存（图170）。

图169　西沥津63岁老村书记于增谈寺庙情况（摄于2007年3月）

图170　鱼子山88岁村民巨明山谈寺庙情况（摄于2007年4月）

真武庙

真武庙，是主要供奉北方神真武大帝的庙宇。

相传古净乐国王子生而威猛，越东海来游，遇天神授宝剑，入湖北武当山修炼。功成飞升，威镇北方，号玄武君，后为避讳而改真武。宋代以来屡有加封：翌盛将军、翌圣保德真君、镇天武侯灵应佑圣帝君、元圣仁威玄天上帝等。明成祖崇奉真武，御用的监、局、司、厂、库等衙门中，都建有真武庙。由于宋、元以来诸代倡导，真武庙几乎遍及天下。人祈求延年长寿，都要奉祀真武大帝。农历三月初三，为真武大帝神诞之日，各地真武庙均有奉祀祝诞祭典。

山东庄地区有真武庙2座。

山东庄村真武庙

真武庙，位于山东庄村中间。

真武庙坐北朝南，东西宽约15米，南北长约9米。四周没有院墙，殿前2米处有一道影壁，影壁下边有台阶。大殿面阔三间，殿内供奉真武帝泥塑坐像，前面两边有周公和桃花女侍立像。

真武庙不知建于何时，神像毁于1947年，庙毁于1955年。拆毁真武庙，在那儿盖了山东庄粮库。

鱼子山村真武庙

真武庙，位于村中心，现在峡谷山庄内，崇光门北侧。

真武庙坐北朝南，东西宽约3丈，没有院墙，南有山门楼。正殿供奉真武大帝，为泥塑坐像。1942年前后被日军烧毁。

三官庙

三官庙，是主要供奉天官、地官、水官的庙宇。

三官，为天官、地官、水官合称，三官信仰源于原始宗教中对天、地、水的自然崇拜。三官功能为，天官赐福，地官赦罪，水官解厄。因与人之祸福荣辱密切相关，故受到广泛崇奉。道教为我国本土宗教，常常把对中华民族发展起过重要作用的历史人物树而为神。而三官来历说法不一，其中一种较为普遍的说法，三官就是我国远古三位部落联盟首领尧、舜、禹，被道教封为三官大帝。因三官大帝出生日是在三元日，即上元正月十五，中元七月十五，下元十月十五，所以三官又称"三元大帝"。

山东庄地区有三官庙2座。

大北关村三官庙

三官庙，位于大北关村中心，现在村委会南边。

三官庙坐北朝南，东西宽约10米，南北长十五六米。南为山门，一座小门楼。山门前西侧，有一眼水井。

院内，大殿前两侧，一边一棵柏树，没有石碑。大殿面阔三间，前出廊，廊东侧悬挂一口大铁钟，1米多高，钟上铸有铭文。"文革"后期，村里有一铸造厂，将铁钟弄去化铁了。

2007年5月来村访谈，78岁村民郭松山（图171）等人记得钟上有不是清代道光就是咸丰年间修的字样，说明三官庙大概建于清代。

2023年9月再次来村访谈，77岁老村书记张庆楼说，三官庙里那口大铁钟上铸着字，有"大北官"仨字。

殿内筑有神台，神台高约1.5

图171　大北关78岁村民郭松山谈寺庙情况（摄于2007年5月）

米，前边有一张大供桌，3米多长。神台上供奉3尊泥塑坐像，为天官、地官、水官，有两个白脸，一个黑脸。三官像前边一边一尊站像，西边那尊站像为绿脸。墙上画有壁画。

三官庙毁于20世纪70年代中期。

山东庄村三官庙

三官庙，位于山东庄村北，在龙王庙后面东北角。

三官庙坐北朝南，有院落。东西宽四五丈，南北长五六丈。南为山门，山门前西侧一棵大槐树，有2搂半粗。院内有正殿三间，供奉天官、地官、水官3尊泥塑坐像。正殿前有东西配殿，为看庙人所住。

三官庙毁于20世纪50年代。

府君庙

府君庙，为供奉冥界首席判官崔府君崔珏的庙宇。

在全国各地的东岳庙、阎王庙、城隍庙中，都有判官角色。判官为森罗殿阎王爷主要助手，按职务分主要有掌刑判官、掌善簿判官、掌恶簿判官和掌生死判官四种，分别掌管着阴律司、赏善司、罚恶司和查察司。而掌生死判官权力最大，为首席判官，崔珏就是首席判官。崔珏，字元靖，乐平（今山西昔阳）人，唐贞观年间进士，做过山西子长县令，有功德于百姓，故建崔府君庙以祭祀。一说崔珏做过滏阳（今河北磁县）县令，死后成神，"主幽冥"，当了阴间判官，世称崔府君。

山东庄地区有府君庙1座。

西沥津村府君庙

府君庙，位于西沥津村北（图172）。

府君庙原属桥头营村，清康熙六年（1667年）《平谷县志》"地理志·坛庙"记载："崔府君庙，在县东北桥头营。"

民国二十三年（1934年）《平谷县志》中，亦有"崔府君庙，在县城东北桥头营"的记载。

看两志所记基本一样，只是民国志多一"城"字。

1961年所拍古建筑照片中，有府君庙山门及石碑照片2张，并有简略记述："桥头营崔府君庙，建于明嘉靖十六年，现存明构尚有山门（图173），其下部已有裂缝。其他建筑均在清时经过重修。石碑亦在（图174），清乾隆年间（公元1736—1795年）所立。"

图172 西沥津74岁老村会计刘茂林谈寺庙情况（摄于2007年3月）

图173 西沥津村府君庙山门（摄于1961年）

图174 西沥津村府君庙内清乾隆时所立石碑（摄于1961年）

府君庙建在一座高土坎上，坐北朝南，东西宽约70米，南北长约60米，四周围有院墙，整座庙宇建有两进大殿，并有东西跨院及后院。南为砖碹拱券形山门，宽约5米，磨砖对缝垒砌，叠涩出檐，上挑大脊，单檐歇山顶，小青瓦合瓦垄。

门楣上镶嵌一方石匾，现存上宅文化陈列馆。

山门为石门槛，门槛前有五六步石阶，石阶两边为石栏。如此规模的山门，在全区不多。山门前两边一边一棵大槐树，都有一搂多粗。

进山门，为一条甬路，甬路两边一边一座马殿，称东西马殿。每座马殿均为一间，各有泥塑一马和一人像，拉马人一手拉马一手持枪。马殿北边一边一通石碑，为龟跌座，俗话说的"王八驮石碑"。石碑北面略高，接甬路有十来步石阶，而石碑就在台阶两侧。甬路东侧石碑后，有一棵大绒花树，七八寸粗细，生长几十年了。

上石阶后，为一平台，台上为前大殿，面阔三间，进深三间，前出廊，后出厦，没有耳房。殿内中间供奉崔府君坐像，泥塑，全身金色。由于塑像早已毁，西沥津和桥头营两村人都难以说清。而有关书中所描绘的判官典型形象为戴一顶软翅纱帽，穿一件圆领红袍，束一条犀角大带，踏一双歪头皂靴，长一脸络腮胡须，瞪一双圆眼，左手拿善恶簿，右手执生死笔。不知府君庙内府君塑像与此是否类似。大殿前有哼哈二将，两山前一边还有二三尊站像，拿刀持枪等侍立两旁。墙上绘有壁画。殿前西侧有一座钟鼓楼，面阔一间，方形，一层。钟鼓楼内悬挂一口大铁钟，高约2米，直径约1米。每月十五，庙内老道敲钟。抗日战争时期，民兵在钟楼挖有地道口，直通村里。大殿东侧有门，可通后院。

后大殿，殿前有2通碑刻，其中一通为须弥座。后殿三间，前出廊，后出厦，有东西耳房各二间。殿内供奉送子娘娘塑像，村里人过去给做了不少小鞋，献于娘娘像前。就连后殿前的柏树下，也献了不少小鞋，柏树上还挂着一些小红旗等。后殿墙上绘有壁画。东西配殿各三间，东配殿毁于抗战时期。对于西配殿，是否供奉神像，村里人难以说清。由于时间相隔太久，且神像大都毁于1947年土改复查中，西沥津与桥头营两村老人所说庙宇布局基本一致，但殿堂大小及所供神像等，有出入。

过去农历四月初八为庙会，三里五村人都来进香赶会，唱大戏、走会、拉洋片、挑挑儿做买卖等，一时间热闹非常。

府君庙毁于20世纪60年代，至今遗址（图175）上尚存残碑、残龟趺等。

图175　府君庙遗址，2023年辟为公园，正在建设中（摄于2023年9月）

过去庙内两座大殿前后有六七棵古柏，现仅存2棵。还有2个雕有莲花瓣的青石柱础（图176），很大，也很精致，可以想见当年庙宇的堂皇气派。村里人有"过去河北省就这一座府君庙"之说，也许有些言过其实，但全国府君庙确实不多，况且平

图176　西沥津村府君庙遗址半掩土里的雕花柱础（摄于2007年3月）

谷过去确实属于河北省，1958年10月才划归北京市。

龙王庙

龙王庙，是主要供奉龙王的庙宇。

龙王，源于古代龙神崇拜和海神信仰。认为龙掌管海洋中的生灵，司管人间风雨，因此水旱灾多的地区常有崇拜。大龙王有4位，掌管四方之海，称四海龙王。小龙王可以存在于一切水域中。民间为祈求风调雨顺，建庙以供奉龙王。龙王形象多是龙头人身。

山东庄地区有龙王庙2座。

山东庄村龙王庙

龙王庙，位于山东庄村北，村小学门口道东。

龙王庙面阔一间，坐北朝南。庙内为龙王等画像。其实也是五道庙，村里人去世了，也来这里报庙烧纸。

龙王庙毁于20世纪50年代。

图177 鱼子山村近年复建的龙王庙（摄于2007年4月）

鱼子山村龙王庙

龙王庙，位于鱼子山村北，峡谷山庄下边。

龙王庙坐东朝西，面阔一间，绘有龙王画像。毁于20世纪六七十年代"文革"之时，1993年复建（图177）。

复建的龙王庙仍为一间，门边悬挂对联："龙从百丈潭中起，雨从九重天上来"。横批："风调雨顺"。庙内供奉龙王泥塑坐像，墙上绘有壁画。

庙旁有"龙潭"，因近些年水少，这里水也少了，但一直没有干过。当地有俗语："龙潭干了，酒也干不了。"比喻主人准备的酒充足，喝不缺。

山神庙

山神庙，是主要供奉山神的庙宇。

山神，是古人对山的神化而加以崇拜。护国佑民，是一种地方的保护神。

平谷地区多山，三分之二为山区，北部、东部、东南部都是连绵的山，最高峰东纸壶山海拔1234米。因此，平谷地区山神信仰比较普遍，毕竟在漫长的生活中，进山、出山、抬头、低头总会见山，自然要祈求山神保佑平安顺利。山神庙，主要分布于山区半山区，或临山较近的地区，平原地区一般没有。

山东庄地区过去有大小山神庙70多座。

桃棚村山神庙

桃棚村山里人家居住分散，几乎家家都有山神庙，就是三五块石头一搭，过春节时贴个山神像，祈求来年风调雨顺。过去全村有70来户，就搭建有这样的小山神庙70来座。要是谁家没搭建，别人会说他是"二毛子"，意思是说他不信神。

这是2007年4月来村访谈时，81岁老生产队长于怀谦、75岁老生产队长王桂珍两位老人所谈，也是较为细致地一算再算的。2023年9月，为编写《山东庄史话》再次来村，61岁村书记符宝森说过去是60多户，村史展室也这么写的，并说桃棚村分桃棚口、桃棚、片石、鸭桥、放马场5片，是一片一片算的。究其实，这60多户与70来户也相差无几。

另外，村里还有4座1米多宽或2米来宽、以石头简单垒砌、上面石板等覆顶的五道庙，而村人往往也随口称其为山神庙。

这些小山神庙早已无存。

鱼子山村山神庙

鱼子山村有2座山神庙。

一在村南，坐北朝南，面阔一间，画像，20世纪五六十年代自然塌毁。

一在祥云寺山门西侧，面阔一间，坐北朝南，绘有山神画像等，人们还记得墙上画有一狼叼一孩子的图案。1942年前后，随着祥云寺被日军烧毁而毁坏（图178）。

图178　鱼子山村83岁老瓦匠尉禄祥谈寺庙情况（摄于2007年4月）

五道庙

五道庙，是主要供奉五道将军的庙宇。

五道将军，民间称作"五道老爷"。按道教说法，五道将军是东岳大帝属神，且是重要助手，掌管世人生死荣禄，为阴间大神，地位高于阎罗王前的判官。古典小说中的五道将军似乎可以代阎罗王决定世人寿限，但与阎罗王不同，五道将军更具同情心，能帮助、成全弱者实现自己的理想，是位具有正义感的冥神。

山东庄地区过去有五道庙22座，一般每村都会有1座五道庙，多者如北屯、山东庄有3座，桃棚竟有4座。五道庙规模多是一间，甚至在中间还横着垒砌一堵墙，前后隔开，往往前面供奉五道，后面供奉观音。五道庙多是画像。

北寺村五道庙

五道庙，位于北寺村西。

五道庙坐北朝南，建在一座高台上。庙前约1丈远处，有一道影壁。庙为一大间，前出廊，庙内为画像，是村里一个叫王珠的人在20世纪20年代所画。庙内有1个石香炉。

五道庙毁于20世纪50年代（图179）。

北屯村五道庙

五道庙，北屯村旧有3座。

一在村西头，菩萨庙西边约20米处，坐北朝南，中间横砌一堵隔断墙，前为五道庙，北墙画有五道、虫王等5尊画像，前面摆着5个香炉。村里人记得虫王是农历七月初一上供。两山墙也有画像。后面为观音庙，正座画有观音菩萨坐像，毁于20世纪60年代（图180）。

一在村中间，坐北朝南，正对南边街口，东南角有1棵古槐，1搂

图179　北寺村79岁村民王儒谈寺庙情况（摄于2007年3月）

图180　北屯村69岁老村会计卢丛喜谈寺庙情况（摄于2007年5月）

多粗。庙为一间，画像。其中画有判官、鬼卒等，在鬼卒的勾魂牌上，写着一句话："文凭引路，要找汉奸。"末了又加一句："汉奸人者来了！"是在抗战时期，村里张德海画的，他是画匠，这也反映了人民对日本侵略者及汉奸的痛恨。抗战时挖地道，这座五道庙是个暗口。五道庙毁于

20世纪60年代末。

一在村北上街西头，坐北朝南，建在一座一人高的台上，庙前西侧有一眼水井。一间，画有五道、判官、鬼卒等像。过去村里曾在这里唱戏。五道庙毁于20世纪70年代。

另外，在北屯村东头，东边有条河，建一道石头影壁，正对大街，影壁西侧辟一神龛，高三四十厘米，里面摆有小泥香炉，画有财神像。实际上这也是一座小财神殿，已无存。一并记此，以存资料。

大北关村五道庙

五道庙，位于大北关村中心，十字街西北角。

五道庙坐北朝南，庙旁一棵大槐树，有2搂多粗，抗战时期，让日军给放了。庙为一间，画有五道等神像，摆着3个泥香炉。

过去要饭的老住庙里，墙上烟熏火燎的。

五道庙毁于20世纪六七十年代的"文革"之时。

图181 大北关67岁老村干部王正谈寺庙情况（摄于2007年5月）

大北关村五道庙以北，兴正月二十八庙，后改为二月二庙，庙会一天。村里人说，五道庙以北的多是财主。过去是石头墁街，牲口走上去当当作响。过去村里唱影戏，就是摘两个大门一搭。村里原来有一拨儿唱影戏的，是财主的子弟，财主怕他们要钱，就弄拨儿影戏让他们唱（图181）。

大坎村五道庙

五道庙，位于大坎村中间。

五道庙坐北朝南，庙前一道砖

砌影壁。庙前西南角一棵大槐树，中间空了，2搂多粗。庙为一大间，中间横砌一堵隔断墙，前为五道庙，有门，画有五道、土地2尊神像。东西两山墙也画有壁画。后为菩萨庙，没有门，是敞的，画有观音菩萨，右手拿一净水瓶，插一柳枝；左手拿一拂尘。左边画有善财童子。上边挂着大海灯，一到过年时，就点起来，点到正月十五。各家都去送香油添海灯。其实海灯就是一个敞碗，直径约30厘米，放一棉花捻儿（图182）。

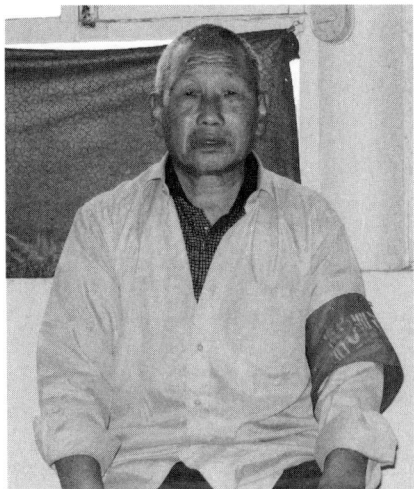

图182　大坎71岁老村干部张臣谈寺庙情况（摄于2007年5月）

村里人说，画像为乔钟文所画，乔是南独乐河人，在平谷很知名。画的土地有胡须，就像真的似的。据说他曾给一个庙里画了一只苍蝇，画在庙的一角上，栩栩如生。还说他曾在故宫画过山墙等壁画。那时平谷人挺土的，他就穿着小棉袄，人家在宫里画像都穿着大褂。等画时，因为是很高的山墙，要搭脚手架，所以个个找自己能画的地方，

图183　大坎75岁村民王仲全谈寺庙情况（摄于2007年5月）

把最难画的地方给他撂下了。他也不着急，就抽着旱烟袋。大家都有些看不起他。尽管在最高处，但见他也不上去，就用竹竿举着笔，蘸着颜料画。画完了，一下子大家就师傅长、师傅短地敬仰了。由此可见他画技之高超。周边不少村庙里的画像，都说是乔钟文画的（图183）。

为编写《独乐河史话》，整理南独乐河村清末乔钟善等编写的《乔氏家谱》，记述始祖乔仲山、乔仲财大致在清康熙初年从山东贸易来到平谷。家谱记载有乔钟文，为乔家第十辈儿。

五道庙前那棵大槐树，虽剩南半拉，树干还依然活着。

五道庙毁于20世纪50年代。

东洼村五道庙

五道庙，位于东洼村中间。

五道庙坐北朝南，庙前东西各有一棵槐树，一二搂粗。庙为东西两间，中间南北向有隔断墙，开两门。东间是五道庙，村里人死了，家人来烧纸报庙。西间为村里人打更的用房（图184）。

五道庙为画像，村里人记得北墙和东西山墙都有画像，如画有小鬼推磨、人被头朝下磨等。

图184　东洼76岁老村书记李金谈寺庙情况（摄于2007年5月）

大概画的是七十二司，意在教化人要行好事，莫做坏事。不然，到了阴曹地府也会受到惩罚。

两棵大槐树在1958年放倒了，炼钢铁了。

五道庙毁于20世纪80年代。

李辛庄村五道庙

五道庙，位于李辛庄村西，大坑北沿。

五道庙坐北朝南，面阔一间，庙前有2棵槐树，1尺来粗。庙内为画像，村里一姓刘的人画的，俗称刘画匠。北墙画有5尊神像，其中有五道、苗神、土地等，五道在中间，两山墙画有"七十二司"，以及判官、鬼卒等。

小庙不大，过去乞丐没地方住，就住五道庙里，称为"住庙"。

五道庙毁于20世纪60年代（图185）。

桥头营村五道庙

五道庙，位于桥头营村中间。

五道庙坐北朝南，前面有小院，南面为山门，是一座小门楼。五道庙面阔三小间，贯通，庙里为画像，墙上如画着人死后喝迷魂汤等情景（图186）。

五道庙现存，20世纪70年代曾经瓦（wà）过。现在院内，前边是出租的房屋，有车床等物，院里搭了不少东西。五道庙作为磨面房，或说粮食加工房，还在使用（图187）。庙前一棵槐树，当初不是很大，现在也不小了，而且不知

图185　李辛庄83岁村民王春谈寺庙情况（摄于2007年5月）

图186　桥头营70岁老村干部周维义谈寺庙情况（摄于2007年5月）

图187　桥头营村五道庙，现在作为加工房还在使用（摄于2007年5月）

几时已经枯死。

2023年9月，为编写《山东庄史话》再次来村访谈，五道庙早已翻建他用，不复存在了。

庙西边有一条小窄胡同，

过去村里有人去世了，家人就从胡同来庙里烧纸报庙，所以俗称"鬼道"。

山东庄村五道庙

五道庙，山东庄村有3座。

一在村东南前街东南角，建在一座高台上，坐北朝南，庙前有一棵大槐树。庙为一间，画像。

一在村后街西头，坐北朝南，有一个小院。庙为一间，画像。

一在村西，现在村委会门口处，坐北朝南，庙前有一影壁，上面写有字迹。庙为一间，画像。

3座五道庙都毁于20世纪50年代。

桃棚村五道庙

五道庙，桃棚人又称其为山神庙，全村有4座建筑上略大些，分布在居住较为集中的地方。村里似乎没有专门的五道庙，村里有人去世了，即到这几座庙里烧纸报庙，也会就近在自家附近的小石头庙烧纸报庙。

大致来说，一座在村入口处一队，一座在村里沟二队，两座在村鸭桥四队。一般都不大，1米多宽或2米来宽，以石头简单垒砌，上面以石板等覆顶。村里老人说，村入口处那座还算大一些，庙里为画像。

4座五道庙都已无存（图188）。

西沥津村五道庙

五道庙，西沥津有2座。

一在村中间，坐北朝南，有一小院，前面辟一小门。庙内为画像，墙

图188　桃棚75岁老生产队长王桂珍谈寺庙情况（摄于2007年4月）

壁上满是神鬼的壁画。

一在村南玉皇庙前边，坐北朝南，没有院，庙前有一道砖垒的影壁。庙为一间，有门窗，画有五道等神像，北墙下面有神台，神台前有香炉。

2座五道庙约毁于20世纪70年代。

小北关村五道庙

五道庙，位于小北关村西头。

五道庙西边和南边为水坑，两个水坑相连。庙南有一座石桥，桥板有2米长，50厘米宽，40厘米厚，桥面有3块大条石，现在桥已无存（图189）。

五道庙坐北朝南，只有一间，前面没有窗户，为木栅栏。庙内为画像，前有一个石香炉。过去要饭的常住庙里，烟熏火燎，早看不出有啥画像了。

五道庙毁于20世纪70年代。

图189　小北关60岁村民、曾整理村非物质文化遗产的马品旺谈寺庙情况（摄于2007年4月）

鱼子山村五道庙

鱼子山村有2座五道庙。

一在峡谷山庄中心，一在大果园对面。2座五道庙都坐北朝南，面阔一间，画有五道将军等神像。

1942年，2座五道庙被日军烧毁。

寺　院

佛教寺院，主要有佛祖庙和菩萨庙，山东庄地区共有佛教寺院13座。

佛祖庙

佛祖庙为佛教庙宇，主要供奉佛祖释迦牟尼以及药师佛、弥勒佛等。

佛教起源于印度，距今3000多年前由古印度迦毗罗卫国王子乔达摩·悉达多所创，一般认为是在东汉初年佛教传入我国。而佛教中最高的就是佛，佛祖是释迦牟尼，也称释迦佛，最流行的称呼是如来佛，还有药师佛、阿弥陀佛、燃灯佛、弥勒佛等。这些佛是寺院中所供奉的本尊，有时也有菩萨、十八罗汉等陪祀。

山东庄地区有4座佛祖庙。

北寺村龙泉寺

龙泉寺，位于北寺村西北角。

据《光绪顺天府志》记载："北历店龙泉寺，亦元至正四年建，嘉靖二十七年重修。"府志所写"北历店"或是"北历庄"，即"北沥西庄"，也即后来所说的"东沥津庄"。

清康熙六年（1667年）《平谷县志》"地理志·寺观"记载："龙泉寺，在北沥西庄，至县十里。元至正四年建，嘉靖二十七年重修，今俗称沥西寺。"民国二十三年（1934年）《平谷县志》"卷一·地理志·古迹·坛庙"所记，与此一样。

《平谷县地名志》在写到"西沥津"时记述："原称沥津庄，因沟河水从海子村西渗入地下，至该村东又从地下复出，继续西流，故称。1920年分成东西两村，该村在西，故称西沥津。"对北寺村记述："原称沥津庄。于1920年分为东沥津和西沥津，该村属东沥津。1958年东沥津又分为北寺、东洼、大坎3个村。该村因在北面，其南有龙泉寺，故名北寺。"

从3本志书资料，可大致看出北寺村的隶属变迁，地名志说龙泉寺在村南，或许有误，因为在调查中，村里人说在村西北角。这是寺庙位置，而始建年代为元至正四年（1344年），为元朝末代皇帝元顺帝妥懽帖睦尔之时，时为元末，重修于明嘉靖二十七年（1548年）。

龙泉寺坐北朝南，东西宽十二三丈，南北长约30丈。南为山门，中间一座大门，两边各有一座小门。前后三进大殿，前殿东南角一座钟楼，西南角没有鼓楼。钟楼面阔一间，进深一间，二层，上面悬挂一口大铁钟，过去每月初一、十五打钟。铁钟高约2米，北面有一方格。村里人说，龙泉寺至正四年动工，修了4年。庙里叫一个小和尚去化缘，一老太婆给5个大钱，小和尚嫌少没要。回来，铁钟老是铸不上，结果回去又要来了，四面每角的方格上各铸一个，中间铸一个，这才铸好。大钟足有800斤，抗战时期送到八路军兵工厂铸造手榴弹了。

前殿为天王殿，面阔三间，殿内供奉四大天王泥塑站像，每尊高1丈左右，村里人称作"四大金刚踩八怪"。前殿建有西耳房，供奉达摩老祖。前殿前面，有东西配殿各一大间。中殿，早在20世纪三四十年代就已经成废墟了，村里人几乎没见过，据说是十八罗汉殿。一般佛教庙宇，十八罗汉往往在大殿两侧，中间供奉的应该是佛祖释迦牟尼，这座大殿也应该是大雄宝殿。二进院内，有2通石碑，一通为汉白玉碑，一通为青石碑。后殿为菩萨殿，前出廊。廊东侧，有一口铁钟，高约1米。后殿面阔三间，殿内供奉泥塑菩萨坐像，有二三尊，约1米多高。村里人说不清菩萨塑像的名字。殿内还有许多小佛像，高三四十厘米。

在庙外西北约60米处，有一座塔，青石垒砌，几层及形制已无从查考。

相传庙里有个和尚，是花和尚，吃喝嫖赌，甚至拆庙里的椽子烧火。早先村里流传一首歌谣："花和尚，戴铃铛。你拉着，我骑上。"这是把那个和尚当作牛马一样的牲口看待了，可见当地人对花和尚的深恶痛绝。

龙泉寺毁于抗战后期。抗战时民兵挖地道，钟楼就是秘密出口。

仅存一个残经幢，为龙泉寺内的经幢。另有一通龙泉寺石碑，汉白玉石质，被垒砌在街头一花墙下。

山东庄村慈福寺

慈福寺，位于山东庄村北小学的地方。

据《光绪顺天府志》载："慈福寺，在县东北山东店，俗称山东寺，正统九年御马监太监刘□建，基台崇拓，栋宇恢宏，丹碧文珉，各呈工巧，敕赐名曰慈福，有邑人金纯撰碑。正德四年，营州屯卫官舍景祺、邑人杨友重修。"

府志所写"山东店"之"店"字，或为"庄"字之误。"刘□"，据清康熙六年（1667年）《平谷县志》"艺文志·文类"收录金纯所撰《重修慈福寺记》碑文所写"御马监太监刘公僧"语，当为"刘僧"。

清康熙六年（1667年）《平谷县志》"地理志·寺观"记载："慈福寺，在山东庄西北，至县十五里。正统九年建，正德四年重修。今俗称山东寺。"

现存1961年所拍慈福寺前殿东配殿（图190）、大山门（图191）及石碑照片，并简略记述："山东庄慈福寺，明正德四年重修，至今山坪处

图190　山东庄村慈福寺东配殿（摄于1961年）

图191　山东庄村慈福寺山门（摄于1961年）

已有裂缝。山门为丁亥年所建，其下面亦局部损坏。石碑即重修时所立。其他建筑，均后代所重建。"

慈福寺坐北朝南，东西宽约80米，南北长约120米。南面一座大山门，砖砌门楼，整座山门宽约10米，高约8米。券拱门洞，门洞宽约6米，对开木门，村里人说大马车过去可以从门洞赶进去。山门上边镶嵌着汉白玉石匾额，刻着"赐建慈福寺"五个大字。

山门内，一片小广场，中间一条甬路，甬路两边竖立着6通石碑。甬路北端，为一座小山门，就像一般民房的二门楼子。寺庙西边有跨院，十几亩地，靠西边建有西厢房。慈福寺有庙产，大麦二秋就在这里打场（图192）。

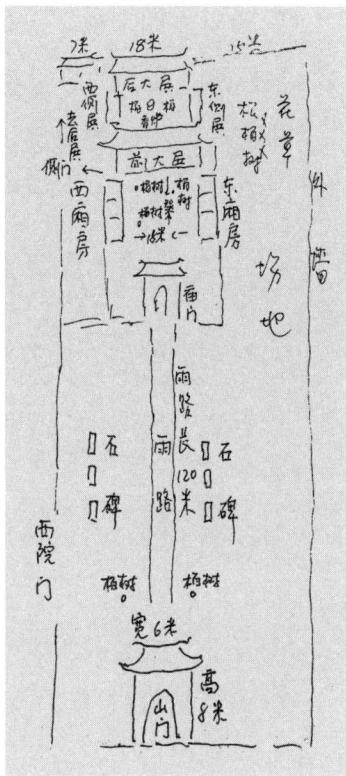

图192 山东庄人绘制的慈福寺平面图（摄于2016年10月）

图193 作者（左）访谈山东庄89岁老村干部杨林（摄于2007年3月）

大山门内，甬路西侧辟门，可进入西跨院。

小山门内，为前殿，即天王殿，村里人称作金刚殿，殿内中间没有塑像，两侧有四大天王塑像，脚下踩着小塑像，村里人称四大金刚踩八怪。前殿前面，东西两侧建有东西配殿。前殿前与西厢房之间辟门，可通西跨院（图193）。

后殿应为如来殿，按佛教说法这就是大雄宝殿，村里人说二进殿是十八罗汉殿，也就是在后殿供奉的如来佛两侧，塑有十八罗汉了。

佛教中最高的就是佛，佛祖为释迦牟尼，即释迦牟尼为佛教创立者。其生活的年代，与我国孔子相同。其本人是古印度一个小国国王净饭王的儿子，29岁时出家，35岁悟道成佛。弟子将其教法记录整理结集，成为经、律、论"三藏"，形成世界性宗教。故此，佛祖也称释迦佛，最流行的称呼是如来佛，还有药师佛、阿弥陀佛、燃灯佛、弥勒佛等。这些佛是佛教庙宇中所供奉的本尊，有时也有菩萨、十八罗汉等陪祀。慈福寺即如是。

后殿前东侧，有一通石碑，即是明正德重修碑。东西两侧，建有东西配殿。后殿西侧，辟后门，为对开木门，形如一般民居的二门楼子。

调查中，村里人所说的建筑格局，基本与金纯碑所记一致。

慈福寺大部毁于20世纪60年代，由于年久失修，拆毁盖小学了。1976年大地震后，还存有东配殿、山门、石碑等建筑，现仅残存些石构件（图194）等遗物。在调查中，还发现村委会院内有个残存的经幢，字迹模糊不清了，村里人说为慈福寺之物（图195）。作者2011年11月再次来村访谈时，还在村委会进门处西侧看到这个经幢，且拍了照片，

图194　山东庄村慈福寺残存的石刻遗物，现存村委会院内（摄于2007年3月）

图195　山东庄村慈福寺残存的经幢，现存村委会院内（摄于2007年3月）

后来再去说不在了，不知道哪里去了。经幢多为辽金时物，而慈福寺记载为明正统时建。对此以后再行研究。平谷地区现存辽金碑刻不是很多，此经幢应该具有重要的文物及文化价值。另外，在轩辕庙下面有个残龟趺，也应该是慈福寺遗物，按规格来看，甚至不排除为金纯所写碑文的那通石碑的龟趺座。

寺院内外过去生长着不少古树。山门东边，围墙往里缩进一块地方，那儿有一眼水井及一棵古槐。古槐约1搂半粗，20世纪60年代后期盖水塔时放倒。从现存慈福寺山门照片，可见山门东边高大古槐；如来殿前西厢房外面一棵银杏树，约3搂粗，20世纪50年代放掉。如来殿前西南角西厢房前一棵古柏，为侧柏，约1搂半粗。1961年所拍慈福寺院内古柏，应为前殿金刚殿前东边、与东配殿相近的那棵柏树，1990年以后不久枯死而放倒。

鱼子山村香岚寺

香岚寺，位于鱼子山村西北，大果园北坡，俗称"前寺"。

清康熙六年（1667年）《平谷县志》"地理志·寺观"记载："香岚寺，在渔子山寨南二里，至县二十里。金明昌三年建，嘉靖二十四年重修。今俗称独波峪寺。"

民国二十三年（1934年）《平谷县志》记载："香岚寺，在渔子山寨南二里，至县二十里。金明昌三年建，嘉靖二十四年重修。今俗称独波峪寺。"

金明昌三年为公元1192年，嘉靖二十四年为公元1545年，两志所记一样。

民国二十七年（1938年）《密云县志》绘有平面图（图196）及简略记述："寺名，香岚寺。所在地，鱼子山村西山。主（住）持僧人，无。在寺僧人数，无。寺之沿革，寺为明万历九年修建。庙产，并无庙产，

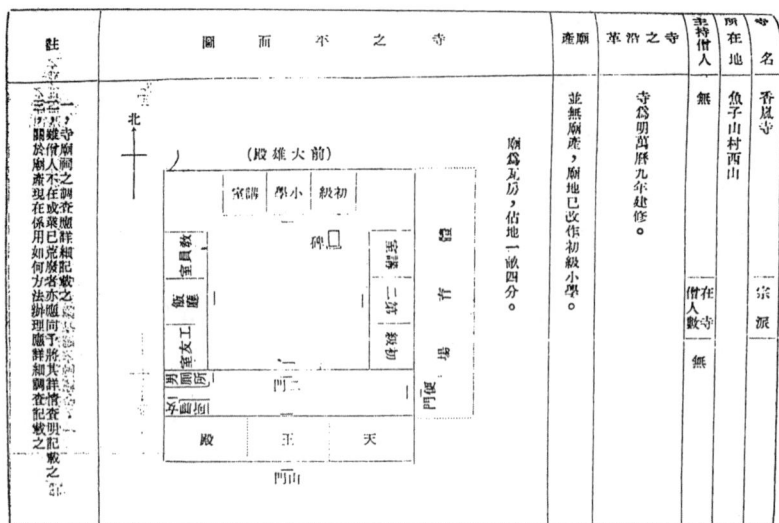

图196　民国二十七年（1938年）《密云县志》卷三下所绘鱼子山村
香岚寺平面图

庙地已改作初级小学。庙为瓦房，占地一亩四分。庙坐北朝南，南面为天王殿，中间辟前后门。进入前院，天王殿后东侧，有小便门，由小便门可至庙东侧体育场；天王殿后西侧，为男女厕所。前院较为狭窄，垒砌东西一道隔断墙，中间辟二道门。后院，有东西厢房各三间，东厢房为学生教室，西厢房为教员室、饭厅及工友室。北为大殿，为大雄殿，面阔三间，为学生教室。"

殿前东侧，有一通石碑，民国二十七年（1938年）《密云县志》摘录了这通碑文，有"凡寺之缺朽者，增易之；倾圮者，壮丽之；毁落者，绘饰之"语。记述的是明万历九年（1581年）对香岚寺修缮或修葺之事。

作为佛教庙宇，一般供奉佛祖的，往往前殿就是天王殿，而主殿就是平面图所标示的"大雄殿"，即大雄宝殿。志书所记基本清楚，与村里人调查座谈更为详细，可互为参照。只是村人所谈前院情况与志书所绘平面图略有不同。

香岚寺坐北朝南，东西宽约5丈，南北长约10丈（图197）。

南有山门，一座砖砌门楼。山门前为大坎子，坎下是大果园。全寺分为前后院。山门内为前院，建东西厢房各三间，后来在前院东侧辟一小门，20世纪三四十年代学生上学就从这里过。后院，南有一敞门，门两侧各有一二间倒座儿房，房中供奉着神像，当地人说是"四大金刚踩八怪"，"四大金刚"也就是佛教中手持伞、剑、琵琶等不同法器的"四大天王"。北面有正殿五间，东西厢房各三间。20世

图197 鱼子山61岁村原副书记王铁中谈寺庙情况（摄于2007年4月）

纪三四十年代香岚寺作为学堂，西厢房是教师办公与住的地方，东厢房是教室。正殿前筑月台，月台前有一通八棱经幢。殿内供奉一尊泥塑坐像，根据倒座儿房供奉"四大金刚"之说，这尊塑像应为佛祖。香岚寺在1942年前后被日军烧毁，现遗址尚存。遗址上不仅有带沟纹的残砖，且有二门（敞门）"倒座儿"旧址，以及20世纪30年代所栽的一棵松树，已长1搂来粗了。

这是2007年4月来村调查寺庙时，88岁村民巨明山、83岁老瓦匠尉禄祥、75岁老村书记马有志等老人谈的情况。2023年11月，为编写《山东庄史话》再次来村，老村书记马有志尽管91岁了，但身体康健，头脑清晰，思维敏捷。谈及香岚寺及在那里上学等的一些具体情况，作为资料一并记此。马有志老人清楚记得：

我1933年生人，虚岁7岁上学，就在香岚寺里边。当时学校设一至四年级，4个班。有俩老师，都是鱼子山人。一个叫王希古，教语文；

一个叫巨深，教常识。

那时香岚寺挺好的，坐北朝南，山门在前殿的南面1丈多远，像过去农村家的门楼子一样，对开的木门，门楼子也就2米多宽。前殿有门，两边有佛像，挺呐（nē）的，小孩儿不敢进去，就扒着窗户瞧。北边是正殿，也叫后殿，五间，殿内中间北面有个大佛像，泥塑的坐像。佛像前边摆着三溜桌子，一溜10来个桌子，面朝东上课。当时有俩教室，另一个教室是东厢房，西厢房是看庙的闫德才住。前殿的前面东侧，有棵松树。后殿与东西厢房之间的房岔子，有七八尺宽。当时我们上学校走前边的南门，庙东边是操场，上操场就走后殿与东厢房之间的房岔子，房岔子没有墙，是敞着的。西边房岔子有墙垛。

记得是上学的第一年，日本鬼子就来了，也就是1939年冬天鬼子来的。那天是上午，鬼子进村就上南山了，八路军在北边山上，打了起来。打有俩多钟头，八路军有个受伤的，后来就撤了。我们学生趴在窗台底下，不让动。第二年春天，学校就散了。

香岚寺是日本鬼子烧的，鱼子山村的房子大部分是在1940年至1941年这两年间被鬼子烧毁的，香岚寺、祥云寺大致也是这时候烧毁的。

鱼子山村祥云寺

祥云寺，位于鱼子山村西北。

民国二十七年（1938年）《密云县志》绘有平面图（图198）及简略记述："寺名，祥云寺。所在地，鱼子山村西北山。主（住）持僧人，无。在寺僧人数，看庙者一人（名岳璧）。寺之沿革，本寺荒废已久，破烂不堪，建于何代，无从查考。庙产，并无庙产，其看庙者，以佣工为生活。庙共占一亩六分，瓦房多处坍塌。庙坐北朝南，药王殿前为前院，围以院墙。前院院墙比后院两边各宽出一间之地。西开角门，东有钟楼。

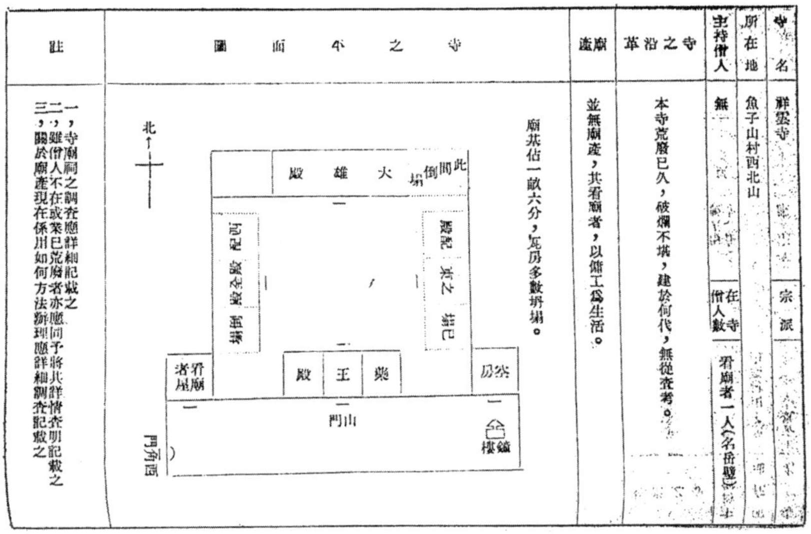

图198　民国二十七年（1938年）《密云县志》卷三下所绘鱼子山村祥云寺平面图

药王殿面阔三间，辟前后门。沿药王殿南墙东西垒砌一道隔断墙。药王殿东侧，在后院墙外，贴东西隔断墙建一间房，南面辟门，为空房，南与钟楼相对；药王殿西侧，在后院墙外，贴东西隔断墙建一间房，南面辟门，为看庙人住屋。药王殿作为山门，由此进入后院。后院，原有东西配殿各三间，东配殿已塌毁，西配殿已全部倒塌。北为大雄殿，看格局面阔应为五间，东间已倒塌。"

志书所记与调查资料略有出入。

祥云寺坐北朝南，依山就势而建，所建年代不详。当地有"先有寺，后立庄"之说，即指祥云寺。山门在下边，有两进殿堂。前殿为正殿，面阔三间，有东西耳房各二间，西耳房住看庙的和尚，东耳房存放杂物。殿内供奉观音菩萨坐像。后殿面阔五间，有东西耳房。殿内供奉千手千眼佛，其中一手举日，一手举月。殿前有东西厢房。前殿东南角建有一座钟楼，面阔一间，进深一间。20世纪50年代，挖出一口大钟，有一米二三高。1942年前后，祥云寺被日军烧毁，今遗址尚存。过去寺内有七八棵大柏树，1948年伐放。

抗战时期，祥云寺为八路军兵工厂铸造车间所在地，旁有一洞穴，称西洞。一处山石，八路军兵工厂在此放炼炉，铸造手榴弹、地雷等武器。

祥云寺前殿石阶仍在（图199）。前殿东侧钟楼遗址尚存，大致可知钟楼为方形。遗址上可见前殿殿址及掩映土中的前殿柱础、露在外面的柱础。后殿殿址及柱础尚在（图200），殿后为石头垒砌的很深的坝墙。

图199 鱼子山村祥云寺前殿的石阶（摄于2007年4月）

图200 鱼子山村祥云寺遗址尚存的柱础（摄于2007年4月）

图201 祥云寺东侧南部垒砌的高大坝墙，下面有大石块铺砌的上山的老香道（摄于2023年9月）

前殿南面残存着坝墙，东侧高一点抹灰的残墙为钟楼遗址。祥云寺东侧南部也为垒砌的高大的坝墙，足有五六丈高，下面有大石块铺砌的上山的老香道（图201）及通往京东大峡谷景区的路。

菩萨庙

菩萨庙，是主要供奉菩萨的庙宇。汉传佛教中，一般认为有四大菩萨，即观音、文殊、普贤、地藏，因而就有了我国四大佛教名山，即浙江普陀山、山西五台山、四川峨眉山及安徽九华山，是这4位菩萨的道场。应该说，菩萨在佛教中不止这4位，菩萨在佛国的地位仅次于佛，又叫"大士"。观音又叫观世音、观自在、观音大士。唐代因避太宗李世民讳，略去"世"字，简称观音。观音菩萨大慈大悲，神通无边。观音为佛国众菩萨的首席菩萨，在世俗中知名度和影响不低于如来佛，特别在妇女信徒心中，地位甚至超过了如来佛。

山东庄地区有7座菩萨庙。

北屯村石佛寺

石佛寺，又称上庙，位于北屯村西北。

清康熙六年（1667年）《平谷县志》"地理志·寺观"记载："石佛寺，在东胡家务北，至县十里，元至正二年建。"民国二十三年（1934年）《平谷县志》"卷一·地理志·古迹·坛庙"所记，与此一样。

县志所记石佛寺建于元朝末年，而东胡家务即今天的北屯。

石佛寺东西宽约5丈，南北长七八丈。南为山门，山门外有一片柏树，大都1尺来粗。有3通石碑，下为龟趺座，即所谓王八驮石碑。相传下大雨，为不让雨水冲屯，两个王八将水从村北引到村东。院内，有四五棵柏树，2尺来粗。有东西厢房各三间，为看庙者所住。北为正殿，有东西耳房各一间。正殿面阔三间，供奉

图202　北屯84岁村民宋继恒谈寺庙情况（摄于2007年5月）

观音菩萨泥塑坐像，两边还有2尊侍立的小像，应是善财童子和龙女。村里人说泥像是本村高凤林"抓"的（图202）。

207

既然叫石佛寺，不知最早是否供奉有石佛，本村人所"抓"泥像，或为后来所塑。据说石佛寺曾有和尚三四十人，外边有地1顷左右，后来和尚种不了就租出去。看来石佛寺当初规模不小。石佛寺毁于20世纪60年代。

2007年5月来村访谈时，村人告诉作者还残存一个龟趺座，碑身在村大街中间的那个井沿上垫井口了。

北屯村菩萨庙

菩萨庙，又称观音庙，俗称下庙，位于村西头。

菩萨庙坐北朝南，东西宽约15米，南北长四五十米。南为山门，山门前西侧有一棵古槐，四五搂粗。前院，没有树和石碑，有东西厢房各三间，东厢房过去是碾道，后来一间存放杂物，一间为老师住；西厢房为学校，中间是通道。后院，有一棵大柏树，2尺多粗。院内没有石碑。正殿面阔三间，东西耳房各一间。殿内供奉观音菩萨泥塑坐像，为20世纪30年代村里人高凤林所塑。

图203　北屯69岁退休教师王玉谈寺庙情况（摄于2007年5月）

村里人记得，过去庙里有个大铜佛座，据说佛像被人卖了，当时还有和尚看庙。在观音像边，还有小铜佛，高三四十厘米，过去天旱时，就抬着小铜佛，到大旺务南山龙潭去求雨，也到峨嵋山水峪寺求雨（图203）。

菩萨庙毁于20世纪50年代。

大北关村菩萨庙

菩萨庙，位于三官庙北边，五道庙南边，今大北关村委会院内。

菩萨庙有一小院落，为三小间，庙

内供奉一尊铜菩萨像，高约1.2尺，还有三四十厘米高的泥塑像。后来铜菩萨像供奉到三官殿内东北角，再后来下落不明。

菩萨庙于20世纪30年代倒塌。

李辛庄村菩萨庙

菩萨庙，位于李辛庄村东北，现在村委会前头。

菩萨庙坐北朝南，只有一间，中间横砌一堵隔断墙。前面为菩萨庙，北墙画有3尊坐像，中间神像村里人称为菩萨，为莲花座。后面，砌有券拱门，里边也是画像，画的是火神爷，坐像，手里拿着一把宝剑或钢鞭，胡子是红的，故称火神庙。

过去正月初一至十五，村里人来庙烧香。

菩萨庙毁于20世纪60年代（图204）。

1944年抗战时期，村里挖地道，由李辛庄到山东庄，往西到放光，菩萨庙、五道庙都是地道口。

山东庄村白慈庵

白慈庵，又称庵庙，位于村中间真武庙前。

白慈庵坐北朝南，东西宽约5丈，南北长约3丈，有院落。一座山门，在正殿西山墙外西侧，向北开

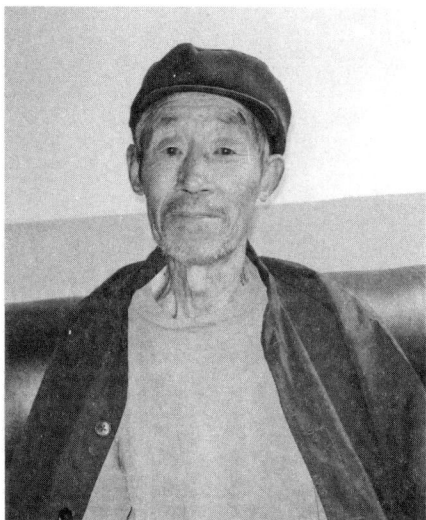

图204　李辛庄78岁村民李臣谈寺庙情况（摄于2007年5月）

门。正殿三间，那座山门就是一间西耳房。村里人没见过庙里的塑像，只是听说叫庵庙或姑子庙。

相传20世纪20年代，这里住过道姑。后来来了尼姑，说是从通县来的。原称白慈庵，后又称水月庵。新中国成立前，村公所就设在庵庙里。

白慈庵毁于20世纪70年代末。

西沥津村菩萨庙

菩萨庙，位于西沥津村东。

菩萨庙坐西朝东，仅为一小间，没有院，没有门窗，前面就那么敞着。庙里供奉菩萨泥塑坐像。

过去村里常发大水，为了镇水，就在村东大土坎上建了这座菩萨庙。

菩萨庙大约毁于20世纪70年代。

小北关村朝阳庵

朝阳庵，位于小北关村东头。

朝阳庵坐北朝南，东西宽约15米，南北长约20米。西有一条胡同，后边为一大院，庵里有庙产。南为山门，一座砖砌门楼，门楣上镶嵌砖的匾额，有"朝阳庵"三个大字。山门外为广场，2丈多宽，过去正月在这里搭灯棚（图205）。

院内，有2棵柏树。北为大殿，殿前有东西厢房各三间，东厢房住看庙的老道，俗姓王，俗称他为"二老道"。西厢房为老道养牲口的地方。大殿有东西耳房各一间，东耳房存放杂物，西耳房为门道，可通后院。大殿面阔三间，前出廊，廊东侧悬挂一口铁钟，高约80厘米，铸有铭文。大殿为菩萨殿，供奉3尊小铜像，为坐像，1尺来高。

图205　小北关86岁老村书记杨广清谈寺庙情况（摄于2007年4月）

图206　小北关82岁老村书记杨玉胜谈寺庙情况（摄于2007年4月）

抗战时期，1944年挖地道，地道口就设在庙里，那时地道四通八达（图206）。

1947年春天，国民党军（村里人称顽军）烧大殿，将北面的那棵柏树烧煳了北半边，南半边只剩一点树皮还活着。

现在，这里为社区服务中心，由镇卫生院管理。

图207　桃棚81岁老生产队长于怀谦谈寺设情况（摄于2007年4月）

其　他

在佛祖庙和菩萨庙之外，还有2座佛教庙宇，因不能确定主要供奉的是什么，故暂列其他。

桃棚村桃棚寺

桃棚寺，位于桃棚村西九泉山半山间。

2007年4月来村访谈，81岁老生产队长于怀谦（图207）、75岁老生产队长王桂珍、61岁村副书记张仲山（图208）等说，西山叫九泉山，有九道泉水，常年不

图208　桃棚61岁村副书记张仲山谈寺庙及村里情况（摄于2007年4月）

干。现在水位下降，水少多了。过去泉水淌得咕咕响，村里人过去主要就吃泉水，至今泉水尚存。在泉水池口水泥抹的池边，写有"一九九七年重建　香港回归"字样（图209）。

九泉山中部泉水旁有桃棚寺，以前老人就没见过，所以桃棚寺不知建于何时，也不知毁于何时。老人说他们小时，见过一些砖头瓦块。现在早已是山地了，种上了柿子树。原来有一石碑，说是八棱的，应该是

图209 桃棚村九泉山泉水池（摄于2007年4月）

图210 桃棚村桃棚寺残存经幢（摄于2008年1月）

图211 桃棚村桃棚寺残存经幢构件（摄于2007年4月）

图212 桃棚修路时，在桃棚寺遗址附近发现不少陶片、瓷片及残神兽等（摄于2013年3月）

经幢。经幢现存一截，高约60厘米，在一家院中，字迹多已漫漶不清（图210）。经幢座还在，每一面都有浮雕，似三条鱼图案（图211）。经幢座现在桃棚村63号人家，已无人居住。

庙下不远处有一眼水井，大旱那年（应该是20世纪90年代），挖大井口，想挖一个大水池，挖出几块大瓦，瓦有1尺左右大，是大板瓦，有1寸多厚，或许桃棚寺因为泥石流而掩埋里面了。在桃棚寺遗址西南角不远处，村里人说有很多坟头，一直称为和尚坟。在新中国成立后平整土地中，曾挖出好多人骨头。

2010年村里修路时，在桃棚寺遗址附近，发现不少陶片、瓷片及残神兽等（图212），如一瓷片为香灰胎的钧窑瓷片。经文物收藏专家鉴定，基本认定为辽金时期之物。即是说桃棚寺大概由于泥石流或人为因素，至晚毁于金代。至于建于何时，根据所存残经幢，有可能建于辽金。

鱼子山村红花寺

红花寺，位于鱼子山村西南。

此庙不知毁于何时，村里人只见过庙的废墟。由名字可知当为一座佛教庙宇，供奉啥神像无从知晓。

遗　址

商、周居住遗址

山东庄地区人类活动应该很早。从目前发现的实物遗存来看，起码可至商周时期。而商周以后，人类活动留下的遗存就更多了。

这里仅记载李辛庄和东洼两处商周居住遗址，对文物志等记载的慈福寺、府君庙等寺庙遗址，因寺庙有记，在此不做复述。

李辛庄遗址

李辛庄遗址，位于李辛庄村西。

《平谷文物志》记载：

李辛庄遗址，1982年10月第二次文物普查中发现。遗址分布在台地上。

同年曾采集到磨制刮削石器、侈口、折肩磨光黑衣陶片，及堆捏纹饰的夹砂陶口沿等多件，同时，发掘商代小窑1座。1998年第三次文物普查时，地表散落有灰色夹砂陶片。经鉴定，该遗址为夏家店下层文化遗存（图213）。

20世纪80年代改建为鱼塘，使用至今。

图213　李辛庄居住遗址（摄于2011年）

这里谈及夏家店文化，距今五六千年。夏家店遗址在今内蒙古自治区赤峰市松山区夏家店乡夏家店村境内，是我国北方青铜时代早期的遗址。其文化内涵包括夏家店下层文化和夏家店上层文化。遗址内出土大量石器、陶器、铜器、玉器、骨角器等遗物。夏家店下层文化距今4200—3000年。

东洼遗址

东洼遗址，位于东洼村东北。

《平谷文物志》记载：

东洼遗址，1982年10月第二次文物普查中发现。遗址分布在台地上。

普查中，曾发现夹砂红褐陶片、磨光黑褐陶片及灰坑、木炭等。1998年，村民在村东田野中挖出陶磨一件，现为文物管理所收藏。第三次文物普查时在村东、村北田野中发现地表散落大量陶片。根据出土器物特点，断定为商至汉代遗址（图214）。

20世纪七八十年代村民建房，东洼居住遗址大部分已盖民房。

图214　东洼居住遗址（摄于2011年）

抗战遗址

鱼子山遗址

《平谷文物志》"第七章·近现代遗迹·第一节·抗日战争时期遗址"记载：

鱼子山村位于平谷东北部一个曲折狭长的峡谷中，周围群山连绵。抗日战争时期，鱼子山与盘山南北呼应，成为冀东西部抗日根据地中心区。1940年4月在此设立蓟（县）平（谷）密（云）联合县西北办事处，9月在桃棚（当时为鱼子山的一个自然村）建立平谷第一个党支部——鱼子山党支部。后又建立平（谷）密（云）兴（隆）联合县，县委书记李子光、县长李光汉经常在鱼子山开展工作。八路军十三团在这里驻扎、整训，建立兵工厂、卫生所和供给处。同时也成为日军重点"扫荡"的地区，鱼子山人民为此做出了巨大牺牲。

兵工厂遗址，位于峡谷西侧的朝阳寺，原为兵工厂的铸造车间。洞深10多米，高2米。峡谷东北山上有一庙宇双峰圣水洞，为装配车间，庙为一洞，深15米，高3米余，便于隐蔽和防守。鱼子山根据地军民克服了难以想象的困难，上山伐橡树烧炭，制造炸药。在铸造车间铸好手榴弹和地雷以后，再运到北洞的装配车间装填炸药，由民兵运到前线。

崇光门，原为鱼子山寨南门楼，门洞上建一间过道房。抗战期间，平（谷）密（云）兴（隆）联合县委书记李子光等领导经常在这里开会研究工作，当地群众又称其为"子光楼"。建筑经维修后现保存完好。

鱼子山抗战遗址已被列为市级文物保护单位。在此地建成鱼子山抗日战争纪念馆，并在鱼子山惨案遗址旁树立标志碑，供人们参观和凭吊。

《平谷文物揽胜》"第五章·近现代史迹及代表性建筑·第一节·抗战时期史迹及代表性建筑"记载：

鱼子山遗址，位于平谷区山东庄镇鱼子山村，包括兵工厂遗址（北洞、西洞）、崇光门、猴石南沟遗址等四处。2001年7月，鱼子山抗战遗址被北京市政府公布为市级文物保护单位。

抗日战争时期，鱼子山与盘山南北呼应，成为冀东西部抗日根据地中心区。1940年4月在此设立蓟（县）平（谷）密（云）联合县西北办事处，9月在桃棚建立平谷第一个党支部——鱼子山党支部。后又建立平（谷）密（云）兴（隆）联合县，县委书记李子光、县长李光汉经常在鱼子山开展工作。八路军十三团在这里驻扎、整训，建立兵工厂、卫生所和供给处。同时也成为日军重点"扫荡"的地区，鱼子山人民为此做出了巨大牺牲。

兵工厂遗址，位于京东大峡谷景区内东北的半山腰上，原为寺庙，名为"双峰圣水洞"（图215），为装配车间。洞深20米，洞口高4.4米，洞内最宽处约有6米，窄处为3.2米，洞口朝西。西北还有两个山洞，原为兵工厂铸造车间，洞口朝南。鱼子山根据地军民克服了难以想象的困

图215　鱼子山村双峰圣水洞（摄于2017年1月）

难，上山伐橡树烧炭，制造炸药。在铸造车间铸好手榴弹和地雷以后，再运到装配车间装填炸药，由民兵运到前线。

崇光门，原为鱼子山寨门。门洞上建一间过道房。抗战期间，平（谷）密（云）兴（隆）联合县委书记李子光常在这里开会研究工作，

图216　鱼子山村鱼子山寨南门崇光门（摄于2011年2月）

当地群众又称其为"子光楼"（图216）。

2007年第三次全国文物普查时，崇光门和兵工厂遗址残损严重，急需修缮，2010年对崇光门和兵工厂遗址进行了抢险修缮工程。

文物志所写"朝阳寺"，应该是祥云寺，寺西侧即"西洞"，为八路军兵工厂铸造车间。

桃棚遗址

《平谷文物揽胜》"第五章·近现代史迹及代表性建筑·第一节·抗战时期史迹及代表性建筑"记载：

桃棚遗址，位于平谷区山东庄镇桃棚村，包括抗战时期看守所遗址、抗战时期印刷厂旧址、平谷县政府第一个农村党支部旧址、巨崖洞。

抗日战争时期，桃棚化名"清水村"。1940年，是以鱼子山、盘山为中心的抗日根据地创建和发展时期。1940年4月15日建中共蓟（县）平（谷）密（云）联合县政府，在鱼子山建西北办事处和区委。同年9月，鱼子山在桃棚村建立平谷第一个农村党支部。

巨崖洞，即红崖洞，1940年9月，平谷第一个党支部成立。洞高1.8米，宽2.7米，洞内宽3.5米，高3米，洞内进深6米（图217）。

图217　桃棚村巨崖洞（摄于2011年6月）

平谷第一个党支部活动旧址，前后两进院落，依山势错落而建，总占地面积为226.05平方米。后院现存正房和东厢房基础及山墙，石砌结构。正房面阔11.3米，进深3.9米，山墙高2.2米，东厢房面阔4.4米，进深3.15米，山墙残高2.1米。前院现存东厢房基础及山墙。东厢房面阔8.5米，进深4.2米，山墙残高3.4米，后墙残高2.0米（图218）。

图218　平谷第一个党支部活动旧址（摄于2009年3月）

抗战时期印刷厂，原为抗战时期八路军看守所印刷厂，正房为石瓦结构，坐北朝南，面阔五间，东西长12.4米，南北长4.9米。东厢房面阔8.8米，进深4.3米，北山墙高3.4米。院落东西长12.4米，南北长10米（图219）。

图219　抗战时期印刷厂旧址（摄于2009年3月）

抗战时期看守所旧址，原为抗战时期八路军看守所，房屋原为石结构，坐北朝南，面阔三间，现仅存基础及东山墙。遗址东西长13.6米，南北长5.5米，后墙基础残高0.6米，东山墙高3.5米（图220）。

桃棚抗战遗址，是鱼子山党支部活动的地点之一，也是平谷人民进行抗日战争的重要见证。2010年6月，平谷区人民政府公布为区级文物保护单位。

图220　抗战时期看守所旧址（摄于2009年3月）

墓　葬

　　山东庄地区地处平原与浅山地带，洵河从南部流过，应该很早就有人类活动，留下了商周等遗址，证明历史上这里应该是人类活动频繁的地区，因此留下大量墓葬。一部分墓葬在20世纪六七十年代的平整土地及农田基本建设中已毁，一部分保存至今。

汉代墓群

山东庄墓群

图221　山东庄墓群（摄于2011年）

　　《平谷文物揽胜》记载：

　　山东庄墓群，位于平谷区山东庄镇山东庄、大北关、小北关一线，三村庄东西相连，为汉代墓群（图221）。

　　墓葬零星分布在村子周围。1982年10月第二次全国文物普查时发现，1998年北京市第三次文物普查时，地表可见散落的墓砖。

2007年第三次全国文物普查时，墓群为农田、果园、鱼塘和民宅。

西沥津墓群

《平谷文物揽胜》记载：

西沥津墓群，位于平谷区山东庄镇，为长方形汉代砖室墓和圆形辽金时期砖室墓。

墓群西起桥头营、西沥津、东洼、大坎，东至北寺五村周围的台地上。南临洵河，平蓟路贯穿中部，北为农田。1982年10月第二次全国文物普查中发现，为汉至元代墓葬群（图222）。

图222　西沥津墓群（摄于2011年）

20世纪70年代平整土地时，发现多座长方形汉代砖室墓和圆形辽金时期砖室墓。曾出土汉代铁剑、陶罐和辽三彩罐、陶釉罐、陶双耳杯、陶灯座、白瓷罐等器物。

1998年北京市第三次文物普查时，地表仍可见残墓砖、陶器残片。部分墓葬由于早年平地、挖鱼塘和盖民房已毁。

2007年第三次全国文物普查时，墓群为农田、鱼塘和民房。

清代墓葬

山东庄公爷坟

《平谷文物揽胜》记载：

公爷坟，位于平谷区山东庄镇山东庄村林业队院内，为清代一处古墓葬。

图223　山东庄公爷坟（摄于2013年12月）

图224　山东庄公爷坟（摄于2023年9月）

1982年10月第二次全国文物普查中发现，墓东侧有一棵梧桐树。墓为三合土夯筑，圆柱形。封土堆高3.4米，底径6米，底部周长19米。纵、横向均有裂缝，内部结构不详。墓南侧有被人盗过的痕迹，出现缺口。墓主人身份待考（图223）。

由于常年雨水冲刷、盗掘等原因导致墓主体损坏，墓顶上方出现塌陷。2007年第三次全国文物普查时，墓顶杂草丛生（图224），西北角塌下一深坑，坑深1.1米，长2.6米，宽1.7米。墓南侧有被人盗过的痕迹，出现缺口。

2023年9月，为编写《山东庄史话》笔者来考察，见公爷坟南侧盗洞处近年已经修葺（图225）。

北屯宝顶坟

2007年5月，作者来北屯调查寺庙情况，84岁村民宋继恒等记得，北屯村南1.5里

图225　山东庄公爷坟南侧盗洞近年已经修补（摄于2023年9月）

处，有一座宝顶坟，高八九米，直径五六米，灰土夯筑。东南有一小坟，略西北还有一小坟，直径二三米。

宝顶坟有盗洞，早年曾被人盗。1975年平整土地时宝顶坟被毁，出土了耳环、鸡蛋大的球等，送到了县文物部门。

村人称墓主人是黄带子，说是皇上家的后代，具体不知是谁。

大北关老公坟与公爷坟

2007年5月，作者来大北关调查寺庙时，78岁村民郭松山老人说道："大北关村北有中正山，山脚下有座老公坟，坟前有石供桌，还有个石碑。"

老公是谁不知道，碑上咋写的老人也记不得了。是在修渠道时把坟挖了，里边砖碹的，出了不少瓦罐子啥的。那石碑后来垫在村老井的井沿上了，现在井不用早填上了，石碑也就随着填埋地下了。

老人还记得，大北关村东北有座公爷坟，村西南有座公爷坟，坟头

都是白灰黄土砸的，有1米多高，圆顶。村西南那个后来给北屯了。据说是啥侯爷，对朝廷有功，但对太子不好。后来太子当了皇帝，他们这些侯爷就不得势了。这两座公爷坟，据说与山东庄的那座公爷坟是一回事。

古　建

　　古建，指历史上遗留下来的建筑，如寺庙、牌坊、亭、台、楼、阁等。山东庄地区历史上庙宇不少，大多没保存下来。一些重要的老民居，随着这些年的改造翻盖，也基本消失了。明前长城及明长城经过山东庄镇，以及守卫长城的鱼子山寨南门楼，都是所存的重要古建筑了。

明前长城

桃棚长城

　　桃棚长城，位于桃棚村南、北、西三面山上。

　　《平谷文物揽胜》记载：

　　桃棚长城，为第三次全国文物普查发现。经实地踏察，长城墙体长321米，烽火台5座。

　　墙体毛石垒砌，部分长城段为红色毛石垒砌，坍塌严重，残高0.8米，残宽2—2.3米不等。部分墙体已经坍塌至底，毛石散落在山坡上，部分墙体已消失，植被茂密（图226）。

　　烽火台分布于村西、村北侧的5座山峰上，均坍塌残损严重，建筑形制不清，之间无墙体连接，以山代墙，山势险峻。

图226　桃棚明前长城（摄于2011年）

图227　熊儿寨乡魏家湾村南西山上长城遗址，都成石垃子了，前面一巨石，长城至此则以崖岩代墙（摄于2012年1月）

在一座坍塌的烽火台中，发现早于明代的陶片。经北京市文物研究所、北京大学环境考古专家现场考察，初步确定此段长城早于明代。

平谷境内长城，专家认为为北齐所创修，沿用至隋唐，至明代进一步重修、加固和完善。在桃棚所发现的明前长城，专家未确定是否为北齐长城。根据资料所记，因台间无墙体连接，故定名为烽火台，应该是有道理的。只是烽火台为传递军情之用，如此近距离是否需要这么多烽火台？即使位于城墙附近，也可以在台上站岗放哨，守望远处，况且这里山势险峻，或是以山代墙，以险代嶂，若说敌台（图227）也许更为适宜。

经踏察，熊儿寨乡魏家湾村南约2里的山上，也有石砌的"边墙"。东边为九泉山，九泉山那边即是桃棚村，边墙就从那边过来，经山口东侧山头，山顶有东楼堆子。再往西，过山口，上山至顶，有西楼堆子。继续往西，四五里地，一座山脊像驴脊梁骨，当地人称刀棱背，还有边墙。再往西南就是萧家岭了。这一带的边墙，现在都成了石坨子，散落坍塌的石头随处可见。而东楼堆子南北、东西各三四米，有土及石头堆砌。在20世纪60年代，楼堆子东半个还有多半人高，石头所垒。西楼堆子也与此近似。这应是边墙间的两座敌台，又称敌楼。当地人称作"楼堆子"，应与此有关。在东楼堆子东边三四米处，当地人在边墙里拆出过一把大铁瓦（wà）刀。边墙是就地取材，完全以石头砌筑。对于边墙，当地也有萧太后拦马之说，并说萧太后曾站楼堆子上望马。

2017年12月，作者带着历史文化传承的学员考察这一带长城，遇一位魏家湾护林防火看山的人，约40岁，说他们一直管这叫边墙，小时听老人说，这边墙是秦始皇修的。吃饭时，往小米饭里掺沙子，人吃了消化不了，死了就往城墙里一扔，砌里边了。当然，这段边墙早于明代，但应该到不了秦。可当地人口口相传之语，正说明这段边墙确实修得很早了，且修边墙的人很艰苦，甚至不少人丢了性命。

应该说，北齐为我国北方王朝之一，存在仅28年，确是修筑了长城。《中国长城沿革考》记载：天保三年（552年），"自西河总秦戍筑长城，东至海，前后所筑东西凡三千余里，六十一戍。其要害置州镇，凡二十五所。"《北史》"斛律羡传"也记载：天统元年（565年），"自库堆戍东拒于海，二千余里，其间凡有险要，或斩山筑城，断谷起障，并置立戍逻五十余所"。"天保"为北齐第一个皇帝文宣帝高洋的年号，而"天统"为北齐第五代后主高纬的年号。那时所修筑的长城，应该从平谷地区经过，平谷周边邻县也有关于北齐长城的发现。隋、唐、辽、金及元，没有对长城大规模修建，但不一定不利用长城。如辽代时，平谷地区属于辽，说萧太后用这里的旧边墙拦马、萧太后登敌台望马，不是没有可能。毕竟北齐至辽仅300多年，作为以石砌筑的边墙，应该是存在的，而我们现在的明代长城已经有600年了，一部分已经坍塌，一部分尚保存较好。

当然，这里的边墙究竟如何，需有关专家进一步考察论证。现在，又在进一步研究，市里又称早期长城。是比明代早还是明代早期长城，不得而知。至于魏家湾村南山口，当初或为一座小的关口了（图228）。

图228　熊儿寨乡魏家湾东西楼堆子及山口（摄于2012年1月）

明代长城

鱼子山长城

鱼子山长城，位于鱼子山村东北井儿台山上。

长城，是我国古代人民留下的一项安定与和平保障的伟大的军事防御工程，横亘于崇山峻岭、河流峡谷及沙漠高原间，绵延数万里。最早修筑长城的是楚国以及齐国，约在公元前7世纪。随后，秦、燕、赵等国亦相继修筑。秦统一六国，将秦、燕、赵三国的北方长城连在一起，形成西起临洮、东至辽东的万里长城。之后，汉、北魏、北齐、东魏、北周、隋、辽、金、明各代多有修筑，前后延续2000多年。

平谷境内长城，为明代在北齐长城基础上所修建，属蓟镇长城一部分。平谷长城长53.67公里，自金海湖镇大松木顶"一脚踏三省"的那座敌楼（图229），沿区界向西北延伸至黄松峪乡，经南独乐河镇，向北经山东庄镇、熊儿寨乡、镇罗营镇等6个乡镇19个村，至镇罗营镇北水峪村北山挂弓顶（图230），出平谷区境，进入密云区、兴隆县境内。

平谷境内长城，大致为东南至西北走向，城墙依山势而建，由于年代久远，墙体损毁严重，一般高3米至5米、宽1米至4米不等。墙体、墩台、垛

图229　金海湖镇红石门村大松木顶三省界碑，为北京段长城起点（摄于2006年5月）

图230　北水峪关挂弓顶，俗称跨儿岭，村里人说是杨六郎在此挂张弓，以镇守关口。平谷段长城由挂弓顶出境，进入密云、兴隆境内（摄于2016年12月）

图 231　平谷境内明代长城（摄于 2009 年 5 月）

口均呈梯形结构，上小下大，收分明显，增加了长城的坚固性。关隘、敌台以条石做基础，大城砖垒砌。城墙皆以当地山石垒筑而成，所谓"石长城"（图 231）。

长城上建有 107 座敌台，彰作里关、将军关、黄松谷关、南水谷关、北水谷关 5 座关隘，将军石营、峨嵋山营、熊儿谷营、镇房营、黑水湾寨、峨嵋山寨、鱼子山寨、熊儿谷寨 8 座营寨。

鱼子山长城，为平谷明代长城一部分。从东边南独乐河镇北寨山上蜿蜒而来，至井儿台山顶折而向北。墙体长 220 多米，主要是石长城，其大体形状与平谷境内石长城基本一致。墙体为自然基础，墙身就地取

图232　鱼子山村井儿台山段长城（摄于2012年8月）

材，以当地山石垒筑而成，即毛石干垒，人称"干碴边"（图232）。由于年代久远，墙体多坍塌损毁，甚至有些已经消失。

区文物部门所编《平谷长城》对此有记，因东侧即是北寨地界，故将此段长城一并称为"北寨长城段"。近年随着井儿台山旅游的开发，在这里开辟了景区公园的小路。

在长城修造中，不仅就地取材，而且面对高山峻岭，往往依山势而建，所谓"因地形，用险制塞"，故多处以险为障，以崖代墙，甚至还会以山体代墙体，即"山险"，是修造长城的又一重要特点。沿井儿台山上的长城往北，山势渐低，墙体消失，为鱼子山长城山险段，长250米。再往北，即是熊儿寨乡长城段了。

在这段山险中，有敌台1座。

敌台一般分为空心敌台和普通敌台。空心敌台，为16世纪后半叶明代蓟镇总兵戚继光所创建，其高出城墙，有两层、三层之分，可供守城士兵居住、储存粮食和武器，习惯称敌楼，如四座楼山上的敌楼可为代表。普通敌台，建于城墙上，相隔不远就有一向外凸出的台子，大部分

图 233　井儿台山北侧敌台遗址（摄于2023年10月）

是骑墙向墙两侧凸出，称敌台。其台面高度与城墙顶差不多，外侧砌有垛口，在敌人逼近城墙时，便于御敌。同时，也是巡逻放哨的地方。这种敌台以石砌筑，一般 6—10 米见方，高 2—3 米。

井儿台山北侧这座敌台，即是普通敌台，早已自然坍塌（图233）。台体南北残长 8 米，东西残长 4.1 米，残高 1.6 米。

鱼子山寨南门楼

鱼子山寨，位于山东庄镇鱼子山村西北，是守卫明代长城的一座营寨，隶属于墙子路镇房营。

明万历四年（1576年）《四镇三关志》记载："镇房营下：灰谷口寨、北水谷关、南水谷关、熊儿谷寨、鱼子山寨。"也就是说，镇房营下有关寨5座，且是由墙子路那边排列而来。"镇房营"即今镇罗营，灰谷口寨未在平谷境内，这里"谷"字同"峪"字。

《四镇三关志》记载："鱼子山寨，洪武年建，通步缓。"（图234）鱼子山寨东西长 200 米，南北宽200米，建有围墙，以山石垒砌，

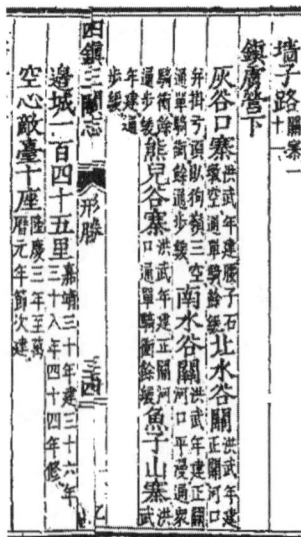

图 234　明《四镇三关志》关于镇房营鱼子山寨的记载

南北设门，北门无存，仅存南门楼。

南门楼为一座过街楼，已经多次重修。下为券拱门，南北贯通，以供出入，南侧上书"崇光门"3个楷体大字。上为单层楼屋，面阔一间，硬山顶，上覆筒瓦，挑大脊。过去楼内供奉关公坐像，泥塑，故称老爷庙（图235）。

图235 鱼子山村鱼子山寨南门崇光门（摄于2006年4月）

抗战时期，平（谷）密（云）兴（隆）联合县县委书记李子光等经常在此开会研究工作，故当地又称"子光楼"。近年进行修葺，保存完好。

长城为国家级文物保护单位，且被联合国教科文组织世界遗产中心列入世界文化遗产名录，成为全人类共同的宝贵财富。山东庄地区有明前长城及明代长城两部分，应很好地予以保护，且在保护好的前提下科学利用。

古　树

　　山东庄地区历史上古树应该不少，主要分布于庙宇、村落、墓地等，这就与寺庙建造、村人立庄、百年寿地等有关了。长在村里的往往为官产，长在庙里的则为庙产，而长在墓地的便是族产了。

　　这些古树历经战火、动乱等，今多已无存。仅存的这些古树，就是山东庄地区悠久历史的"亲历者"与"见证者"。如立庄时所栽的古树，可见证一个村落的发展与沧桑；一座庙宇营建时所栽的古树，可见证一座庙宇的兴盛与衰落；一个家族祖坟上所栽的古树，可见证一个家族的迁徙与繁衍。

　　可以说，一棵古树就是一个生长着的活的文物。园林好建，古木难求，应保护好这些仅存的古树。

柏　树

山东庄村慈福寺古柏

　　山东庄村，旧有纪念性祠庙轩辕庙、老爷庙，道教庙宇真武庙、三官庙、龙王庙、五道庙3座，及佛教庙宇慈福寺、白慈庵等。村西庙山轩辕庙院内2棵古槐、村东南老爷庙山门前1棵古槐、村北三官庙山门前西侧1棵古槐、村东南前街东南角五道庙前1棵古槐，都早已无存。

村北慈福寺，明正统九年（1444年）御马监太监刘僧所建。山门东侧围墙往里缩进一块地方，那里有一眼水井及一棵古槐。古槐约1搂半粗，20世纪60年代后期盖水塔时放掉。现存1961年所拍慈福寺山门照片，可见山门东侧高大古槐。如来殿前西厢房外面一棵银杏树，约3搂粗，20世纪50年代放掉。如来殿前西南角，西厢房前一棵古柏，为侧柏，约1搂半粗。

前殿金刚殿前东侧、与东配殿相近一棵柏树，1961年所拍慈福寺院内古柏，当是此柏。据区园林绿化局《古树名木档案》记录：此柏为二级保护古树，树龄500年，树高15米，胸径52厘米。生长于慈福寺遗址，树势较差（图236），列为二级保护古树。

1990年以后不久枯死，后放掉。

图236　山东庄村慈福寺院内古柏（摄于1990年）

西沥津村府君庙古柏

西沥津村北府君庙，为供奉冥界首席判官崔府君崔珏之庙，建在一座高土坎上，有两进大殿，并有东西跨院及后院。

南为砖碹拱券形山门，山门前两边各一棵大槐树，都有1搂多粗。山门内为甬路，甬路东侧石碑后一棵大绒花树，七八寸粗细。上石阶为平台，台上建有前后大殿，两座大殿前后有六七棵古柏。府君庙毁于20世纪60年代，古槐及绒花树都已无存。古柏现仅存2棵（图237，图238），为侧柏，各有1搂多粗。

图237 西沥津村府君庙遗址所存古柏（摄于2007年3月）

图238 西沥津村府君庙遗址所存古柏（摄于2023年10月）

图239 西沥津村府君庙遗址所存东边古柏（摄于2023年10月）

图240 西沥津村府君庙遗址所存西边古柏（摄于2023年10月）

据区园林绿化局《古树名木档案》记录：

此二柏为一级保护古树（图239，图240），树龄570年，树高分别为10.5米（东）、10米（西），胸径50.4厘米（东）、55.3厘米（西），冠幅东西分别为6.5米（东）、5.2米（西），南北分别为8.9米（东）、6.1米（西），长势正常。

小北关村朝阳庵古柏

小北关村头朝阳庵，建有一进大殿菩萨殿。院内有2棵柏树，为侧柏。南面那棵柏树早已无存。

1947年春天，国民党军烧大殿，将北面那棵柏树烧煳了北半边，南半边只剩一点树皮还活着。至今柏树1搂多粗，北边树干因无皮而裸露，日渐糟朽萎缩，南边则依然生长旺盛，堪称奇迹（图241，图242）。

图241 小北关村朝阳庵内古柏（摄于2007年4月）

图242 小北关村朝阳庵内古柏（摄于2023年9月）

槐 树

大坎村五道庙古槐

大坎村中间旧有道教庙宇五道庙，庙前西南角有棵大槐树，为国槐，中空，2搂多粗。

2007年5月，为调查寺庙来村访谈，见槐树只剩南半拉树干活着（图243），从树干南部的缝隙可以看到北边站着的人（图244）。村里人在树洞里又栽一棵小榆树，一胳膊粗细了。

2023年9月，为编写《山东庄史话》笔者再次来村。半拉树干的老

图243　大坎村五道庙前大槐树(摄于2007年5月)

图244　从大槐树干南部的缝隙可以看到树中间栽的小榆树及那边站着的人（摄于2007年5月）

图245　大坎村五道庙前大槐树(摄于2023年9月)

图246　大坎村五道庙前大槐树树干中榆树已1尺来粗（摄于2023年9月）

槐树仍枝繁叶茂（图245），59岁村支委王满旺记得："我大爷（ye）说过，他小时候老槐树就这样。尤其树干中的那棵榆树，16年过去，已1尺来粗了。"（图246）"槐抱榆"，将来会成为大坎村一景。

西沥津村五道庙古槐

西沥津村中间有座五道庙，仅为一间，前有小院。

庙前一棵大槐树（图247），为国槐，1搂多粗，东半部已糟朽成空洞（图248）。近年，做了护栏加以保护，老槐树依然生机勃勃（图249）。

图247　西沥津村中间五道庙前古槐（摄于2013年12月）

图248　西沥津村中间五道庙前古槐东半部已成空洞（摄于2013年12月）

图249　西沥津村中间五道庙前古槐（摄于2023年9月）

松　树

鱼子山村香岚寺古松

鱼子山村西北大果园北坡香岚寺，金明昌三年（1192年）建，分为

图250　鱼子山村香岚寺遗址所存油松
（摄于2007年4月）

前后院，1942年前后被日军烧毁。

20世纪30年代，在前院东侧，栽植了一棵松树（图250），为油松。村人记得，当年老师为此写有字条：门前松树，不许摇动。

80多年过去，松树已长到1搂来粗了。

碑 刻

山东庄地区的石刻，历史上主要分布在村庄、寺庙及墓地中。随着寺庙的拆毁和墓地的平掉以及房屋改造，这些石刻多已无存。仅存的如山东庄重修轩辕庙碑、北屯重修石佛寺碑、西沥津重建府君神祠碑、鱼子山双峰圣水洞碑、大北关李家墓碑、桥头营村重修石桥碑等，即使碑已残损，甚至碑文短缺，仍具有重要的文物、历史、艺术与研究价值。

明代碑刻

北寺村重修观音堂碑

2023年9月，在北寺村访谈踏察时，村南小公园南侧，发现一通明嘉靖十三年（1534年）重修观音堂记碑。碑高124厘米，其中，碑首长44厘米，宽61厘米；碑身长80厘米，宽57厘米。碑厚10厘米。碑首方首圆角，碑座佚失。

北寺村，旧有道教庙宇五道庙、佛教庙宇龙泉寺。五道庙，为村里有人去世了，家人来烧纸报庙的一间小庙，没有石碑。

龙泉寺在北寺村西北角。2007年3月来村访谈，79岁的王儒老人说，龙泉寺有前后三进大殿，只是中殿早在20世纪三四十年代就已成废墟，村里人几乎没见过，听说是罗汉殿，后殿是菩萨殿。整个龙泉寺毁于抗战后期。既然殿内供奉有罗汉，那么主要供奉的就应该是佛祖释迦牟尼，这殿当是大雄宝殿了。老人谈到庙内有2通石碑，一通是汉白玉碑，一通是青石碑。且说庙外西北约60米处，有一座塔，青石垒砌，啥形状老人说不清了。

图251　北寺村龙泉寺残存的经幢（摄于2007年3月）

旻""史文籍""洳口张承秀　杨庭芳　魏进"等名字（图253）。"洳口"，就是今天的峪口，现在民间也会时常说"洳口"。当是北寺及周边村为修龙泉寺捐助的功德碑了。

2023年9月，为编写《山东庄史话》作者再次来村访谈，看到村南小公园花墙外散落着一通石碑。10月为此又来村里，79岁老村书

老人带着作者在村里踏察，看到个残经幢（图251），老人说是"塔帽子"，砌在村东一家墙下，有字，但看不清楚。看来，老人说的石塔当是经幢了。那通汉白玉石碑，被垒砌在街头一花墙下（图252）。可见碑两侧有很多小字，如"高守辛""扈大哥""扈二哥""曲显忠""马好

图252　北寺村龙泉寺石碑，被垒砌在街头一花墙下（摄于2007年3月）

图253　北寺村龙泉寺石碑，被垒砌在街头一花墙下，露出的一侧可看到部分字迹（摄于2007年3月）

记李玉才记得，他小时候龙泉寺几乎就毁了，见着的就是房岔（chǎ）子了。石碑还在院里立着，就在一进门不远的地方，是不是仁碑，记不太清了。大的是汉白玉的，下面的座是王八驮着石碑（即龟趺座）。小公园外边的这个小碑，是在大碑东边立着。老人肯定地说，这小碑就是龙泉寺的碑。老人还说，庙后边三四十米处，有个塔，小时候见过塔尖，是八棱石头的，80厘米左右高，60厘米粗，看着有碾轱辘那么粗，那块地就叫"塔根子"。对于那通汉白玉碑，李玉才老书记说那是王来的家，他家在村中心。后来大概觉得这是庙里的碑，在自家不好，就扒出来，运到村小学门外西侧。现在，这碑已埋入地下了。

公园外面的碑是青石质（图254），与2007年老人说的一通青石碑吻合。志书记载龙泉寺元至正四年（1344年）建，明嘉靖二十七年

图254　北寺村重修观音堂碑（摄于2023年9月）

（1548年）重修。而此碑是记述重修观音堂，时间为明嘉靖十三年（1534年）。观音堂，顾名思义，应该是供奉观音菩萨为主的殿堂，就与龙泉寺供奉佛祖释迦牟尼不符了。既然村人肯定这是龙泉寺的碑，而不是别村庙宇的碑，那么，或是重修后殿菩萨殿所立的碑了。不排除是在嘉靖十三年重修菩萨殿，14年后再修主殿及前殿、配殿等建筑。那通汉白玉碑，或是嘉靖二十七年重修碑，且极可能撰写碑文者有一定影响与地位，立碑时才使用龟趺座的。

碑阳

碑首，浮雕5朵祥云，额题楷书"碑首题铭"4字。

碑身，镌刻重修观音堂记碑文，碑文首题"重修观音堂记"。

村人记得，这通石碑过去在村北小学校外路上搭着。或是碑阳朝上，车轧脚踏，几乎都磨平了，左右两侧尚能看出一两行字迹。碑文如下：

重修观音堂记

夫将军石□观音之堂□□也远矣创自宣德年间与城同立军民仰止

□□□□□□□□□□□□□善众齐忠等发心修理圣灵默佑不日速

……………………………………………………………………………

将军石…………………………李圻…………………………………

嘉靖十三年岁次甲午十一月□□吉旦立

碑文字迹多难以辨识，解读不出重修观音堂的来龙去脉。从零星字迹来看，如"创自宣德年间"，观音堂或明宣德年间始建了，即观音堂建于公元1426—1435年间，距今近600年了。重修于明嘉靖十三年（1534年），即建后百十年进行了一次重修。碑文两次出现"将军石"，且有"军民"字样，不知是否与守卫将军石关的将军石营有关。而将军石营，应该是今天的东上营。

碑阴

碑首，浮雕5朵祥云，额题楷书"功德名氏"4字。

碑身，镌刻为重修观音堂捐助人的名字，或是碑阴多年朝下，苔藓、尘污等附着碑阴，以致难以拭净，字迹多一时难以看清。以后如将碑身擦拭拓片，可再行抄录。就可辨识的试录如下：

信士

信官人王泰、张臣、高□、

（澍?）士张□、刘聪

掾士祝春、李仁、张聪、周义、梁□、冀□□、

（乡?）老赵茂、刘琰、张晏、关清、杨□、刘真、常效、文友才、范保、刘惠、赵奎、周付、郭雄、季月、李付、毛□、刘益、蒋奉、苏□、刘恩、柳才、李奉、陈济、王堂、宁见、纪能、位奉、王景、于俊、王保、郝士贤、孙志、梅□、陈根、孙良、贾仁、杨□□

这些姓氏，应该不都是今天北寺的人，甚至不都是沥津的人。一两个村落，没有这么多姓氏。从碑阳重修观音堂记看，或不排除与将军石营将士有关，因为守卫长城关口的将士多不是当地人，而是来自其他不止一个地方。

北屯村重修石佛寺碑

石佛寺，在北屯村西北，建于元朝末年。石佛寺坐北朝南，一进大殿。南为山门，山门前有3通石碑，下为龟趺座。

2007年5月来村访谈，村人告诉作者还残存一个龟趺座（图255），龟趺头被村里人在上面弄钢筋弄坏了，头已不知下落。碑身在村大街中间的那个井沿上垫着井口，因当时井上边堆着好多柴火，看不到。

2019年3月，山东庄镇党委书记王晓金发来两张石碑照

图255 北屯村石佛寺残存的龟趺（摄于2007年5月）

图256　北屯村中心水井（摄于2020年10月）

片，告诉作者这是北屯的石碑，当时没来得及前去考察。2020年10月，与北屯书记宋建文电话联系，说这碑是去年整治环境，在井边挖出来的。这是村里一眼老井，井边铺砌大条石。过去村里人都来这

儿挑水吃，打水的绳子把井口都磨出了多道深深的沟痕，并可见井口铺着的石碑（图256）。这碑应该就是2007年5月村里人说的垫着井口的那通碑了。而这碑即是明正德十五年（1520年）重修石佛寺记碑。

重修石佛寺碑，高172厘米，宽67厘米，厚12厘米。汉白玉石质，螭首。额题"重修石佛寺记"6个大字，双钩楷书。碑首与碑身之间饰以9朵祥云图案。首题"重修石佛寺记"，年款"正德十五年龙集庚辰孟冬吉旦立石"。碑文阴文楷书。由于过去一直蓬在井边，且碑阳朝上，多年村人打水踩踏，致使碑大部踩踏平滑，一些文字早不复存在（图257）。

图257　北屯明重修石佛寺碑（摄于2020年10月）

录文

重修石佛寺记

□□□石佛寺，在平谷县北。山势自北来，连亘如城。东接□□□□、灵泉诸山，尤为峭拔。又自东首□□□小渠北，

□□□□□□□□□□□□□作□□□□前□□□□□□□□□□不一恍□□中□□□□□□□□具明禅师□

锡于此，乃□□□□□□□□□□□□□□□□□□□□□□

皇明几二百年□□□□□□□□□□□□□□□□□□□□□□□□□□□银若干，缯米若干石，市材□□，共

□□□□□□□□□□□□□□□□□□□□□□□于来岁之春，□□□□□□□□□□□□□

以此□□□□□□□□□□□□□□□□□□今惠□□□□□□□□□□□外□□□

□□□□□□□□□□□□□□□□□□□□□□□则前将可□真亦谓□□□□□□而不失

□□是□□以

圣寿中以转法轮□□□□□□□者，□□山川之形□□来游之□□□□岂师之意耶？檀越所施之资与夫输工效力

者，并列名石阴，用示来劝。因系以

诗曰：

惟兹石佛，翼翼禅宫。伊谁所作，明师之功。阅岁既深，祝延几废。

佛焰重辉，赖传孙裔。再构再度，美奂美轮。祖孙一律，震耀天人。

我作是诗，遹言□□。勒珉纪功，昭垂不朽。

赐进士出身、奉议大夫、资治尹、南京刑部郎中、邑人金濂　撰

部掾宋绅誊写

文　林　　郎、云南临安府、推官、邑人钱杰　书并篆

乡　贡　进　士　　　　　　　　　□云衢　篆

儒　　学　　庠　　生　　　　　　宋纯□杰

平谷县　　知县陈以道　　县丞□□　　典史席会

提调熊儿谷等营　遵化忠义中卫把总指挥谈瑶

　　　　　　　　坐营指挥姚相

正　德　十　五　年　龙　集　庚　辰　孟　冬　吉　旦　立　石

　　碑左半部人名不少，且都带着职务。右半部或为碑记文字了。

　　撰文为邑人金濂，金濂是山西右布政使金纯之子。"奉议大夫"，文散官名。明置，文官正五品，初授。"资治尹"，文勋官名，明置，为文勋第五阶，秩正三品，即授以正三品文官。"刑部郎中"，为正五品。这即是说，金濂撰写碑文时为资治尹，正三品，曾在南京刑部做过郎中。落款一般都是将自己最高的爵位、阶级、官职等往前写，后面再写过去曾任过的重要的荣耀的官职等，金濂所写亦如是。查阅现存最早的清康熙六年（1667年）《平谷县志》"艺文志·文类"，收录有金濂《重修东岳行祠记》《岳侯遗爱碑记》《重修城隍庙记》《重修县后堂记》4篇记文，没有这篇《重修石佛寺记》。

　　在碑诗左侧，金濂名字右侧，似另加一行字："部掾宋绅誊写"。"部掾（yuàn）"为属官，大概是在金濂写完碑文后，宋绅又给誊写清楚了。

　　书写碑文并篆写碑额的是邑人钱杰，"文林郎"，文散官名，明代正七品所升授之阶。"云南临安府"，南宋时将杭州定为临安府，今杭州市，是南宋首都。元至元十年（1273年）置临安路，治所在通海（今云南通海县）明洪武时改临安路为临安府，府治由通海移迁建水州（今云南建水县），故写作云南临安府。"推官"，明时为各府的佐贰官，即副职官

员，亦称辅佐官，正七品。

　　□云衢"篆"，又一个"篆"字。如果说，上面钱杰为碑文书法，并书写了碑阳的碑额，那么，□云衢所"篆"，或为碑阴之额。碑文中有"列名石阴"语，碑阴上面的碑首也应该有篆额的。这里的"乡贡进士"，即地方的州县官吏依据私学养成的士人，经乡试、府试两级选拔，合格者被举荐参加礼部贡院所举行的进士科考试，未能擢第者称为"乡贡进士"。

　　"□云衢篆"之下，还有卫把总指挥谈瑶、坐营指挥姚相等一些名字，应该是重修石佛寺或立碑之事的参与者了，又有一定身份与地位，且名列碑阳了。"把总"，应该是正七品。这里写到"知县陈以道"，查阅清乾隆四十二年（1777年）《平谷县志》"卷之二·秩官志·知县"，确有陈以道，为"河南汤阴县人，举人，正德年任"（图258）。关于"县丞"，此职记载有"刘钺""宋澄"二人，都是正德年任。仔细辨识碑文，"丞"字下似是宝盖头，或是"宋澄"了。而"典史"，此志记载有"席会，正德年任"，证明碑刻所写准确。

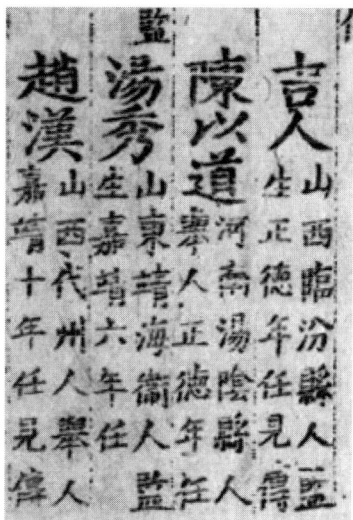

图258　清乾隆四十二年（1777年）《平谷县志》"卷之二·秩官志·知县"记载知县陈以道

　　立碑时间正德十五年（1520年），为明中期。"龙集庚辰"，一般都说"岁次庚辰"，应该意思一样，即"龙集"有"岁次"之意。而"龙集"，皇帝没登基时，称作潜龙，登基后即是"龙集"，这里有皇帝在位之意。"孟冬"，指冬季的第一个月，即农历十月。

　　因碑不便于翻动，故当时未能看到碑阴文字。但从碑文可大致知道，碑阴主要应是为重修石佛寺捐助人的名字。

总之，石佛寺于元至正二年（1342年）创建，至明正德十五年（1520年）重修。

山东庄村重修慈福寺碑

慈福寺，在山东庄村，明正统九年（1444年）建，正德四年（1509年）重修。慈福寺有前后两进大殿，此碑立于后殿前东侧。从摄于1961年的慈福寺石碑照片（图259）看，其形制大致应是明代碑刻，且极可能为金纯撰文碑。此碑无存，在轩辕庙下面台阶旁有个残龟趺，也应该是慈福寺遗物，按规格来看，甚至不排除为金纯所写碑文的那通石碑的龟趺座（图260）。

图259　山东庄村慈福寺石碑（摄于1961年），从其形制看，大致应是明代碑刻，或为金纯撰文碑

清康熙六年（1667年）《平谷县志》"艺文志·文类"收录金纯所撰《重修慈福寺记》碑文：

　　　重修慈福寺记
　　　邑人　金　纯
御马监太监刘公僧，尝有言曰：人之崇奉黄冠紫沙，欲登善果，奚若创建林刹，传之于亿万

图260　山东庄轩辕庙下面台阶旁的残龟趺，应该是慈福寺遗物（摄于2023年9月）

斯年也。因在中贵间，特深眷注。公每退食，辄私念曰：某本山林樗贱，遭际圣时，荷恩宠坐享天糈。然其时，晨夜以兴，无由展报意。

平谷为京畿属邑，而山东即其近郊。宅幽势阻，地胜泉甘。拟造寺一区，以为祝延之所。犬马之心，庶几少尽。筹咨既久，于是出金若干万缗，抡材舆石，鸠匠聚工，相隰度原。取其地之面阳者，构如来大殿，列左右为迦蓝、祖师。大殿之南为天王，又其南为山门。周以垣墉，树以嘉木。由侧门直北，则为方丈、为僧房、为温浴、庖厨之舍。为楹凡六十有奇。

经始于正统甲子之春，以是年秋仲考成，为日凡百八十。基台崇拓，栋宇翚宏。丹碧文珉，各呈工巧。未几，绘图以进。公遂奏请于朝，赐名"慈福"。取其慈悲为本，寓万福遥锡之意也。及至命下之日，缁流耆艾，咸豫悦奔走，乐来赞相。若公者，真可谓问水知源，克酬心愿者矣。

始，公披地按图，意尤未慊。将欲更营法藏、护国、转轮诸殿。愈拓大其庙宇焉，以供远近观瞻。时值国步多艰，迨己巳致身王事，斋志竟终。北鄙多事，扈驾亲征，致身王事，赍志竟终。

据今甲子再周，阅年浸久，寺渐就荒。营州中屯卫官舍景祺、居士杨友，想其风致，悯夫初志之纯诚也。乃即其所营之绪，缮修妆饰，以识不忘。且砻石以载其颠末，征予为记。

予惟忠义之在人心，不异时而有先后之殊，不同时而有彼此之异。刘公所举，本以上报国恩，特假莲界以为之地。延今五纪，寺几中绝，复得祺、友二君以兴。予意二君，亦非作念天堂，力超诸苦。果若浮屠说也，只以忠义之心激之，有不得不然耳。

呜呼！事有旷百世而相感者，岂独人心矣夫！若谓流寇跳梁，公能奋不顾身，卒以保完名节。其英风劲气，凛然与东盘大岭争高，又其事之可书者也。因为之记。

"奚若"，犹奚如，意为何如。

"中贵"，即指有权势的太监。

"荷（hè）"，感谢。

"糈（xǔ）"，粮食。

"庶几（shù jī）"，或许可以。

"抡材"，选择材木。

"隰（xí）"，新开出的地方。

"锡"，赏赐。

"缁流耆艾"，泛指僧人和长老。

"迨"，等到。

"正统甲子"，明正统九年（1444年）。

"己巳"，即正统己巳，为明正统十四年（1449年）。这年七月，英宗朱祁镇御驾亲征。八月，在怀来城外土木堡，被北蒙古瓦剌部也先俘虏，明军战败。这就是历史上所称的"土木堡之变"。

"致身王事，啬志竟终"，看来御马监太监刘僧跟随皇帝朱祁镇亲征，死于军中，续建的事也就停止了。

"今甲子再周"，是指从明正统十四年（1449年）至今，又过了一个甲子，即60年过去。此"甲子"，当为明正德四年（1509年）。

"砻（lóng）"，磨。"砻石"，意为刻石，或刻碑之意。

"浮屠"，为佛陀之异译，古人因称佛教徒为浮屠，后又称佛塔为浮屠。此处当指前者。

康熙县志所录碑文，未写立碑时间。民国二十三年（1934年）《平谷县志》"卷六·艺文志·文类"录此碑文时，有些句或字与康熙志录文不同。而在《重修慈福寺记》题目下，有"明正德四年重阳日"语。即是说，重修慈福寺碑，立于明正德四年（1509年）九月九日。而撰写碑文的邑人金纯，官至山西右布政使。

西沥津村府君庙匾额

府君庙，在西沥津村北一座高土坎上，建有山门、前殿及后殿。

门楣上镶嵌一方石匾（图261，图262），高34厘米，宽90厘米，厚12厘米。青石质。边框外凸。匾额双钩楷书"府君庙"3个大字，并刻有

图261　西沥津村府君庙山门匾额（摄于2008年12月）

图262　西沥津村府君庙山门匾额拓本

年款"嘉靖十六年岁次丁酉四月吉日建"字样。落款为："□本庙住持茅太泽功德，助缘修建王龙，朝阳观护印郭大祥"。

这里所写"朝阳观"，应是清康熙六年（1667年）《平谷县志》"地理志·寺观"记载的朝阳观，"在县治东南，永乐年间建，内有道会司"。即在孔庙东侧，今应属胜利街，清道光时即已毁弃。

这方匾额现存上宅文化陈列馆。

西沥津村重建府君神祠碑

府君庙山门内一条甬路，甬路东西两边各一座马殿，殿北边各一通石碑，为龟趺座，即俗话说的"王八驮石碑"。上石阶后，为一平台，台上为前大殿。大殿东侧有门，可通后院。后大殿，殿前有2通碑刻，其

中一通为须弥座。

府君庙毁于20世纪60年代，至今遗址上尚存残碑、残龟趺（图263）等。

重建府君神祠碑，残高150厘米，宽73厘米，厚15厘米。青石质。首题"［重］建府君神祠记"。年款"嘉靖二十二年岁次癸卯六月六日立"。碑文阴刻楷书，模糊不清（图264）。

图263　西沥津村府君庙遗址残存的龟趺（摄于2007年3月）

图264　西沥津村重建府君神祠碑（摄于2008年10月）

此碑原立于府君庙，现存桥头营村新开西街7号民宅东墙外。碑文收入《平谷石刻》书中。

录文

［重］建府君神祠记

蓟州平谷□□□桥头营间有庙曰府君自□□迄今建□已数百□□民仄信宗奉之凡水□□□□/□□□则□□相望悉神是祈而神贶众昭如□□□焉■/□皇帝当命有司者正祀典海内祠宇付减八九而斯庙存考□古□□神能■/岁既久风□雨削殿宇塑像日就□□正德癸酉嘉靖癸未■/未久又复倾圮见者□焉于是乡人杨志王□住持道士芋太泽■/事曰正殿东西两殿曰门亭曰□□□□共满于■持□□□/像□庄□□□雕刻争□者祈者孰■

然而/内官□太□□监事□众于公通首闻其事□□□□为记採立石传□□□□□□云有功于民则祀/之能□□大□□大灾则祀之□□□□儿所以□□□□□□至矣德盛而庙貌■/非人心之所安也再造之□□呼□□之□成千一□□□可以□我□□□我□法而□祀不□则神/必将俾雨赐以时水敕用登灾害不生物无庇□大■/嗣是而生司香火者如国之韩臣家之尚千持□

于已成□患于复□□有□□□□□则以□□新/神庥可以不变民患可以无□□无不□感□不□矣又不能■嘉/靖二十二年六月六日其或以财或以力□□以□其事者■不/朽云

赐进士出身朝列大夫山东布政使司左参政□礼部郎中古抗孙□盂传

嘉靖二十二年岁次癸卯六月六日立

此碑模糊漫漶不清，有拓本（图265），几乎难以辨识，故碑文仅依《平谷石刻》书所录文字。"□"符号指短缺1字，"■"指短缺字数不清。

此碑主要为明嘉靖时重修府君庙碑。

碑文记载有"桥头营间有

图265 ［重］建府君神祠碑拓本

庙曰府君，自□□迄今建□已数百"语。"迄今"，当指明嘉靖二十二年
（1543年）。所记"数百"，应是"数百年"。由此上溯，大概建于辽金
了，因为元代至明嘉靖时仅一二百年，不足以称"数百年"。而民国县志
所说"明嘉靖十六年"，也许是这年重修完成，或这年开始重修。而碑文
"嘉靖二十二年"，是指立碑时间。上面的府君庙山门匾额上也有"嘉靖
十六年"字样，或是重建时所刊刻的匾额了。

鱼子山村香岚寺重修碑

香岚寺，在鱼子山村西北，金明昌三年（1192年）建。香岚寺明万
历九年（1581年）重修碑已无存，民国二十七年（1938年）《密云县志》
摘录了这通重修碑文：

所　在　地　　鱼子山香岚寺殿前

建立之沿革　　明万历年住持僧广增重修是庙时立此碑记

现　　　状　　年代过久，碑迹残缺

记　载　文

鱼子山寨西南二里许，有香岚寺。其由来极远，未谂建于何代，即
佛岁所载独波浴寺也。衣山带水，秀丽无及，诚如来传钵之地。

先年有螭首碑石，纪其创修年月。后为薄德者磨灭之至，今无征焉。

中有大雄殿三楹，天王殿三楹，伽蓝、祖师殿各一楹。延世既远，
瓦砾、梁栋日就缺朽，墙垣因而倾圮，塑像为之毁落。本寺有广增者，
恪守戒律，士人素为钦礼，目击而后发愿重修。

卜本年三月上吉，启土兴工，但见四方官民长者，闻风捐助砖、瓦、
灰、木，充分供给。傭者则各效其力，工者则各呈其巧，不约而自至者
如蚁赴。历时七阅月，费用五十缗。凡寺之缺朽者，增易之；倾圮者，

壮丽之；毁落者，绘饰之。各殿均焕然一新，较昔益为美观。非特神安，其灵人悉有所瞻仰而皈依矣！

兹功成之际，狄冬氏乞文于余。余以为重修古刹，善事也；修文记事，善言也。故不自辞，俾一时有功德者，成列名焉。

万历九年岁在辛巳十一月祥日

总理都督府听用官、前庠廪、化南许济撰

钦差分守蓟州墙子岭等处地方参将署都指挥佥事许卿

钦依提调镇等关营以都指挥体统行事、指挥佥事胡大受

善众尉起发、王宝臣等六十九人敬立

"谂（shěn）"，知道。

"梁栋日就缺圬"之"圬（wū）"，同圬，抹灰，粉刷。"缺圬"，当指久未修葺。但下文"凡寺之缺朽者"，又写作了"缺朽"。接着写"增易之"，即缺少的，增补了；糟朽的，更换了。故此，作者以为"缺朽"更为妥切。

"阅月"，指经一月。

"缗（mín）"，古代穿铜钱的绳子。一缗钱即一贯钱，也就是1000文铜钱，常说的一串铜钱。

碑文有"其由来极远，未谂建于何代"，"先年有螭首碑石"等语。而清康熙六年（1667年）《平谷县志》"地理志·寺观"记载："香岚寺，在渔子山寨南二里，至县二十里。金明昌三年建，嘉靖二十四年重修。今俗称独波峪寺。"志书不仅记述了香岚寺金明昌三年建，而且记述了嘉靖二十四年（1545年）曾重修。如志书记述无误，则至万历九年（1581年）已36年了。所以，根据碑文"凡寺之缺朽者，增易之；倾圮者，壮丽之；毁落者，绘饰之"语，这次应该是修缮或修葺，而不是落架重修，

亦属正常了。碑文所记，即是这次修葺之事。

大北关村李家墓碑

2007年5月，作者来村调查寺庙情况，78岁村民郭松山老人顺便谈到村北果树地边有通石碑，说是李家墓碑。并说李家祖上出过御史还是啥官，家门口有上马石。好像是他当官后，母亲去世了，给母亲立的，似是成化还是啥时候的碑。老人能够说出明代皇帝成化的年号，说明是有一定文化且对历史有所了解的。

图266　大北关村北李家墓碑（摄于2007年5月）

老人领着作者来到果树地边踏察，看到碑不是很大，青石质，方首圆角，线刻祥云等纹饰。额题"绎先勖后"4个阴刻楷体大字，应有缅怀先人、勉励后人之意。碑身字小，又风雨剥蚀，多漫漶不清。但左侧起首，尚可辨识"先君李公"4字，接一二字写有"氏"字。当时看落款，隐约是"万历"字迹，也就是"万历"时所立的碑了（图266）。

大概是在明万历时，大北关一位李姓村人，或在外为官，母亲去世后，为纪念母亲立了这通石碑。

2023年9月，为编写《山东庄史话》，再次来村访谈，77岁老村书记张庆楼说李家明朝初期有个李愫，他为母亲在村北三道坎上的李家坟地立了一块碑，碑正面记得是"故显妣母寿李氏之墓，男李愫泣立"等字，背面没字。甚至说李愫"官至西台御史"。碑1米左右高，五六十厘米宽，没有座。

张庆楼老人所说的碑应该是直接立在墓前，且将底部掩埋土里。请老人辨识图片，也说不是这碑。这通石碑很明显过去是有座的，且不是明朝初年，而大概是万历时，已属明后期了。即使如2007年村人所说是明成化年间，也是明中期。

不知此碑现落何处，如以后能够发现，可进行拓片，字迹会清楚些。此碑究竟立于何时、为谁而立、谁人所立、立碑人官职、所立时间等诸多问题，再行研究。

清代碑刻

桥头营村重修石桥碑

桥头营村东过去有一座石桥，村人说是汉白玉的石板桥，建于清代。桥长约10米，宽约5米，村因此称为"桥头营"。清光绪二十六年（1900年），重修石桥，且立碑以为纪念。

2007年5月，作者来村调查寺庙情况，见此碑，且已断为两截，作为一家锅炉垫石（图267）。应予保护为好，毕竟与村有重要关系。后来，文物部门前来，将此碑拓本，收录进

图267　桥头营村残存的重修石桥碑（摄于2007年5月）

《平谷石刻》书中。

重修石桥碑，断为二截，残高115厘米，宽58厘米，厚17厘米。青石质。方首，祥云纹饰，四周饰以缠枝莲。额题"万古流芳"，双钩楷书。首题"重修石桥记"。年款"大清光绪二十六年岁次庚子孟夏四月 日□旦"。碑文16行，满行23字，楷书。李桢篆并书，石匠秦文、杜怀忠（图268，图269）。

图268 桥头营重修石桥碑
（摄于2008年10月）

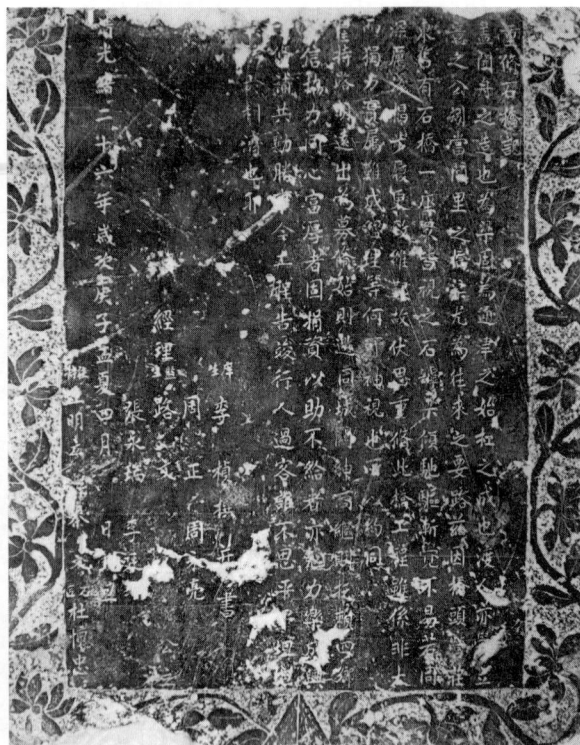

图269 桥头营重修石桥碑拓本

原立于桥头营村石桥边，现存于桥头营村委会。

录文

重修石桥记

盖闻舟之造也为梁，固为通津之始。杠之成也，渡人亦□，立意之公，矧当闻里之。桥梁，尤为往来之要路。

兹因桥头营庄东，旧有石桥一座，众皆视之石罅梁倾，驰驱渐觉不易。若同深厉浅揭，步履更致维艰，故伏思重修此桥。

工程虽系非大，而独立实属难成。经理等何可袖视也，所以约府君庙住持路明远出为募修。始则邀同城关绅商，继则托赖四乡□信，协力同心。富厚者固捐资以助，不给者亦勉力乐成。兴□修补，共勷胜事。

今工程告竣，行人过客，谁不思平□坦□，□于利济也耶？

庠生　李　桢　篆并书

周　正　周永亮

经理监生　路　文　　　　公立

张永瑞　李廷□

□清光绪二十六年岁次庚子孟夏四月　日□旦

住持□明立　石匠秦　文　石匠杜怀忠

"矧（shěn）"，况且。"罅（xià）"，裂缝。

清光绪二十六年，为公元1900年。碑文主要记述重修石桥之事，碑文简略，个别字迹漫漶不清，难以识别了，但碑文整体大致不缺。

西沥津村重建府君神庙碑

重建府君神庙碑（图270），通高224厘米，宽81厘米，厚17厘米。青石质。透雕螭首。碑阳，额题"重建府君神庙"双钩楷书6个大字。首题"重修府君庙记"。年款"康熙二十五年十二月初一吉日立"。碑文

图270 西沥津重建府君神庙碑（摄于2008年6月）

图271 重建府君神庙碑碑阳拓本

22行，满行48字，楷书。王升撰，王晨书。碑阴，螭首，宝珠中间阴刻一"寿"字。额题"万古流芳"，双钩楷书。正文楷书，字迹不清。此碑现存上宅文化陈列馆。

碑阳录文（图271）

重修府君庙记

平谷县儒学廪生王升撰

平谷县儒学庠生王晨书

盖凡重修庙者，各有碑记，以示不忘。止叙其事而书之，不即重修者之心传之犹未足，以志不忘也。

想府君其来也，此处全为吉地。而北有崇山峻岭之翠峰，而南有沟水波光之美景。尊居此，大护一方，民安物阜，至灵至圣，乡人莫感其德而景仰也。建庙已久，水旱疾疫有祷即应，此皆前人之垂余耳。表神之初也，在隋唐为良吏，既□□虎于大山终□□□□威灵表表，百代荣昌。

不测大清康熙十八年岁次己未七月二十八日巳时地震，不惟民居倾圮，而庙宇难存，宁独坚于府君之庙乎？斯殿一概全倾，府君虽至灵至圣，难违上帝之霹临，金身显露不堪甚矣。□路人之常叹，惜乡人之悲伤，非一方之雅观也。夏虽设教于庞里，昼夜不忘。

今窃有庆焉，幸叔王元之目睹心恬，并无

人向善。自思山门碑记上，存宗祖之显名。今善赖于王姓，何委于他人？自叹曰：房产圈占尺土无存，功成浩大，独立难成。不勉请会积金，又募化合庄，善舍资财。二十一年至二十五年，一概功成告竣。

斯庙郁郁青青，焕然一新，以妥神威。往速来望者，莫不并肩累迹，顾视此庙，以美殿宇。而乡人个个欣赏思人，无其诚者，则无且□，应而庙宇弗张。府君虽在，盘郡之艮方，本灵应□。端庙之兴，岂不有由然乎？

大神临此，身居庙廊。小德川流，大德敦化。辉煌宇宙，大展神威。赫赫之景况，以大道为公；荡荡之宽乎，以无私为主。所以高明配天，博厚配地，悠也久也。而元之之心，无不庆也。

当其初也，非沽名称誉也，亦非扬□后世也。原□伤感之念，无愧于先君也。功德全登，岂无有效其诚乎？思其时也，以善感善。最美乎周维城，复建钟楼。深感乎张沂，重修济生堂。甚念乎周应聘，重修广生宫，两配日新幸哉！

此一方之盛景复张也，而不假手于他人，竟恢复于王姓。以□归乡人□孝，归元之深美一乡可。是为证诗曰：

青青妙世界，享祀丰色盛。

鸣呼悲嗟叹，人皆有景仰。

广大布乾坤，莫不来敢当。

不幸祸天殃，天地总又长。

庙宇辉煌日，意分成斯庙。

七倾八倒□，立石刻以字。

神明永安康，百世竖坚牢。

美哉日新彰，千载□流芳。

康熙二十五年十二月初一吉日立

碑阴录文（图272）

各庄施财善人

水峪寺僧人海论　施舍吻兽

红石坎刘世荣　　　　刘世华

独乐河杜文登　滑子庄倪可贤

山东庄杨州富　洙水庄王有本

胡家庄胡良庆

桥头营镶黄旗都虞司

御前下厨户千总　周□□　率子周应聘　　周应联

　　　　弟　周之诂　　　　周应簋

各庄施财善人　　　　　　　　　　石如玉　刘从志　张大金

图272　重建府君神庙碑碑阴拓本

张有德　张　义　徐鸣信　于天培　张应斗
张　沂　张　润　徐杨芳生员　刘德体　李应
华　刘□翘　王从之　张天贵　李应□　于秉□
张缔骞

崔济民　路运通　崔□民　于秉正　张斗明
张缔仲　崔洪民　蔡计先

王　□　王　万　王　杲　李景荣　郭有礼
郭应魁　徐万才　徐万良　任大仲　徐自科
胡应龙　王自成　陈万金　张云凤　王锡章　王
政□　刘进荣　刘进贵　刘枝鸥　王御平　刘
芳　刘自成　王好义

合会众善人等　会　头　王元之　王之禄
蔡成名　韩□玉　李守江　王御安　崔永吉

于国桢　　徐鸣□　　郭万良　　李文才　　张□道　　□万良　　崔向德

王政□　　张光□　　崔牧民　　崔养民　　张□功　　张　凤　　刘　禄

刘大义　　许成□　　李景荣　　□凤才　　张缔富　　王好智　　宋国□

王衮之　　王褒之　生员王晨　　王　昺　　王　昱　　王　晶　　王　最

碑阳录文拓本字小，且字口浅，多已模糊。所以，除个别地方，如"非一方之雅观也"之"雅"字，原录文为"稚"字，仔细辨识，感觉"雅"字为宜，且字义可通。其他录文，就按石刻书录文照录了。

对碑阴录文，除个别字外，整体较为清晰，作者对照拓本重新核校修订。"都虞司"，清代都虞司衙署设在西华门路北，是管理内务府武职官员、兵丁及渔猎采捕等事的机构。

碑文记载："大清康熙十八年岁次己未七月二十八日巳时地震，不惟民居倾圮，而庙宇难存，宁独坚于府君之庙乎？斯殿一概全倾。"记载清康熙十八年七月二十八日，即公元1679年9月2日，平谷、三河大地震，使庙宇皆毁，随后复建。全区有县城城隍庙、王辛庄镇大辛寨村净严寺、东高村镇东高村临泉寺等多处庙宇碑刻对此次地震的记述，可见这次地震毁坏之强烈。巳时，即上午九、十点钟的时候，多亏是白天，若是夜里，如此大的地震，所造成的损害恐不可设想。

立碑的清康熙二十五年，为公元1686年。

重建府君神庙碑文，收入《平谷石刻》书中。

鱼子山村双峰圣水洞碑

双峰圣水洞，旧称老君堂，位于鱼子山村北，大峡谷东侧北山上，又称北洞。为一座道教庙宇，依洞穴而建，洞内供奉太上老君。现存2通石碑，一通双峰圣水洞碑，一通重修老君堂捐资碑，这2通石碑都为功德碑。

图273　鱼子山双峰圣水洞碑（摄于2006年4月）

图274　鱼子山双峰圣水洞碑拓本

双峰圣水洞碑（图273，图274），为卧碑，长88厘米，宽45厘米，厚20厘米。青石质。额题"双峰圣水洞"，阴刻楷书。年款"大清咸丰六年公立"。碑文15行，满行9个字，阴刻楷书。

看此碑四面毛边，当初或是镶嵌在老君堂墙上适当地方的。

现存双峰圣水洞遗址处。

录文

易曰：积善之家，必有余庆。德报有明征矣。

鱼子山北，旧有老君堂。重修之余，谨将施主芳名勒诸贞珉，示久远□。

施主王莲峰，施黄岩根西瓮圈地贰处。

施主王景塘，施山厂一处，座落三道沟，上下相连，东至边墙，西至庙，南至大岭，北至石沼下。

山主，史廷职。

住持道，程元煦。

大清咸丰六年公立

266

"贞珉"，即指石碑。"勒诸贞珉"，即刻在碑上。

"边墙"，即长城。井儿台山顶上就有长城。鱼子山寨就是守卫长城的营寨。

碑文完整无缺，而碑石四遭为毛边，且未有雕饰，当初应该直接镶嵌在墙壁上了。此碑立于清咸丰六年（1856年），主要写王莲峰、王景塘分别捐地和山场的事。从时间和"重修之余"句可知，此碑当紧随《重修老君堂捐资碑》之后而立。

鱼子山村重修老君堂捐资碑

重修老君堂捐资碑（图275，图276），通高96厘米，宽63厘米，厚18厘米。青石质。年款"大清咸丰□□年"。碑文阴刻楷书。

现存鱼子山村双峰圣水洞前。

录文

兹因密云县□□重修老君堂□□□□开列于后□□

万春号、万盛号、福兴帽局以上各捐六吊，恒春隆十二吊，永顺隆十五吊。

图275　鱼子山重修老君堂捐资碑（摄于2006年4月）

图276　鱼子山重修老君堂捐资碑拓本

亨通靴铺、万顺帽局、永信张记、必兴煤铺、裕丰和记，以上各钱三吊。

三河李福昌一百五十吊，平谷陈英二吊，郭君在、郭君启、郭成绪，以上各捐一吊。

郭铮、郭熙昌、□殿卿，以上各捐二吊。蓟州谭沂二吊，东辛庄王盛亭、王重华、王文林各捐□□。

平谷□益号十吊，隆兴号八吊，同仁号六吊，同义仁五吊，三盛公三吊。

□□王有岗六吊，尉夫公九吊，尉述九吊，王君五吊二，李国兴一吊，王达五吊二。

□□王来四吊六，王凤二吊七，巨宝一吊六，王春塘三吊三，王连塘五吊六，王朝臣三吊一。

□□王常二吊，王臣三吊五，王有仁一吊，王辅三吊七，王杰三吊一，于开富三吊一。□□陈善三吊一，□魁三吊七，张胡义一吊二，尹亮二吊，尹学三吊五，尉天保二吊九。□□尉通二吊一，王之宽三吊三，王举十吊，王德财三吊一，王永塘二吊一，王朝仓八佰文。

□□王朝选二吊五，王朝文七吊四，尉天位五吊，尉进一吊二，李国安四吊二，李国泰十一吊。

□□王朝辅五吊，薛万银一吊六，王朝起一吊四，尹有□二吊一，李广质一吊二，李广山二吊。

周良才五吊六，王兴本二吊七，王有魁二吊九，王有富六吊，王有恒一吊六，王有□二吊五。

王有生三吊，李科名三吊五，王景塘八吊，王胡氏二吊九，巨习仲一吊四，□天龙二吊一。

史庭和十二吊，李科会三吊一，王新塘十二吊，李国民十二吊，王有贵二吊七，□大□一吊二。

王良四吊二，周山二吊七，尉适一吊，王大宏一吊，巨习路二吊五，□□□三吊八。

马良福一吊□，巨起二吊四，尉道十九吊，尉蓬五吊，□□史庭职一吊，巨广二吊九。

尉□□二吊，尉□迎三吊，□□王□□□□吊，尉□十九吊，王□一吊一，王有春二吊五，□□王莲峰柒吊。

大清咸丰□□年　月□旦

首句有"密云县"3个字，过去鱼子山村归密云县管辖，抗战胜利后，1946年3月划归平谷。

"以上各钱三吊"，根据上下句看，应为"以上各捐钱三吊"，缺一"捐"字，但意思明确。

此碑文基本清楚，个别地方有些漫漶，特别是立碑时间。而上碑有"重修之余，谨将施主芳名勒诸贞珉"语，当指此碑。因此，两碑或为同时所立，即都立于清咸丰六年（1856年）。这是重修碑。

其他碑刻

在一些遗址处，还保留一些残碑，但没有明确立碑时间，一并录此，以存资料。

山东庄村轩辕庙重修碑

轩辕庙，在山东庄村西庙山上，山门内西侧一通石碑，现碑座（图277）及残碑尚存。碑首，庙内东配殿展陈墙上，有一幅照片，上书"重修轩辕庙记"6个大字，当为碑首的碑阳额题，看笔意似篆、隶相掺。展柜中一张拓片，为碑首的碑阴，线刻祥云、山石等图案，额题楷书"流芳百代"4个楷体大字（图278）。看其形制，大致为圆形碑首。

图277　山东庄村轩辕庙内重修
轩辕庙碑碑座（摄于2016年10月）

图278　山东庄轩辕庙重修碑碑首阴面拓本
（摄于2023年10月）

在轩辕庙东配殿展柜内，展着3块残碑。2023年10月，再来轩辕庙，为看清两面字迹，特请村人帮助将3块残碑搬至院内拼接，实为碑首2块，碑身右上部1块（图279）。

碑座，散落东配殿南侧，为普通的须弥座，束腰，雕有莲瓣图案。须弥，即指须弥山，印度古代传说认为须弥山是世界的中心。

碑身，碑阳右上部（图280）。

首题：

□□□辕庙碑序

根据碑首额题"重修轩辕庙记"，可知碑文首题为"重修轩辕庙碑序"。"序"应是一种文体，亦称序文或叙文等。在这里，就可以理解为一般碑上常见的"碑记"。

图 279　山东庄村轩辕庙重修碑
（摄于 2023 年 10 月）

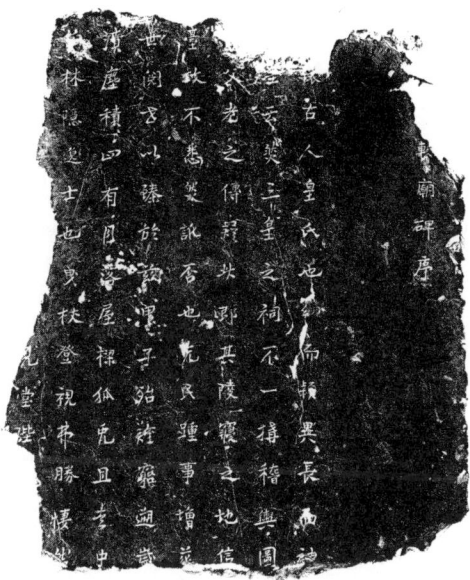

图 280　山东庄轩辕庙重修轩辕庙残碑拓
本（摄于 2023 年 10 月）

碑文：

□辕古人皇氏也。幼而颖异，长而神

□□云，然三皇之祠不一构，稽与图

□父老之传，疑此即其陵寝之地，信

台攻不悉然讹否也。先民踵增华

世阅世以臻于兹。甲子殆难穷遡岁

溃，尘积四有，月落屋梁。狐兔且走，中

□林，隐逸士也。曳杖登视，弗胜凄然。

□□□□□□□□□堂阶□□□

碑文楷体书写，融合了行草笔意。

"□辕古人皇氏也"，所缺之字当为"轩"字，轩辕黄帝即为

271

"人皇"。

"三皇之祠"，三皇，即天皇、地皇、人皇，通常指伏羲、神农、黄帝。历史上轩辕庙供奉的就是三皇，故轩辕庙又称"三皇祠"。

"父老之传，疑此即其陵寝之地"，即是说，当地一直口口相传，这里为黄帝"陵寝之地"，也就是黄帝陵了。

将这块碑身翻过来，即为碑阴左上部。或许碑是放在哪里走路的地方，且碑阴朝上，以致碑表面几乎磨平，文字大多磨没了。尚可辨识一些：

王□□胡氏　陈友良孟氏　刘大□　　刘氏

刘振梁氏　刘□郭氏　杨州□曹氏　李登科李氏

张子明王氏　柳□宋氏　陈□孝李氏　杨州贵邢氏

王鼎新陈氏　江璞　江玔　江珽

所录名字，未按原行排列，仅是抄写时录在一起。正如碑首所题"流芳百代"，碑阴其实就是捐助人的名录了。

由于这通石碑已残，所存文字没有重修时间，也就不知重修碑是明代还是清代所立。但从书写刻石来看，似较为民间。

西沥津村府君庙遗址残碑

西沥津村北府君庙遗址上，保存一块残碑，阴刻楷书。录文：

古越萧然山任

防守代有因

仍腹太平矣。而营寨诸名，犹仍其旧。如桥头

西。崔府君之庙侧，往来此桥者，虽非

旧制水门一处，木石杂用。而桥底宽仅数

沟，而会于桥南者，复日溃以填水道。夫

独车马患其崎岖，而负载更艰于泥

是□崔府君庙住持合真不忍坐视，爰

其事更募外庄善信，各助钱粮，鸠工

之□东西，复立小桥，以杀旁

水安，盖以

此碑当为中部一段（图281），尽管碑文不完整，但仍可看出一些重要信息。一是此碑所记与营寨有关，如"桥头"二字，当是指桥头营，由营寨而形成今天的桥头营村。二是此碑所记主要应是为重修桥头营桥。三是桥头营桥位置，在崔府君庙旁边。四是这次修桥，由崔府君庙住持合真倡导、募捐。五是捐助者，不仅有桥头营人，还有周边村庄人。由于

图281　西沥津村府君庙遗址旁残存的碑刻（摄于2007年3月）

为残碑，其所立时间、立碑人、撰文人、书丹人等，就不得而知了。

从碑文内容看，这通石碑或为重修桥头营桥的碑，只是散落府君庙遗址而已。此碑或早于桥头营村清光绪二十六年（1900年）重修石桥碑，重修碑"旧有石桥一座"之"旧有石桥"，或是残碑所记的"复立小桥"了。石桥一般不易被风雨剥蚀，故此残碑不排除为明时或清早期碑刻。

文　物

文物分不可移动文物和可移动文物，不可移动文物如桃棚岩画，可移动文物如山东庄轩辕庙铁钟及个人收藏的地契等，一并记述于此。

不可移动文物

桃棚岩画

桃棚岩画，位于桃棚村西九泉山上。

九泉山北部上方，桃棚寺遗址西北三四百米处，有个天然洞穴，俗称"神仙洞"。《平谷文物志》记载：

洞口朝东南方向，由3个小洞组成，洞高3米，宽14米，深15米。岩画位于中间洞口岩石上，由红、白、绿3种颜色画成。中间上方为一矩形图案，似匾额，但无铭文。下端为一佛像图案，五官不清。左、右两侧绘有鸟、兽、塔、云图案。经鉴定，为明代作品。

2008年1月，村人带领作者实地踏察神仙洞。见桃棚村边长着一棵大柏树，有1搂粗细了，而上山的路不是很好走。

北小洞内，据说过去有小炕，可住一人，或为修行之人所住了。细看，似乎没有炕的痕迹。小洞与大洞相连，从小洞可望向大洞。大洞南部又有一小洞，可通洞外（图282）。

图282　九泉山神仙洞（摄于2008年1月）

岩画主要分布在洞口上面的岩壁上，以红色为主，也有绿色、白色等，已经很难看出岩画之意了。有的似太阳，轮四周有火；有的似云朵；中间为白的图案，左边似碑，右边似塔，圆球上边似五重相轮（图283）。左边一只小鸟，云中飞翔。下面一只小鸟，上面似是一只

图283　桃棚村西九泉山神仙洞壁画（局部）（摄于2008年1月）

翘着尾巴的狗。如果是狗，在飞鸟之上，也当是天狗。一长方形框内，原来就没画什么，不知最初做何用途。岩画实在模糊不清，只隐隐可见画满岩壁，但实在无法辨析岩画内容了。

或许这洞穴也是一种庙宇，且岩画是否早于明代，与大约建于辽金时的桃棚寺同时也未可知。

可移动文物

鱼子山村轩辕庙铁钟

鱼子山村轩辕庙铁钟，悬挂在轩辕庙前东侧钟楼上。

此钟原为镇罗营镇关上村真武庙（村人称为药王庙）内之物（图284，图285）。

关上村真武庙坐北朝南，前后两进大殿。前殿为药王殿，后殿为真武殿。前殿东南角建有钟楼，面阔一间，二层，中间为木楼板，置木楼梯以供上下。二层悬挂一口铁钟，过去每月初一、十五敲钟。

真武庙毁于20世纪60年代"文革"中。

图284　山东庄轩辕庙钟楼（摄于2016年10月）

图285　镇罗营镇关上村真武庙铁钟，现悬挂在山东庄镇山东庄村轩辕庙钟楼内（摄于2007年3月）

民国二十七年（1938 年）《密云县志》记载其为玄帝庙，并绘有平面图（图 286），为明万历癸未年（即万历十一年，1583 年）建，清同治十二年（1873 年）重修。玄帝庙即真武庙。

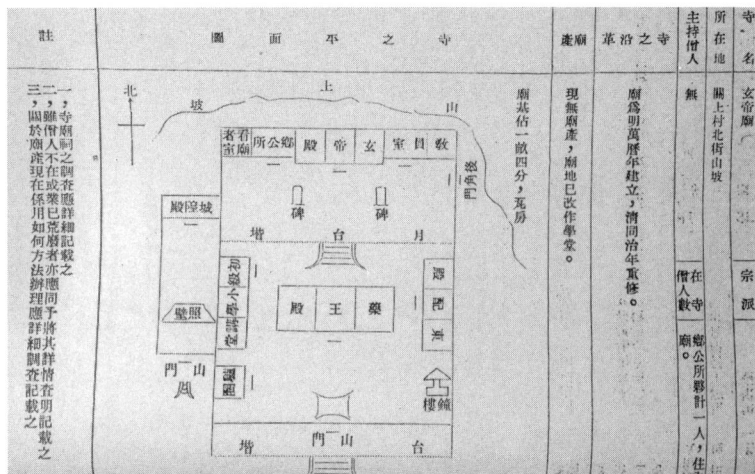

图 286　民国二十七年（1938 年）《密云县志》所绘关上村玄帝庙平面图

《平谷文物志》记载：

镇虏营旧关真武庙铁钟，明代，1985 年镇罗营镇关上村征集。

铁钟铸于明万历三十七年（公元 1609 年），体高 107 厘米，纽高 27 厘米，口径 97 厘米。钟纽为双龙头蒲牢纽。钟肩部饰有 8 朵莲花瓣，莲花瓣下铸有一周乳钉纹。钟腰处一周乳钉纹将钟体分为上下两部分，上下部分各有 5 个铭文区。上部铭文区内铸有"镇虏营旧关，真武庙住持镇明，会首薛才、刘大良、刘大宝"，"万历三十七年五月吉日，金火将许仲金"铭文。下部铭文区内全部是捐助铸钟人名字。铭文下方铸有 4 个钟月、8 个钟耳。钟耳的波状口较深（图 287）。

图 287　区文物工作干部王森在拓片（摄于 2017 年 4 月）

20世纪90年代中期，山东庄轩辕庙建成后，经山东庄与县文物部门协商，将铁钟悬挂在轩辕庙钟楼内。

铁钟铭文录文：

一上	一下
钦差分守墙子路	镇虏关管台烽百□总
副总兵　刘　煦	舍银一钱　顾子敬
守关官　卢　铣	朱□联　金文魁
坐营千总　柳大藩	蒋应魁　舍银五分
一司把总　黄承爵	张忠义　朱子敏
二司把总　韩邦奇	蒋思功　徐　美
守台千总　鲍　贵	蒋思元　陈锦章
守台把总　倪国颛	蒋应科　李仲胜
巡哨官　　吴应选（图288）	蒋明和　李　友
	张可敬

图288　铁钟铭文拓本一上

二上

施银一两楼仲达　许氏

施银一两三钱 刘大良 陈氏

施银五钱薛　才

施银三钱

杨天禄

楼思荣

薛　栋

郭思中

张应魁

李朝羊

二下

施银五分

刘仲臣　谈　成

刘思白　贺仲才

吴自安　范仲亮

吴自分　木　楫

沈　禄　梁　□

马应魁　张□中

贾□秀　□忠□

梁朝思　刘加会

梁朝□　李□合

张　月　张应庆

沈大银　金大□

三上

施银一钱五分

秦天爵　杨金福

秦天益　胡　如

施银一钱　王仲学

秦自来　李　学

宁　才　胡廷甫

薛大贤　韩大用

毛仲金　毛仲银

薛大良　赵文登

赵邦彦　羊　青

薛　桐　王大贤（图289）

三下

猪圈头庄

尹大用　尹大臣

马　学　彭　胡

薛　禄　尹登科

骆登□　□仲美

□山庄　王士龙

杨□业　刘应春

杨天禄　李文芝

李仲付　李守用

王守□　汪世龙

李守信　于　禄（图290）

图289 铁钟铭文拓本三上

图290 铁钟铭文拓本三下

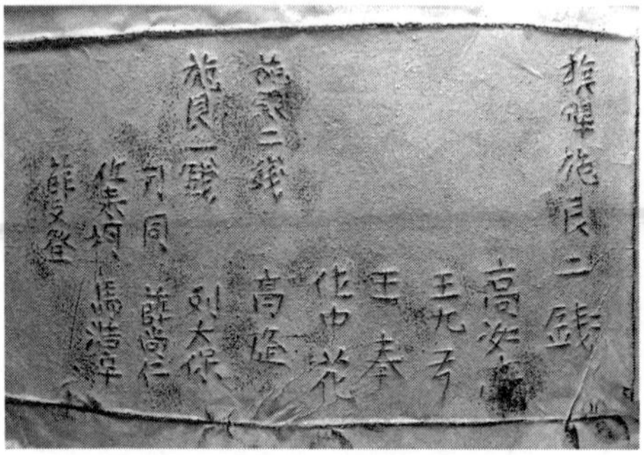

图291 铁钟铭文拓本四上

图292 铁钟铭文拓本四下

四上

旗□施银二钱

　　　高泇亳

　　　王九叔

　　　王　奉

　　　□中花

施银二钱　高　隆

施银一钱　刘大保

刘　同　薛尚仁

□来均　马浩□

薛文登（图291）

四下

镇房营舍财　　　蔡应魁

　赵　禄 李文登 肖　□

　陈文通 王世禄 胡进中

　李万良 马小田 张廷兴

　会首高世相等二十一

　人舍铁二百斤

上阵庄　彭　全 周　虎

刘宗仁 刘宗益 孙　五

墙子路　张　普 贺学士

张　蒲（图292）

五上

镇虏营旧关

真武庙　住持镇　明

会首　薛　才

刘大银

刘大宝

万历三十七年五月吉日

金火匠　许仲金

五下

信女舍五分　毛门孙氏

张门张氏　王门杨氏

高门刘氏　邓　　氏

卢门　李氏□

薛氏兰

□

拾一钱　薛门刘氏

韩门梁氏

铭文中，如"一下""舍银一钱"、"四上""施银一钱"等之"银"字，均写作"艮"字，而此处之意当为"银"无疑。铭文人名中，亦有如"二下""沈大银"、"三上""毛仲银"、"五上""刘大银"等处的"银"字，均写作了"艮"字，尤其"毛仲银"，上面是"毛仲金"，或是哥儿俩，哥称"金"，弟自是"银"了。故此，或是当初为制作钟模方便而有意简写，或"艮"字古时即为"银"字的异体字，作为人名的本字应该是"银"字，就像"舍银""施银"的"银"字写作"艮"字一样。另外，铭文中，有"刘""宝"等字，与今天所写一样，或许民间书写早在那时就已经简化了。

此钟高大，铭文翔实，对研究明代蓟镇墙子路长城守备以及当地村落、姓氏等具有重要价值。

清光绪三十三年马清出退地地契

东洼村史馆，展示着一张清光绪三十三年（1907年）马清卖地的地契，一张民国二年（1913年）马财家分家单，一张民国二十五年（1936

281

图293　正在家中刨笤帚的东洼72岁村民马宝龙（摄于2023年10月）

年）婚帖，都是由72岁村民马宝龙（图293）收藏且捐献。这3份民俗文物，具有重要的历史价值、经济价值、民俗价值及文物价值。

立退契文约人马清，因乏手无措，烦中说合，情愿将旗小园一块，坐落本庄小庙东。东至路姓，南至道，西北俱至马姓，四至开明，砖瓦石块土木相连。今立契出退与族弟马顺名下，永远承佃。言明退价东钱五十吊整，其钱笔下交完不欠。自退之际，任凭置主交租自便，不与去主相干。如有舛错，尽在中人一面承管。此系三面言明，二家情愿，各不返悔。恐后无凭，立退契存照。

随带租钱一百文。

　　　　　　　　　　　　　　　　　　说合人　贾体清

光绪三十三年十一月初十日　　　　　立契人　马　清

　　　　　　　　　　　　　　　　　　代字人　张洪周　敬办

　　　　　永远承佃

光绪三十三年，为1907年。根据地契（图294）所写，马清因为手头紧张，将自家的一块地出退给家族弟弟马顺。地契有"置主交租自便"语，"出退"或是马清将这土地转租给马顺了。

马宝龙老人记得，父亲叫马继祥，亲爷叫马财。爷爷这辈儿哥儿仨，爷爷是老三；大爷叫马顺，就是地契上写的马顺。大爷一辈子没结婚，父亲就过继给了大爷；父亲这辈儿也哥儿仨，父亲是老大，老二叫马继贤，过继给了二爷马有；老三叫马继胜。

出退的这块地在村小庙东，关于"小庙"，作者2007年5月来村访谈调查寺庙情况，76岁老村书记李金说，东洼村过去村中间就有一座小五道庙，坐北朝南，为东西两间，中间

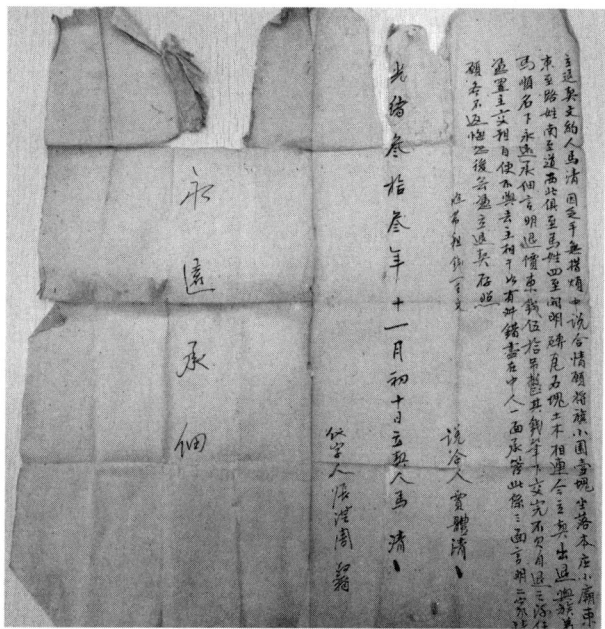

图294　东洼村史馆展出的马清出退地地契（摄于2023年10月）

南北向有隔断墙，开两门。东间是五道庙，村里人死了，家人来送纸报庙。西间为村里人打更的用房。村里没有别的庙宇，地契所写的"小庙"应该就是这座五道庙。2023年10月就地契再次来村访谈，72岁马宝龙说，东洼就是一座小五道庙，现在是在村东南角，大概过去是在村东头。

这里写有"旗小园一块"，或许就是下面分家单所写的"旗地"了。

据有关资料，为维护满洲贵族特权，定鼎北京的清朝统治者，从顺治元年（1644年）十二月起，3次下令圈（quān）地，先后在京畿一带圈占了16.3万多顷良田。当时，清廷旗官旗兵骑在马上，扯起户部发放的绳索，把所到之处的良田沃土强行圈占，俗称"跑马占圈"。被圈占的土地，田主被立即驱离，致使京畿农民流离失所。这种被圈占了的大量民有土地，统称为"旗地"。这些"旗地"分配给皇室、王公、八旗官员和兵丁，他们在"旗地"上建立庄田，役使大批奴仆从事生产，或仍由

当地农民租种，向领主交租。后来，由于领主不断发生变化，有的因年代久远归属不清，"旗地"改由政府征租；有的农民也可以自由买卖或转租。1911年辛亥革命后，"旗地"的使用权和所有权实际上应该分别归农民所有。但当权的北洋军阀政府并未顺应民意，而是继续留置"旗地"名分，把"旗租"改为官租。到1926年奉系军阀掌控北京政府大权后，为支付其连年混战的军费，将"旗地"视为政府土地，又强令农民以高价购买"旗地"所有权，美其名曰改"旗地"为"民有地"，即"旗地变民"，激起了京东农民反"旗地变民"的运动。

由于这是旗地，所以地契中才有"承佃""置主交租""随带租钱一百文"的语句。马宝龙老人记得，东洼过去有人在旗，如路家，据说是一个路在旗，一个路在民。所以，东洼有旗地实属正常。

民国二年马家分家单（图295）

立分关字据人马顺，因二弟马有、三弟马财俱已成人，郁郁久居，恐生嫌隙，所以邀请亲戚、族长，情愿将家业一一按三股均分。至于老母在□生前三股公馔，身后三股公葬，养老地四亩亦三股公种。每年一起交钱十吊、棉花一斤，不许短少。自分之后，捻阄为定，兄不可以强而压弟，弟不可以弱而欺兄。各守各业，永

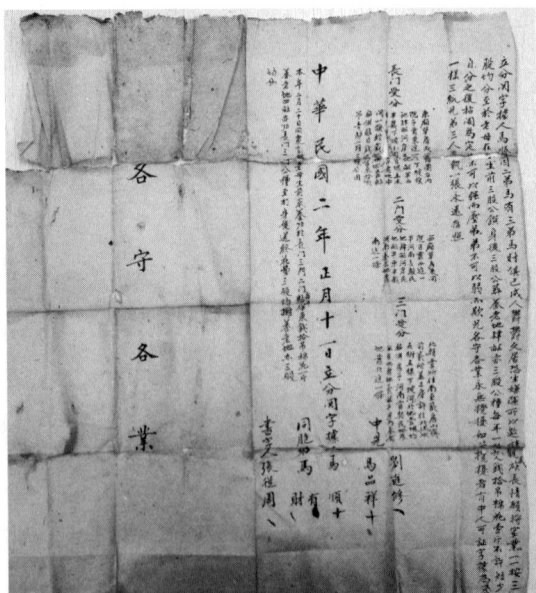

图295　东洼村史馆展出的马家分家单（摄于2023年10月）

无搅扰。如若搅扰者，有中人可证，字据为凭。一样三纸，兄弟三人各执一张，永远存照。

长门受分

东厢草房二间，猪圈在内，院子靠东边一□，下坡旗地四亩，河岸民地亩半西半截，下坡小园壹块，土木□□□□□□，养老地中间一条蛇截，旗地壹亩，贴併账目钱二百三十二吊，青驴一头，二股公用。

二门受分

西厢草房三间，院子靠西边一半，河南长教民地四亩，河岸民地亩半东半截，河南养老地靠南边一条。

三门受分

北头一所往南至二房山齐，前二所盖正房许往北流水，大树五棵，下坡河北地一块，均贴併房子，河南当契三亩，□地旗地二亩半，河南养老地靠北边一条。

中见人　刘进修

马品祥

中华民国二年正月十一日　　　　　　　　　立分关字据人　马　　顺

同胞弟　马　　有

马　　财

书字人　张从周

本年二月二十日，同众言明，老母生前奉养归于长门、二门、三门，每年贴併东钱十吊、棉花一斤，养老地四亩亦归长门、三门公种。至于身后养老送终花费，三股均摊，养老地亦三股。

各　守　各　业

这里出现了"河岸""河北""河南"等字眼，这"河"应该是今天的鱼子山石河。鱼子山石河从北边流过来，流过东洼村东，经村南往西，再西南汇入沟河。马宝龙老人说，这条河小时候也没啥名，到雨季北边山里发水流下来，平常河里水不多。从分家单所写"邀请亲戚、族长"来看，这"中见人""马品祥"当是马家族长，"刘进修"则是马家亲戚了，只是不知道是什么亲戚。"书字人张从周"，是否为马家亲戚不得而知，但一定是村里有文化且字写得好的人。

民国二十五年马家婚帖

婚帖，马宝龙老人说，这是民国二十五年（1936年），父亲与母亲结婚前，由母亲那边送来的婚帖。地契常见，旧时婚帖在区内村史馆及区博物馆尚未见到。

婚帖是一张老红纸，宽40厘米，高22厘米。横着等分四折，每折宽10厘米，形成四面，以娟秀的楷体字书写。

婚帖第一面——封面（图296）：

婚帖

婚帖第二面——定亲之事、女子年岁、生辰及婚帖书写人（图297）：

谨遵于月老之言于姓长女定马姓长子为婿

此书

　计开

坤命现年十七岁八月初三日午时大吉

　　　　眷弟于朝卿鞠躬上具书

婚帖第三面——吉语（图298）：

天作之合

婚帖第四面，封底，婚帖书写时间（图299）：

中华民国二十五年旧历二月初二日立

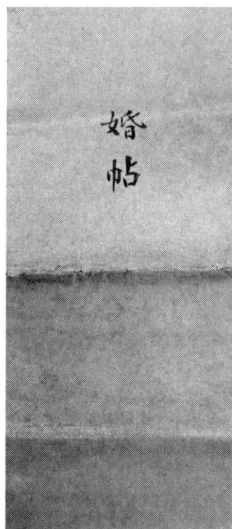

图 296　婚帖第一面——封面（摄于2023年10月）

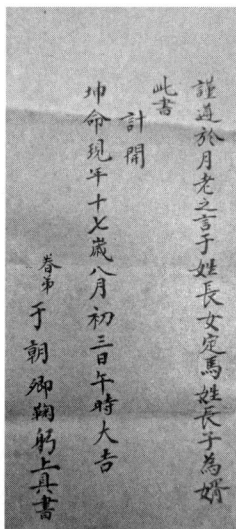

图 297　婚帖第二面——定亲、生辰等正文（摄于2023年10月）

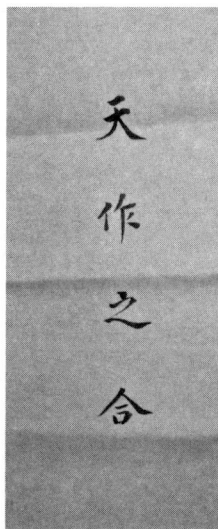

图 298　婚帖第三面——颂词（摄于2023年10月）

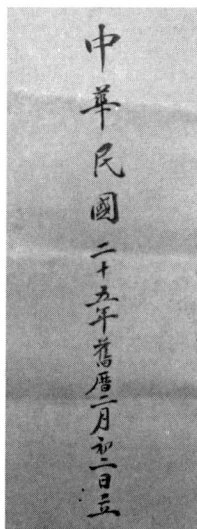

图 299　婚帖第四面，封底——书写时间（摄于2023年10月）

"民国二十五年"，为1936年。"于姓长女"，即指马宝龙母亲于瑞华，是平谷镇西寺渠人。"马姓长子"，即指马宝龙父亲马继祥。"坤命"，即女命。指马宝龙母亲当年17岁。"眷弟"，旧时风俗姻亲对平辈的互称。这里的"眷"字，有姻亲、亲眷之意。初结婚之家，一般尊长对卑幼往往自称"眷生"，而卑幼对尊长往往自称"眷晚生"，平辈则称为"眷弟"。时隔久远，马宝龙老人也说不清于朝卿是母亲的什么人了，只是说母亲的娘家人。这是不差的，且是老人母亲的平辈儿，至于是一奶同胞的兄弟，还是叔伯兄弟，就不得而知了。

新编2001年版《平谷县志》"第十九编·民情·宗教·方言·第二章·风俗·第三节·礼仪习俗"记载："婚嫁，旧时婚嫁礼俗贯穿'父母之命，媒妁之言'和'从一而终'的伦理观念。从定婚到结合，礼仪繁琐。提亲：亦称保媒、保亲，由亲友或媒婆介绍婚姻。男女双方父母同意后，过门户帖。两家各用红纸折子，上书姓名、年龄、籍贯、三代、名号、官职，令媒人互相传递。后由媒人陪同女方父母到男家或约定地点相见，称'相家'或'相姑爷'。换小帖：男女双方各用一红纸帖子，写明生辰八字，请阴阳先生批八字。阴阳先生写出合婚鉴定后，择定迎娶日期、时辰、禁忌，写在红纸折子上，称'龙凤帖'。"

看来这张婚帖当是"换小帖"，"天作之合"4字就是阴阳先生批了生辰八字写出合婚的鉴定了。

战　事

抗日战争时期，山东庄地区是共产党领导的抗日根据地，党政机关干部、八路军及各村民兵，坚持开展抗日活动，尤其是鱼子山及桃棚，成为冀东西部重要的抗日根据地。而日伪军在这里修建炮楼，搞所谓"治安强化"，烧杀抢掠，无恶不作。

在解放战争及抗美援朝中，山东庄地区人民积极支前、参军、赴朝作战，做出了重要贡献。

抗日活动

黄帝子孙自古爱中华

——抗日战争初期在平谷开展统一战线工作忆记

陈　靖

一

1938年夏，正当日本侵略军在我华北大地猖狂得意之时，八路军新编组的第四纵队挺进到八达岭至山海关一线，开展敌后武装斗争。四纵含4个步兵大队（团）和1个骑兵大队。除1个步兵大队（三十六大队）和骑兵大队在潮白河以西处，其余全部东进到五龙山以东，即平谷、蓟

图 300　陈靖将军（左）与平谷县政协文史委主任燕龙生在鱼子山（摄于 1998 年 8 月）

县至昌黎、乐亭以及唐山、丰润地区，在广阔的冀东大地上纵横驰骋，打击日军的后方阵地。这里正处在平古、平津、京山、承平四条铁路线构成的井字形内，战略地位十分重要，斗争也非常艰苦（图 300）。

7 月中旬的一天，酷热难当，在平谷北山峡谷的梨树沟村外，四纵宋时轮司令员把三十四大队的大队长易耀彩、政委王再兴叫去开会，并通知我也参加（当时我是三十四大队政治处教育股长）。这种从红军时代传下来的"例会"习惯，我已习以为常；加上我多在部队从事文艺宣传工作，身处这种场合更觉无拘无束。我们四个人坐在一棵大梨树下，宋司令员先谈起了当前的斗争形势和任务。他说，冀东人民的爱国热忱和革命觉悟很高，党的工作基础也很强。20 万工农抗日大暴动的气势可称全国之冠，以开滦矿为中心的斗争烈火，正向西扩展开来。他将同邓华政委率 2 个大队插到滦河两岸去，三十四大队仍留在这一带作为前后接应，并相机把平谷拿下来，在平东地带闹腾一番，叫北平、天津的敌人不得安宁。说到这里，宋司令员站起身来，意味深长地靠近我说："这次打平谷，你要当先锋啰！"

大约一个月前，四纵二营袭取昌平城时，宋司令员就交给我一个先锋任务，由我带两个宣传员随尖刀队最先突进城去，把一条"坚决打到鸭绿江边去，驱逐日本帝国主义出中国！"的大幅标语悬挂到昌平城中心的鼓楼上。我想，宋司令员这次说的"当先锋"，不外又是相同的任务，便信心十足地回答："不成问题，保证完成任务！"

听了我的回答，宋时轮笑了，王再兴和易耀彩也笑了。他们笑得有些神秘莫测。显然，我的表态有些太性急了。原来，这回的"当先锋"，并不像挂标语那么简单。宋司令员给我们三十四大队明确地交代了3项任务，概括起来就是三句话：争取尉助峰；解决好"伙会"问题；相机拿下平谷城。在这3项任务中，关键是争取尉助峰。因此，他特别强调："打平谷城，要注意发挥党的统一战线这个法宝的威力！"

这争取尉助峰的任务，就交给了我。

二

尉助峰是平谷北山鱼子山村人，开明士绅，在当地颇有影响。我记得他可能是北平朝阳大学法律系毕业，还参加过"五四"运动。但对"一二·九"运动持中立态度。1933年长城抗战中，他曾组织过"前线慰劳团"，表现出一定的爱国热情；伪冀东防共自治政府成立后，他表面上闭门闲住，不问政治，实质是既不想同汉奸政权合流，又对共产党怀有戒心。但他的手中握有一支上万人的"伙会"武装，在平谷北山一带有着举足轻重的地位。"伙会"原是一种地方武装组织，由各村庄按地亩摊派枪支、人丁伙成，用以防范土匪强盗，在冀东燕山一带十分普遍。该组织多由地方官宦、士绅把持，并形成诸村联合的"联庄会"，有着左右一方社会形势的力量。尉助峰就是平谷北山"伙会"的总头目。如前所说，他虽然一不挂"反共"的牌子，二不打抗日的旗子，却对八路军采取戒备态度。前不久，因为拒绝我们的部队进村，还和我们发生了一场小冲突，造成三五人的伤亡。

这次，宋时轮率部来到五龙山南麓开展抗日斗争，决定争取这一带的"伙会"武装，共同抗敌，并亲自做了部署，由我带三五人的宣传小组，进入鱼子山村，运用党的统一战线政策解决问题。

三

鱼子山村位于平谷北山一个南北向的峡谷之中，北通长城，南至平谷县城20里。峡谷之内，崖高石峭，进可攻，退可守，地势十分险要，是我们部队攻打平谷城的要冲之路。我们争取尉助峰，要达到三个目的：一是让我们的部队能通过鱼子山去攻打平谷城；二是要他深明大义，将"伙会"武装拉到我们这边来，共同抗日；三是成立抗日民主政府，施行抗日救国纲领。

我们经过反复交涉和谈判，方才进得村去。但尉助峰并不和我们会面，派他的女婿接待我们，又把我们安置在村西小河对岸的小学校里住下，不准我们和村民接触。尉的女婿姓陈，名字我忘记了，只记得他是一个文质彬彬的青年，在小学校里教书。我们的住处大约是他的书房，墙上挂有字画和箫笛，桌上有书卷和纸笔，在这深山僻壤之处，显得格外雅致和舒适。看来陈先生还是一位爱好音律和诗文的雅士。

一个寂静的夜晚，万籁俱寂。听着窗外山溪的水声，我不由得想起一年前在关中作的一首《同东北军弟兄谈心记》，便取桌上纸笔，将它写了下来：

大家都来想一想，
日本鬼子好疯狂。
侵占东北与热河，
察东绥东夺又抢。
铁蹄伸进了山海关，
华北平原到处摆战场。
中国人都抬起头来睁开眼，
看看这帮食人喝血的野心狼！

大家都来想一想，

兄弟争争吵吵为哪样？

山水草木马牛羊，

自家事何不坐下来商量？

黄帝子孙自古爱中华，

决不让外人闯进充霸王。

停止内斗团结紧，

并肩携手一致打东洋!

　　墨迹淋漓之中，我们几个禁不住操琴弄箫，唱起了《松花江上》和《五月的鲜花》，哀婉悲愤的音调，在黑夜中回荡。忽然，房门被猛地推开了，神情激动的陈先生出现在我们面前。我还没有反应过来，他已大步冲到我的跟前问道："这是什么歌？你们能不能给我写下来……"当他看到桌上的《同东北军弟兄谈心记》时，便双手捧起，一气读完，声泪俱下，当即对我们说："不行，我不能让你们再等下去了!我要说服我的岳父，他必须答应你们的条件!"原来，他是从小河对岸过来，为我们的琴歌所动，已在门外倾心聆听许久了。

　　我们请陈先生坐下，诚挚相谈。从腐败无能的清政府谈到"九一八"事变，从东三省的沦陷谈到卢沟桥的战火，特别向他介绍了红军两万五千里长征的壮举。我对他说："长征开始时，红军有30万之众，但到达陕北只剩不到3万人了。这一切说明，共产党是真心主张抗日的。历朝历代的当权者，贪权弄权，不管人民饥苦死活，把一个博大悠久的中华民族，弄得满目疮痍，一盘散沙，国弱民穷。今天，在中国共产党的倡导下，终于取得了一个民族团结、共御敌寇的局面，这是十分可贵的。为了抗日，红军不惜一切牺牲，宁愿承受委屈，将原来3个方面军缩编为3个师，几乎所有的军官都降了3级。但是，我们有一条是寸步不让的，那就是停止内战，坚决抗日！"

听了我们的一番话，陈先生更是热泪横流，泣不成声。他向我要去了那首《同东北军弟兄谈心记》，立起身来说："我马上去找我的岳父，他老人家如不接受贵军的主张，我也就不再是他的女婿了。假若如此，望贵军能接纳我，我也要当一个抗日军人——像你们这样的军人！"

四

第二天早上，陈先生就陪着他的岳丈大人来到小学校。尉助峰一进门，立刻双手抱拳，表示道歉，对我们连说了3个"对不起"，然后干脆响亮地表示："先打下平谷城再说；为了抗日救国，只要是我尉助峰能办得到的，一切在所不惜！"

7月19日（农历六月二十二），三十四大队经过一夜战斗，解放了平谷县城，并成立了平谷县抗日民主政府；之后的第十一天，三十三大队攻克了蓟县；接着，遵化、迁安以及北宁线也捷报频传。这时，正是冀东抗日形势的黄金时期，20万冀东工农抗日大暴动如火山爆发，气势磅礴。四纵的5个大队驰骋燕山南麓的广阔地带，使敌人的后方变成了"前线的前线"。八路军总部和党中央军委极为关心冀东的斗争，随着形势的发展，不断给予直接指示，明确指出：要以平谷、蓟县、密云、兴隆、遵化为中心，创建冀热边根据地。还特别强调，要开展和坚持党的统一战线工作，树立持久作战的必胜信心。

8月上旬，政委王再兴派我去蓟县和王巍联系。王巍同志是朝鲜人，在北平上大学并加入了中国共产党，是个音乐爱好者，还是个篮球运动员。我们在平西的斋堂相识，一见如故，他将最心爱的"和来"A调口琴送给了我，因此王再兴称我们是"口琴朋友"。我们在蓟县一个名叫车厂的村子里同住了一夜，畅谈了冀东的政治、军事斗争形势，都十分兴奋。当时的冀东，各种名目的抗日武装如雨后春笋，可谓司令赛牛毛，主任遍地跑。三十四大队的军事斗争的胜利，先后成立了密（云）平（谷）蓟（县）联合县、蓟（县）遵（化）兴（隆）联合县、丰（宁）滦（平）兴（隆）联合县。这种形势的形成，同中央的意图是相吻合的。不过这时的冀东党与军队的主要领导，把注意力都放在了滦河两岸和北宁线上。我把蓟县方面的情况向王再兴和易耀彩汇报后，他们都很高兴，并制订了自己的行动计划，其中一项任务，就是组织地方抗日武装，请尉助峰出山，参与其事。经过多次动员，尉终于答应下来，我们拟请他担任平密兴抗日救国会主任。

这回，王再兴亲自出马去做团结尉助峰的工作了。

五

王再兴在陕北时不仅是我们红军里的一名"秀才"，还是一位具有丰富白区斗争经验的老同志。他在冯玉祥军中当过秘书和副官，在平津和张家口一带搞过地下工作，又曾是吉鸿昌身边的亲信人物。一个下午，王再兴和尉助峰在距鱼子山不远的山东庄会面了。平谷县的山东庄闻名遐迩，因为世传这里的渔山上有一座轩辕黄帝陵。

交谈中，王再兴用张学良将军的事迹勉励尉助峰，团结抗日，共赴国难。尉助峰诚恳地说，他读了《同东北军弟兄谈心记》后，几天几夜思绪不得平静。特别是其中的"黄帝子孙自古爱中华"一句，使他感到羞愧。他说他自幼生长在黄帝陵下，而国难当头之时，却忘记了自己是一个黄帝子孙!他特意给王再兴送来一件珍贵的礼物，那是一首唐代诗人陈子昂吟诵平谷渔山黄陵的《轩辕台》诗，我还记得诗的头两句是："北登蓟丘望，求古轩辕台。"新中国成立初期，我同王再兴的一次相聚中，还谈起平谷渔山的黄帝陵和陕西黄陵县的黄帝陵，他的秘书插话说："陕西黄帝陵不过五百年历史，而且是衣冠冢；平谷的黄帝陵应该是五千年了。"王再兴说了这样一句耐人寻味的话："都是中华祖先，何分五千、五百年！"

山东庄的这次交谈后，在尉助峰的协助下，平谷地区的大小"伙会"都举起了抗日的旗帜，听从三十四大队的指挥，初步形成了以平谷、密云、兴隆、蓟县为中心的抗日游击区。当时，蒋介石极力主张所谓"恢复卢沟桥事变前的形势"，而我们八路军四纵的红旗，已飘扬在北至丰宁、承德，南至三河、宝坻，东至蓟县、遵化，西至北平城下的广大地区。一次战斗之余，我和易耀彩、王再兴从曹家路回鱼子山的路上，登上了五龙山的顶峰。眺望四方，只见千山万壑，风烟滚滚，恰似抗日烽火，遍地燃烧。时年22岁的易耀彩豪情满怀，激动不已；我也乘兴写下了至今难忘的《五龙山》诗句：

五龙山峰齐天高，
抗战红旗天上摇。
我军骑在龙背上，
驾驶五龙满天跑。

这时，一份朱德、彭德怀给四纵的电报传达到团一级。电报要求四纵的主力立即以平谷、密云、遵化、兴隆为中心，尽一切努力建立根据地。9月下旬，当三十四大队再回鱼子山村时，邓华政委致电聂荣臻司令员，言冀东形势难以支持，主张四纵全部撤至平西。三十四大队接到命令：掩护整个西撤部队渡过潮白河，然后离开平密地区。

大约是10月上旬，我奉命把留在鱼子山村的5名伤员接出，随队转移，特向尉助峰告别。我把几天前在迁安写的一首小诗留给这位统战朋友共勉，并作为永久纪念。诗的题名是《战斗在敌后的敌后》：

脚踢山海关，

拳握喜峰口。

我们屹立在长城上，

渤海震撼燕山抖。

阔步朝前进，

不停迎战斗。

就是凭这几支老套筒，

永远战斗在敌后的敌后。

注：文中几次谈及的"五龙山"，根据文中所述及实际情况，应是燕山山脉主峰雾灵山。

陈靖　老红军、少将、小说和电影《金沙江畔》作者

选自《平谷文史选辑（六）》

消灭鱼子山伙会

赵立业

鱼子山是盘山的前哨阵地，要开辟盘山，必须首先消灭鱼子山伙会。

刘钧的外甥翟××也是一个头子。他们抢了我三支队的粮食、马匹等，还有土匪也乱抢乱夺，搅得当地百姓无法生存。我三支队攻打鱼子山伙会时，刘钧的外甥带上300余名伙会，配合鱼子山伙会顽抗。

我三支队一、三大队勇猛进攻，终于把他们打垮了，打得他们四分五裂。盘山伙会大部分人向南，顺着鱼子山沟外逃。我一大队乘胜追击，俘虏了盘山伙会头子翟××和20多名伙会。经过教育，我们决定放他们回家。在我党对待俘虏政策的感召下，刘钧的外甥翟××不愿回家，要求

加入八路军，和我们一道去打土匪和伙会。

当时，他还向我们提供了重要情报：苏子峪西边的大、小峪子，打着国民党六路军旗号的姚老五，带着300多名伙会骚扰我三支队和抗联队伍，为我们反击敌人起了一定的作用。这个翟××后来一直表现很好，在消灭伙会和土匪的斗争中，他起了很好的作用。

赵立业，为八路军第三支队政委，晚年撰写《回忆八路军第三支队》的文章，这是其中一部分。

消灭鱼子山伙会这件事，又称鱼子山平叛。1964年北京大学中文系《鱼子山村史》编写小组所编的《红旗漫卷鱼子山》（图301），被收入北京出版社"北京四史丛书"，且为书题。所谓"四史"，当指家史、村史、社史和厂史。书中写道：

图301　1964年8月北京出版社出版的《红旗漫卷鱼子山》

鱼子山的地主叛乱以后，耀武扬威，在东西梁上布满了武装叛匪的岗哨。群众抗日活动不能展开，形势相当严重。遵照上级党的指示，三支队决定平叛。支队政委率领部队，星夜兼程，赶回鱼子山。

队伍顺南水峪上山，翻到离村十多里的井儿台。井儿台海拔六百四十二米，古长城由南而北从东边蜿蜒而过。长城外面的山崖险峻陡峭，长城以内的梁盖是一片缓坡，顺坡而下，往西翻过十来个小山头，就是鱼子山。队伍上山稍事休息，刚要整队下山，突然对面山上噼里啪啦打来几枪。林子里人头晃动，几十个人猫着腰正往上爬。后面还有一个压

阵的，挎着一把盒子枪，骑一头大黑驴，带着四个跟班。原来，三支队刚上井儿台，"伙会"的岗哨就得了消息。信号往村里一发，匪首就带了喽啰爬上了山。叛匪们有个如意算盘，他们妄想从缓坡正面打梁盖，南北两侧一包抄，叫八路军背抵悬崖，企图就地解决（图302）。

枪一响，我三支队政委一声令下，战士们早已卧倒。一个个顶上子弹，瞄准了叛匪。匪徒们爬近了，政委一声喊"打"，一百多支枪一齐开了火。这一阵扫射，吓得王希孟掉头就往回跑。压阵的是大地主王忠寿，八路军

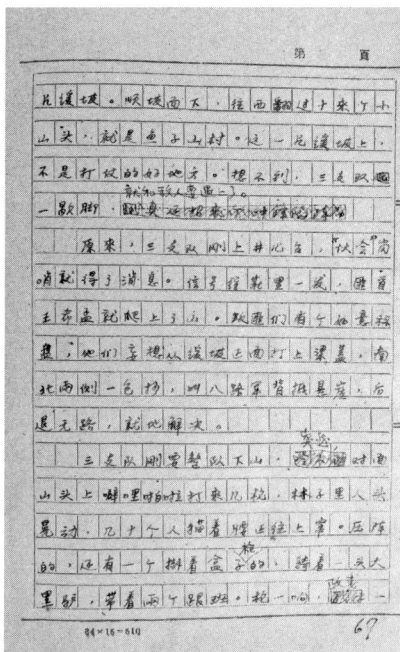

图302　1964年编写的村史《红旗漫卷鱼子山》手稿一页（摄于2013年4月）

战士们一打响，吓得他从驴背上滚下来，不分东西南北就往下跑。三支队的战士们顺手抱起身边长城的坝石就往下砸。紧跟着又是一阵冲锋，乘胜猛追，一直打进村里。他们一到南门楼，就砍了反动叛匪的大旗，绑了匪首之一的国民党党员王世进，夺回了卫生处的骡子、枪械和医药。"伙会"的五十多支长短枪，又回到了人民武装的手里。

平叛的细节更为具体翔实。

鱼子山平叛，是在平谷城失陷后，形势发生逆转的境况下进行的。一度和八路军合作过的地主上层人物，认为八路军大势已去，又投靠了日军。三支队不断争取教育，而对于甘心事敌、与八路军对立的汉奸分子，则坚决打击镇压。

1938年11月，三支队所领导的鱼子山游击队因环境恶劣，化整为零，回村活动。不料，回村第一夜就丢了一支步枪。经追查，是地主王世进派人偷走的。建立鱼子山游击队时原规定对参加游击队的队员家庭，付给一定数量养家的钱粮。由于村政权被反动地主王世进等把持，钱粮都被扣了。队员们满腔怒火，立刻围了王世进的家，要他交出枪来，补发所欠钱粮。可是，王世进的儿子王希孟等带领一群反动民团，硬说游击队员持枪行凶，并假传县政府命令，收缴队员枪支，煽动群众反对八路军。他们造谣惑众，说"八路军不抗日了""变成土匪了"，一时闹得人心惶惶。还公开勾结峨嵋山、山东庄、北土门等村地主武装，搞了个所谓"吃会兴师"的阴谋。在鱼子山南门楼上，竖起一面红边白地儿的旗子，上写"守望相助"四字。还闹个所谓祭旗誓师，宰14口肥猪，大吃大喝一顿，带人上山抓捕两名游击队负责人，用铁丝反绑，送进平谷城领赏。随后，又砸毁设在东长峪的三支队卫生处，抢了3头大骡子和一批枪支、医药等。他们四处串通，扬言要消灭八路军，不让共产党立足。

三支队政委赵立业闻讯，立即率部从雾灵山区赶来，决定对鱼子山地主武装予以打击。三支队冲进鱼子山，打得匪徒落花流水，砍倒旗子，逮捕首恶分子，夺回被抢物资，收缴地主武装的枪支，震慑了这一带地主阶级的反动气焰，打开了平谷北山的抗日局面。

柴福善　整理

子光同志和我的三次谈话（节选）

李光汉

1941年11月，建立了平密兴联合县。我当了县长，李子光同志是县委书记。那时，县政府的领导人就是县长和财粮科长，财粮科长是王慕林同志。当时，我是作为特别党员，只与县委书记李子光同志（图303）发生党的联系，别人还以为我是一个民主人士呢。政府机关的支部书记王慕林同志也不知道。因此，王慕林同志对我不很尊重，一切他说了算。但大敌当前，顾不上闹什么个人意见。只要慕林同志说得对的，我就支持。他说错了、办错了，我就在下边开导他。可是他听不进去，不加理睬。当时我化名若水，他化

图303　李子光

名林风。凡是县政府对区有什么指示、发信，总得用若水、林风两人的名字。只要有可能，凡事我都与王慕林同志商量之后，再做，再发文。可是，反过来就不如此了。久而久之，便有些隔阂。我私下想，既然我不够格，何苦让我当县长呢，进而有引退之意。

子光同志觉察到王慕林有些骄傲，而我有些自馁。两个领导人之间存有芥蒂，这怎么搞好政府工作呢？1941年深冬的一天，子光同志约我在鱼子山的一座小楼上谈了话。鱼子山是冀东西部根据地之一，县委和政府经常在这里活动。因而，遭到敌人多次"扫荡"，房屋多次被烧，只剩下地主家的一座小楼了。

子光同志关心地问："你当了县长以后，觉得怎么样？有啥意见啊，都跟我说说。"

我（图304）说："我认为我能力不够，当不了县长，请组织调

图304　左起李光汉、李越之、刘向道

301

换一下工作，干啥都行，就是不当县长了。"

"为啥？你说明啊！"子光同志追问道，"你认为你当不了家，对吧？你要检查一下自己，为什么当不了家？是组织不信任你吗？"

"不是。"

"那又为什么？"

"人家是党员，认为我不是党员，是有问题的人。"

子光同志听此脸色严肃起来，"那就更错了！人家是党员，你也是党员，不过你党的关系，暂时还没公开罢了。人家认为你有问题，也不过是当过七路军政治部主任，这并不是什么大问题，组织上了解你，不然是不会叫你当县长的。因此，你应该大胆负责，王慕林错了，你照样可以说，可以批评，不要缩手缩脚。"说到这里他停顿了一下，眼睛里闪着光亮，继续说，"另一方面，不能因有老资格、有工作能力而骄傲。你到底还是有那么一个问题呀。骄傲了不能与人合作共事，还要犯错误。即使是没有那么一段历史，骄傲了也是错误的。话不要多，说明白了，就会好的。更应该看清，现在是大敌当前，思想上稍有差池，大祸即至，明白吗？"

子光同志这一席话，沁入心扉，我的思想疙瘩解开了。以后与慕林同志相处，就更好了。当然我也看得出来，子光同志也与慕林谈过话了。

注：文中谈及的"鱼子山的一座小楼"，应是现存的鱼子山寨的南门楼，即崇光门，又称"子光楼"。

李光汉 原平密兴、平三密、平三蓟联合县县长

整理 胡尔森 原平谷县委党史办主任

选自《沟水长流》

冀东西部根据地军需生产

王　静

在腥风血雨、艰苦卓绝的抗日战争时期，冀东根据地西部活跃着一支令敌寇胆寒的特殊部队——冀热辽军区第十四军分区供给处（原十三团供给处）。英雄的军需工人，在处部的直接领导下，一面生产，一面战斗，在豺狼窝里、据点丛中，克服难以想象的困难，修理枪支，制造弹药，缝制军衣，使八路军将士如虎添翼，在无数次以生命为代价的试验中，军需生产由小到大，由弱到强，逐步发展壮大，在抗日战争和解放战争的史册上，写下了光辉的一页（图305）。

一、军需生产发展梗概

（一）兵工厂的初创

抗日战争初期，敌强我弱。冀东抗日根据地初创时，还没有自己的军需生产，没有兵工厂，也没有被服厂。1938年，八路军第四纵队挺进冀东，抗日暴动受挫后西撤。留下陈群的一支队、包森的二支队、单（德贵）赵（立业）的三支队坚持游击战争。包森支队活跃在遵化县一带，单赵支队

图305　县委党史办副主任胡尔森（左一）、党史办干部王静（左二）在鱼子山村祥云寺遗址访谈老村书记马有志（摄于1991年8月）

活跃在平谷北部及密云、兴隆县的山区。

四纵三十四大队驻扎鱼子山时，就曾组织当地妇女为部队缝制军衣，也带来一些修理枪支的设备。1939年，单赵支队在鱼子山建立枪支修械所。包森支队在遵化县和盘山建立修械所，负责人陈玉。两个修械所规模都很小，只有七八个雇农出身的工人，住在群众家里，并利用当地铁匠、木匠修理枪支。

1940年7月底，八路军十三团正式组建，十三团供给处同时建立，仅三四十人。包括财务会计、军需、采购、供给员各3—5人，运输排10余人，分前后方。由于日伪军经常"扫荡清剿"，就分散在鱼子山洞中。处下设修械组、炸弹组、被服组。不久，扩建为修械厂（连）、炸弹厂（连）、被服厂（连），分散在盘山、鱼子山、梨树沟、北寨等山村。各厂有军工四五十人和简单的设备。如被服厂，只有一台缝纫机，军服、鞋袜、绑带全部手工缝制，主要给部队制作夏服，冬服靠群众制作，发给群众剪裁好的布料和棉花。白布（自己染色）和棉花，通过地方政府和伪军关系及爱国商人到日伪占领区采购。修械厂、炸弹厂仅能制造手榴弹和枪支修理。当时形势极为残酷，敌伪对根据地实行"治安强化运动"，频繁"扫荡清剿"，军需生产部队跟作战部队一样，采取游击形式与敌周旋。曾在蓟县下五区、下堂清甸洼一带边战斗边生产，没有固定地点。1942年，形势越发吃紧，炸弹厂、被服厂、修械厂除一小部分留在盘山外，大部分转移到平谷大段洼、梨树沟、鱼子山一带。

（二）兵工厂的发展

自1943年下半年开始，军需生产进入蓬勃发展时期。1945年1月，组建冀热辽军区第十四军分区，下辖十三、十六团。8月，又建五十三、五十四、五十五团。在十三团供给处基础上，扩建升格为分区供给处。此时，全国抗日形势好转，开始局部反攻。气焰嚣张的侵华日军，在抗日军民围困打击下，龟缩在城镇大据点，不敢轻举妄动，为军需生产的发展赢得了良好的发展时机。

军分区供给处不失时机，扩大生产规模，在原有3个厂的基础上，又根据需要，建立了肥皂厂、鞋厂、电池组，供给处所属各厂，分别在盘山以北的南山村、红石坎、黄松峪、峨嵋山、鱼子山、东长峪、北寨、山东庄等地安营扎寨。被服厂驻扎在北寨，炸弹厂和修械厂设在鱼子山。各厂增添了技术人员及新设备。修械厂在1943年以前，仅有一台手摇式机床，修理枪支、制造步枪，只能用锉刀锉、凿子杵，完全是手工操作。1945年，从日本人开办的密云发电厂收缴一批电机，可以烧锅炉发电，还增添机床40台。被服厂在1943年有缝纫机10多台，到1947年增至100多台，型号有"四四""九六""八〇"，均为美国货。各厂的生产能力大大提高。被服厂制作的单棉军衣、绑腿、背包带、腰带、军帽、手枪套，供应了分区各机关、部队及香河、三河、通县、顺义、密云、蓟县、兴隆、平谷等县支队达1万余人。炸弹厂、修械厂生产制造的机枪、步枪、迫击炮弹、手榴弹、地雷、撸子、掷弹筒成批运往前线。

为保守机密，减小目标，处部所属各厂，对外统称为连。1945年以后，军需生产进入大批量生产时期。

（三）供给处组织机构沿革

1940年7月底，建立八路军十三团，同时建立供给处。

十三团供给处领导名录（以任职时间先后为序）：

主　任　王群英

　　　　李振宇

指导员　李凤申

　　　　王志新

副主任　赵建华

　　　　谢文方

1945年1月，正式建立冀热辽军区第十四军分区，原十三团供给处扩建为军分区供给处。

第十四军分区供给处历任领导：

处　长　李振宇

　　　　谢文方

　　　　于桂武

　　　　李志久

政　委　王志新

　　　　刘××

　　　　郭福田

　　　　周东平

副处长　谢文方

　　　　刘念武

供给处机构设施及主要工作任务。

供给处下设三个股：经建股、军实股、会计股。

经建股，负责筹措购买军工生产物资及部队生活物资。1945年后，又增加生产自给任务，如开荒种地、运输、建商号等，所得收入用于补充军用开支。采购组归其管理。股长为刘海山，副股长先后有高子荣、宋德普。

军实股，负责管理军需物资，如武器、弹药、军服鞋袜被褥等。

供给处设炸弹连（厂）、修械连（厂）、被服连（厂）、鞋厂、肥皂厂、电池组等。

炸弹连（厂）下设铸造排、制药排、装造排、木工排。主要产品有

图306　原鱼子山兵工厂厂长于国峰（前排左三）保存，于国峰2016年去世，享年97岁。照片中欢送的王政委，应是王志新（摄于1946年2月）

地雷、手榴弹、平射炮弹、雷管、炸药等。连长先后为陈玉、马兰田、于国峰（图306），指导员朱耀华。

修械连（厂）下设机械排、修理排、制件排，主要负责枪支修理，产品有机枪、撸子、掷弹筒等。连长石户，指导员白万年。

被服连（厂）设裁剪排、后勤排、机工排（两个），生产夏服冬服、军帽、绑腿、背包带。被服组组长王信林、李阴培，连长戴月、王信林，指导员李柏年、屠得方。

鞋厂厂长肖百川。

会计股，负责军分区经费收存支付，如账目、现金、粮票等。股长先后为刘念武、田万成、石珍，副股长魏胜友。

二、攻克重重难关，坚持军需生产

供给处各军工厂迁至鱼子山根据地之日，正是日寇最为猖獗之时，敌人对战略位置十分重要的冀东战场，进行了灭绝人性的"大扫荡"。平密兴联合县作为冀东西部根据地中心，是敌人重点"扫荡"目标之一，连续五次"治强"，接着军政会民齐"会剿"，军事上反复"清剿"，政治上威逼利诱，强迫村干部自守，瓦解刚刚建立的人民政权，经济上严密封锁，割青打果抢粮，对山区根据地实行彻底的"三光"政策，鱼子山一带片瓦不存，寸草不留，从胡庄、南独乐河至山东庄，从将军关到镇罗营，南北两线，大村建据点，炮楼一个接一个，对鱼子山根据地形成夹击之势。鬼子又强迫百姓挖治安壕，宽10米，深7米，妄图切断鱼子山的对外联系，断绝一切生存、生产来源，置兵工厂和根据地人民于死地。

根据地军民面临着严峻的考验，供给处及其各厂，在一无厂房，二无技术、设备，原料奇缺，而且常遭日伪军"扫荡清剿"的环境下，凭惊人的意志力和革命必胜的信心，将严谨的科学态度与大无畏的牺牲精神相结合，艰苦奋斗，群策群力，忍饥挨饿，甚至不惜流血牺牲，研制出大批杀伤力较强的新式武器弹药，创造了前所未有的奇迹。

兵工厂闯过的第一道关是材料关。由于敌人严密封锁，军需生产所用材料极为短缺，根据地军民自力更生，就地取材，土法上马。以炸弹连为例，每天生产5000颗手榴弹，需几千斤铁。在当时环境下，即使能从外地购买，也难以运进，鱼子山一带的群众，收集破铁锅、破犁铧、断锄秃镐、庙里的铁钟。民兵们经常寻机摸到顺义、平谷等地，拆敌人的铁桥、铁门，弄回生铁，补充材料的不足。

化铁需要燃料，起初，兵工厂组织民工从唐山偷运焦炭。后来，鬼子处处设卡，切断了鱼子山对外交通，燃料供应不上。兵工厂所在地鱼子山重峦叠嶂，山上一两搂粗的橡子树（栎树）遮天蔽日。经试验，这种树烧出的炭，色白质硬，能顶焦炭。炸弹连派70多名身强力壮的战士，在有经验的老乡带领下，埋窑烧炭。山上岭下，埋窑无数，军民伐树、劈段、点火，闲人不闲马，昼夜不停，烧出大批白炭，满足了化铁所需燃料。鱼子山满坡橡子树，为中国人民的解放事业立下大功。

材料的另一来源，是到敌占区购买。采买工作是保障军需生产正常运转的要害环节，军需生产所需的材料，布匹、硫酸、雷管、锉刀、锯片，大到机床，小到缝纫机针，自己均无力生产，只能从敌占区购买。处部专门成立了采购组，由军实股直接领导，采购工作独立性强，且活动于敌占区，与日伪打交道，危险性大，在人选上，处部严格把关，采购员都是经过细致考察，政治可靠，精明强干，胆大心细，又有一定关系的战士。处部特别制定了严格的纪律：一不许贪污，二不许发生横向联系，三不许对任何人暴露真实身份。组织上通过各种关系，为他们在敌占区弄到合法身份，作为掩护。耿玉书、高自荣、赵俊、王明山、席利民同志都是很优秀的采购员。

他们活跃在敌伪统治的北平、天津、通县等城市，在敌人眼皮子底下巧妙购买转运军用物资，耿玉书同志曾经在大白天，大摇大摆从国民党被服厂拉出四卡车新军装、混纺毛毯和绑带，运往根据地。有些材料没机会明运，就设法偷运，他们将锉刀、机枪零件塞进枕头，锯片卷成圈放在笼屉里，机枪拆开装在大粪车里，扮成商人、小贩偷运出城。采购员冒着风险，采购转运出手榴弹模子、医药品、汽油、电子管、赤磷等物资，保证军需生产材料供应。

除了专职采购员外，供给处还与地方村政权取得联系，并得到他们的大力支持，很多村的党员、干部，利用各种关系，秘密帮助供给处采购。鱼子山的王启、北寨的刘自修，都是很出色的采购员。他们通过亲戚介绍，结交警备队长、宪兵排长，寻机购买军需品。

日寇对神出鬼没的八路军采购员极为恼火，布置密探、特务盯梢监视，悬赏捉拿。很多采购员，在特殊的岗位上，为军需事业，忍辱负重，不计名利，舍生忘死，直至献出宝贵生命。耿玉书同志因叛徒单德贵出卖，被日本人抓住，在通县北门外被狼狗活活咬死。还有一位采购员同志，在北平被日军抓捕，严刑拷打，最后被烙铁烙、火烤致死，也没有出卖战友，表现出一个真正共产党人的风骨。

第二关是技术关。兵工厂的前身——枪支修械所，仅有十几名工人，都是走街串巷的小炉匠，几乎没什么设备，制造的第一枚手榴弹，用玻璃瓶装碎铁渣铁片和自制的黑药，没有雷管，扔出去后，只炸开三四瓣，引得鬼子狂笑不止。后来，改进为用铁皮卷筒，内装碎铧犁片、黑药，安上木把，摇动时哗啦哗啦响，酷似民间小孩玩物"哗啦儿"。1940年秋末，铸铁弹皮成功，开始小批量生产木把手榴弹，用铸犁铧小炉（二尺多高，直径半尺）化铁水，风箱吹风，三个棒小伙儿轮班作业，一天只能铸几个。炸弹厂和修械厂在鱼子山进入规模生产时，虽然军工队伍壮大，炸弹厂有300多人，修械厂有100多人，但设备仍十分陈旧，军工80%是木匠、铁匠、小炉匠，基本没有文化，造地雷手榴弹用的雷管、炸药、引信这些必需的材料，只能从敌占区购买或拆卸日军飞机投下的哑弹，不仅危险，又供不应求，有两次在拆哑弹时发生爆炸，尹介候等两人牺牲，石户被炸伤致残。攻克技术难关，提高弹药质量，迫在眉睫。

1943年，炸弹连集中全连技术力量，成立化工排，分区司令部从其他部队专门抽调几名专业大学生，地下党组织在北平日军兵工厂，秘密吸收18名志愿参加八路军的技工，悄悄护送到鱼子山，充实炸弹连技术力量。

化工排负责研制雷管，烈性炸药，各种型号、种类的地雷炸弹及新型武器。他们在设备简陋的情况下，积极创造条件，因陋就简，土法上马，终于取得成功。以研制雷管为例。此项工作工艺复杂，设备条件要求很严，稍一疏忽，就有生命危险。军工们置生死于不顾，坚持试验。

他们用土法加工硝酸，用黑豆峪烧锅酿造的高粱酒制成酒精和蒸馏水，再用硝酸和酒精把银圆熔化，提炼出雷银。开始压制雷管时，因不熟悉雷银易爆的性能，发生几起事故，几个工人受伤。后改为单独操作，没条件盖绝尘工作间，就在山谷中用木头支起八仙桌大小的白布棚，棚与棚之间相隔10米左右，工人钻进棚内单独操作，以防万一爆炸造成大伤亡，工人们小心翼翼往纸管里装雷银，然后放在如蜂窝煤状的胶盘里，送到铅制的压力床上，反复装压3次，一个雷管才算完成。

初期制雷管用铜壳，但铜壳造价高，原料不好搞，技工们研究用牛皮纸卷筒代替铜壳。山沟里没电，更没有卷筒机，工人们就在大案子上用手工搓，80多名工人，每天搓5000个牛皮纸筒，从天蒙蒙亮一直干到天黑。

整天与火药雷管打交道，即使再谨慎也难免出事。一位叫张天信的战士，在装成品雷管时，突然发生爆炸，他的一只手被炸掉，血流如注。他攥住伤手，面不改色，说："谁上？"又一个小伙子冲了上去，继续装箱。据当年炸弹连连长于国峰同志回忆，仅制造雷管，就有8个年轻战士受伤。他们用自己的鲜血和生命，蹚出军工生产的成功之路。

由于条件有限，不能制造远程炮弹，化工排战士们就用桐油、松香、酥油按比例熬制黏性极强的胶状液体，涂在2斤重的炸药包四围，用重机枪将其打出，炸药包牢牢粘在所击中的目标上，爆炸力赛过远程炮弹，在攻打炮楼时起很大作用，战士们叫它"黏性炸雷"。在此基础上，又制造出枪榴弹，用步枪发射，射程达200米左右。研制出特短导火索手榴弹，拉弦3秒就炸，不容敌人反弹。还学会制造火药、炮弹、掷弹筒等大批杀伤力较大的武器，特别是花样繁多的地雷：铁雷、石雷、张手雷，硫酸雷尤为厉害，明摆明放，一触即爆，既使敌人测出，也无法取掉，在冀东游击战场上发挥了很大威力。

与此同时，铸造排研制出大容积的化铁炉，用改装后的自行车作为鼓风机动力，代替风箱，由手拉变为脚踏，降低劳动强度，提高工作效率。截至1943年，整个兵工厂，已经形成了生产雷管炸药、铸造手榴弹炮弹、制造枪身、安装手榴弹把、打包装箱的作业流水线，由1942年7人半个月装制3000个手榴弹，发展到每天生产5000个手榴弹，基本满足冀东八路军正规部队和游击队、民兵的武器需要，提高了部队战斗力，在粉碎日寇"扫荡"、巩固发展根据地的斗争中发挥了重大作用。

第三关是生活关。由于敌人严密封锁，根据地生活十分艰苦，军工战士们每天只有2两棒子面，混以野菜、树叶、大萝卜充饥，没盐吃，就喝咸菜汤，常常半饥半饱，冬季化雪水，春季吃坑水，草末子、羊粪蛋、跟头虫，一捞半盆。房屋被鬼子烧毁，军工战士们住窝棚、碴棚。干部战士每人每年两套军装，一身棉一身单，没有换洗衣服，单衣穿得补丁摞补丁，辨不出颜色，棉衣油渍麻花，棉花套滚落，薄一块厚一块，难以御寒。成年洗不上澡，战士们身上虱子成蛋，绑腿上边那节，落一圈虱子，咬得肉皮新痕旧疤，血迹斑斑。换季收上的棉衣，堆在墙角，虱子爬黑一面墙，大如绿豆，全都长了尾巴。谁知道这些吸血虫，吸了战士们多少血？换下的棉衣，里子差不多撕光了，全用来补了袜子。

尽管环境如此艰苦，但军工战士们却一个个乐观向上，对革命充满必胜的信心，尤其那些从城里来的大学生，无一动摇。大家官兵一致，同心协力，积极生产，保证前方武器、服装的供应。

三、人民支援军工生产，群山筑起铜墙铁壁

当年兵工厂的革命前辈，在回忆往事时，无不感慨地说："中国的天下，是靠老百姓打出来的，如果没有群众的支援，就没有今天的胜利。"这是颠扑不破的真理。十四军分区军需生产的发展壮大，说明了"人民，只有人民，才是创造历史的真正动力"。当年，供给处机关干部和军工战

士700多人，驻扎在鱼子山、刘家河、北寨一带，根据地群众和党组织自觉担负起保卫、运输的任务，军民如鱼水，筑起血肉相连的铜墙铁壁。

群众把支援兵工厂看成自己的神圣职责，毅然担负起往前线运输武器、转运物资的任务。1943—1945年，敌人村村安据点，道道设关卡，将鱼子山一带封锁得如铁桶一般，要将采购的物资运进山，十分困难。但是，敌人白天封锁，老乡夜间行动，黑天或雨雪天，趁敌人不注意，老乡们将物资用驴驮、人扛运进山。过治安壕时，把东西拆散，先派人过壕沟观察情况，然后用暗号和对面沟上人联系，把东西一点点倒上去，成卡车的白布，上万斤的粮食，大机床小锉刀，都是经过血肉之躯组成的运输线源源运进山的。鱼子山村十几岁的孩子至六七十岁的老人，都自愿帮兵工厂干活，这里是武器生产重地，把守严密，生人不让入内，运来的物资放在山口，由本村老乡肩扛驴驮，送到各排。装造排在北山半腰圣水朝阳洞，铸造排在山寨西南侧大庙洞，排与排之间，相隔几里、十几里，驴上不去，人背，每个民工扛百多斤的东西每天上下跑十几趟，劳动强度很大。

年轻力壮的组成民兵队，往前线运子弹、手榴弹，白天鬼子巡查严，晚上他们缩在炮楼，民工运输队在民兵掩护下，跋山涉水，风里雨里，在崎岖的山道上洒下汗水，把炮弹连着胜利的希望运上前线。鱼子山是日军重点"扫荡"目标，从1941年下半年到1942年，日伪军烧庄10余次，有2000多间房屋被烧毁。群众把仅剩下的3间房，让给炸弹连做连部，这个村有180人被敌人残害，10户被杀绝，却没有一人泄露兵工厂的秘密。

被服连生产任务重，人员少，除单衣外，缝棉衣、锁扣眼、钉扣子等手工活，全部经过各村党支部交给群众完成。平谷往东的南山村、黑豆峪、北寨等村，差不多家家给部队缝过棉衣，做过军鞋，很多乡亲宁可自己挨冻，把家里的棉花絮在军服里，絮进了对子弟兵的深情。缝纫班分散在老乡家生产，门口大场上，随时有备好鞍子的驴，执勤民工发现有敌情，驮上机子就转移，从没有发生过意外。

战争年代里，供给处没有专门仓库，八路军的武器弹药、军需物资，全部分散各村在群众家保管，由村长或党支部书记负责。群众视军用物资为生命，他们说："人不死，东西在；人死，东西不丢。"很多人为保护军用物资受尽折磨，直至献出生命。鱼子山村曾从十五军分区转运大批军粮，200多群众运了两天，刚集中到鸭门关东砬棚下，还没藏好，鬼子突然把村子围住，抓住王德林等人，逼问八路军的东西在哪儿，王德林咬紧牙关，誓死不讲。敌人用扁担打他，扁担打裂了，胯骨脱节了，依旧不说。敌人把他吊在树上用火烧，头发烧着了，仍一字不吭。当敌人搜到东砬棚时，什么也没搜到，只得灰溜溜地走了。原来民兵们趁敌人拷打王德林时，把军粮全部转移了。

为保存军用物资，群众想出许多巧妙的办法对付敌人。他们把坝墙挖成洞，装进东西，砌好洞口，然后照旧种庄稼，外人根本无法发觉。有的埋在鸡窝下或藏在悬崖上的山洞里，周围埋上地雷，即使敌人发现也毫无办法。鱼子山、北寨、黑豆峪等村的大小山洞，都掩藏过军用物资，根据地每一户人家，都是八路军的可靠仓库。

根据地群众不仅转运保护军用物资，还配合八路军站岗放哨，保卫供给处机关和兵工厂安全。凡是有兵工厂活动的村庄，都有民兵担任工厂的保卫工作，负责传送情报，站岗放哨，掩护转移。鱼子山、峨嵋山和小北关民兵，发明了"活电话"，2里远站一个人，延伸到平谷城门楼下，听见城门嘎吱响，马上一个个向下传，敌人刚出城，被服厂的军工早转移了，弄得敌人回回扑空。鱼子山是兵工厂大本营，民兵责任格外重大，村四周山头设瞭望哨，无论春夏秋冬，刮风下雪，岗哨不撤，发现情况，马上放倒消息树。有的民兵为保卫兵工厂，英勇献身。鱼子山有个叫王橘子的民兵，在北岭放哨，监视北土门据点。因树高林密，敌人到跟前才发觉，他不顾个人安危，高喊"鬼子来了！"一报警，被敌人打死在松林，鲜血染红了鱼子山石。在掩埋了他的遗体后，烈士的母亲毅然把自己最后一个儿子，送到连部参加了八路军。

在对敌斗争中，民兵们积累了丰富经验，创造了许多对付敌人的巧妙战术，地雷战就是其中一例，他们配合炸弹连，在鱼子山口、河滩上布雷，长达10多里，地雷阵千变万化，神鬼莫测。进山的路口，明摆着4个半人高的大石雷，遍地插着"小心地雷"的木牌，有的牌上系着雷弦，一拔就炸。地雷阵呈四角状，枪一响，往哪边卧倒都有地雷等着，一旦踩响，甭想收尸。叛徒单德贵带着鬼子到东长峪，搜查军用物资和兵工厂，照样被炸得人仰马翻。鱼子山威名大振，敌人明知八路军供给处和兵工厂设在这里，却不敢进山半步，只能望"山"兴叹。

靠艰苦奋斗创业，靠人民群众发展壮大，靠信念智慧打败敌人，这就是战时的军工生产的胜利之路。

王静 平谷县委党史办干部

选自《沟水长流》（第二集）

保卫抗日根据地

于怀谦

于怀谦，桃棚村人，1927年3月9日出生，1946年4月入党。

父兄的足迹

我祖籍平谷镇东鹿角村，由于家境贫穷，爷爷清朝末年来到桃棚，买块山地开荒耕种。1938年6月，八路军四纵三十四大队来到鱼子山，宣传抗日，发动群众，组织抗日武装。当时桃棚、片石还都是隶属鱼子山的自然村，拥护抗日的青壮年都积极投入抗日队伍中。

1940年，随着蓟平密联合县西北办事处委员会成立，地方建党工作随即展开。同年9月，鱼子山党支部在桃棚一个小山洞里秘密成立，5名党员参加，其中就有于锡元。党支部成立后，按照上级指示，利用党员个人关系，在本村和平原村发展党员。于锡元利用老家人熟的条件，首先在东鹿角秘密发展党员，建立党支部，并担任东鹿角第一任支部书记。之后又到杜辛庄、上纸寨通过亲戚关系发展党员。后因汉奸出卖，被日伪抓走秘密杀害，连尸首都没找到，时年不到40岁。

大哥于怀清，1939年起当八路军的粮秣，为抗日筹粮筹款尽心竭力。一次去县城办事，半路遇上鬼子，钻进庄稼地又翻山越岭，一口气跑十几里赶回家，检查军粮隐蔽情况，跑炸了肺，喝凉水又得了疟疾，不治而亡。

站岗送信

日本鬼子为消灭根据地，不让八路军在鱼子山立足，连续制造几起惨案。形势紧张，村里安排站岗。桃棚离鱼子山较远，单独确定岗位。三天一班，一班两人，每班一天一宿。

我除了按时站岗，还经常送信。一次上级转来一封信，要求送到十三团在鱼子山的供给处。那天清早大雾弥漫，我揣好信，一出家门就见西山顶上有人影晃动，随口一声哪部分的，对方答道，自己人。时间不长，房前屋后都是人，近前一看，是鬼子的讨伐队，有40多人。领头的队长说是从平谷来的，要到镇罗营据点去，因雾气太大迷了路，要我带路。我想，自己身上有八路军的信，再说鱼子山在南边，镇罗营在北边，一旦到镇罗营他们把信翻去，自己死了事小，给八路军造成损失事大。于是便编瞎话，借口有病去不了。讨伐队队长拔出战刀架在我脖子上，没办法硬着头皮上了路。

我时刻想摆脱敌人，提出走沟里，讨伐队队长说不行，就走山脊。我拿定主意，把敌人引远一点再想办法，如自己马上脱身，敌人在附近瞎撞，万一撞到鱼子山去，根据地的损失可就大了。于是把敌人带到上白羊山高坡之处，趁敌人不注意，假装失足滚下山坡，敌人以为我真的失足，没有立马开枪，我借助一个碴坎儿，爬起来朝相反方向跑了，等敌人明白过来，我早消失在雾气笼罩的大山里，并把信件安全送达了。

编外勤务员

片石自然村，在桃棚西山神仙洞下，我家和8户乡亲的家就散落在一面斜坡之上。抗日联合县政府及公安科、十四地委等机关驻扎在这里，每家都住着干部和工作人员。我只要不站岗不值班，没有送信任务，就帮助机关做些力所能及的事儿。

住户附近没有水源，要到2里地以外的大水泉去挑，且都是六七十度的陡坡，走起来稍不留神，就会滚下去。坡陡毛驴走不了，只能靠人去挑。我每天天亮要做的第一件事就是挑水，此外还帮助炊事员弄柴火、烧水、做饭，什么活都干，从不讲任何条件。

参战支前

我所在的桃棚民兵小队，抗战后期发展到29人，每人配发1杆大枪、20发子弹、5个手榴弹。上级经常调来大批粮食和其他物资，这些东西运到鱼子山山口后，全靠民兵转运、隐藏，有的再转运出去。兵工厂生产的武器弹药送到各地，也要靠民兵送出去。我赶着家里仅有的一头小毛驴，转运枪支弹药和其他物资到过北寨、黑豆峪、罗家沟，还去过盘山。

1944年8月，根据上级命令，桃棚民兵和鱼子山、北寨民兵联合围困峨嵋山鬼子据点，我参加了断掉据点里水源的围困战。鬼子被围20多天水尽粮绝，只好在平谷县城敌人的接应下撤到县城。1944年9月4日八路军十三团第二次攻打平谷县城，我和其他民兵扛着大梯子参战，在部队攻城时，负责城外掩护，在壕沟里监视外来敌情。

口述　于怀谦

整理　王宝成　退休干部

选自《老党员见证》，有删节

把鬼子打出平谷

石有玉

石有玉，1925年4月出生于山东庄镇，1944年10月入党。1942年参加革命工作，曾任平三蓟县委组织部长鲁夫警卫员（图307）。

处死特务

1943年，山东庄是当时敌我双方斗争的重点区域，也是进入抗日根据地山区的必经之路。日伪军在村西北角的轩辕庙山上修了据点，有伪军100多人，在村内建伪警察派出所，并实行保甲制。但村内抗日村政府、农会、妇会、儿童团等仍常进行秘密活动。据点内的日伪军对村里情况心知肚明，却摸不着一点实情。为此，他们派了一批特务到各村搜集情报。

这些特务是鬼子的走狗，给无辜的人扣上各种帽子，很多群众被

图307　石有玉和鲁夫照片的合影（摄于2013年5月）

抓走，财产被抢光，房子被烧毁。群众都管这些日伪爪牙叫二鬼子，对他们恨之入骨。

一天，几个街的群众都报告：村里来了一个生人，姓郭，是一只眼，外号郭瞎子，他白天在村里乱窜，哪儿人多就混过去，偷听人们谈话。村干部立即派人监视他，发现他晚上钻进日伪据点住。

白天村里是日伪军的天下，伪军和警察满街乱窜，不能公开抓他，晚上他钻进日伪军据点更是没法抓。怎么办？我们只能等待机会。

终于，机会来了。一天夜里，他没钻进据点住，而是住在村内伪派出所户籍警察刘祖哲的办公室里。刘祖哲是我们村人，我俩是表兄弟，村里干部有意将我安排在他办公室住宿，以便掌握日伪军动态。刘祖哲曾帮助过抗日，他知道我是做抗日工作的，为了自身安全也与我保持关系。我将情况告诉了村干部，半夜，抗日区政府的武装人员将郭瞎子抓走了，他供认是日伪军派他专驻山东庄，搜集附近几个村情报。

不久，被关押在北寨的郭瞎子跑了。抗日区政府下发通知：一旦发现，就地处死。郭瞎子逃跑后的第二天上午，我正在村民兵队部值班，前街的民兵报告：日伪军刘启汉家来了一个生人。我立即和民兵排长王悦、中队长王瑞武到刘启汉家，发现郭瞎子正在炕上睡大觉，当即将他捆起来，押到北山沟处死了。

严惩敌人

1944年6月，二区民兵集中40多人，在大队长王廷佐带领下，围困平谷县城东门和北门，西门和南门由一区民兵负责。一天中午，我们分成5个战斗组分头去吃饭，我们这组8人，到距离城东1里多路的下纸寨村吃饭。正吃饭时民兵报告：30多个敌人从城东门向下纸寨方向来了。估计敌人可能在城墙上看到我们只有8人，想出来捡便宜围攻我们。在各村吃饭的4个战斗组听到枪声后，立即集中到了上纸寨。那时，敌人已追到上纸寨，看我们没有发现，就到各家抢东西，有的拉驴、牛、羊、猪，有的抢粮食和衣物，闹得鸡飞狗跳，小孩儿哭大人叫。

在王廷左的指挥下，我们5个组又分成了8个战斗小组，从不同方向冲进村，敌人看形势不妙，将抢到的牛、羊、猪、粮食、衣物丢得满街都是，夹着尾巴逃回县城了。

7月中旬的一天，我们战斗小组埋伏在平谷县城北门外的玉米地里。10点多钟，看到从北门出来一个农民打扮的男子，边走边东张西望，鬼鬼祟祟。农民哪有10点多下地干活的呢？我们几个就在玉米地的掩护下分头将他包围，等他到了附近，大喊："举起手来！"他乖乖束手就擒。经审讯，该人姓谢，是日本人派来搜集情报的。经请示，区里指示：就地处决。

当晚，我们将这个特务拉到平谷北门外的大庙外处死，并在尸体上放上一封信，警告敌伪：不要再做坏事，否则就是死路一条。

示威还尸

1944年12月24日，驻平谷县城内的日伪军100多人，给城东20多里外的胡庄据点送给养，沿途还抢掠群众财物。

八路军十三团当时正驻在山东庄，听到日伪军去胡庄据点，估计他们下午必然回平谷县城。就在东沥津村埋伏两个连，李辛庄埋伏一个侦察连。计划由两个连伏击敌人，侦察连堵截被打散的敌人。

可是狡猾的敌人没走大路，他们从胡庄回来走到张辛庄，向西北小路到了李辛庄。埋伏在李辛庄的侦察连痛击日伪军。可侦察连都是短武器，火力不强，等主力部队增援后才将敌人压在一个大土坎和几个坟地里。从下午4点多打到天黑，共打死24个日伪军，俘虏40多个日伪军，20多个日伪军逃回平谷县城。

当时我村民兵也参加了围歼敌人战斗，我和几个民兵在公爷坟西南土岗上监视距我们300米的一个坟地里的日伪军，直到天黑撤出战斗。

回村后，我们接到命令，将战场上的日伪军尸体送到县城去。我们选派40多名青壮年，到李辛庄田野和坟地里将24个日伪军尸体集中在一起，没有衣服的，还给穿上衣服。

我借着月光突然发现一个熟悉的尸体，是我村木匠刘启尊二儿子，他是一个苦孩子，被日伪军抓去当兵。为了人道，也出于和老邻居的关系，我派人将他父兄找来，领走了他的尸体。

其他23个日伪军尸体，已冻成冰棍，直挺挺的，正好两人抬一个。一头绳子套在脖子上、一头绳子套在大腿上，两人一条扁担抬起来就走。

到平谷城北门的庙院外，将尸体垛在一起，把一封信扦在尸体上。我们40多人一起喊："小日本、日本走狗，你们听着，警告你们，再做坏事，这些尸体就是你们的下场！"城内的敌人连屁都不敢放。

行动完成后，我们立即回村，受到十三团领导的表扬。

地道脱险

1945年3月初，我在平三蓟县委组织部给部长鲁夫同志（图308）当警卫员。为了研究和部署上半年抗日工作，准备在大兴庄村召开常委会议。

会议召开前两天，县委机关工作人员住进了大兴庄。开会当天早晨4点多钟，天还没亮，社会部长刘向道同志的警卫员小刘起床小便，走到院内用高粱秆做的哨门前时，发现门外有鬼子兵，他赶紧退回屋内，把同志们都叫起来，又立即分头去通知县委机关全体人员。

图308　鲁夫

之后，组织决定从地道转移。进入地道最重要的是照明，除了两个马灯，我们还找来几个碗，在里面装些棉花籽油，放上棉条点着，用手端着进入地道。地道内又窄又低，只能弯腰前进，特别在通过地道的

"卡口"（为防敌人放水放毒设的"翻口"）时，都要爬上翻下。地道里人多、通风口少，闷得人呼吸都很困难。

在地道里前进20多分钟，估计离大兴庄3里多时，突然发现前方有亮光，大家顿时紧张起来。

我和县委书记尚痴同志的警卫员耿大华负责侦察。耿大华手持二十响快慢机，我手持二号驳壳枪。为了减少响声，我俩匍匐前进。接近洞口时，没听到任何动静。为慎重起见，向洞外丢了两块土块，也没反应，我俩就大胆钻出来四下观察，洞外空荡荡的，随即跳出洞口，占领左右有利地形警戒，证明确实没危险后，通知同志们迅速出地道。

原来，这个洞口是挖地道时的出土口，因土质松软倒塌了，真是一场虚惊！

随即，机关人员立即向白各庄转移。到白各庄才知道，当时抗日政府第一区的机关全体人员被敌人包围在鲁各庄。鬼子向地道里放毒气，幸亏一区同志们在钻地道时带了一些大蒜和湿毛巾，所以没受大的伤害。假如我们不是半路因洞口倒塌出地道，仍前进到鲁各庄，又没有做好防毒准备，后果就可想而知了。

攻克马坊

1945年8月15日，我保卫着县委书记兼义勇军大队政委鲁夫同志，到县南部灵山、双塔村一带工作。走到双塔村附近时，听到村里锣鼓喧天。进村后才知道日寇宣布无条件投降，村里正在召开庆祝抗日战争胜利大会。那是1945年8月15日上午10点左右。

我们当即参加了庆祝大会。大会还没有结束，义勇军大队通讯员给鲁夫同志送来一封信，信中报告，日本无条件投降，现在义勇军大队正在攻打马坊日伪军据点，请政委到马坊指挥战斗。我们立即赶往马坊，下午4点多到达指挥部。

日伪军驻马坊有一小队日军12人，一中队伪警备队100多人。据点建在原地主大院内的高坡上，院内西面和北面的平房是敌军营房，东北角修了一个3层楼高的炮楼，底层是1米多高的大理石墙，上边是砖。炮楼门修在二楼，出入楼门用梯子，梯子一撤，就别想再进去了。炮楼没有窗户，周围的射击孔就是通风孔。

开战不久，伪警备队100多人都集中到了炮楼里，打了两天，他们撑不住了，因为吃的、喝的、睡觉、大小便都成了问题。第三天，鬼子把伪警备队赶了出来。起初，鬼子不准下炮楼的伪军带武器，我们命令他们要投降必须交出武器，否则下来一个打死一个。鬼子只得乖乖先把武器丢出炮楼，伪警备队才一个个举着双手出来投降。伪警备队投降后，炮楼里只剩12名鬼子做垂死挣扎。

这样坚固的炮楼，没有重武器，也没有黄色炸药，很难攻破。用重机枪，可一层是大理石，砖墙也很厚，我们重机枪子弹少，打了一阵作用不大。拆炮楼墙，将西面和北面伪军营房的内墙挖通接近炮楼，用锹镐拆墙，可敌人从里向外打枪，两名战士负伤了。炸毁呢？没有炸药，只能用筐子装上40个大地雷，靠在已拆的炮楼壁上，拉火后地雷不能同时爆炸，威力不大。

正在大家苦恼时，警卫部队报告，炮楼北面裂开一个大缝。没过一会儿，就听一声巨响，整个炮楼向西北倒塌了。原来，炮楼西北角已挖空，这几天雨又下得特别大，墙支撑不住了。

这时，从三河来了日伪军增援部队，一边走一边打炮。我们部队趁着天黑和下雨，很快转移了。日伪军增援部队到了马坊，只看到倒塌的炮楼，垂头丧气地又逃回三河去了。

口述　石有玉

整理　李　囡　《平谷报》记者

选自《老党员见证》

利用两面政权　巧妙对敌斗争（节选）

路骁龙

　　我的家乡东沥津村（现名东洼）在县城东北4公里处，属我方的游击区。村北有一条公路，是敌人由平谷城向东北方向运动的必经之路。沿公路架有敌人的电话线，直通胡庄据点。我村地处平原，又是平谷南北山之间的交通枢纽，北可达山东庄、鱼子山，南可抵夏各庄、南山村。因此，敌人十分看重这里。他们在村里设了"保公所"，建立了"剿共自卫团"，成立了"谍报组"，强迫村民为他们护路、护线、挖"治安沟"、修炮楼、送情报……控制十分严密。但是，自从成立两面政权之后，敌人的这一套不仅全都失灵了，而且还为我所用。村里虽然有"保公所"，但"伪保长"路得珠只是应付敌人而已。虽然有"剿共自卫团"，但"团长"却是我方的村治安员路明振，村民兵中队长路胜也是"剿共自卫团"负责人之一。虽然有"谍报组"，但"组长"又是我村的党支部书记张财（化名孟永兴）。我方的办事员张为，明里是到县城向敌人"自首"登记，暗中仍干抗日工作。我那时14岁左右，既参加了村里的儿童团，又是一个小民兵。当年与敌人巧妙斗争的故事，至今记忆犹新（图309）。

图309　路骁龙（摄于2012年6月）

"破交"

"破交"就是破坏敌人的交通线,这是我村对敌斗争的主要任务之一。

我们村北的公路有一段在约1公里长的道沟中,两边是3丈高的土坎。八路军多次在这里伏击敌人,所以敌人每经过这里,总是提心吊胆,如果再把公路破坏掉,就叫他寸步难行了。"破交"任务由区里统一下达,一般是在春秋季的夜间。记得我第一次参加"破交"是一个黑夜,没有月亮。晚上10点多钟,甲长通知各户带上镐和锨到北大道去"破交"。村里很快就集合了几十口青壮年来到公路上。我当时的心情既紧张又兴奋。"破交"的办法是在公路上每隔一段挖上一条深两米、宽四五米的横沟,并要把挖出的土运到离公路较远的地方。"破交"时,有的管分段,有的管挖,还有民兵负责警戒。大家喊里咔嚓地猛干了两个小时,然后迅速撤离。第二天早上一看,那几里长的公路被挖得面目全非,不用说汽车、马车,就是骆驼也别想过得去!上午,保长就去平谷城里向敌人"报告",说是夜里来了好多好多的八路军,把公路全给破坏了,村里想赶快报告皇军,可又出不来人……鬼子闻讯,只好派伪军下午到村里来督促老百姓再把路修上。修路时,村里一般都是派一些老弱劳力去"磨洋工"。就这样挖了修,修了挖,我们村北的公路在1944年前后破坏有几十次之多,敌人的交通线从来就没有顺当过。

"护线"

"护线",就是敌人强迫村里的老百姓给他们守护电话线路。可是他们没想到,"护线"的人就是破坏电话线路的人。

敌人为保证电话线路畅通,强令"剿共自卫团"必须派人在每一根电线杆下日夜看守,风雨无阻。如有八路军破坏,要立即报告。电线杆沿公路南侧,每隔50米一根。看守电线杆是苦差事,冬天会把人冻坏,夏天又酷热难忍，遇到刮风下雨天，就更受罪。因此，"护线"的人都憋了一肚子火。只要区里一布置破坏电话线的任务，我们就大干一场，或把电线杆齐腰锯断，或爬上电线杆把电线剪下来，电线都被送到我山区根据地。破坏完成之后，照例还要去向敌人"报告"。

破坏电话线时，村里的民兵负责警戒。有一天夜里，我也参加了执行警戒的任务。我和十几个民兵运动到下纸寨村西的土坎子上，向西监视平谷城里的敌人。夜色中，隐约可以看见城墙上的灯光和敌人站岗的哨兵。我们拿起土喇叭筒，朝着敌人喊道："小鬼子快投降吧，你们就要完蛋啦！"然后"砰砰砰"地打一阵枪。城墙上的敌人听到后，也朝我们这边放一阵枪，可不敢出来，他们还以为城外来了多少八路军呢。

放哨

那时，主要的村外街口都有栅栏门，并搭有哨棚。敌人要求"剿共自卫团"派人昼夜放哨，每岗两人，以"监视八路"。我们村里从没有断过岗，但我们站岗明里是"监视八路"，实为监视日伪汉奸的活动。我那时经常站岗，冬天手脚冻得生疼也乐意干。遇到我们的同志来了，就领到村干部那里，给他们派饭号房。发现敌情，就赶快报告村里，叫乡亲们转移隐蔽，叫保长去应付敌人。

送"情报"

敌人要求村里的"谍报组"每天传送"情报"，这"情报"是写在一个叫"搜索联络簿"的本子上。为敷衍敌人，各村大都写"平安无事"，然后盖上保公所的印章，沿村传送到敌据点。我们就利用送"搜索联络簿"的机会为八路军办事，或给我们的同志带路，或传送我方的情报。

一次夜里9点多钟，地里一片漆黑，我和村里的张世忠利用送"搜索联络簿"的机会掩护从北辛庄来的八路军侦查员老王到南山去。我摸黑走在前边，他们跟在后面有四五十米远。刚进王都庄东头，只听一声喊："干什么的？"有人一把把我提了过去，还不停地骂骂咧咧。我知道是撞上了伪军，忙说是送"搜索联络簿"的。可那伪军还不放过我。这时，张世忠过来了。侦察员老王发现有敌情，机敏地钻了青纱帐。伪军发现有人跑了，便开了枪。趁这当儿，我和张世忠赶紧往庄里的大庙跑，一进庙门，正碰上那村的村干部王臣。我俩刚跟他说明了情况，两个伪军就追了进来，问看见两个送"搜索联络簿"的小孩没有？由于天黑，他们没认出我俩，我们便说没看见。伪军走后，我和张世忠从庙后跳墙跑回村里。侦察员老王和村干部们正为我们着急呢，见我们安全脱险回来，才松了一口气。侦察员老王又由别的人连夜经张辛庄、太务村送到南山去了。为防万一，村干部叫我和张世忠到亲戚家去暂避一时。第二天，敌人果然又来要送"搜索联络簿"的两个小孩，保长送礼花钱，就把事情了结了。

几天后，我俩又回到村里参加了对敌斗争。

路骁龙　原平谷县副县长

选自《平谷文史选辑（五）》

儿童团长的抗日

尉友贤

尉友贤，李辛庄村人，1929年5月出生，1945年6月入党。13岁担任村儿童团团长，16岁加入中国共产党，1948年成为小学教师，后转入分区工作，1989年从城关镇退休（图310）。

13岁的儿童团团长

8岁那年，我刚上小学，村里的孩子要到邻村北寺去念书。一天中午吃完饭，我们几个小伙伴准备去上学，正在路上走着，抬头看见天上有几个"小燕"似的飞机飞过来了。于是，我们几个马上趴到地上，抬头瞅着飞机飞走了。

那是我第一次见到飞机，也是我第一次觉得日本鬼子离我那么近。

13岁那年，我第一次接触到八路军。那时，我大哥是村里的干部，八路军一来，就领着他们到家里吃饭、休息。

图310　尉友贤（摄于2016年4月）

八路军在老乡家里吃饭，从不白吃白喝，他们按吃的多少给粮票，老乡可以拿着粮票到村公所去换粮食。而村里的老百姓也都欢迎八路军来家里住，有厢房的人家会把正房腾出来给八路军住，没有厢房的也会把正房好一点的屋子腾出来。我听八路军说的第一句话，就是他们操着外地口音问村里的大人："老乡，当兵不当？"

后来，在我大哥的影响下，我加入了儿童团，并成了团长，带领全村20多个孩子协助抗日工作。

小腿小脚送信儿忙

儿童团没有枪，没有弹，平时主要负责为八路军送信和带路。赶上夜里送信，就是一个小孩和一个大人去送，白天就是两个小孩一起去送。

我记得有一回，一队县城的日本鬼子往下面的据点送供给，从我们村里大街过。我们的村公所离鬼子走的东大街的小路很近，不超过30米，离大街不超过15米。我那天晚上正在村公所住，鬼子来了都不知道。等到半夜起来要去送信的时候，一出门发现大街上有人影，仔细一看是鬼子，吓坏了。我和一个中队长就慢慢往外探着走，看到几个鬼子过去了，我们就赶紧往大街上跑，可刚到大街上就看到两个驮夫赶着两头驴，驮着两麻袋东西。于是，中队长顺势将两个驮夫和驴押到了河套边上。到那儿一看，才知道麻袋里装的都是毛衣。

第二天一大早，我们就报告了村公所，上报了组织。

那次，其实很危险，我俩都没有枪，我还是个孩子，前边的鬼子刚走，后边的鬼子还没跟上来，这得亏是那个中队长勇敢。

还有一次，北上营村那儿正打仗，让我和另一个孩子去送信。我记得特别清楚，那天是烧鬼袄的日子，我俩都不认识路，就朝着有火光的地方走，见沟就迈，见坎就爬。好不容易到那儿了，传完口信，又赶忙往回赶。

那时候，我们小孩子啥都不懂，让我们送什么就送什么。

等我到县城上学时，还经常为鬼子送假信，告诉鬼子"平安无事"，不让他们知道八路军在哪儿。

鬼子圈（quān）庄害死乡亲

14岁那年，我刚上初中没几天，日本鬼子把村给围了，不再让我们去县城。一个以前教过我、当时在桥头营府君庙教书的老师跟我说："你上这儿来吧，鬼子来了就说咱这儿是学校，他也不能怎么的，你还能帮我教教课。"我打那以后就经常去府君庙。后来，鬼子频繁圈庄，老师找到我们几个大孩子说："你们跟我在这睡吧，这儿离村子远，相对安全，咱们把桌子一拼就能当床用。你们要是愿意呢，就回家拿个被子来。"我们一听特别高兴，都回家取被子。

回到家，我跟家里人一说，我爸妈一听也挺乐意。我是家里的老儿子，平时我爸一直看着我，别人半夜都去地里或者河套里睡，我爸就跟我睡在家里，我要是搬到学校里了，他们也能躲到外面去。李辛庄离府君庙2里多地，我背着被子摸黑走到了府君庙。我爸妈在我走后也出去住了。

府君庙地势比较高，第二天一大早，我朝着李辛庄方向看，发现满地都是鬼子，直到中午12点多才走。后来听说，那次鬼子弄死了好几个人。其中一个老光棍没有出去住，鬼子来的时候跳进了一个很深的白薯井，被发现了，结果鬼子往井里填了很多柴火，放了一把火。等鬼子走后，村里人想把他从井里弄出来，最后只用粪箕子弄上来一小堆灰。从那以后，村里人更不敢在家睡了。

初次为八路军带路

1944年冬，平谷境内的日本鬼子已经没了士气，县城的鬼子去下面的据点时，都不敢走大路，经常从庄稼地走。

一天中午，县城的鬼子和伪军到胡庄去，回来时从峰台村直奔李辛庄来了。八路军十三团舒团长找到村公所说，要在村子附近打埋伏，需要找个人带路。当时，村公所里就我一个人，我就自告奋勇。团长摸了摸我的头说，你这个小鬼，行吗？我拍了拍胸脯说，没问题。

从鱼子山村下来有个大河套，在我们村的东边，河套边上都是1米多高的大坎子，坎子和坎子之间是大洼地。从村北到村南一共有4道坎子，分别叫"大妈坎""二妈坎""三妈坎""四妈坎"。八路军的队伍还没离开村子，鬼子就从"三妈坎"上来了，还有200多米就到村里了。八路军一开枪，鬼子就向"二妈坎"转移，躲到了"二妈坎"和"三妈坎"之间的大洼地里。他们在低处，咱们在高处，一直打到天擦黑。团长让我先回去，我一想，村里人都跑反去了，我回去干啥。于是，就一直跟着队伍，直到天完全黑了，带着八路军来到"四妈坎"，才一个人回村。后来，八路军由"四妈坎"摸了上去，到了"三妈坎"附近的大洼地，和敌人展开激烈战斗。战斗结束后，仅剩的一小队鬼子从村北的小道逃跑了。

第二天，我和村里人一块儿到打仗的地方瞧去，大洼地里都是鬼子和伪军的尸体。老百姓恨他们，把他们的衣服扒光。村里一个老头儿，还用搂粪的小耙子把鬼子嘴里的一颗金牙搂了下来。

中午，八路军地方工作队来村里开会，说要给尸体穿上衣服运到县城去。一听这个，村干部和老百姓不干啊，这么可恶的敌人，喂狗喂狼都应该，干啥还要送回去，还要穿上衣服？八路军的同志跟我们讲，咱们打鬼子不是为了打日本人，是为了消灭鬼子的士气。经过动员，各家各户都拿出一件半件破衣裳把那些尸体裹上了。

那些尸体都被运到了县城北门外，一具一具垛起来，尸体上还插了一封八路军的信。

父亲惨死鬼子枪下

那时候，日子都苦，老百姓跑反的时候，只拉驴，别的啥都不带。怕驴叫唤，就用绳子把驴的嘴给捆上。鬼子抢粮食、抢衣服就抢吧，反正家里都没啥。有的家粮食稍微多点的，就到地里挖个坑，把粮食放在缸里埋上；有的藏在棒子秸垛里。

我家是个中农，有点粮食，我父亲把粮食藏到坟地里，底下垫上几领席，上面找东西一盖。白天他在坟地里看着，晚上我和他在坟地里睡。

一天中午，我父亲正在坟地里睡觉，鬼子从庄稼地走时，朝我爸的小肚子开了一枪。一个老太太正在地里掐白薯叶，看到后跑回家告诉了村里人。当时，我拉着驴，我妈坐在驴上正从小北关村跑反回来，走到半道上，一个人对我说："你赶紧走吧，你爸爸有事。"那时候，一说有事，就是死了。我妈一听这个，跳下驴迈开三寸小脚就往村里跑。等我到家时，我父亲已经被人从坟地里抬了回来。据说，我父亲死的那个地方周围的高粱茬子都被拽出来了，哪儿哪儿都是血，肯定是疼得受不了了。

后来，我妈托人从峰台买了一口棺材，找个马车拉回来，第二天把我父亲给埋了。那年，我快16岁了。

再后来，日本投降了。

口述　尉友贤　退休干部

整理　李　囡　《平谷报》记者

选自《老党员见证》

大水瓢

陈有才　陈有顺

在桃棚村冀东抗日根据地旧址，红谷主题教育馆里陈列着一个水瓢（图311），个头很大，是百姓家里常用的盛水用具。这个看似寻常的物件，却记录着抗日干部与百姓鱼水情深的感人故事。

1942年，县委书记李子光为了更好地组织发动群众，壮大党组织，秘密在桃棚村扎根串联。当时日寇多次到桃棚"扫荡"，百姓流离失所，难以生存。其中村民陈玉家的房屋被烧毁，无奈之下他便带着

图311　桃棚红谷主题教育馆里陈列的水瓢

家人寻了一处隐蔽的砬棚，搭了简单的土炕，支起石头灶就住下了。那时生活条件艰苦，生活用水全靠大水瓢取砬棚附近石潭里积存的雨水。据在砬棚出生的村民陈有顺（陈玉之子）回忆，当时砬棚有里外两间，里间由李子光与陈有顺的两个哥哥住，外间由他们一家祖孙三代同住。当时李子光就在这儿生活，和百姓共用这个水瓢。每当敌人前来"扫荡"，他们就会躲进砬棚附近一块天然的巨石下面，那儿有个低矮的空间，是天然的藏身洞。

李子光，原名贾一中，天津蓟县人。1926年加入中国共产党，历任

联合县委书记、冀东西部地分委书记、第十四地委书记，长期从事党的地下工作，是冀东西部地区党组织及抗日根据地的创建者之一。

直到新中国成立，日子逐渐好起来，陈玉一家也从砬棚搬回了原来的住所，但一直珍藏着这个大水瓢。2011年红谷主题教育基地始建，陈玉儿子陈有才主动把大水瓢捐献出来，那段鲜为人知的故事从此被广为传颂。

陈有才　陈有顺　桃棚村民

营救美国飞行员

柴福善　整理

《平谷革命史》"大事年表"记载：1945年2月1日，一架美国第十四航空队B-29大型轰炸机，在完成轰炸日本在鞍山的昭和制钢所任务返回途中，在平谷上空失事，11名飞行员在刘家河至东长峪一带跳伞降落，被我军民救护送至延安。

《平谷革命史》书中亦写道："在平三蓟联合县内，曾发生过一件抗日军民救护美国11名飞行员的动人事迹。"

1945年2月1日，美国第十四航空队的一架B-29大型轰炸机，从成都起飞去东北轰炸鞍山昭和制钢所。返航时，因机件出了故障，过山海关上空后，航向转向西北。飞机失去控制，朝着平三蓟联合县方向俯冲下来，机上11名人员全部跳伞。飞机最后在东长峪坠落爆炸。这时，根据地的军民总动员，展开救护工作。同时，平谷城、胡庄据点的敌人也立即出动，企图捕捉美国飞行员。机长欧维等人降落在平谷北山上，山区抗日军民把他们从悬崖上、大树上救下来，转送军分区司令部（当时驻刘家河村）。然后继续寻找副机长。黄昏时分，其他飞行员也陆续被护送到刘家河，11名飞行员安然脱险。美国朋友得救后，由衷喜悦，感动得热泪盈眶，向军分区司令员一再敬礼致谢，全体飞行员向为救护他们而牺牲的八路军战士默哀。根据地的军民杀鸡宰羊，热情款待。尖兵剧社演出精彩节目，向美国朋友表示慰问。并采用多种巧妙办法，保护他们躲过敌人的"围剿"。然后，派一个主力连专程护送到晋察冀后方，最后安全转送到延安。

对于营救美国飞行员这件事，不仅是平谷，也是冀东抗战史上的一件大事。经过查阅相关资料，并到北寨、刘家河、东长峪等实地踏察了解，结合刘大为1986年发表在《文艺战士话当年》的《美国飞行员在尖兵剧社做客》的追忆文章，经研究整理，大致情况如下：

1945年2月1日，农历腊月十九，正是年关将近之时。那时平谷，属于冀东西部平三蓟联合县，隶属于冀热辽区第十四地委、专署。我八路军冀东第十四军分区司令部就设在平谷县城东北约10公里处的刘家河村。上午9点多，观察哨报告，一架飞机从山海关方向飞来。随后，天空传来轰鸣声。接着，出现一架大飞机，侧棱着翅膀，在刘家河、峨嵋山、东长峪一带上空盘旋。

图312　刘大为（右）与管桦（左）重回冀东老区（选自《刘大为文集（1）》）

当时刘大为就在尖兵剧社，剧社奉命从冀热辽军区东部丰、滦、迁、遵一带，来到第十四军分区平谷鱼子山前。剧社驻在刘家河南边紧靠盘山北麓的一个村子里，准备为部队演出。从刘大为所写位置看，这个村子应该是南山村，也是著名的抗日堡垒村。早晨排练节目解散后，刘大为和管桦（图312）

到食堂去打饭，走在街上，就看见这架飞机在天上盘旋，斜棱着翅膀摇摇晃晃。这个管桦，就是后来创作出中篇小说《小英雄雨来》的著名作家。

我军民迅速做好防空准备，但飞机没有投弹。军分区首长判断，应该不是日军飞机，而是美国盟军飞机。上级早就要求根据地军民注意及时救护美国盟军飞行员。这时，就见飞机用力向上空钻了一下，随即努力摆平机身。飞机已然飞得不是很高，机身和翅膀地上的人都能看清楚。眼见飞机上的人开始跳伞，一个个缓缓下落。飞机也冒着黑烟，不是好响地向东长峪方向飞去，随即传来巨大的坠毁声。

刘大为当时眼见蓝天上出现了一些小白点，慢慢降落，扩大，像茉莉花骨朵在天上绽开飘落，1个，2个，3个……一共7个！

军分区首长立即组织部队、民兵进山展开搜救。十三团团长陈云中是参加了指挥搜救的。20世纪80年代末90年代初来平谷时，专程来刘家河一带，并回忆营救的一些情况。

最先跳伞的3名飞行员分别降落在刘家河村北老和尚洞的石砬上、村东北的山腰和黑枣沟内。落在山腰和黑枣沟的飞行员被民兵顺利救护下来。

有一名飞行员落在北寨西面四五公里处的井儿台山东面（图313）陡砬沿（yàn）儿上，北寨的李成秀与大哥李成任就在石砬下面，割可当明子点的狗奶子秧，眼瞅着大飞机打东南方向飞过来，飞行员从北寨的转山子上空跳伞，随着飞机飞行的方向一直向井儿台山这边落下来，从北寨上来了张凤革、张凤林、崔文义等六七个民兵。这名飞行员个子很高大，而张凤革约有1.9米的大个子，就在前面背着飞行员。李成秀与李成任也赶紧过来，与其他民兵一起在后面轮流抬着两腿，好半天才救下山来。民兵找一头小毛驴，可飞行员腿太长，骑上去两脚竟拖拉在地

图313　井儿台山东面，一个美国飞行员落在高铁架右侧下面的石砬沿儿上挂住了
(摄于2012年5月)

上。就这样，把他送到军分区所在地刘家河村。作者编写《独乐河史话》
时，就此事到北寨、刘家河、峨嵋山等村几次访谈踏察，像这里说的，
就是80多岁李成秀亲口讲的。

　　还有一名飞行员落在北寨村南的东道沟，降落伞挂在一棵大柿子树
上，使他上不着天，下不着地，但没有受伤。峨嵋山村的部队赶过去，
很快将他解救下来。

　　鱼子山村也营救了3名飞行员。当时1名落在大水峪，1名落在垴
沟，1名落在井儿台山西梁，村里人先后把他们救下来。如在垴沟救下
来的飞行员，村里人先抬到南门口村寨里边，帮着擦洗整理，再用骡子
驮到一家房后大果园略作休息。那个飞行员微笑着给周围的每个人行个
军礼，看得出来，虽然语言不通，但心里是感激和友好的。鱼子山人一
直将3名飞行员护送到刘家河军分区。退休干部、鱼子山人王宝成，编
写了《鱼子山上红旗飘》，并就营救美国飞行员的事访谈了村里老人。

2月2日，农历腊月二十，一架美国飞机拖着浓烟、发着轰鸣巨响顺着鱼子山沟域东坡自南向北冲去，有人以为又来敌情了，习惯地跑到山上躲藏起来。

最早发现美国飞机出事的是尉禄祥和尉庆祥，当时俩人是值班民兵，在松树岭站岗。松树岭位于鱼子山南山口西侧山梁上，站那儿韩庄、南山村、平谷县城、山东庄都能瞅见。抗战期间，这儿长期有民兵昼夜值守。

尉禄祥回忆："那天天气挺好，腊月天，树叶都落光了，能看老远。我哥儿俩接班时间不长，听见东边隆隆的声音越来越近，顺着声音看见从峨嵋山水峪寺东沟那边飞过来一架飞机，飞得很低，机身和翅膀都看得挺清楚，一边向西飞还一边有人跳伞。当飞到峨嵋山庄西黑枣沟时，眼见一人刚跳伞，飞机折（zhē）了一个跟头，向下一扎立马又拉起来拐了一个死弯，这时开始冒黑烟，转向北冲着鱼子山东坡，从我们眼前飞了过去。知道是出大事了，越是这样我们越不敢离岗，必须坚守，防止日本鬼子进山。时间不长，就见黑枣沟那个跳伞的被救走了。"

鱼子山村老书记马有志（图314）回忆："我那年14岁，记得出事飞机从南往北飞，惊天动地的，把全村人都惊动了，男男女女都跑出家门，仨一群俩一伙儿地议论飞机的事。我家住大果园东边，紧靠大道边，门口聚了10多个人。半个多小时，有七八十名八路军战士从

图314　鱼子山村老村干部马有志（摄于2013年4月）

南向北跑去，带队的连长叫崔仲祥，靠山集茅山人，是我姐夫的亲弟，我叫他表兄，他只向我挥了挥帽子就跑过去了。下午3点多钟，队伍从北边回来了。我才知道，原来飞机一过峨嵋山，当时住刘家河的冀东军区十四军分区领导就派部队沿着飞机坠落的地带展开搜救，他们是到东长峪坠毁现场开展警戒搜寻的，确认跳伞人员都救走、失事现场得到保护处理后才撤回。

"飞机出事后，村公所按照上级指示立马组织民兵救援。我所知道的是落在大水峪1个、垴沟1个、井儿台山西梁1个，村民救人都用骡子，因为骡子体形大，腿长，驮东西力气大。记得有骡子的小麻子峪尉俊元、尉文元哥儿俩、巨志谦、巨志功哥儿俩、王希忠都拉着骡子参加营救，在垴沟救下来的那个，民兵先抬到南门口村寨里边，村民帮着擦洗整理后，用骡子驮到我家房后大果园，休息一会儿，接着向南走，一直护送到刘家河冀东十四军分区。

"飞机没撞山前，在井儿台山后沟，也就是今天京东大峡谷五潭的南坡2人跳伞，最后2人是在东碾子峪沟跳下来的，很快被民兵救走了。"

王福忠回忆："那天，抗日民主政府在峰台村发放补助军烈属小米，我堂兄王福廷在八路军十三团，我大妈是军属，我替大妈去领小米，下了前寺坡到大果园平道上，正赶上从南门口驮下来美国人在那儿歇着，有二十几个人围着，那个大个子高鼻梁的美国人看着周围的人，微笑着给我们每人行了一个军礼，看得出来，虽语言不通，但心里是感激和友好的。有意思的是，他行礼把右手拐到左边脑门，和我们不一样。旁边站着一头黄毛骡子。一会儿，拉骡子的那个人扶着美国人骑上骡子上路。送他的有两个人，一个前边拉骡子，一个后边背着降落伞。降落伞是叠好的，鲜亮鲜亮的。我好奇，上前摸摸觉着挺光溜，随口问一句是啥做的，旁边一位岁数大的说是蚕丝做的。同我一块儿去峰台领小米的还有十几个人，就跟着往南走，像是一个护送队伍。大个子美国人腿长，要说骡子个头也不小，可骑上去两只脚还是蹭地。他挺有礼貌，路上不时碰见对面过路的，不分男女老少都带着微笑敬个军礼，印象最深的是尉兴元母亲从峨嵋山回村，在山口东二十八亩地那儿和我们相遇，给她敬礼的场面至今还记得很清楚。一路走出6里多地，出山口不远，该分道了，我们去峰台一直向南，送美国人去刘家河拐弯向东了。"

机长最后一个跳伞，落在东长峪龙潭东沟附近，被十三团供给处的同志和民兵救护。

就在机长跳出的一刹那，飞机失去控制，斜刺里坠毁在东长峪北山半山腰。飞机触山后，随即顺山势向下跌落，正砸着山脚的一处房子，把房子烧着了（图315）。作者先后访谈不止一位东长峪老人，并不止一次到东长峪实地踏察，包括机长跳伞降落的位置、飞机坠毁的位置等。

图315　美国飞机在东长峪北山半山坠毁及烧着的山脚民房遗址（摄于2012年5月）

图316　熊儿寨乡东长峪村87岁老村书记赵林（摄于2012年6月）

2012年6月，作者得知东长峪村老书记87岁的赵林（图316）住在县城孩子家，便前去访谈。赵林当年是民兵，亲眼见到飞机坠毁在北山的半山坡上。老人清楚记得，山下面的郭凤庭家因飞机爆炸烧着了房子。媳妇、两个闺女及一个儿子共4口连砸带烧死了，并说儿子是死在了另一家。

傍晚，其他2名飞行员也被转送到军分区所在地，11名飞行员安然脱险。这些飞行员是反法西斯战争中的美国盟友，他们出示了随身携带的证件，漂白布上边交叉青天白日满地红的国民党旗，蓝色的汉字印着"来华参战美军××第××号"，下款"总司令蒋中正"，后边为中华民国年月日。

在紧张营救的同时，军分区首长料定平谷县城及胡庄据点日伪军一定会来，便命令军分区警卫连的两个排埋伏在山东庄方向，以堵击平谷县城可能出动之敌。驻峨嵋山村的十三团一个连也派出一个班向胡庄据点游动警戒。果然，胡庄据点日伪军率先出动，与我警戒部队打响了。在我警戒部队打击下，很快龟缩了回去。随后，平谷县城日伪军也出动了，刚过西沥津不远，就被我埋伏部队阻击。

刘大为写道：

平谷县城的日军发现美国飞行员跳伞之后，立即集合部队出发，想来抢劫捕获这些飞行员。日军大部队行至城东北公路上，遇到我军事先布置好的部队的阻击，双方展开火力攻击。忽然有一个降落伞落到公路上。为抢救这个飞行员，敌我双方都端着刺刀冲上公路，白刃格斗拼起刺刀来。战士们用鲜血把这位副机长抢救回来，使他没有落入日寇的魔掌。

两位民兵扶着这位美国飞行员走来，他激动地向我军指挥员立正敬礼，然后和其他在场的飞行员一一拥抱，含着热泪向美国飞行员诉说八路军为抢救他，有两位战士献出了宝贵的生命。美军机长听罢，命令所有的美国飞行员摘下飞行帽，低头默哀。

安东、南萍编写的《驰骋神州的勇将——忆曾雍雅将军》一书亦有记：

这架大家伙失事坠毁了，大家搞不清楚是怎么一回事。于是，曾雍雅立即派十三团副团长王振东带领部队前去调查，结果从飞机残骸的附近找到了11名机上人员，他们全部活着，是跳伞下来的。有的挂在树上，有的摔在山沟里。在这关键时刻，十四分区司令部动员当地军民全力救护飞行员，保护他们的人身安全。在这同时，平谷县城、胡庄据点的敌人也纷纷出动，企图捕捉美国飞行员，展开了一场激烈的争夺战，有的八路军战士在争夺中光荣牺牲，有的负了重伤。经过搜索抢救，发现机长欧维等人降落在平谷北山上，十四分区指战员和当地抗日群众把他们救护出来，转送到驻扎在刘家河的十四分区司令部。至此，机上10人得到救护。但是，还有1名副机长下落不明，分区军民继续进行寻找。结果，在韩庄公路上发现了这位飞行员，这里离敌人据点不远，日军闻讯后立即出发，叫嚷着要把这位美国空军人员抢到手。于是，军分区的指战员又与敌人展开了争夺战，最后把这位副机长救了回来。

曾雍雅当时是冀热辽军区第十四军分区副司令员兼参谋长，1955年被授予少将军衔。

这里不同人所述、所记略有不同，一并记录于此，以便研究。

11名美国飞行员获救后，在军分区驻地劫后重逢，相拥相抱。机长欧维向军分区首长和抗日军民，一再表示感谢。冀热辽军区尖兵剧社有几个同志略通英语，正在军分区，便担任了临时翻译，双方连比画带手势地"交谈"。当他们知道我们是共产党领导的八路军时，连声说："好，好，我们是盟军。"接着，机长欧维用简单的拉丁字母拼音说出了一连串地名，双手又做出了飞机飞行的各种动作。大家终于弄清了情况。原来，这是一架B-29式大型轰炸机，又称空中堡垒，机上共有11名飞行人员。飞机从成都起飞，去东北轰炸鞍山昭和制钢所。完成任务后，在返回途中飞机发生故障，飞过山海关上空后，航向转向西北，飞机失去控制，朝着平三蓟联合县方向飞来，在平谷上空失事，机上人员全部跳伞。

刘大为也写道：

抢救美国飞行员的工作，迅速展开：山冈上，小河边，长城脚下，燕山之巅，到处布满了我们八路军，还有抬着担架的民兵，妇救会员、儿童团员也在村边的小树林里搜索寻找美国飞行员，我们剧社的大部分同志也跟着部队一起出动去抢救美国飞行员。指挥员还特意给了尖兵剧社一个新任务——准备担任翻译。他说："你们剧社文化人多，有的会讲日语，大概也有的会讲英语喽。"

剧社的一些同志凭着参军前上学时，学会的简单英语充当了翻译角色。例如指导员郭东俊同志，参军前在唐山中学读高中，学过英语，这时派上用场了。一个名叫泉忠的小同志，学过两年英语，此刻竟然临时充当了指挥员的翻译。大体弄清楚了：这架受伤的重型轰炸机，属于美国第十四航空队，从成都起飞，去轰炸日军在东北鞍山的昭和制铁所。轰炸中遭到日军地面炮火的射击，飞机受伤无法飞回成都，他们改变航线沿着长城飞来。因为，他们在大后方听一位美国记者说过，山海关附近的长城内外有共产党领导的抗日军队。

指导员对泉忠说："你问问他们飞机上有几挺机枪，有几门炮？"大家都明白，指挥员之所以问这些，目的是好到飞机坠落地方去找回这些武器，这下可难坏了这位临场的翻译。

泉忠搜索记忆，拼命地想"机关枪""机关炮"这两个词儿怎么说。忽然一个相近的单词Gun，Gun不是枪嘛。想到这儿泉忠豁然开朗，拉着长声用英语问"你们有多少"，这几个字是用标准的英语发音说出来的。下文问"有多少"什么呢？只见泉忠大声说道"哒，哒，哒……Gun"，他用描绘机枪的"哒，哒，哒"的射击声再加上"枪"这个英语单词"化合"创造的语言，美国机长听了竟恍然大悟，笑着回答："飞机上有八挺机枪！"

前面说的"美国第十四航空队"，其前身是"飞虎队"。据王庭岳《营救美国兵》一书所写，1941年8月，一批美国志愿者组成中国空军美国志愿航空队，指挥陈纳德，下设3个驱逐大队。因飞机上绘有飞虎图案，故称"飞虎队"。基地设于昆明。1942年7月，并入驻中缅印战区的美国空军第十航空队，编为第二十三战斗大队，陈纳德任队长。1943年3月，陈纳德第二十三大队扩编为美国第十四航空队，陈纳德任第十四航空队司令。

再说，根据地军民热情好客，特意捉鸡擀面款待美国盟友。飞行员们看着炖好的鸡肉和长长的面条，都惊奇快乐地拿起筷子。可是，用惯了刀叉的手怎么也拿不好两根筷子，一人干脆用手抓起面条吃，直逗得在场的人大笑不止。那时人们正筹备过春节，根据地喜气洋洋，军民欢聚村头打谷场上，席地而坐，你拉我唱，一起联欢。尖兵剧社还演出了抗日话剧和歌曲等节目，向美国盟友表示慰问。

刘大为写道：

傍晚，老乡们特意给这些从天上来的远方朋友杀了鸡，煮了面条，招待美国朋友。美国飞行员看到长长的面条，又高兴又惊奇。他们拿起筷子夹面条，累得直冒汗还是夹不住，机长用手比画着表示，用筷子吃面条比他开飞机操纵驾驶杆还困难。那位两米高的空中射击手用毛巾擦了擦手，就用手大把大把地抓起面条吃开了，在场的人都被他逗得哈哈大笑。而他却一本正经地连声称赞这面条太好吃了，并劝说其他美国朋友也像他那样用"五股叉子"进餐。

至于演出，刘大为写道：

为保护美国飞行员的安全，在指挥员的率领下，主力部队和我们尖兵剧社一起，掩护着美国飞行员，连夜急行军，一气开到北平郊区顺义平原去了。还在七连庄召开了冀热辽党政军民欢迎美国飞行员的大会。会场主席台搭在村南大路旁的一块田埂上，舞台口朝东，舞台四周挤满了大车，老乡们从周围村像赶庙会一样地赶来欢迎美国客人，观看八路军剧社的演出。

尖兵剧社为了这次演出，特意排练了新节目：女高音演员张韵村，用苏格兰民歌《夏天里最后的一朵玫瑰》的曲调，填了一首《欢迎美国朋友》的歌词并由她自己演唱，受到了美国朋友的热烈欢迎。合唱队演出了《庆祝第二战场开辟》《迎接胜利的一九四五年》等反映时事的节目。黄天同志陪着美国客人一起看演出，把歌曲唱词的内容翻译给他们听，这些美国朋友聚精会神、兴趣盎然地一面看演出，一面频频点头连连称是。在器乐演奏时，黄河同志用小提琴独奏了外国名作《梦幻曲》，口琴队表演了口琴四重奏《美国巡逻兵》。

最后一个节目是三幕歌剧《参军》，大幕拉开，舞台上出现了一个乡村的小院，青灰砖房，院中柳树低垂掩映着一盘石磨，天幕上，几点疏星伴着一弯上弦月。美国朋友看着这美好真实的布景，情不自禁地悄声念叨着："这简直是魔术！你们的舞台设备这样简陋，时间又这么短，竟然能布置出这么好的布景。这不可想象。"

《参军》的剧情，表现的是一家农民的老父亲、老母亲送子参军，年轻的儿媳也送自己丈夫走上战场，打日本保家乡的故事。美国朋友看了发生在抗日根据地这个平常的故事以后说："看了你们演出的这个歌剧，我们明白了八路军为什么常打胜仗的原因了，也相信，八路军一定能打败日本侵略者的道理所在。"

以前研究中，未看到在七连庄演出的事。作者大舅张广利就是七连庄人，1940年生人，对抗战的一些事，包括鬼子闯进家里都记忆犹新，却说没听说过也不记得演出这件事。翻阅《顺义革命史》大事记，对此亦无记述。对此以后再行研究。而文章所记的演出细节及演出具体内容等，可作参考。

第十四军分区遵照冀热辽军区首长指示，派一个主力连将美国飞行员专程护送到晋察冀后方，最后安全转送到延安。

如何转送的？刘大为写道：

不久，延安总部发来电报，命令我军派部队把美国飞行员沿着各个解放区护送到延安去。美国朋友依依不舍和我们告别。我们剧社的音乐队长今歌同志，还有管桦、张瑞两位同志，也参加了护送部队的行列，跟战斗部队一起，强涉潮白河，跨过平绥铁路封锁线，护送美国飞行员到平北抗日游击区。在路上，今歌同志还凭着一本英汉小字典，把他和黄天同志一起创作的《迎接胜利的一九四五年》的歌词翻译成英文，送给美国朋友，让他们唱着八路军迎接胜利的歌，奔向延安。

应该说，冀东西部抗日军民在平谷地区营救美国飞行员这件事，以前了解不是很多。而刘大为这篇回忆文章，很多细节对我们了解、研究这件事是重要的补充。据说在20世纪70年代末80年代初，有被营救的美国飞行员到了北京，打听被营救的地方，但没人知道。到了20世纪80年代末90年代初，《光明日报》《人民日报海外版》等刊登了一些记述当时营救美国飞行员的文章，从而引起了社会的关注。尤其是在1997年12月24日，《人民日报海外版》刊登《友情无价铸永恒》的文章及编者按语，可见对其的重视程度。为啥这个时候发表这篇文章？因为1997年10月26日至11月3日，时任国家主席江泽民对美国进行国事访问。这是12年来我国国家元首第一次正式访美，也是自1979年邓小平同志访美以来，我国领导人对美国进行的最重要的一次访问。就是在这种境况下，《人民日报海外版》刊发了营救美国飞行员的事。

关于营救美国飞行员发生的时间，是2月1日还是2月2日，作者在写《平谷史话》及整理的文章在《前线》等报刊发表时，基本是依据《平谷革命史》所写的时间，即2月1日，腊月十九。这次为准备讲稿，翻阅资料，发现还有一个说法，就是2月2日腊月二十。持这种说法的，一是原党史办干部崔建国所写的营救美国飞行员的文章，收录在《沟水长流》中；二是1997年10月24日《人民日报海外版》所载记者整理的文章《友情无价铸永恒》；三是《冀东革命史大事记》记载到1945年2月，也写道"2日，美国盟军第十四航空队一架B-29大型轰炸机，因机件出故障，在平谷县北部山区东长峪坠毁，机上11名人员安全跳伞降落，平三蓟山区抗日军民四方营救保护并安全转送延安"；四是《冀东革命史》记述此事，也写作2月2日；五是鱼子山王宝成整理鱼子山营救飞行员与老人座谈时，82岁马有志记得是腊月二十；六是刘大为所写回忆文章《美国飞行员在尖兵剧社做客》，写的也是"2月2日"；七是《北京市平谷区军事志》以"营救美国飞行员"为题，作为一节来记述，先说1945年2月1日美国飞机从四川成都起飞到东北轰炸鞍山昭和制钢所，又写2日返航时飞机出故障坠毁，这是合二而一了。

究竟是哪一天？作者在整理资料中，发现1945年2月24日第137期《救国报》，以《美国11名飞行员被我军民营救脱险》为题进行了报道：

（本报讯）二月一日，美十四航空队超级空中保垒一架，袭满敌寇设施后，飞返基地途中，飞机发生故障，适在我冀热辽盘山上空，十一个飞行师乘降落伞落在山沟里。当时老百姓及我部队辨认不清，遂在山里搜索。因当时美国飞行师误认我部队为敌人隐蔽起来，所以一时未能找见。后在树丛中发现一人，我部队审视其衣服装束、面庞不像敌寇，认定为盟军机师，和他说话不能听懂，打旗语仍不懂，我部在没办法说通关系之际，一战士掏出一张毛泽东同志像，美国飞机师认得这是中国人民领袖毛泽东，遂拍手大笑，其余十人也都出来与我部队握手。次日，在×村开军民大会，热烈欢迎他们，并庆祝他们脱险。

报道的当时营救经过及有些细节不为今人所知，也从未听人谈起，如一战士掏出毛主席像的事。特别是时间，这里明确写着"二月一日"。这篇报道就刊登在当月的《救国报》上，而当时的报纸在战争的境况下，不可能是日报，所以，这篇报道应为当时所写，且算得是及时刊登了，时间上应该不至于有误。而2月2日，应该是多年后的回忆，甚至不排除原始资料都出自刘大为1986年所写且发表的《美国飞行员在尖兵剧社做客》追忆文章，因为这篇文章目前来看写得最早，比如《冀东革命史大事记》出版于1988年，《冀东革命史》出版于1993年，《北京市平谷区军事志》出版于2011年。《人民日报海外版》记者整理的《友情无价铸永恒》发表于1997年，刊登崔建国营救美国飞行员资料的县委党史办编的《洵水长流》出版于1990年，且参看了刘大为文章。至于马有志所说腊月二十，则是2013年的回忆，距离1945年已过去68年了。研究历史，如有原始资料，作者一般都会以原始资料为准。而回忆资料，作者觉得越早应该越准。所以，既然当时报纸有记，就应以当时报道为准，也就是美国飞机应该是2月1日坠毁的了。

2023年4月，区委党史办致函中国人民解放军档案馆，了解营救美国飞行员相关档案事。函复，经查馆藏档案《晋察冀与美军联络关系总结报告》记载：

美第二十轰炸机队B-29式854号飞机韩贝上尉以下十人，于一九四五年二月二日为在朝鲜上空执行侦察任务回航时，飞抵冀热辽平谷县境上空因飞机引擎发生故障失事，跳伞落于平谷县城附近，飞机坠落民房上，砸毙村民二人，毁民房数间。当韩贝上尉等降落时，曾为敌发觉，平谷城敌人即派队追击，我方部队百倍奋力加以抵抗，抢救韩贝上尉等，终将敌击退，将彼等安全救护，于三月二日送抵晋察冀军区司令部。同时，美第十四航空队战斗机（P51）驾驶员威尔斯中尉，于北平上空执行扫射任务，被敌高射炮火击中，于宛平县境乘降落伞降落，亦由当地部队救护，与韩贝上尉等同路送抵军区。在韩贝上尉等降落时，毛利逊中尉因踝骨跌伤，抵军区后，即由达布尔中尉伴留我国际和平医院加以治疗。对此批飞行员，我方同样努力照顾了他们的生活，供给了他们一切服装及用品，以应其需要。我方为避免彼等长途跋涉之苦，也曾答应他们如美军肯遣飞机来接，我们宁愿为彼等于十天内建立一C47式飞机可以降落的长二千五百英尺的跑道，后经韩贝上尉数次电讯其航空队部进行要求但均未获复，始由我方派遣部队先护送韩贝上尉等九人返延转回基地。毛利逊中尉、达布尔中尉留在后方继续医疗。其后美机曾飞来送供应品，因目标看错，丢于游击区摔损物品遗失。当毛利逊中尉愈后，即又由我方派遣部队送延转返基地。对此批飞行员，我方均亦赠与纪念物品，行前对我盛意照拂均表异常感谢。

这是以前未曾看到的重要资料，这份报告应该是一个综合的报告，且是在营救之后的一两个月以后或更长时间所写，起码已将美国飞行员转送至延安了。这里与《平谷革命史》及当时人们的回忆有三个不同的地方：第一，这里写的是上尉韩贝，而不是机长欧维；第二，任务是侦察，而不是轰炸；第三，地点是朝鲜，而不是东北鞍山昭和制钢所。前两点目前没有资料佐证哪个更为准确，但对第三点，刘大为回忆当时的翻译，是大体弄清楚了，这架飞机"属于美国第十四航空队，从成都起飞，去轰炸日军在东北鞍山的昭和制钢所"；1945年2月24日第137期《救国报》所写，是"袭满敌寇设施后"，"满"，即满洲，也就是东北，意为轰炸东北的日军设施后。这是目前能够看到的距营救时最近的资料，应该可信。这是作者的认识，对这些暂且存疑，以后再行研究。

飞机坠毁后，是怎么处理的？鱼子山村的马有志记得：

　　将飞行员救走后，当时飞机残骸没动。直到那年深冬，驻村十四分区供给处派技术人员将残骸拆解、分类，村公所组织全村30多头驴骡马去驮，驮回直接送到各个兵工厂作为原料使用，记得连续驮了4天。鱼子山村距东长峪飞机坠落的地方有10多里山路，顺着鱼子山石河向北递水而上，经过龙门时要走20多米长的冰面，过老尖石拐向北沟奔放马场，过了"饮马槽"拐向东沟，爬过雉鸡岭，下梁顺着东长峪西南沟向下走，到龙潭拐向北，经碾子峪，到二道梁坠机现场。我赶着自家毛驴去驮过一次，记得那阵子雪下得很大，平道半尺深，坡坎处没膝盖，坡陡路滑，实在难走，拿着干粮起早去，晚上回，一天只能驮一趟。

　　飞机坠毁是在腊月十九，已经是隆冬时节了，大概是当时没动，过了一段时间，比如春节以后，就是马有志老人说的"那年深冬"，抗日军民就将飞机残骸拆卸、分解，运到八路军兵工厂制造武器了。至今还有没有相关遗物呢？近几年，作者访谈踏察中，注意与飞机和飞行员有关遗物的寻找与搜集。

　　2017年3月，作者与原平谷区出入境管理处处长梁冀平（图317）聊天时得知，其手中保存有一只当年美国飞行员的耳机（图318），我特意请其写下收藏经过，并进一步访谈：

　　我姥姥家是鱼子山村的，儿时听姥姥讲，打日本时家里常常存放八路军的东西。姥姥还几次见过包森司令员，身背手枪，走路很快。我还听说姥姥见过美国飞行员，从飞机上掉到鱼子山后，被八路军救走了。2003年春天，我到金海湖镇黑水湾村朋友家，在杂物箱里发现一只银色耳机，拿在手里摆弄着。朋友的父亲告诉我：这是当年美国飞行员给我

图 317　平谷区出入境管理处处长梁冀平（左）写收藏美国飞行员耳机的经过（摄于2017年3月）

图 318　平谷区出入境管理处处长梁冀平收藏的美国飞行员的耳机（摄于2017年3月）

父亲的玩物。见我不忍放下，便说，你要喜欢，就拿走吧。日后我专门询问了朋友的爷爷，朋友的爷爷叫王景合，他记得自己当时是个10多岁的孩子，和村里的几个孩子正在村里玩儿。这时过来一个美国飞行员，几个中国人陪着。到他们跟前，那飞行员把皮帽子摘下来，从帽子上把一边一个耳机子抠下来给他了，那皮帽子给了别的孩子。事后才听说他们是美国飞行员，帮着中国打日本的。这俩耳机子，不知道啥时候丢一个，就剩一个了。王景合已经去世了，活了80多岁。

　　看实物，不是今天的物件，根据所述的经过判断，应该就是当年美国飞行员的遗物。作者当时正做区文保协会会长，就动员梁冀平捐献给了文物部门。

图319　熊儿寨乡北土门村一农民家用飞机残片做的葫芦形板柜扣吊垫（摄于2017年6月）

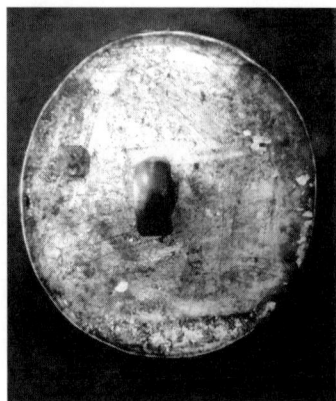

图320　熊儿寨乡北土门村一农民家用飞机残片做的圆形板柜扣吊垫（摄于2017年6月）

这是发现的第一件与美国飞行员有关的遗物——一个耳机子。

第二件遗物，就是美国飞机残片。2017年6月，东长峪村书记王树才带来两块飞机残片。

他说："这是熊儿寨乡北土门村一农民家的。北土门离东长峪13里地，当时飞机掉下来的时候，周边三里五村的人都跑去看了。北土门这家的人也去了，随手捡了一块飞机残片。家里人会木匠活，后来打板柜时，木匠就用这个残片做成了扣吊的垫，共4小片，俩葫芦形（图319），俩圆形（图320）。木匠去世了，老太太还在，说肯定是飞机残片。"

根据叙述的经过，以及看这残片，确实不像新的物件，且质地很轻，应该是真的。

第三件遗物，是一小片降落伞。作者记得在"美丽平谷"公众号上，发表了一篇关于一块手绢的文章，说是降落伞布。2021年3月，联系上特教中心教师、54岁的北寨人李旺，并带来这片降落伞布。

李旺说："小时候，我看见家里墙柜里放着一小块布，洗的时候不爱沾水，后来母亲用缝纫机把四遭锁上边，当包钱的手绢。母亲跟我说，这是父亲当年得的东西。父亲叫李德章（图321），抗战时期当过民兵。就在那年美国飞机落下来时，父亲跟着村里人一块儿寻找美国飞行员。父亲2004年去世，活了85岁。父亲生前没说过这些事。母亲说，把那个飞行员救下来了，飞行员为感谢大伙儿，就把降落伞铰成一块儿一块儿的，分给了救他的人，后来母亲把这块儿布给了我。"

图321　南独乐河镇北寨村老民兵李德章，1920年生人，2004年去世，享年85岁

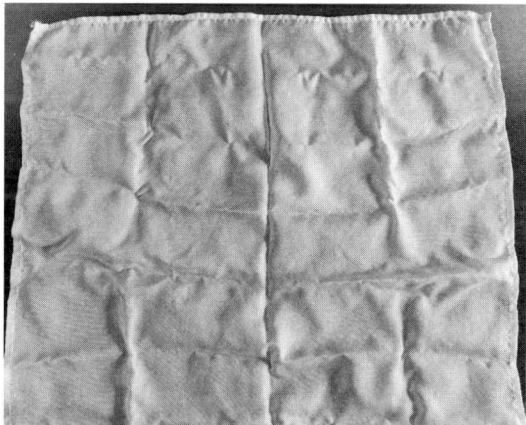

图322　特教中心教师、54岁北寨人李旺保存的降落伞布（摄于2021年3月）

这块降落伞布，长42厘米，宽40厘米（图322）。不是一般布的质地，轻薄，结实，至今也没一点糟的感觉。这与鱼子山王福忠老人说的一摸挺光溜，又轻又结实相吻合。

为编写《山东庄史话》，来桃棚村访谈时，在红谷主题教育馆展厅里，看到一个鞋拔子，长十三四厘米，一侧还有一串不完整的红色英文字母（图323）；还有一把抹子，长18厘米。这两件东西，是由坠毁的美国飞机残

图 323　桃棚红谷主题
教育馆展厅展示的鞋拔子
（摄于 2023 年 10 月）

片制作而成。据桃棚村民田仲发、田彩珍回忆，就在美国飞机坠毁的时候，桃棚民兵参与了救援。民兵田万增在坠机现场，随手收集了几块飞机残片留作纪念。后来，他将残片制作成 3 件生活用品，一把木匠工具直尺、一把抹子和一个鞋拔子。直尺他留下自用，抹子给了侄子田仲发，鞋拔子给了女儿田彩珍。

另外，还有一张八路军与部分美国飞行员的合影照片。记得当初搞鱼子山抗战纪念馆时，展板上有这张营救美国飞行员的照片，下面写着营救的文字，但没有写比如主要人物有哪些、谁摄影的等。这次仔细研究资料，尤其研究《人民日报海外版》记者整理的《友情无价铸永恒》文章时，看到右下角登载一张照片，仔细比对，正是抗战纪念馆展示的那张，且在照片右侧竖排 3 行文字：

平谷军民救助的部分美国飞行员和十三团干部一起合影，前排蹲着的右起第一人是尖兵剧社社长黄天，他担任了临时翻译。　刘大为摄

看照片中的人，都穿着棉衣，与腊月的气候吻合。为进一步研究，特意买来 4 卷本《刘大为文集》，其中第一卷里不仅有《美国飞行员在尖兵剧社做客》回忆文章，而且前面就有这张照片（图 324），照片下写着："1945 年 2 月，冀东八路军部分同志在平谷参加抢救美国飞行员后，与其合影。蹲坐者右一为黄天。（刘大为摄影）"

由此可知，这张照片为刘大为所摄。照片上有 7 位美国飞行员，5 位

图324　1945年2月，冀东八路军部分同志在平谷参加抢救美国飞行员后，与其合影。蹲坐者右一为黄天（刘大为摄影）

八路军。那么，又是在什么情况下拍摄的呢？刘大为在《美国飞行员在尖兵剧社做客》中写道：

　　我们剧社的同志们，不仅参加了抢救美国飞行员的活动，而且还有一小部分同志参与了招待和"翻译"工作。因而，给美国飞行员留下了很深的印象。过了两天，他们全到我们的驻地来回访、做客。

　　剧社社长黄天同志，抗战前是上海复旦大学外国文学系的毕业生。在欢迎到尖兵剧社做客的美国飞行员面前，黄天同志是个风度大方、热情潇洒的社会活动家和英语翻译。他平时不露声色，这时，大家才知道，他能说一口流利的英语。他事先用英文书写了"欢迎美国飞行员"的标语，贴在我们驻地社部门前，美国朋友在欢迎标语前连声称好。

　　告别之时，美国飞行员和我们合影留念。至今，剧社的张君如同志还保存着美国飞行员和八路军战士们的合影照片。

从人们的回忆、报纸的报道以及中国人民解放军档案馆所藏档案《晋察冀与美军联络关系总结报告》看，当时营救的应该是11名美国飞行员。《营救美国兵》书中也记载，1944年8月8日在昌黎一架B-29式轰炸机，机上11名机组人员。还写到其他地方营救的B-29式轰炸机机组人员也是11人。而刘大为回忆文章写的则是7名，这是否依据自己拍摄的照片上是7名飞行员呢？不得而知。其实，刘大为照片里的应该是部分飞行员。

山东庄地区八路军和民兵的抗日活动

根据民政部门资料，山东庄地区共有烈士63名，其中抗日战争时期27名，解放战争时期31名，抗美援朝等5名，一并记述于此。

北寺村

83岁老木匠刘文魁（图325）说："抗战那时候，我三四岁，一些事听大人说，我四哥刘文敏是村办事员，连家里人都不告诉。

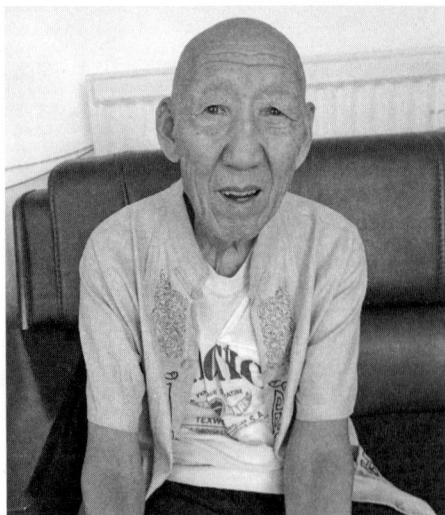

图325　北寺村83岁老木匠刘文魁（摄于2023年9月）

"上纸寨村北有个大坟地，有民兵在那儿站岗。见鬼子从县城北门出来了，就赶紧喊。不远就有一个民兵站岗，很快消息就传到了北寺，村里人赶紧躲起来，这叫跑反。当时我们都往山东庄那边跑。"

1981年北京市民政局汇编《北京市革命烈士英名录》"区县分册"平谷册记载：

张子和，曾用名张春，男，1902年5月生，北寺村人，1943年

3月参加革命，1945年8月牺牲于平谷县东高村，牺牲时任冀东十四军分区十三团司令部战士。

石天顺，男，1927年生，北寺村人，1947年8月1日参加革命，1949年2月牺牲于河北省大厂李家务村，牺牲时任东北军区独立四师十一团一营一连通讯员。

崔恩，男，1921年生，北寺村人，1942年3月参加革命，1947年7月牺牲于红螺，牺牲时任冀东十四军分区十三团二连电话员。

北屯村

北屯村90岁老村干部张顺（图326）说："北屯村第一任党支部书记是宋敬贤，给八路军送粮食。"

1981年北京市民政局汇编《北京市革命烈士英名录》"区县分册"平谷册记载：

李瑞发，男，1918年3月生，北屯村人，1944年6月参加革命，1945年2月牺牲于密云县西挂峪，牺牲时任冀中区十六团战士。

宋浩启，男，1924年生，北屯

图326　北屯村90岁老村干部张顺（摄于2023年9月）

村人，1939年参加革命，1945年2月牺牲于河北省遵化县北，牺牲时任冀东十四军分区十三团战士。

宋来银，男，1931年2月生，北屯村人，1947年3月参加革命，1947年12月牺牲于辽宁省朝阳县，牺牲时任冀东十四军分区十三团二营五连战士。

宋浩友，男，1925年3月生，北屯村人，1943年2月参加革命，

1946年3月牺牲于辽宁省锦州市，牺牲时任冀东十四军分区十三团战士。

李德兼，男，1923年1月生，北屯村人，1945年2月参加革命，1948年8月牺牲于辽宁省北票县车站，牺牲时任二旅四团二连副政指。

图327　大北关村77岁老村书记张庆楼（摄于2023年9月）

大北关村

77岁老村书记张庆楼（图327）近年整理村史资料，其中写道：

1942年，贤王庄的一个先生来到大北关，第一个发展了张松楼入党，随后有张玉君、张义先、张自新、张玉珍、郭福善、李英等加入了党组织。1943年大北关村党支部成立，张松楼任第一任党支部书记。

大北关村挖有地道，通往李辛庄。一次南边发生了战斗，紧急中有个八路军战士从李辛庄钻进地道，从大北关郭中山家地道口安全出来。

1981年北京市民政局汇编《北京市革命烈士英名录》"区县分册"平谷册记载：

张付先，男，1923年5月生，大北关村人，1943年6月参加革命，1944年11月牺牲于热河八沟，牺牲时任冀东十四军分区十三团主力二连排长。

郭长春，男，1924年生，大北关村人，1943年5月参加革命，1944年2月牺牲于河北省兴隆县川仓峪，牺牲时任冀东十四军分区十三团二连司号员。

李桐，男，1924年12月生，大北关村人，1940年8月参加革命，

1941年牺牲于河北省遵化县三里庄，牺牲时任冀东十四军分区十三团战士。

张建国，男，1924年生，大北关村人，中共党员，1946年9月牺牲于平谷县桥头营村，牺牲时任民兵中队长。

大坎村

85岁老村支委张希才（图328）说："村里的王友参加八路军不久，就在天津宝坻的一次战斗中牺牲了。"

59岁村支委王满旺说："我爷爷王成，1942年参加了八路军。在美国飞机掉在东长峪的时候，爷爷就在刘家河那边，亲眼看见了美国飞行员，是大个子，挺漂亮的。"

1981年北京市民政局汇编《北京市革命烈士英名录》"区县分册"平谷册记载：

图328　大坎村85岁老村支委张希才（摄于2023年9月）

王友，男，1930年3月生，大坎村人，1947年2月参加革命，1948年10月牺牲于蓟县邦均南沟，牺牲时任冀东十四军分区十三团战士。

东洼村

80岁老村书记路满来说："我父亲路胜，在抗战时期是民兵连长。"

58岁村支委张秋利说："过去听老人说，李才也是民兵连长，在北寺与东洼之间有个坎子叫麻坎，在那儿打过一仗。来一小队日本鬼子，从华山那边过来40多个十三团的八路军，打死12个鬼子，剩下的鬼子逃回平谷城了。"

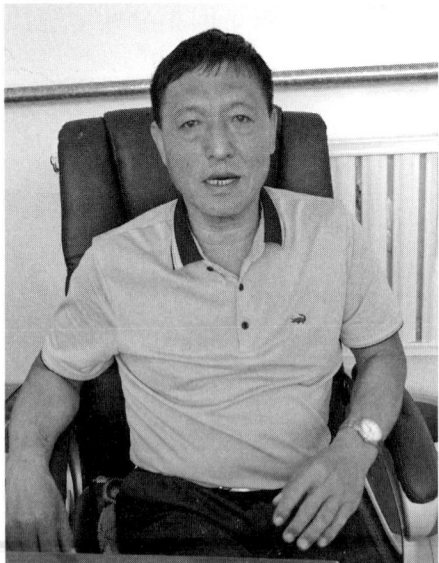

图329 东洼村56岁村书记李长军（摄于2023年9月）

56岁村书记李长军（图329）记得："抗战的时候，我父亲是村民兵副队长，跟我们不止一次说过麻坎战斗的事。地形是上边一个坎，下边一个坑。日本鬼子从胡庄往平谷城走，八路军十三团在这儿打了伏击，村里民兵抬担架运伤员，有个伤员抬到庄南牺牲了。村里的民兵，送情报、砍鬼子的电线杆子、挖道路破坏鬼子交通。

"听父亲说，我三叔李茂（化名李林鹏），奉命和山东庄一个姓杨的带着区小队，有三四十人，到滦平开辟地区牺牲了。我妈也说过他骑着大马，挎着双盒子枪，在平谷地区活动。我爷爷抗战那时候当保长，主要是支持八路军抗战活动，筹粮筹款，也要保护村里老百姓，鬼子来了也要支应。

"村里有个路华，抗战那时候参加了八路军，后来在四野任营教导员。打天津时，一个营就剩他和一个警卫员，身上的弹片一直没取出来。后来又赴朝作战，落在了东北阜新，任一个军区医院的院长，一回家就拄着拐棍。"

1981年北京市民政局汇编《北京市革命烈士英名录》"区县分册"平谷册记载：

李林鹏，曾用名李茂，男，1925年3月生，东洼村人，1943年3月参加革命，1945年2月牺牲于河北省滦平县，牺牲时任滦平县区小队区长。

路胜，男，1920年生，东洼村人，中共党员，1947年3月29日牺牲于平谷县东洼村，牺牲时任平谷县东洼民兵中队中队长。

李辛庄村

1981年北京市民政局汇编《北京市革命烈士英名录》"区县分册"平谷册记载：

任启，男，1919年生，北（李）辛庄村人，1942年7月17日牺牲于平谷县平谷城南，牺牲时任平谷县北辛庄村民兵中队中队长。

刘存，男，1923年生，北（李）辛庄村人，1947年参加革命，1948年牺牲于河北省承德市隆化县，牺牲时任冀东十四军分区十六团战士。

徐申茂，男，1926年生，北（李）辛庄村人，1948年2月参加革命，1948年9月牺牲于平谷县洙水，牺牲时任东北军区独立四师十团战士。

王桂臣，男，1905年2月生，北（李）辛庄村人，1943年6月参加革命，1948年牺牲于辽宁省锦州市，牺牲时任四野九纵二十七师补充团战士。

张文喜，男，1911年生，北（李）辛庄村人，1941年5月参加革命，1948年牺牲于辽宁省锦州市帽山，牺牲时任冀东十四军分区十三团战士。

尉文海，曾用名尉国志，男，1928年3月生，北（李）辛庄村人，1947年5月参加革命，1948年9月牺牲于辽宁省锦州市，牺牲时任四野九纵二十七师四一三团战士。

桥头营村

1981年北京市民政局汇编《北京市革命烈士英名录》"区县分册"平谷册记载：

周永合，男，1924年生，桥头营村人，1941年参加革命，1942年2月牺牲于平谷县辛撞村，牺牲时任张凤生部队战士。

张怀中，男，1918年5月生，桥头营村人，1940年参加革命，1943

年牺牲于河北省兴隆县全营子，牺牲时任冀东十四军分区十三团战士。

周福生，男，1929年生，桥头营村人，1945年2月参加革命，1948年9月牺牲于辽宁省锦州市，牺牲时任第四野战军战士。

山东庄村

86岁老生产队长张祥说："我小时候当过儿童团（团员），在街口站岗放哨。"

62岁村民刘铁利（图330）说："刘富有、刘富海是抗日的，刘富有在塔洼被鬼子挑死，刘富海负伤被鬼子追上打死了。刘富珍为八路军送给养，在峨嵋山被鬼子抓住了，当时就被烧死了。

图330 山东庄村62岁村民刘铁利（摄于2023年9月）

"我太爷刘启亨是村里的乡绅，也是山东村庄保长，为保护八路军一门大炮，当时把这门大炮埋起来了。日本鬼子找这门大炮，准备把庄围了，说要杀人。当时我太爷出来把这事儿担下了，被鬼子挟持走了。据说是骑着一个黑毛驴走的，就再不知下落。"

1981年北京市民政局汇编《北京市革命烈士英名录》"区县分册"平谷册记载：

杨振远，曾用名杨成，男，1911年生，山东庄村人，1943年2月参加革命，中共党员，1945年8月牺牲于河北省滦平县松鼠峪，牺牲时任河北省滦平县政府六区政治处县总务秘书。

张福，男，1911年生，山东庄村人，1938年参加革命，1942年牺牲于蓟县，牺牲时任冀东十四军分区十三团通讯排战士。

郭发，男，1900年3月生，山东庄村人，1940年3月参加革命，1941年牺牲于蓟县六趟街，牺牲时任冀东十四军分区十三团排长。

王凤祥，男，1910年生，山东庄村人，1940年11月参加革命，1944年牺牲于平谷县芮营，牺牲时任冀东十四军分区十三团二连班长。

贾井芳，男，1918年5月生，山东庄村人，1940年11月参加革命，1941年6月牺牲于河北省玉田县刘化庄，牺牲时任冀东十四军分区十三团班长。

杨存，男，1915年生，山东庄村人，1939年5月参加革命，1941年9月牺牲于平谷县牛角峪，牺牲时任冀东十四军分区十三团通讯排战士。

杨振奎，男，1918年生，山东庄村人，1944年参加革命，1944年11月牺牲于顺义县白塔村，牺牲时任冀东十四军分区十三团二连战士。

毛广义，男，1918年2月生，山东庄村人，1945年10月牺牲于平谷县上纸寨，牺牲时任民兵。

商岐，男，1914年生，山东庄村人，1943年参加革命，1946年8月牺牲于通县（现通州区）西集，牺牲时任三十四团一连班长。

桃棚村

61岁村书记符宝森（图331），整理了八路军、抗日干部、民兵及桃棚村民的抗日活动：

展室里有个缴获的鬼子子弹夹，里边有团丝线。于秀荣老人保存多年，说："这是生丝线，三四股搓成一根，过去咱村有兵工厂，用这个

图331　桃棚村61岁村书记符宝森（摄于2023年9月）

做手榴弹弦儿。我那时才10多岁，咱村妇女孩子都搓过。到了1945年还是1946年，兵工厂撤了。这生丝线没使完，我妈告诉我，好好留着，以后队伍上找，到时候咱还得交给队伍上。"

王秋伶在山坡种菜时，挖出过一窝手榴弹。在离发现手榴弹不到50米的地方，是王桂珍家的老房子，抗战时就是兵工厂的库房。

一次，王桂珍赶着毛驴，将手榴弹送到北寨的八路军驻地去。因为不熟走错了路，好容易将手榴弹送到了地方，再往回走时已下午三四点了。从头天晚上到第二天下午一直没吃东西，饿得前心贴后背。看到山上的柿子树有青柿子，摘4个就吃，也不觉得涩（shē）了，这才赶着驴回家。

1981年北京市民政局汇编《北京市革命烈士英名录》"区县分册"平谷册记载：

王廷路，男，1928年生，桃棚村人，1944年6月参加革命，中共党员，1945年8月牺牲于蓟县，牺牲时任平三蓟联合县公安助理。

陈庆，男，1901年3月生，桃棚村人，1942年10月牺牲于平谷县桃棚村，牺牲时任桃棚村民兵。

西沥津村

83岁村民周俭说："我大爷（ye）周义芳，抗战那时候是村里的民兵队长。"

77岁老生产队长王长林（图332）说："王家有个王景芳，也当过村民兵队长，后来上了县支队，从县支队当八路军去了，再后来又赴朝作战，没

图332 西沥津村77岁老生产队长王长林（摄于2023年9月）

少打仗。"

73岁退休职工于勋说："西沥津成立党支部，第一任支部书记是张兴。王景芳组织挖地道，村里有好多密口。村干部于福生，后来任密云武装部长，随部队南下到广西贵县任县委书记。"

1981年北京市民政局汇编《北京市革命烈士英名录》"区县分册"平谷册记载：

刘景元，曾用名刘大巷，男，1925年生，西沥津村人，1943年3月参加革命，1943年5月牺牲于河北省三河县，牺牲时任冀东十四军分区警卫营战士。

张宝林，男，1925年3月生，西沥津村人，1943年6月参加革命，中共党员，1948年7月牺牲于平谷县彰作，牺牲时任平谷县鱼子山供给处排长。

周启旺，男，1924年生，西沥津村人，1947年1月参加革命，1948年牺牲于蓟县果香峪，牺牲时任冀东十四军分区卫生队护士。

张保山，男，1924年生，西沥津村人，1947年7月参加革命，1951年牺牲于朝鲜五〇〇高地，牺牲时任六十七军二〇一师六〇一团一营三连排长，立三等功一次。

小北关村

99岁老中医杨旺（图333）说："抗战那时候，村长叫何发，农会主任叫杨玉春，工会主席叫杨牛山，粮秣委员叫王厚泽。

"1943年还是1944年，正是青纱帐

图333　小北关村99岁老中医杨旺（摄于2023年10月）

365

的时候，八路军打平谷县城，我当时十七八岁，还有村里的杨龙，我俩一起给八路军背东西，用篓子背着八路军背包啥的。八路军前边走，我们后边跟着。那天是傍晚上打的，打仗的时候，我们在下纸寨等着。等打完仗，傍天亮我们跟着背到北上营就回来了。

"1944年挖地道，我跟着挖的。村里的杨昆山拿着罗盘定方向。地道挖的是'井'字形，先挖竖井，再往前挖。有时两边对着挖，快接上时，就会听到那边的说话声，一捅就透了。地道挖到了村外，村里也设不少密口。记得有一回八路军住在了村里，鬼子来了，八路军就从地道出去了。"

1981年北京市民政局汇编《北京市革命烈士英名录》"区县分册"平谷册记载：

杨桂，男，1921年生，小北关村人，1942年1月参加革命，1943年11月牺牲于通县西集，牺牲时任冀东十四军分区十四团二区队排长，立小功一次。

王崇古，男，1919年生，小北关村人，1944年8月参加革命，1946年1月14日牺牲于密云县新开岭，牺牲时任热河二旅连长。

张友，男，1925年生，小北关村人，1943年3月参加革命，1948年9月牺牲于河北省香河县，牺牲时任冀东十四军分区十三团战士。

杨子山，男，1928年生，小北关村人，1947年8月参加革命，1948年3月牺牲于密云县密东庄，牺牲时任冀东十四军分区十四团机枪班战士。

杨启林，男，1929年生，小北关村人，1942年3月参加革命，1947年6月牺牲于杨村车站，牺牲时任警备团战士。

王连德，男，1925年生，小北关村人，1943年3月参加革命，1947年8月牺牲于河北省隆化县，牺牲时任三十七团七连三排排长。

贾守全，男，1927年生，小北关村人，1945年参加革命，1953年5月牺牲于朝鲜，牺牲时任四十六军一三六师四〇七团战士。

鱼子山村

1964年北京大学中文系师生编写的村史《红旗漫卷鱼子山》写道：

面对敌人的"扫荡""清乡"，鱼子山村民兵和村里组织起来的民工一起，每天出动五六十人上山。东西两边山上，从山口到庄里，共设了11道岗哨。一班接一班，白天黑夜不停。鬼子来了，岗哨就用口令传讯，一个岗哨接一个岗哨地往下传，人们把这叫作"活电话"。村里的群众、兵工厂、卫生所和机关，听到消息就赶紧隐蔽起来。

山东庄炮楼是个小据点，只驻着十几个伪警备队员，让鱼子山的武装民兵几番教训，吓破了胆，以后再也不敢轻易出乌龟壳了。那以后，平治安壕时，这里镐头弄得山响，他们也不敢出来看看。有一回，王时忠和王全忠背着枪，一前一后从炮楼下走过，碰巧，一个伪警备队员走在他们中间，等发现前后都是民兵，腿都吓软了，磨磨蹭蹭，待走在前头的王时忠过了炮楼，他就夹着尾巴钻进炮楼里去了。

巨福、王时忠等十几个民兵，经常出没在敌人炮楼附近，破坏鬼子的交通线。敌人白天修的桥，晚上就给它拆掉烧毁；白天修的公路，晚上就给它挖得坑坑洼洼，乱七八糟；白天架的电线，晚上就给它割断驮走。

有一次，上级来了信，叫鱼子山的民兵去拉（lá，割）电线。10多人当晚就出发了。到了目的地，发动一批群众斧砍锯拉，热火朝天地干了起来。电线杆一断，往电线上"咔嚓咔嚓"就是几刀，直割得嗡嗡乱响。炮楼里的伪军，明知道外面有事，也不敢出来。这一次，从胡庄一直拉到平谷城边，割得电线上千斤，整整用了6个小毛驴拉。运走了电线，散了群众，民兵到大北关去吃饭。香喷喷地正吃着，伪军得了汉奸的信，乘民兵吃饭的机会来找点事。大伙碗筷一丢，一齐冲了出去，奔东北。一到小北关，就接上了火。打不一会儿，那帮家伙便夹着尾巴溜了。

1981年北京市民政局汇编《北京市革命烈士英名录》"区县分册"平谷册记载：

王德顺，男，1924年生，鱼子山村人，1938年参加革命，1940年牺牲于蓟县盘山，牺牲时任赵立业部队战士。

王春林，曾用名王亚光，男，1922年生，鱼子山村人，1945年1月参加革命，1945年8月牺牲于平谷县，牺牲时任警卫团干事。

王文林，男，1920年生，鱼子山村人，1941年参加革命，1944年11月牺牲于平谷县南独乐河，牺牲时任冀东十四军分区十三团战士。

王士常，男，1904年生，鱼子山村人，1939年3月参加革命，1939年8月牺牲于蓟县大绿屯，牺牲时任赵立业部队战士。

王义成，男，1918年生，鱼子山村人，1938年10月参加革命，1939年7月牺牲于平谷县熊儿寨南岔，牺牲时任单德贵部队战士。

王福田，男，1924年生，鱼子山村人，1944年参加革命，1945年3月牺牲于河北省香河县南，牺牲时任冀东十四军分区十三团战士。

尉自华，男，1929年9月生，鱼子山村人，1947年5月参加革命，中共党员，1948年牺牲于辽宁省沈阳市，牺牲时任第四野战军副班长。

王泽启，男，1929年9月生，鱼子山村人，1947年2月参加革命，1948年9月牺牲于辽宁省锦州市二狼洞，牺牲时任七十五团战士。

李付友，男，1928年生，鱼子山村人，1944年10月参加革命，1948年3月牺牲于古北口，牺牲时任六支队战士。

李荣善，男，1922年生，鱼子山村人，1947年11月参加革命，1948年11月牺牲于辽宁省锦州市义县头道河子，牺牲时任第四野战军战士。

王士勤，男，1919年生，鱼子山村人，1946年6月参加革命，1947年4月牺牲于平谷县杜辛庄，牺牲时任平谷县支队战士。

赵永祥，男，1900年4月生，鱼子山村人，1948年4月牺牲于平谷县瓦关头，牺牲时任民兵。

李俊贵，男，1928年生，鱼子山村人，1944年11月参加革命，1947年牺牲于安徽省冷口，牺牲时任四十五军一三三师六九六团战士。

王振保，男，1922年1月生，鱼子山村人，1945年8月参加革命，1945年11月牺牲，牺牲时任三十六团三营战士。

王全，男，1924年生，鱼子山村人，1946年11月参加革命，中共党员，1951年11月牺牲于朝鲜，牺牲时任六十七军二〇一师六〇三团七连战士。

王希折，男，1921年生，鱼子山村人，1944年3月参加革命，中共党员，1950年3月牺牲于四川省福顺县，牺牲时任二三三师六九七团某营副军事代表。

王海全，男，1924年8月生，鱼子山村人，1943年参加革命，1964年7月牺牲于解放军总医院，牺牲时任平谷县武装部副部长。

日军暴行

鱼子山惨案

胡尔森

鱼子山位于平谷县城东北20里，坐落在一个曲折、狭长的山谷中。日寇侵华期间，驻平谷地区的日军在这里制造了一系列惨案（图334）。

1941年11月19日（农历十月初一），驻峨嵋山、胡庄、平谷的日军

图334　鱼子山惨案遗址纪念碑（摄于2009年12月）

包围了鱼子山，宣布将该地区划为无人区，不准老百姓居住，从此开始了长达两个多月的烧、杀、抢、掠。11月22日（农历十月初四）深夜，峨嵋山、胡庄据点的200多名日军，由汉奸翻译领路，偷偷向鱼子山村扑来。天刚亮，日军进了村，被枪声惊醒的村民们慌忙往山上跑。刚跑到坡下，鬼子架在路边的机枪朝慌乱的人群横扫起来，当场有60多人丧生。没有倒下的，有的冒死冲了出去，有的退回村里，后来惨死在日军的刺刀下。不到30岁的周克勤，被鬼子用刺刀活活挑死。12月12日（农历十月二十四）天刚亮，峨嵋山、胡庄据点日军又包围鱼子山，将来不及撤离的30多个村民押到巨昆山家的门口，把其中10多个男人带进院子，先是拷打，接着点燃了靠碴根的猪圈里的棒子秸，把王德等4人扔进火里活活烧死。其余的20多人被用绳子绑成一串，带到峨嵋山据点严刑拷打，几天后才被赎回。

　　1942年2月13日（农历腊月二十八）下午，北土门据点的30多名日军又进鱼子山村搜捕，在西山沟抓到巨友和王振铎，二人被带到河滩上，鬼子兵用脚踢、皮带抽，逼问村民们的去向，二人拒不回答，日军就用刀砍死了巨友，接着又朝王振铎脖子上砍，王被砍成重伤。腊月二十九（除夕）晚上，鱼子山的房子已被烧光。临时搭起的窝棚里，慢慢聚来了幸存的一家家男女老少。他们心想，头一天鬼子刚来过，要过年了，也许不会再来了。哪知道驻平谷、峨嵋山、胡庄的五六百日军就在大年初一（2月15日）的早晨又包围了鱼子山。有30多名老人小孩来不及跑出去，都落在日军手里。他们把郭福珍的母亲、大伯，尹朝元的老伴，尉春元的老伴等7个六七十岁的老人推进菜窖里，往里头塞了一大堆干柴，点火烧了起来，7个老人全都被活活烧死。剩下的大人小孩，或用刀砍，或用刺刀挑，都惨遭杀害。

图335　79岁原党史办主任胡尔森（2021年9月摄于胡尔森家中）

　　从1938年到1942年，日军烧了鱼子山2000多间房屋，全村成为一片瓦砾，可用的砖瓦被拉到山外修了炮楼。鱼子山村共有180多人被杀害，有10户人家被杀绝，有72个年轻媳妇成了寡妇。

胡尔森　原平谷县委党史办主任（图335）

选自《平谷文史选辑（四）》

山东庄地区日军烧杀抢掠的残暴行径

北寺村

　　83岁老木匠刘文魁说："日本鬼子圈庄，来抢粮食。有一次，鬼子抓住李顺、宋浩瑞，问他们'妈猴子上哪儿去了'。鬼子说的'妈猴子'，就是咱们八路军。他们说不知道，就打。绑梯子上，头朝下，灌凉水，就那样也不说。"

北屯村

　　74岁退休干部宋宝悦记得："听老人说，抗战那时候，日本鬼子圈庄，把人都圈到一个大场（cháng），又是打又是灌凉水的。"

90岁老村干部张顺说："村里人宋廷友当八路军去了，走漏了风声。那年三月十六鬼子就来圈庄，把他父亲宋起绑走了，弄到了县城。村里的宋奇是粮秣委员，也就是八路军办事员，托人想办法才把宋起赎回来。"

大北关村

77岁老村书记张庆楼近年整理村史资料，其中写道：

村里的郭智善是个织布的手艺人，常年给这家那家织布，身上利落，干鞋净袜。一次，日伪军圈庄，抓住了郭智善。鬼子说他是八路军，逼迫他说出谁是八路军和村干部，不说就打，把他绑在板凳上，还灌辣椒水，用木杠子压。最后鬼子让俩伪军把被折磨半死的郭智善拉出去枪毙。俩伪军是当地人，把他拖到村南的清沟河边，一个伪军对另一个伪军说，你回去吧，我一个人就行。另一个伪军走后，这个伪军对他说，我不杀你，我对天开两枪，你就趴下。天黑了，日伪军走了，郭智善才从清沟河偷偷回到家，得以幸存。"文革"时，另一个伪军控告这个伪军，说在大北关村杀害过八路军。为此有人来村调查，当时的村支部书记李占刚接待并找到郭智善进行核实，得到了澄清。

1943年8月，张寿然父亲张玉恒和张井楼长子张玉勤被日本鬼子杀害。

抗战时期，村里的张玉明、郝永珠被鬼子抓走当劳工。后来拼着命爬冰卧雪地逃了回来。张玉明腿上满是脉管炎，他说就是逃回来的时候长途跋涉留下的毛病。

杨亚勤撰写的《苦难与幸福》书中写道："记得我11岁那年，在石崖子地里看花生，远方三哥在那里刨白薯。突然发现东南方向山东庄处，有一群日本兵正沿着壕沟往西开拔。我大声喊着：'三哥，鬼子来了，快跑！'离我们只有几百米，三哥拼命地逃跑，只见日本鬼子向他开了数枪，侥幸没有打中。三哥逃脱了，日本鬼子将我带到村里。就见他们逐户抢东西找吃的，把百姓的鸡杀了，他们就生着吃鸡肉！我趁他们不注意，借机逃跑了。还有一次，日伪军天蒙蒙亮进村，挨门挨户搜查抓人。将全村人都聚集村中广场处，日本鬼子逐个拷问：'谁是八路？谁是八路军办事员？'我亲眼看到一个姓杨的大伯被审问时，一言不发。气急败坏的日本鬼子就上前往死里打他，绑凳子上灌辣椒水，至死他也没有吭一声！穷凶极恶的日本鬼子倒过头来对付群众，架起机枪向人群开枪威逼。眼看百姓要遭殃，一名王姓叔叔从人群中站起来，大声高喊：'我是八路军办事员！'从人群中走出来。他这种舍己救人勇敢不怕死的精神，深深打动了在场的群众，无不为他的生死担忧。"

大坎村

85岁老村支委张希才说："一次，鬼子来村圈庄，让人挑水去，叫村人挨个儿喝，不喝就灌。"

59岁村支委王满旺说："有一回鬼子来了，村里人赶紧往鱼子山、北寨那边跑反。王宝银就生在北山砬根儿底下了，所以，小名就叫砬子。"

东洼村

80岁老村书记路满来说："鬼子圈庄，王敏父亲出去干活回来被鬼子抓住了，让喝凉水，给折磨死了，扔水井里了。过去村里挖地道，有许多密口。鬼子来村，就把一些家的房子烧了。如张士清、张才两家的房子就被烧了，两家的房子都有密口。"

桥头营村

81岁村民郭松林说："我1943年生人，记得二三岁那年，我在家炕上坐着，鬼子提着大枪进来，跟我妈要鸡蛋。我家里穷，串房檐住，我生身父亲在县城东门口，被鬼子杀害了。

"村干部杜明，一心为八路军做事，保护老百姓。一次，让鬼子抓住了，鬼子连打带灌凉水，后来被救下来。"

山东庄村

86岁老生产队长张祥说："抗战时期，日本鬼子在平谷城建一个据点，在我们村建一个据点。我们村的据点在老大队，过去是'大白薯'张国栋家的北院，据点都住着日本鬼子。村里的庙山上也住着鬼子。东边峨嵋山，西边的北上营，也有据点。鬼子在'大白薯'家住着，抓住老百姓灌凉水、压杠子，甚至把人装一个大缸里，上边再扣一个大缸，四面点柴火，把人活活烧死。有个刘富春，也被鬼子杀害了。"

桃棚村

61岁村书记符宝森整理了日军在桃棚村的暴行：

抗日战争期间，日本鬼子多次来桃棚，烧杀抢掠，60多户房子全被烧毁，10多个村民被杀害。

张永深被鬼子抓走，鬼子问八路军伤病员和抗日干部藏身的地方，张永深不说，鬼子就把他吊在被烧毁房屋的房梁上，用马鞭抽，用烙铁烫，用火烧。最后把他拖到村外河沟边，用刺刀挑死了，尸体扔进了河沟里。

民兵田万增，被鬼子抓住带到南岔，用火烧。他从火堆里两次爬出，又两次被扔回去，身体严重烧伤。

王秀荣母亲，在鬼子"扫荡"跑反时被打死。

西沥津村

83岁村民周俭说："日本鬼子圈庄，抓住两个村里人，扔进白薯井里，点着棒子秸把他俩给烧死了。"

77岁老生产队长王成林说："日本鬼子抓住张永发的弟弟，头朝下绑电线杆子上，用刺刀扎死了。一次鬼子圈庄，我老爷跑反时被鬼子抓住，问八路军在哪儿，我老爷说不知道，鬼子拿着大扁担抡圆了打，差点没给打死，趴了半年炕。西沥津离县城很近，有一回鬼子在村里住7天，人全跑了，鬼子在村里胡糟蹋，逮着猪就拿铡刀铡。"

小北关村

98岁老中医杨旺说："有一回，鬼子圈庄，从县城北门一出来，有站岗的得到消息，村里人赶紧往北山跑反。鬼子走了，回来一瞅，杨斌家的正房东半拉（lǎ）给烧了。还有一回，鬼子来村把杨成龙、贾广啥抓到小辛寨。这俩人都20多岁，再没回来。"

鱼子山村

91岁老村书记马有志说："鱼子山村的房子大部分是在1940年至1941年这两年间被鬼子烧毁的，全村就剩鱼子山寨的一个南门楼子、寨子里边王希孟家的3间房子、小麻子峪王希旺家的3间房子没烧，其他的房子全烧毁了。"

84岁老村支委薛广聚（图336）说："我父亲叫薛三，闹日本的时候，那年正月初一鬼子圈庄跑反，父亲叫鬼子打死了。"

图336　鱼子山村84岁老村支委薛广聚（摄于2023年9月）

歌　谣

　　抗日战争中，在中国共产党领导下，平谷地区为冀东西部中心根据地。日伪军挖壕沟，修炮楼，烧杀抢掠，无恶不作。八路军、游击队与民兵一起，与侵略者进行不屈不挠的斗争。解放战争中，平谷人民一起奋勇支前，进行土地改革，迎接新中国的成立。

　　抗日战争和解放战争期间，冀东西部流行着许多歌谣，到处传唱，自然也传唱到了平谷，传唱到了山东庄地区。曾参加1962年村史编写的山东庄刘守仁老人，搜集整理了20多首革命歌谣。在此基础上，作者为编写《山东庄》小册子，进一步整理了部分歌谣，并简单加注说明。

　　这些歌谣，既是战斗的诗篇，又是历史的记录，承载着民族气节、爱国情怀与不畏强暴、坚贞不屈、追求民主与自由的革命精神，无疑具有深刻的爱国主义教育意义。

为抗日洒热血

九一八，风云变，国家危亡，民族遭难。

谁去疆场拼杀？壮士自觉自愿。

别老母，舍妻贤，去和强敌战。

战战战，昼夜无分，一战连一战。

从酷暑，到冰天，枪林弹雨伴终年。

杀杀杀，刺刀透敌胆！

三九年，风雪寒，战士身无棉。

背靠背，肩挨肩，露宿在山巅。

不怕苦，不畏难，随时准备——

把热血洒干，生死只等闲！

多少战友葬沙场，含恨长眠。

四万万同胞前赴后继，胜利在明天！

一齐打日本

有钱出钱，有枪出枪，出人出力上战场。

万众一心团结起，日本强盗难逞强。

全国动员，全民武装，大家一起来救亡。

为了民族得解放，都要英勇杀敌，把日本鬼子都扫光。

中华民族炎黄子孙，岂能甘作亡国奴？

努力争取独立自由，一定要收回祖国的领土。

走狗汉奸特务敌探，竟与日寇讲亲善，

兄弟姐妹团结起来，把无耻的败类铲除完。

树起雄心要坚持，不达目的志不移。

为国为民愿捐身躯，决不给日寇做奴隶。

各行各业工农兵学商，前赴后继来抵抗。

群策群力打击日寇，胜利之歌一齐唱。

挖壕歌

正月里来是新年，亲人朋友不团圆。

鬼子又把据点安，一安安到峨嵋山。

二月里来杏花开，户口簿子发下来。

一甲一保全记上，家家都得挂上牌。

三月里来是清明，家家户户上坟茔。

鬼子挖壕罪不轻，硬要咱们把坟平。

四月里来青草厚，鬼子强迫去挖沟。

不管老人和孩子，一个也不许留。

五月里来树叶圆，挖壕挖了三丈三。

挖的沟里出泉水，人人都泡在水里边。

六月里来太阳热，挖壕的百姓不能活。

一天打死七八个，鬼子在一边笑呵呵。

七月里来是大秋，地里庄稼没人收。

舍了庄稼去挖沟，不去鬼子就砍头。

九月里来把沟挖，半年多来没回家。

妻儿讨饭送给他，心酸泪流如刀扎。

十月里来更难熬，搜索清乡无处逃。

上宅以西到峪口，二里地远一炮楼。

十一月来雪花飘，鬼子清庄把房烧。

冻得老婆孩子号，无奈往山洞里边逃。

十二月来盼望着，主力部队来到了（liǎo）。

他们与鬼子拼刺刀，这回鬼子可命难逃！

　　注：1942年，日军为割断山区与平原之间的联系，对抗日根据地实行经济封锁，在平原与山区交界处挖了三道所谓"治安沟"，又称"防共壕"。一道从上宅到峪口，长60里；一道由华山到胡店，长20里；一道由稻地到三河掘山头（图337），延伸到蓟县附近。壕沟一般3丈宽，2丈深。日军强迫能劳动的人都去挖壕，把成千上万的民工集中到上宅、峨嵋山、祖务、上营、峪口等据点，自带干粮，集体干活，日不出来就被赶到工地，日不落不准收工。日伪军在工地上监工，挖壕的民工备受折磨，经常遭受鞭打、杀害。沿壕沟的大村都建了大据点，修筑大炮楼，要路口修上吊桥，派驻日伪军把守，监视检查往来行人。各据点之间，沿壕沟每隔2里修一小炮楼，由"剿共自卫团"把守。

　　"七月里来是大秋"节，往下看，缺少八月，似是将两节记串了。结

　　图337　东高村镇西高村87岁退休干部李环带着作者，在东高村东边2里处，说这就是当年日本人所挖的壕沟，由北向南挖的，壕沟西侧栽了杨树，壕沟东侧大致没动，现在是南北向道的西侧（摄于2019年4月）

合其他资料，按这首歌谣的语式，补充完整：

　　七月里来连雨天，挖沟挖了有半年。

　　各村小米都吃干，只好来把树叶餐。

　　八月里来是大秋，地里庄稼没人收。

　　舍了庄稼去挖沟，不去鬼子就砍头。

儿童团战歌

　　春风里，春风吹，花开草长蝴蝶飞。

　　大街上，哨子吹，儿童团员开大会。

　　夏天里，麦子黄，鬼子又要来抢粮。

　　高山顶，村头上，儿童团员把哨放。

　　秋天里，忙打粮，谷子熟在眼头上。

　　田园里，小河旁，儿童团员去帮忙。

　　冬天里，雪花扬，冀东八路打胜仗。

　　冀东好，冀东强，我爱冀东像爹娘。

八路军打仗为老乡

高粱红，芝麻香，

八路军打仗为老乡。

谷子打到囤满仓，快收割，

不让鬼子抢走一粒粮。

嘿，不让鬼子抢走一粒粮！

打甘营、望马台

八月里来是大秋，主力部队在甘营住。

住了一天零一宿（xiǔ），这下保长可发了愁。

那保长，是汉奸，报告胡庄地区班。

守备队里说根源，八路军没动弹。

小日本儿，电报快，

各处鬼子都调来，一直够奔望马台。

主力部队出了发，站在岭上把枪发。

打得鬼子叫了妈，把他送回家。

注：1943年10月初，八路军十三团和二区队进行甘营、望马台战斗，共歼日军40多人，俘虏伪军13人，缴获迫击炮1门、

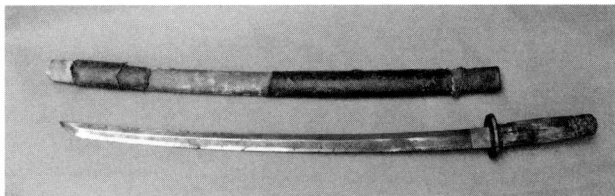

图338 李德成缴获的日军指挥刀，现陈列于鱼子山抗日战争纪念馆

炮弹83发，步枪、子弹一批等，驻平谷守备队队长宫崎毙命。战斗中，二区队排长李德成（甘营人）缴获了宫崎的指挥刀（图338），现陈列在鱼子山抗日战争纪念馆。

这次战斗，给日伪军、汉奸以很大震慑，给人民群众以很大鼓舞，从此打开了平谷地区恢复基本区的局面。

打平谷城歌

七月十七晚上月亮红，八路军去攻平谷城。

手榴弹，轰隆隆，鬼子一听发了蒙。

他叫八路别冲锋，我交枪，隔墙扔。

我交枪，隔墙扔，千万别打三冲锋。

咱得枪二百又一零，勇敢的八路军努力往前冲。

得机枪，塔胡同，打死鬼子有两名。

同胞齐心打胜仗，警察巡警乱把罐头扔。

小日本，凄灵灵，骨碌碌一个西来一个东。

有警官，拉警兵，老的少的直哼哼。

有高桌，有板凳，各处商店都照红。

图339 1944年9月4日夜，冀东十三团夺取平谷城，这是指战员清点战利品的情形。图中站立者为十三团参谋长陈云中同志（摄于1944年9月）

注：1944年9月4日（农历七月十七）夜，平谷日伪军大部出发向胡庄据点送粮。八路军十三团趁机奇袭平谷县城（图339）。从夜里11点起，经过3小时激战，攻进平谷城，俘虏伪军中队长以下410多人。砸开监狱，救出群众百余人。捣毁了伪县公署、宪兵队、警察局、新民会，缴获步枪110支、子弹1610发、手榴弹400枚，并打开敌人仓库，将粮食

分给穷苦百姓。天亮后，等蓟县400多名伪军赶来救援，我部队早已主动撤离。

民兵破坏汽车路

一更的月牙上树梢，背起了炸药，

扛起了铁锹，离开了村庄破坏汽车道。

免掉了鬼子来，用兵来杀抄。

得嗓得嗓嗓嘟嗓嘟——

免掉了鬼子来，用兵来杀抄。

二更的月牙亮光光，走近前埋伏好。

四下瞧一瞧，中国的汽车路不叫鬼子走。

一二人破坏了，万人托福笑。

得嗓得嗓嗓嘟嗓嘟——

一二人破坏了，万人托福笑。

三更的月亮当空照，听一听四下无人鬼子睡着了。

一声呼哨，八路军把道刨。

他们想坐汽车呀，坐呀坐不着。

得嗓得嗓嗓嘟嗓嘟——

他们想坐汽车呀，坐呀坐不着。

四更的月牙没眼望，砍断了电线杆，割了电线，

你们砍电线杆，我们割电线，

弄得他，烂七八糟稀糊烂。

得嗓得嗓嗓嘟嗓嘟——

弄得他，烂七八糟稀糊烂。

五更的月牙白茫茫，破坏了汽车路，

既而回家乡，做点抗日工作喜洋洋。

保护了全冀东，人人都安康。

得嗓得嗓嗓嘟嗓嘟——

保护了全冀东，人人都安康。

打鬼子队长山口

诸位乡亲听我说分明，山口来到了太后岭。

奸淫烧杀又放火，害得百姓没法活。

贼山口哇是罪魁，"清乡""扫荡"把庄围。

抓住百姓灌凉水，亲人遭难好伤悲。

那一天刚拂晓，遇见司令二老包。

设下埋伏张台北，要他山口命一条。

二老包，计谋高，带兵又下马神桥。

这个举动可不小，李五杰（汉奸）就吓坏了。

李五杰把电报拍，各处敌人全勾来。

坐着汽车来送死，主力部队把枪开。

八月里，好热闹，后岭吹起冲锋号。

得了山口两门炮，然后又把汽车烧。

贼山口，发了慌，无处躲来无处藏。

一枪打中他脑袋，送他见了老阎王。

贼山口，被除掉，苦难百姓把香烧。

李五杰闻听发了毛，没了他的洋保镖！

注："司令二老包"，当指包森。包森（图340），原名赵宝森，又名

赵寒，1911年7月21日出生于陕西省蒲城县赵家村。1932年2月加入中国共产党，1933年秋在西安被国民党政府逮捕，西安事变后获释，到西北军工作。抗日战争爆发后，党派他到延安抗大学习，毕业后被分配到八路军第一师地方工作队，挺进平西，开辟房（山）涿（县）涞（源）地区。1938年6月任第四纵队三十三大队总支书记，随队挺进冀东。四纵撤回平西后，包森留下任第二支

图340 包森烈士

队队长，坚持游击战争。1939年秋，随着冀东部队统编为十三支队（1940年改为冀东军分区），任十三支队副司令员。1940年春率部队开辟以盘山为中心的根据地。8月成立十三团，兼任团长。包森英勇善战，被誉为"中国的夏伯阳"。1942年2月17日牺牲于遵化县野户山，年仅31岁。2014年9月1日，包森名列我国民政部公布的第一批著名抗日英烈名录。

妈妈娘你好糊涂

人家的女儿能写又会算，女儿我两眼黑大糊。
妈妈娘你好糊涂，我要去念书。
人家的女儿走道快又稳，女儿我行路难迈步。
妈妈娘你好糊涂，我要放大足。
人家的女儿全都把发剪，女儿我每日把头梳。
妈妈娘你好糊涂，别再当顽固。
人家的女儿站岗又放哨，你把女儿圈（juān）在屋。

妈妈娘你好糊涂，我要当八路。

人家的女儿参加妇救会，我去开会你嘟嘟。

妈妈娘你好糊涂，我也要进步。

人家妈妈送儿上战场，我哥要当兵你就哭。

妈妈娘你好糊涂，别当亡国奴。

人家夫妻平等多和美，你讲三从四德受大罪。

妈妈娘你好糊涂，妇女要自由。

挨打受气逆来受，封建势力压迫奴。

妈妈娘你好糊涂，妇女翻身心才舒。

注：抗日战争胜利以后，平谷地区进行土地改革，实现耕者有其田。同时，政治上实行男女平等，广大妇女放足、剪发、学文化，跟男人一样站岗放哨，参加妇救会。歌词以女儿之口，对母亲的封建残余思想进行说服教育。

霸王鞭歌

顽固人来真可笑，不让儿童入学校。

共产党来了真正好，学习文化本领高，

——本领高。

封建社会太黑暗，妇女缠足几千年。

新社会来党领导，妇女放足解放了，

——解放了。

懒汉懒汉不自觉（jiǎo），好吃懒做睡大觉（jiào）。

捉住懒汉不轻饶，代耕队里去改造，

——去改造。

儿童站岗又放哨，负责送信查路条，

地主汉奸不敢闹，一个坏蛋也跑不了，

——跑不了！

注：1947年，平谷县进行土改复查运动，广大穷人在共产党领导下，斗地主，分房分地。当时山东庄村小学校组织一个霸王鞭秧歌队，每个队员手持一根霸王鞭，边舞边唱。这是其唱词。

传　说

　　山东庄地区流传的民间传说故事很多，而民间故事往往是虚构的，可以没有真实的人物、真实的事件，各村应该都有不少这样的故事流传。这里收录的主要是民间传说，这些传说一般与一定的历史人物、历史事件和地方古迹、自然风物、社会习俗等有关，因而包含了某种历史的、真实的因素。不仅具有较高的民俗、文化、艺术价值，而且具有较高的历史、文物与地理等价值。

广成街的传说

　　题记：作者2016年为市旅游委编写《山东庄》小册子时，搜集了山东庄人刘守仁老人搜集整理的《广成街的传说》《鸡鸣谷的传说》《蝎子山的传说》《药王的传说》《龟山的传说》等。而《药王的传说》是作者2007年来桃棚村调查寺庙时，听老人所谈。对这些传说，做了进一步整理，并就有关事情予以解读。

　　这是一篇关于山川风物的传说。

　　慈福寺前甬路两侧有6通石碑，其中一通碑上，据说写着山东庄建村的事，其中就有枣林庄，也就是广成老街。当然，此碑待考。

蓟州城北五六里处，有座崆峒山，山上有个崆峒洞，洞内隐居着广成子。广成子年长黄帝二十有余，文韬武略，知天文，晓地理，预测阴阳。他常年采集深山仙花野果充饥，不食人间烟火。黄帝久闻其大名，便向其问道。

一日，广成子与黄帝来到渔山脚下，见一片枣林，林旁有四五十户人家，村南一片平川，土地肥沃，五谷丰茂。村北一片山坡，树木干枯，杂草丛生，黑雾滚滚。黄帝找来村民，村民告诉他说这村叫枣林庄。广成子问："为何村南五谷丰茂，村北荒无人烟？"村民说："北山坡洞里住着一条黑龙，时常伤人，无人敢惹。"

广成子与黄帝听后，觉得黑龙实在可恶。于是二人来到黑龙洞东边山坡上，观察黑龙动静。这时，只见那边黑云密布，黑龙突然凶猛地蹿出，奔着广成子和黄帝而来。

广成子见状，口念咒语，向黑龙洞方向一扬手掌，只听轰隆一声震响，黑龙洞崩裂，大火冲天。刹那间，黑龙被烧得焦头烂额，狼狈地向着西边逃去了。

大火烧了七天七夜，满山的石头都烧焦了，变成了红色。村民为纪念广成子和黄帝，将枣林庄改名广成街，据说这就是山东庄最早形成的一条老街。

鸡鸣谷的传说

劝诫世人，戒贪也。

古往今来，多少人栽在一个"贪"字上！

很久很久以前，也不知是哪朝哪代，轩皇坟旁住着一户白姓人家。

白老汉生有九子一女，女儿为长。白老汉一家，日出而作，日落而息，年复一年，日子过得也算红火。

一天夜里，玉皇大帝派太白金星下界，来到白老汉家。白老汉正在熟睡，就觉一阵微风拂面，随后一道金光，照着床前站立的一位老者，手持拐杖，慈眉善目，头戴道巾，身穿道袍，五绺银须飘洒胸前，低声说道："我乃太白金星，玉帝念你一家老少起早贪黑，辛勤劳作，叫我传旨：今夜你去轩皇坟里拾金豆子，一定要带十个儿子去，但不准带女儿。轩皇坟上长着一棵谷子，叫鸡鸣谷，到凌晨鸡叫时就要吐穗，吐穗时轩皇坟的大门就要关上。轩皇坟上还长着一棵鸭葫芦秧，秧上结着十多个鸭葫芦，那个最硬最结实的，就是轩皇坟大门的钥匙。你拿着那鸭葫芦，对着大门高喊三声：天门开，地门开，轩皇坟大门我来开！你们进去，每人取够自己一生用的就得，千万不要贪心。切记：鸡鸣前一定要出来！"

白老汉把这些言语牢记心头，一想自己只有九个儿子呀。有些不解，急忙再问。太白金星只说一句："你自个儿想去吧！"说完，化作一缕清风，飘然而去。白老汉醒来，与三儿子念叨梦中之事。三儿子灵机一动："有大姐夫呀！"老汉一听："对呀，俗话说姑爷顶半子之劳。"于是，白老汉把九个儿子和大女婿找来，叮嘱一番，准备齐全。

天过半夜，白老汉和十个"儿子"，每人手中拿一条小布袋，来到轩皇坟前。白老汉拿火把一照，见坟顶长着一棵碧绿挺拔的谷子，微风中轻轻摇摆。谷子旁长着一棵茂盛的鸭葫芦秧，秧上挂着十多个鸭葫芦。白老汉挨着个儿摸，结果摸着一个又大又硬的鸭葫芦，摘下来。白老汉举着对轩皇坟高喊三声："天门开，地门开，轩皇坟大门我来开！"话音未落，只见一道金光闪过，轩皇坟大门轰隆隆打开。白老汉父子十一人走进去，见遍地都是金豆子。父子们赶紧蹲下，各自往布袋里装。一会儿，布袋装满了，大伙儿起身背着往外走。出来，白老汉回头一瞅，大女婿还在里面。这个大女婿平日好吃懒做，贪便宜没够。这回又偷着腰里围一个上马子，见着这些金豆子，以为发财的日子到了，把布袋装满后，又把上马子装得满满的。金豆子沉，压得他只能一点点往前蹭。

眼看鸡要叫了，三儿子冲里面喊："大姐夫，快出来啊！"话刚出口，就听一声鸡鸣，轩皇坟大门轰隆隆落下。可怜这大女婿，再也没法出来了。这棵谷子，在鸡鸣声中，吐出了金黄的穗子，随着大门落下，也掩埋在碎石乱瓦里了。那棵鸭葫芦秧呢，还一直长着，年年都结几个小鸭葫芦。直到1960年在轩皇坟旁开采钨矿，采集矿样放炮，把这棵鸭葫芦秧炸没了。

蝎子山的传说

这是一篇关于风物的传说。

民国九年（1920年）《平谷县志》"卷一·地理志·景致"记载："城东北，山东庄之西，有山，岗阜窿然，形如大冢，相传为轩辕坟，然无实录可稽，真赝莫辨。上有轩辕庙，亦不知建自何代。乡人言，其上多蝎，每启一石，或一二、或三五不等。"志书有记，可见传说不虚。

很早很早以前，庙山的药王爷到左近深山里采药。

一次，回来的路上，遇到一对蝎子（一公一母），摇摇摆摆地往山上爬。药王爷很奇怪，用手捉住，一摸挨一下蜇，手立马儿就红肿了。药王爷把两个蝎子捏回轩辕庙，放在一个破瓦罐里。好生纳闷：这两个小东西咋这么毒？得好好琢磨琢磨。不承想，这两只蝎子偷偷从破瓦罐里爬出来，趁着黑夜，钻进了庙山的大石缝里。第二天，药王爷不见了蝎子，咋找也没找着。

后来，这两只蝎子就在庙山上繁殖起来。今天生子，明天生孙，子子孙孙，年深日久，整个庙山的大小石缝里，就连土层底下，到处都有蝎子。随便在一块大石头下一翻，往往就有十多只蝎子，多时达到上百只。所以，村里人就把这庙山也叫"蝎子山"。

庙山上的蝎子，一直到20世纪五六十年代还有很多。上山采石的人们，经常见到一窝一窝的蝎子到处乱爬。

药王的传说

或是山东庄人称伏羲为药圣、神农为药王之故，村里便流传着不少与药王有关的传说。药王在平谷地区信仰较为普遍，其传说亦很多，但都大同小异。山东庄村关于药王的传说，更为翔实、具体、生动。

药王原本在北方行医，当时虽有点名气，但一些人还不大认可。

一小伙儿要试试药王的本领，就装病让家人去请药王。左等不来，右等不来，小伙儿爬上墙头张望，一看药王来了，赶紧往下跳，跑进屋躺在炕上，忽然觉着肚子有点疼。药王一看，对家人说："这个人没救了，准备后事吧，他肠子断了。"小伙儿果然死了。

另一小伙儿也想试试药王本领，就把槐树籽泡的水抹一身，躺在炕上，乍一看真像得了黄病，药王一看，对家里人说："这个人没救了，准备后事吧，他槐毒入骨了。"这个小伙儿也死了。

这一来，就传开了，说药王瞧病，瞧一个死一个，吓得谁有病也不敢请。药王待不下去了，找算命先生占了一卦，说你出名在北方，行医非得到南方去。药王问，走到啥地方为止呢？算命先生说，走到你媳妇的脚够八斤半就行了。

药王收拾了行李，和媳妇一块儿往南方走。走了好多日子，到河南一带，天一个劲儿下雨，路泥泞得直沾鞋。媳妇实在走不动了，就说："歇歇吧，我的脚够八斤半了。"药王忽地想起算命先生的话，便找个地方住下了。

第二天，药王刚出门，见一家出殡，一打量棺材，上前拦住："你们快放下，棺材里的人没有死！"人们放下棺材，问："你怎么知道没死？"药王说："你们看，死了的人是不会滴出鲜血来的。"原来棺材里装殓的是一年轻媳妇，生孩子活活疼死的。人们赶忙开了棺，药王在年轻媳妇身上扎了几针，只听"哎呀"一声，媳妇坐起来，好了。

这一下，药王声名大振，整个儿南方，几乎无人不知、无人不晓。

有一年，药王回家探母。母亲病了，哥哥让他给治，他说治不了。哥哥一气之下，自己推着母亲去求医。走到半路，母亲渴得要命，前不着村，后不着店，荒郊野外哪儿有水呢？哥哥抬头一看，前面有块头盖骨，头盖骨里有半下水，水里泡着两条蚯蚓。哥哥把蚯蚓捏出去，水给母亲喝了。时候不大，母亲说："我觉着痛快点了。"娘儿俩继续赶路，肚子饿了，哥哥去找吃的，一进村，正碰上姑嫂两人簸糠碾米，就上前施礼，说："大嫂，我妈有病，出来求医，路上饿了，你们可怜可怜我们吧！"姑嫂两个心眼儿好，舀出新米做成饭，给他妈吃了。时候不大，母亲说："我觉着痛快多了。"又走，母亲说想吃鸡肉，来到一小山村，村里就十八户人家。有一家养着一只公鸡，公鸡淘气，每日里串十八家门，吃十八家食。哥哥进村说明来意，村里人就把公鸡送给了他。回来，哥哥把鸡给母亲炖着吃了。时候不大，母亲说："我觉着没病了，咱们回去吧。"

回到家，哥哥责怪弟弟："你还称得上药王，连母亲的病都治不好！""我不是不给妈治，我难找三种药。""哪三种药？""第一种是二龙戏水在脑浆，第二种是姑嫂二人来簸糠，第三种是十八家养个公凤凰。"哥哥一听，母亲吃的正是这三种药。

且说有一大财主家的小姐不会笑，请了很多先生都没治好，这天把药王请去了。

过去的小姐大门不出，二门不迈，不能见外家的男人。因此，先生也不能直接号脉，只能长线评脉：一根细绳，一头拴在病人的手腕上，另一头让先生攥着。

也巧，这天正赶上小姐睡觉，丫鬟就把绳子拴在了板凳腿上。药王攥着绳，号了一阵，说："老爷，大喜了。您女儿得的是胎气病，还是两个。"

老爷一听不高兴了，自己的闺女还没有许人，哪里来的胎气呢？就和药王争论起来。这时小姐醒了，听外边争论得很热闹，就问丫鬟。丫鬟咋来咋去地一说，小姐就让丫鬟把板凳搬下楼去，把事情对药王说明白。药王听了，笑笑说："你们把板凳腿劈开，里边准有两个东西。"家人劈开板凳腿一看，里边果然有两个肉虫子。

丫鬟上楼把这事和小姐一说，小姐听说世上还有这样高明的先生，咯咯地笑了。

小姐笑了，老爷要重重地酬谢药王，药王啥也没要，撩起长衫走了。

龟山的传说

在方丈严厉的清规戒律下，演绎了一段小和尚与神龟的莫逆之情。

慈福寺前有6通石碑，下面的碑座，有方形的须弥座，有王八驮石碑的龟跌座。村里老人记得，甬道西边有个王八驮石碑的王八确实没有脑袋。虽说神龟化山是个传说，但传说终究还是有现实依据的。

山东庄村北，有座慈福寺，不知道啥时候建的。只见庙内古树参天，碑石林立，尤其两棵古银杏，据说有千年历史。

不知哪朝哪代，反正是慈福寺最红火的时候，方丈是云静法师。方丈博古通今，精通佛经，佛规严厉，庙里大小和尚十分敬畏。且说有个小和尚，法号觉慧，因家中贫寒，且父母双亡，五岁便入空门。小和尚转眼长到十五六岁，顽皮淘气，不念经文，时常背着师父去农田与长工玩耍，还背着众僧开戒吃肉喝酒。方丈发觉，怒打五十戒尺，还罚他去厨房烧火做饭，与伙夫同吃同住，并每天罚背三篇经文。

一日夜晚，小和尚没背下经文，又被方丈痛打一顿。回到厨房自觉烦闷，就从酒坛里偷一碗白酒，找点素菜，自个儿喝了起来。喝着喝着，突然门帘一挑，从外面走进一个年轻人。小和尚一愣，看这年轻人细高个儿，头戴方巾，身穿长袍，两只大眼，只是脑袋有些小，脖子有些长。年轻人见小和尚深施一礼："小师父，私自开戒，不怕方丈责罚吗？"小和尚赶忙起身让座，问道："敢问施主尊姓大名，从何而来？"年轻人也不客气，坐下便道："在下姓王，东海人氏，常住宝刹。今见小师父独自喝着闷酒，有意相陪，不知可否？"小和尚很是纳闷，可又不敢慢待，于是笑着双手抱拳："原来是王长兄，今与长兄共饮，真乃是小僧的造化。"于是，小和尚悄悄把酒坛搬来，二人推杯换盏，边喝边聊，越聊越投机，大有相见恨晚之感。不觉天交五更，年轻人起身辞去。如此天长日久，二人时常相会。

一次，二人正在痛饮，可巧方丈手持宝剑，查房经过厨房，听到小和尚屋里有人说话。方丈站在窗外细听，并用舌尖舔破窗户纸看，发觉这年轻人不像真人，便大喝一声："妖孽快快受死！"说时迟，那时快，年轻人匆忙闪出门外，疾驰而去。方丈后面追赶，追到庙门外，见年轻人变一怪物朝南爬去。方丈借月光一看，竟是个簸箕大小的乌龟，爬到前院一块石碑下不见了。方丈明白了，原来是驮石碑的乌龟作怪。于是，方丈挥起宝剑用力一砍，火花四溅，龟头被砍了下来，刹那间一道青烟奔北而去。这青烟乃是驮碑的神龟幻化，从慈福寺往北，一直到山根下，团聚成一座小山，这就是龟山。后来村里人叫俗了，都叫"王八盖儿山"了。

光阴似箭，日月如梭。小和尚后来升任慈福寺住持，年八十有余。一日卧病不起，向弟子立下遗嘱，因年轻时与神龟有一段莫逆之交，死后就葬在龟山脚下，以在另一个世界终日相伴。

龟山脚下，过去确有一座和尚坟，据说坟里埋的正是觉慧。

萧太后的传说

作者2007年4月来村调查寺庙，访谈81岁老生产队长于怀谦、75岁老生产队长王桂珍等，说村里流传一个关于萧太后的传说：

九泉山有座和尚庙，山西边太后村有座尼姑庵，老尼姑带个徒弟小尼姑。老尼姑来这里与老和尚下棋，小尼姑给老尼姑送饭，见了小和尚，日久生情而怀孕。生小孩时，恰巧辽兵打来。小尼姑一边跑一边流血水，染红了石河里的石头，那道石河就叫红流河。小尼姑哪能生小孩？所以生下的小孩就扔了，被萧家院人捡了，就随了萧姓。后来长大了，进了辽宫，做了太后。

民国九年（1920年）《平谷县志》"卷之一·地理志·古迹·景致附"记载：

邑西北二十里，山势高耸，四围环抱如城郭，惟东南山口通大路。山中地势平坦，东西宽一里许，南北半里许。相传旧有尼庵，西山脚下有龙潭，水势渊深。有幼尼出行汲，忽内急而溺于潭侧。潭中龙因有人道之感，孕而生女，弃之山陬。邻村萧姓者怜而养之，长而韶秀聪慧，后入辽宫为后。主卒子幼，后即专政，遂有萧太后之称。至今其地名萧家院，中有僧庙，惟遗元碑一，皆蒙古文，土人莫之能识。

民国二十三年（1934年）《平谷县志》亦有记，只与此个别词句有异。

村人口口相传的萧太后的传说，与志书所记略有出入。实际上，桃棚隔着西边的九泉山山梁，那边就是萧家院，即今天的太后村。所以，两座寺院僧尼间翻过山梁互有往来亦属正常。这是否也间接证明，桃棚寺或与萧家院那边的大兴隆禅寺同时存在了。

神仙洞的传说

桃棚村西边的九泉山上，有个神仙洞；东边的井儿台山上，有个双峰圣水洞。这俩洞里各住着一个求仙的道士，和一个师父修行。

修行多年后，师父想考验一下俩徒弟是否得道，就化身为一个瘸腿的老乞丐。先到了东山的徒弟那儿，徒弟见老乞丐身体不舒服，上前询问。老乞丐说，腿上长了老也治不好的疮，都流脓了，没药可治，再拖着怕是没命了。徒弟问，那咋办呢？师父瞅瞅徒弟，说只有一个办法，善心人用嘴把脓水嘬出来吃了就好了。这话一说，徒弟瞅瞅老乞丐的腿，犹豫一下，面露难色。这一切老乞丐全看在了眼里，摇摇头，叹口气，化为一缕青烟走了。徒弟大惊，这才明白是师父在考验自己，肠子都悔青了，从此自个儿在洞里郁郁寡欢。

随后，师父又来到西山，同样化身成瘸腿的老乞丐，对徒弟说，我这腿要用嘴嘬脓水才能治好。徒弟瞅瞅老乞丐流脓的腿，二话没说，趴下就把脓水嘬出来，咽进肚子里了。老乞丐笑着点点头，变回真身，拉着徒弟的手说，知道吗，你咽下的脓水，是我百年修行的精华。你心地善良无私，可以成仙了。

于是，师徒二人一起，化作清风就得道成仙了。从此，西山的这个洞就叫神仙洞。

桃棚村对谢凤桐讲述的这个传说进行了初步整理，
为编入《山东庄史话》，柴福善进一步整理

独乐河和西沥津

在西沥津、东洼、北寺、大坎等村访谈中，都曾谈及与此类似的传说，已简略记述在"村落"中了。

独乐河不叫独乐河，叫渡漏河；西沥津也不叫西沥津，叫沥浸庄。

听说唐朝大将白袍薛礼跨海征东时，路过这里，正赶上连雨天，河水挺大，又没处找船，军马没法渡过。白袍薛礼站在河沿儿直发愁，说了一句："这水要是都漏下去就好了。"

话刚说完，河水真的漏了下去，露出了沙石河底，军马顺利过去了。

征服了高丽得胜还朝，路过沥津，正是夏天，天气酷热，哪儿也找不到一滴水，人马渴得嗓子眼儿冒烟。白袍薛礼站在干巴口儿的地上也没办法，发愁地说："水要是能浸上来就好了。"水果真浸了上来。

从此以后，东西洼就有了泉眼，不管多旱的年头儿从来不干。而上

游的漏河从来也不存水，赶上发大水才有水。

讲　述　人　张继武　男　70岁　汉族　农民　不识字

搜集整理　张学忠

搜集时间　1985年7月

流传地区　平谷

选自胡永连主编《平谷民间文学集成》

辑　录

将本地重要但又未列入目录的相关内容，予以辑录，以保存、丰富和完善山东庄地区的历史文化，便于读者深入了解和研究。

西汉平谷故城试说

平谷县始建于汉高祖十二年（前195年），那时的县城设在哪儿呢？

北京历史地理专家尹钧科先生认为，西汉平谷故城应在今山东庄镇大、小北关一带，这已成为官方定论。尹先生所著《北京历代建置沿革》中谈及平谷县，写道："康熙《平谷县志》云，汉平谷县故城在今平谷东北十二里城子庄，《水经注》所谓独乐河'南迳平谷县故城东'者，即此。今于平谷东北不见城子庄地名，惟有大北关、小北关二村。村以北关为名，当与汉平谷县故城近此有关。"

新编2001年版《平谷县志》记述此事便依此说，作者以前谈及平谷建置沿革亦依此说。

后来在研究中，尹先生所说清康熙六年（1667年）《平谷县志》未曾见到，而查阅明嘉靖三年（1524年）《蓟州志》"卷之一·地理志·古迹"却记载：平谷县，"县城，县西北十里"。清雍正六年（1728年）《平谷县志》"地理志·古迹"亦记载："古县城，在县西北十二里，即城子庄。"清乾隆四十二年（1777年）、民国九年（1920年）及民国二十三年（1934年）县志所记依然如是。唯独康熙县志写作"东北十二里"，一时不得其解。况且西北十二里，至今不仅汉城遗址尚存，而且还有北城子村。故此，认为平谷故城或在那里。而现在一般认为那片汉城遗址是汉代博陆城遗址，主要依据北魏郦道元《水经注》所记：洳"水出北山，山在傂奚县故城东南。东南流迳博陆故城北，又屈迳其城东"。后来据记载，这里也做过其他县城或治所，如西汉末期古北口外滑盐县、明永乐元年（1403年）营州中屯卫自塞北大宁地区徙入，都曾治此。

2018年4月，区档案局从国家图书馆征集到清康熙六年（公元1667年）《平谷县志》电子版，首先看"地理志·古迹"记载（图342）："古县城，在县西北十二里，即城子庄。"康熙志明确写的是"西北"，而非"东北"，且与明嘉靖三年（1524年）《蓟州志》、清雍正六年（1728年）、乾隆四十二年（1777年）及民国九年（1920年）、民国二十三年（1934年）《平谷县志》所记一致。况且康熙志"地理志·村庄"亦写

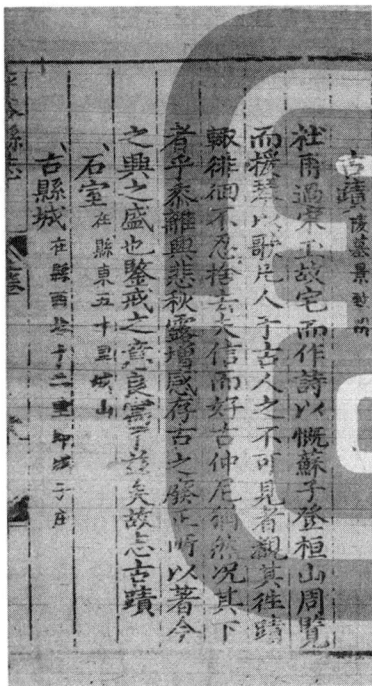

图341　区档案局所存清康熙六年（1667年）《平谷县志》古县城在西北城子庄的记载

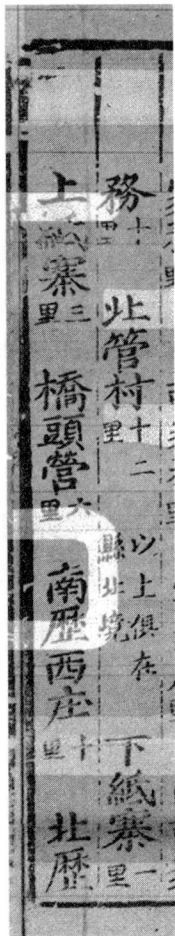

图342　清康熙六年（1667年）《平谷县志》"地理志·村庄"记载"北管村"

道（图343）："北管村，十二里"，"在县北境"。志前所绘"城廓屯社图"上，在"东胡家务"名字东侧，写有"大北管村"、"小北管村"两个村名，应该就是今天的大、小北关。清雍正六年（公元1728年）和乾隆四十二年（公元1777年）《平谷县志》亦如此记述。由此可知，当初村名应该是"管"字而不是"关"字，"管"与"关"应该不通假。如果"关"字有城关或关口、关隘之意，"管"字则没有这个意思。而且那时小北管村也已存在，应该是尚未分为独立的两村，故志书便写作"北管村"了。直至民国九年（公元1920年）《平谷县志》"卷一·地理志·乡社·村庄"记述，全县分为5个自治区。第五区所属村庄中，才出现"大北关庄，十二里；小北关庄，十二里"的记载。

2023年9月，为编写《山东庄史话》，作者来大、小北关村访谈。就其得名，大北关村77岁老村书记张庆楼说："过去这里是不是有关口啥的，不清楚。记得村南边有座三官庙，庙里有个大铁钟，是明代铸造的，钟上铸着字，有'大北官'仨字，是当官的'官'。应该就是'大北管'的'管'字简写作'官'字了，就像镇罗营镇关上村真武庙明万历三十七年（1609年）所铸大铁钟，铭文'舍银''施银'等'银'字都简写作'艮'字一样。"

小北关村73岁老村干部贾广生也说："我见过老辈儿人记账、写文书，写的都是当官的'官'，不知道啥时候咋写成'关'字了。"

访谈中，两村老人不约而同地都谈到了过去"关"字写的是当官的"官"字。

记得作者在整理全区寺庙资料时，曾看到中胡家务有通"为阻开山以遗后人重建碑"，记有"中胡家务、东胡家务、上营、熊儿营、大北关、小北关数村"，碑上有大、小北关村名，时为清光绪二十四年（1898年）。一般甭管是人名、地名还是村名，应该会有个正名。或许大、小北关村过去的正名就是"北管村"，而"管"字简写为"官"字，"官"字又与"关"字同音，或是民间随口叫来叫去叫白了，或随手写来写去写白了，就成了"北关"。当两村各自独立，写成"大北关""小北关"也就顺理成章了。直到民国九年（1920年），志书才始记为"大北关""小北关"。

至于为啥叫"北管村"，两村老人都说不清楚，甚至说没听说过这个名字。对这里是否有老县城，79岁退休职工杨海山说："小时候没听老辈儿人说过这里有县城的事。"现在一些人随口谈及老县城，或是跟近年官方认定西汉县城在此有关。

其实，也不仅是尹先生"汉平谷县故城在今平谷东北十二里"这样引录，清嘉庆《大清一统志》"顺天府三·古迹"记载："平谷故城，在今平谷县东北。汉置县。……县志：古县城，在今县东北十二里，名城子庄。"再早者，清乾隆时《钦定日下旧闻考》"卷一百四十二·京畿·平谷县"记载："故城，在今平谷县东北，汉置。《大清一统志》。""古县城，在今县城东北十二里，今名城子庄。旧县志。"清有康熙、乾隆、嘉庆三部一统志，而旧闻考与乾隆一统志前后脚修完，因此，旧闻考所引《大清一统志》或为康熙志了。也就是说，至清时，官方所修志书记载平谷故城，就写作"东北"了，且有互相抄引、以讹传讹之嫌。只是不知一统志所引"旧县志"，是清康熙县志还是明时县志。明嘉靖三年（1524年）《蓟州志》所录平谷相关内容，应该就是出自那时的《平谷县志》。无论出自哪部志书，写作"东北"或许是引用笔误了。毕竟西北城子庄在，汉城遗址亦在。而东北大、小北关一带，作者曾几经与人踏察，未见有一定规模的城址遗迹。西汉200多年，一座县城至今地上地下不可能不存在一点遗迹。

假若古县城在西北十二里，那么北魏郦道元《水经注》所记霍光封城博陆城又如何解释？有没有可能，当初西汉平谷县城设置于此，而霍光被封为博陆侯时，将其封城置于此，平谷县城则随之东迁至今天县城的老县城处呢？相关问题需再行研究。

当然，至东汉时，一般认为平谷县城已经搬迁到今天的老县城处了。

再看北魏郦道元《水经注》记载："（泃）水出右北平无终县西山白杨谷。西北流迳平谷县。屈西南流，独乐水入焉。水出北抱犊固，南迳平谷县故城东。……其水南流入于泃。泃水又左合盘山水，水出山上，其山峻险，人迹罕交。去山三十里许，望山上水，可高二十余里，素湍皓然，颓波历溪，沿流而下，自西北转注于泃水。泃水又东、南迳平谷县故城，东（当为'西'）南与洳河会。……洳水又东南流迳平谷县故城西，而东南流注于泃河。"尹先生研究，至北魏郦道元时，平谷应该有两座故城。一是大、小北关村南的故城，为西汉故城；二是现在县城东部老城地方的故城，当为东汉故城。北魏初年平谷县并入潞县，故城应该尚存。

不知北魏时泃河、洳河、独乐河，是否为现在的位置与流向。仅以现状而言，洳河从岳各庄村西向西南流去，而岳各庄距老县城有七八里，说洳河流经平谷故城西无误。看平谷地图，独乐河从黄松峪那边流来，经南、北独乐河村之间，向西经峰台村东南流，略偏西南入泃河。老县城在峰台村偏西南，相距10多里；大、小北关在峰台村西北，也有八九里远近。既然可以说洳河在故城西，是否也同样可以说独乐河在故城东呢？尤其《水经注》写独乐水"南迳平谷县故城东"，也就是南流经平谷故城东，独乐河从峰台村正是往南流而汇入泃河的。若此，是否也可以理解为独乐水"南迳平谷县故城东"的故城、泃河"又东、南迳平谷县故城"的故城与洳河"又东南流迳平谷县故城西"的故城，或是一座城，即老盘峰宾馆那儿的老县城呢？

为了新中国而南下的平谷干部工作团

题记：编写《山东庄史话》之际，看到《美丽平谷》转载张庆龙（图343）撰写的《我父亲张子祥南下故事》的文章，写道：

图343　60岁退休干部张庆龙与爱人钟文秀（摄于2023年）

我的父亲张子祥，1918年出生，平谷大北关庄人。1942年2月加入中国共产党，1944年2月参加革命，1945年6月起担任中共平谷县委第四区区委书记等职务。1949年3月，参加冀东南下工作团，至湘西。10月，沅陵县人民政府宣告成立，父亲出任沅陵县第一任县长。1950年12月，离开沅陵，又先后任晃县和溆浦县等地县长。

作者在大北关村访谈时，77岁老村书记张庆楼谈到了张子祥，说这是抗战时在外面工作的化名，本名叫张玉珍，是大北关1942年入党的第一批党员。同时南下到湖南的，大北关还有个张小辉，也是化名，本名叫张英楼，后来落在株洲。

作者记得，南下到湖南的干部还有鱼子山王明富、东沥津孟永兴、西沥津周宗堂、北屯宋文浦和李贺廷等。

1987年4月，作者曾到湖南访谈南下老干部，从长沙一直走到湘西，整理了一篇《平谷人民的优秀儿女》的专题文史资料。后在平谷历史文化传承课中又结合李越之等老同志回忆，将其作为专题来讲。为保存资料，让读者及研究者更好地了解，特将张庆龙撰写的部分内容及相关照片收入讲稿，一并录此。

辽沈、淮海、平津三大战役，国民党赖以维持其统治的主要军事力量基本被消灭。为将革命进行到底，夺取全国胜利，上级决定在冀东老区组织南下工作团，随军南下接收国民党政权，建设新解放区。

《冀东革命史》对此以"抽调干部南下，支援全国解放"专题记述：

根据战争形势的发展，1948年9月，中共中央政治局会议就提出："夺取全国政权的任务，要求我党迅速地有计划地训练大批的能够管理军事、政治、经济、党务、文化教育等项工作的干部。战争的第三年内，必须准备好3万至4万下级、中级和高级干部，以便第四年内军队前进的时候，这些干部能够随军前进，能够有秩序地管理大约5000万至1万万人口的新开辟的解放区。"10月28日，中共中央又作出《关于准备夺取全国政权所需要的全部干部的决议》。冀东区党委根据中共中央的指示精神和华北局的具体部署，开始抽调大批干部准备随军南下，到新解放区工作。抽调干部的条件是：年龄在40岁以下，有一定文化基础，身体好，能坚持长途行军。不准带家属，夫妇都是干部的，可一同去，但不准带小孩。采取个人自愿报名，组织审查批准的办法。1949年2月中旬，各地开始动员，全区掀起了报名南下的热潮。广大党员干部发扬光荣传统，自觉服从革命需要，决心为解放全中国贡献力量。虽然冀东是他们祖祖辈辈生息繁衍的故土，又有经过多年战争磨难而刚刚团聚的亲人，但他们站得更高，看得更远，毅然舍弃温暖的家庭，告别父母妻儿，奔赴更艰苦、更困难、更需要的战斗岗位。冀东区各级党组织和广大群众理解他们的情怀，支持他们的行动，千方百计地帮助南下干部解决各种实际困难，使他们解除忧虑，安心踏上征途。

经过充分动员和组织工作，冀东区从区党委、行政公署和各地、县、区四级机构中抽调近1/2的领导骨干和一般干部，并从冀东建国学院、冀东党校、公安干校、兵站部系统和唐山、秦皇岛两市抽调了900多人，还从唐山市招收了数百名工矿管理与专门技术人员，总计3410人，组成冀东南下工作总队（南下区党委）。下设6个大队，其中4个是南下地委，并编了38个中队，其中23个是南下县委。南下干部总队党委由李楚离（冀东区党委副书记）、田星云（区党委城工部部长）、王大中（区党委委员、组织部副部长）、刘慎之（区党委委员、民运部部长）、张孟旭（冀东行政公署副主任）为委员，李楚离为总队党委书记、总队长。

3月中旬，首批南下干部集中到冀东区党委驻地（唐山的开平），进行编队和短期培训。学习了毛泽东主席在政治局会议上作的《目前形势和一九四九年的任务》的报告、新年献词《将革命进行到底》、刘少奇《论共产党员的修养》、列昂节夫《社会发展简史》和新区农村政策、城市政策、军管条例等有关文件。在充分做好思想和组织准备的基础上，南下干部总队于5月25日乘专车启程离唐。冀东区及唐山市各界7000多人，怀着崇敬的和依依惜别的心情到火车站热烈欢送。南下干部带着冀东人民的殷切期望，不辞劳苦，长途跋涉，历时150多天，到达湖南、广西等省，接收新区，开展各方面的建设工作，为江南地区的解放和建设做出了重要贡献。

这里记述了当时干部南下的大的背景及大致情况，平谷属于冀东，也组织了南下干部工作团。《平谷革命史》也简略记述：

为了夺取全国的胜利，平谷人民响应党的号召，组成以县委书记王振宗为首的60多名干部工作团，随军南下，于3月出发，8月进入湖南，10月奉命接管湘西的沅陵、溆浦、永绥、花垣四县。他们把平谷县老根据地人民的忠诚可靠、艰苦朴素的优良传统作风，带到那里，在那里生根开花结果。

应该说，关于平谷干部南下的资料不多。1987年4月，作者在党史办时，和主任孙维华、县委顾问王仲林一起到湖南，在南下干部的陪同下，从长沙一直走到湘西，访谈了在世的南下老干部。回来整理了《平谷人民的优秀儿女》一文，3000多字，刊登在《沟水长流》第一辑上。现在看，内容较为简略。一时也不知笔记放在什么地方，想重新整理一时也无从下手了。好在从湖南访谈回来后，编辑了一本《平谷县南下干部名录》，有每人的简历等。另外，《沟水长流》第三辑收录了于明涛、李越之《从冀东到永州——1949年冀东干部南下回忆》（简称《南下回忆》）的回忆文章。依据这些资料，初步梳理出冀东及平谷南下干部的大致情况。

《南下回忆》写道：

解放战争进行到1949年，全国形势发生急剧变化。辽沈战役取得胜利后，我第四野战军进关与华北野战军会师，百万雄兵威逼平津。淮海战役大捷后，1月15日攻克天津，31日北平和平解放。至此，长江以北国民党军主力已被全歼，下一步就是大军南下，强渡长江，解放全中国了。

1949年春节一过，冀东区党委遵照党中央的指示和华北局的具体部署，立即调配组织南下干部队伍。当时提出从区党委到地、县、区的干部原则上一分为二，一半留原地，一半下江南。南下的同样要配齐党、政、群、公安、财经的成套班子。一般是个人报名，组织审批。确定南下后限期交代工作，按时到指定地点集合。

冀东解放区各级组织迅速掀起报名南下热潮。十四地委机关（图344）及直属单位工作人员约60名，除3人因超龄或曾负过伤外都报了名。十三、十五地委出现干部报名后未获批准而一再找组织"评理"的情况。十二地委南下干部集中时，各县竟有几十名未获批准的同志也一起跟来坚决要求南下，地委不得不再动员他们返回原岗位安心工作。

图344 中共第十四地委欢送李越之同志等南下，前排左起：王忠群、李守善、李越之、徐瑞林、马力（摄于1949年3月8日）

2月下旬集中到县委、地委，3月就都集中到了区党委。也有个别同志或因家庭牵累，或因一向未出过远门有所顾虑而托故逃避。对这样的同志党组织都作了适当处理。

图345 1949年3月3日，即从平谷出发前一天，张子祥在机关门前的留影

这是冀东当时的情况，具体到平谷，1949年1月初，平谷县委在西沥津河边召开各部委和各区主要负责同志参加的南下动员大会，十四专署专员马力做动员报告，以解放全中国的高度革命责任感激励大家。会后，县区干部踊跃报名（图345）。经组织研究，从中选出70多人（后来在唐山经组织决定回来8人），2月中旬集中到县里，经5天集训，进行革命理想和组织纪律教育。大家说，要打倒蒋介石，解放全中国，就必须服从组织分配。要建设社会主义就必须有牺牲精神，舍得妻子儿女，舍得自

图346　平谷县直属机关干部及全体南下干部合影（摄于1949年3月4日）

己的生命！当时年仅17岁的七区干事徐殿儒，晚上接到南下通知，当天夜里就赶到县里，没有向父母告别就跨进了南下行列。县委组织部长陈善志，上有年迈父母，下有妻子儿女，面对组织决定，没有一点犹豫，没提任何条件。以县委书记王振宗为首的平谷南下工作团（图346），3月5日，打着写有"还我河山"的大旗，从县委所在地西沥津出发，到地委（在东高村）集训。3月12日，分区党政军机关全体同志举行欢送会，而后在群众的夹道欢送下乘坐马车，向冀东区党委所在地唐山进发。

　　同时，地委和专署也在组织工作团。在专署工作的付声远，就是在队伍出发时，临时决定他南下的，领导批准他回家看看，可他一瞧队伍已经出发，急忙打个小背包，将多余的东西托付同事转交家里，就追赶队伍去了。他父亲知道后，为看儿子一眼，竟骑车一直追到唐山。

《南下回忆》写道：

3月下旬，各地、县南下干部集中到冀东区党委，分别住在唐山市开平镇附近的石庄、赵庄、东西尚庄、后营、聂各庄、二道口、帅家（甲）河、周家桥等村庄。集中后的主要任务一是学习，二是编队。

学习的主要文件是：毛主席在政治局会议作的《目前形势和一九四九年的任务》的报告、新年献词《将革命进行到底》、少奇同志的《论共产党员的修养》、列昂节夫的《社会发展简史》和新区农村政策、城市管理等文件。县级以上干部还听了区党委副书记李楚离传达毛主席的《党委会的工作方法》的报告。"五一"前后，少奇同志来唐山视察，县以上主要负责干部还到开滦煤矿高级员司俱乐部听了他作的报告。

编队方面，冀东区当时有十二、十三、十四、十五等4个专区和唐山、秦榆两个市，共27个县。冀东区党委从各地区和单位总共抽调3410人，组成冀东南下干部总队（南下区党委）。4个地委分别编为一、二、三、四大队（4个南下地委），县为中队（南下县委）。区党委、行署机关及冀东党校、公安干校和军区兵站部系统及唐山、秦榆两市的干部编为第五大队，冀东建国学院学员及少数带队干部和新招收的学生编为第六大队。

冀东南下干部总队党委（简称队委）委员：李楚离（原冀东区党委副书记），田星云（原冀东区党委城工部部长），刘慎之（原冀东区党委民运部部长），王大中（原冀东区党委组织部副部长），张孟旭（原冀东区行署副主任）。队委书记、总队长李楚离。

总队部设秘书处、组教处、供给处、参谋处。其中秘书处处长于明涛（原十二专署专员）。总队部共162人，包括警卫、通讯两个排50余人。

一大队（南下一地委），由冀东十二地委所属临榆、抚宁、卢龙、迁安、迁西、青龙、青平（现为宽城）、昌黎等8个县及地专机关抽调，共

600人左右。

二大队（南下二地委），由冀东十三地委所属。滦县、滦南、丰南、乐亭等4个县及地专直属机关抽调，共400人左右，组建成4个南下县委和1个地直机关中队。

这2个大队后来到河南新郑时分配去广西。其中迁西、青平两县81人分配到湖南邵阳地委。

三大队（南下三地委），由冀东十四地委所属蓟县、平谷、顺义、兴隆、三河、通县、密云等7个县及地专直属机关抽调，共453人，组成5个南下县委和1个地直机关中队。大队队委书记、大队长李越之。

四大队（南下四地委），由冀东十五地委所属滦西、玉田、宝坻、遵化、香河、武清、宁河、丰润等8个县及地专直属机关分两批抽调，共706人，组成7个南下县委和1个地直机关中队。

五大队抽调400人，组建5个中队。

六大队抽调689人，组建6个中队。

共编6个大队，其中4个是南下地委；编了38个中队，其中23个是南下县委。大队、中队分别设秘书、组教、供给科、股和参谋人员。

南下出发前，进一步考察了解干部，将不符合南下条件的同志介绍回原地县。并在唐山设留守处，照管南下干部中怀孕、带小孩的女同志和为总队办理其他后方事宜。

当时，平谷南下干部工作团住在唐山开平的西尚庄，老干部回忆是被编为冀东南下工作团第三大队第二中队，而《南下回忆》记载："三中队（平谷），61人，队委书记、队长王振宗。"冀东区党委书记吴德做形势教育报告，郭珍代表第二中队表示决心。南下工作团初定接收武汉，进行两个月的理论学习，主要学习党的城市工作方针、政策，党的基本知识以及社会发展史。通过学习，大家第一次明白了"人是由猴子变来的"，人类必然要发展到社会主义、共产主义。系统的理论学习，使大家对南下的意义认识得更深刻了，对如何开展城市工作也增强了信心。

《南下回忆》接着写道：

5月25日，总队启程南下。区党委、行署及各地、县委派来代表送行，并赠送了锦旗。从驻地到开平、唐山、胥各庄（丰南县机关所在地），到处都有当地党政机关干部、学校师生和群众热烈欢送。他们高呼："打倒蒋介石，解放全中国！""祝南下同志一路顺风！"南下同志也高呼："响应党中央号召，打过长江去，为解放全中国而奋斗！"为了全国人民的解放事业，南下干部坚毅地告别冀东老解放区，踏上了新的征途。

总队人员分乘两列火车，每列车上有一节客车厢供女同志乘坐，其余全是闷罐车。人多，白天坐着还不显得挤，晚上躺下来就显得很挤了。在车上吃的是行前准备的干粮（发面饼和饼干），每节车厢里有一桶开水供大家饮用。这样长途行军确实是劳累的，但大家情绪高昂，一路上高呼"军队向前进，生产长一寸。加强纪律性，革命无不胜"的口号和唱着"下江南，下江南……"等革命歌曲，充满欢快的气氛。特别是建国学院的学员和新吸收的学生更活跃，他们还喜欢唱"解放区的天是明朗的天，解放区的人民好喜欢"这首歌，一路上引得行人止步观望。

火车经天津向南，在津浦路上行进，经济南、徐州，转入陇海路到郑州，再转上平汉路到新郑。途中走走停停，直到5月29日才到达新郑车站。

由新郑东行10公里，我们分别在小岗王、枣园、花园、君照、小苏庄等几个村子住下来，等待华中局分配去向。

6月中旬，中共中央华中局决定，冀东南下干部进入湖南。湖南省委副书记金明、省委组织部部长郭森等同志来总队部，对干部调配提出具体方案。以一、二大队为基础组成一个地委接管郴州地区，辖郴县、永兴、临武、宜章、汝城、桂阳、桂东、酃（líng）县、资兴等9个县（以后改为去广西）。以三、四大队为基础组成一个地委共1315人，接管永州地区，辖零陵、祁阳、东安、道县、江华、永明（今江永）、宁远、新田、常宁、蓝山和嘉禾共11个县。五、六大队撤销，人员一部分充实上述两地委，一部分分配到湖南省直和其他地区工作。

至此，冀东南下干勤人员有1200人左右，由李楚离、王大中同志率领进入广西，1936人进入湖南。

经华中局批准，永州地委于6月下旬在新郑组成。刘慎之为地委书记，胡继宗、李越之为地委副书记。

永州地委配备了11个县的领导班子和全套干部，其中平谷干部进入嘉禾。

自5月29日到达，至7月22日离开，在新郑住了51天。

作者在湖南访谈时，平谷老同志记得，5月25日，从唐山动身，坐了7天7夜火车，6月2日到达河南新郑县，住在沙庄，等待开赴新区。在这里又进一步学习，内容有陈毅《关于中原解放区的形势》、邓子恢《论群众运动》和七届二中全会文件。学习期间，革命形势飞速发展，天天听到好消息。根据需要，上级将十四地委、专署和十五地委、专署两个大队合并，接收湖南。

平谷工作团被分配到零陵地区的嘉禾县。就在此时，付声远由十四地委回到县里。新整编的平谷工作团编制为：县委书记王振宗，县长张子祥，组织部长陈善志，宣传部长付声远。下设5个区，每区五六个人，有书记、区长、宣传委员、组织委员、武装委员。整编后，党员和副区长以上干部，在一片树林中听取湖南省委副书记金明关于接收城市工作的报告。大家听到在毛主席家乡工作和飞速发展的革命形势，情绪饱满，士气高昂。组织上每月发两元钱津贴，大多数同志都交了党费。大家所有的，只是一身军装、一杆枪，所希望的是早日到达毛主席的家乡，把毛主席的家乡建设好。

《南下回忆》写道：

7月25日下午，永州地委到达离武汉约15公里的滠（shè）口车站，因前面铁路桥被敌军撤退时炸毁，只好步行进武汉，那时正遇上武汉一带涨大水。下车后一面埋锅做饭，一面找船运送病号和行李。饭后，大部分同志蹚着过膝的水摸索前进，过桥的地方，桥已淹没，桥身插有标记，防止意外。天黑之后行进更艰难了，后面的人只好牵着前面人的衣服走，这样蹚水的路约有二三公里。夜间两点钟到达汉口民众游艺场门前，这时真的人困马乏，同志们都躺在大街上睡觉了。还有些等着接病号和行李的同志，未能和大家一同进城，就露宿在江边的大堤上。清晨老百姓看到这么多穿着草绿色军服的"解放军"睡在地上，颇为惊讶，对这支队伍纪律之严明无不交口称赞。

在武汉时，永州地专机关住在汉口宝善区第一中心小学。当时学校放假，把教室里的课桌拼排起来，铺上自带的小棉被，就是理想的床位了。7月下旬正是炎热季节，又是在"三大火炉"之一的武汉，阴天潮湿闷热，晴天烈日灼人，整天汗流浃背喘不过气来，北方同志第一次经受着江南酷暑的考验。当时伙食又不好，吃的是北方运来的陈小米，生活是艰苦的，但大家情绪饱满，没有怨言。

从出发到抵达目的地的整个途中，每到晚上同志们都要轮流站岗放哨，以保卫大家的安全。白天还要帮厨做饭，有时还要背米。但大家都很自觉，团结互助，遵守纪律，积极完成分配的勤务。

暂住武汉期间，在桥口民众游艺场听了湖南省委副书记王首道同志的报告。他讲进湖南的任务是筹粮支前，剿匪安民，打开局面，开展工作。

8月3日、5日和13日，分三批离开武汉。

平谷老同志记得，7月20日，从新郑县沙庄出发，坐了一段火车，因为刚刚恢复的铁路，有的地段不通车，就完全靠步行了。到汉口时，正赶上发大水，水面高于浮桥1米多，长江两岸一片汪洋。晚上7点多，大家手挽手，你扶着我，我挽着你，在齐腰深的水中一步步挪动，夜里2点多钟才到对岸。上岸后大家累倒路边，有人困极了，不小心砸着了当地人路旁休息的帐子，惊醒了睡在里边的人。

《南下回忆》写道：

7月上旬，人民解放军发起湘赣战役。7月5日解放临湘，18日、19日解放平江、浏阳，20日解放岳阳，下旬逼近长沙。29日，解放军代表与程潜、陈明仁举行和平谈判。

在此形势下，8月3日，永州地委奉命由副书记胡继宗率领拟进宁远、江华、永明、蓝山等4个县的干部离开武汉，去浏阳帮助筹措粮食支援前线。

8月5日，由专署副专员贾盛德、公安处长李猛率领拟进道县、新田、嘉禾的干部由武汉动身乘火车到咸宁，乘"四野"的军车进入平江帮助工作。

平谷老同志记得，在汉口住了数日，8月上旬，队伍来到湖南平江县，住在三眼桥。平江县地下党的县委书记来看望大家，并举行了联欢会。会后，他要求工作团帮助平江借粮，以保证大军军需。大家接受任务后，便分头到各区去开展工作。

由于环境不适、水土不服和连续几个月行军，工作团有一半多人相继打起摆子，驻地就像医院一样躺满了病人。打摆子就是疟疾，一会儿冷一会儿热的。通讯员耿长荣，早起送信到县城，一天没吃东西，晚上回到驻地吃了一顿糙米饭，因此得了急性胃病，由于医疗条件有限，治疗无效，竟献出了生命。耿长荣是耿井村人，去世时年仅24岁。

困难没有吓倒他们，凭着对党的事业的耿耿忠心，大家战胜疾病、战胜困难，从地主手里借了90万斤粮食，保证了解放大军的军需。

《南下回忆》写道：

永州地专机关同祁阳、零陵、东安、常宁等4个县的干部500余人，在地委书记刘慎之、副书记李越之、专员于明涛率领下，于8月13日下午离开武汉，乘私人运输行的两条汽轮（地专机关乘坐的是"兴运号"）向长沙进发。晓行夜宿，途经嘉鱼、岳阳等地，于8月16日下午到达长沙。

大家记忆犹新的是8月16日早晨，由岳阳开船至洞庭湖中遇到大风，轮船左右颠簸，浪头不断冲上甲板。洞庭湖一望无边，一时无法靠岸。许多同志是第一次乘船，有点慌张。地委行政科长武华同志在紧急中大喊："同志们不要动，都躺下！"这样虽然好些，但船还是摇晃不止。船家赶快杀鸡，燃放鞭炮，祈求神灵保佑。待风浪过后，旭日东升，大家重开笑颜，庆幸又闯过了一道难关。

在长沙最使人振奋的，是庆祝中华人民共和国大典。当看到《新湖南报》载毛主席在天安门宣布的"中华人民共和国成立了！""中国人民从此站起来了！"大家感到兴奋自豪。这一天长沙城内外非常热闹，各机关、部队、学校、商店门前都挂上五星红旗，人们熙熙攘攘，欢庆开国大典，喜悦之情溢于言表。10月2日，长沙举行了大规模的庆祝中华人民共和国成立大会。

9月上旬，永州地区的干部配备又做了一次调整。遵照省委指示：一、永州地委由原定接管11个县改为8个县，将常宁划给衡阳地委，蓝山、嘉禾划给郴州地委；二、将原配备嘉禾（即原平谷）的干勤人员63人（其中有建国学院学员8人），成建制地调给沅陵地工委；三、将原配备蓝山的县委书记陈一心同志等3人调给郴州地委，将干勤人员8人调省直机关和湘西。

　　原拟进嘉禾的同志，由县委书记王振宗、县长张子祥、组织部长陈善志、宣传部长付声远、公安局副局长李子贵率领，于9月30日由长沙出发，10月5日进入沅陵地区，分配在沅陵、溆浦、泸溪、永绥（今花垣）等4个县工作。沅陵地处湘西，是有名的土匪盘踞的地方。这部分同志进入该地区后，同其他地区南下同志一起，在极其险恶艰苦的环境中，一边同残敌土匪斗争，一边开展工作。

　　至此，冀东南下干勤人员共有1209人到了永州地区。

　　在唐山留守的女同志，还有家属保姆和小孩，是大队人马到达长沙后派地委机关总务股长王守仁和中民等同志去接的，11月下旬到达永州。

图347　湖南零陵地委负责同志合影，右起：于明涛、刘慎之、贾盛德、贾奎、胡云初、胡继宗、李越之

　　在长沙调整后，永州地专领导干部：地委书记刘慎之。副书记胡继宗。副书记兼秘书长李越之。专署专员于明涛（图347）。

　　平谷老同志记得，9月中旬离开平江，分两批开进长沙。这时我军以摧枯拉朽之势，很快解放了湖南西部地区。湖南省委考虑湘西是山地，经济落后，土匪众多，条件艰苦，而平谷是革命老区，广大干部在抗日战争、解放战争中，经受了艰苦的锻炼，具有群众工作的经验，决定平谷南下工作团不去嘉禾，调往少数民族聚集地湘西。

　　从长沙出发，9月30日住在益阳，第二天便听到了毛主席"中华人民共和国成立了"的庄严宣告，大家兴奋异常，欢欣鼓舞，加速行程，10月3日抵达目的地湘西沅陵，在那里度过了来南方的第一个中秋节。

湘西所属的沅陵地区，9月18日由三十八军解放，10月4日由平谷南下工作团接管，而后，大家立即开展工作。

一是建立政权，征粮支援大军

平谷南下工作团，按照组织安排，主要力量接管沅陵，抽一部分骨干到溆浦、永绥、泸溪三县。根据《怀化大事记》记载，1949年10月8日中共沅陵县工作委员会和沅陵县人民政府成立。10月26日，中共溆浦县工委成立。当时南下工作团干部分配情况如下。

沅陵县

县委书记王振宗，峰台村人，生于1917年，1942年7月参加工作，同年1月入党。南下前任平谷县委书记、常委。南下进入湘西沅陵县任县委书记，离休前任湘西自治州副州长、人大常委会第一副主任，行政十二级。

县委秘书李东瑞（图348），齐各庄人，生于1909年，1944年5月参加工作，同年7月入党。南下前任平谷县工商局秘书。南下进入湘西任沅陵地委行政秘书，离休前任常德地区气象局局长，行政十四级。离休后回到家乡，安度晚年。

图348　李东瑞

组织干事贺连江（图349），黑水湾人，生于1929年，1946年7月参加工作，1944年7月入党。南下前任平

图349 贺连江（摄于1987年4月）

谷县委组织部干事。南下进入湘西沅陵县委组织部任干事，离休前任湘西自治州审计局局长，行政十四级。

宣传干事张福增，后改名张辉，辛撞村人。南下前任平谷县委组织部干事。南下进入湘西沅陵县委宣传部，病故前任湖南农民报支部书记、副总编，处级。

县长张子祥（图350），大北关人，生于1918年7月，1942年2月加入中国共产党，1944年参加革命工作，先后在平谷县二区、四区工作，任宣委、区委书记等，随军参加东北远征担架团时任团长。1949年3月，随军南下。同年10月，任湖南省沅陵县第一任县长。1950年任晃县（今新晃）县长，1953年任溆浦县县长，1954年任省林业局黔阳专区分局局长，1956年任省林业厅经济林处处长，1958年任国营江华林场党委书记兼场长。1974年，由湖南江华回到河北省秦皇岛市，先后在市委政策研究室和市委信访办工作。行政十三级，1986年10月病逝。

张子祥之子张庆龙保存着当时的布告与任命书。

图350 1949年3月3日，即从平谷出发前一天，张子祥（后排左一）在机关门前与部分南下干部合影

"湖南省沅陵县人民政府布告"（图351）：

　　湖南省沅陵县人民政府布告
　　　　政字第一号
　　奉
　　湖南临时省政府令："沅陵县已获解放，着即成立人民县政府，并任命张子祥为县长。"本府遵令于十月八日宣告成立，子祥亦于该日到职视事。
　　特此布告
　　　　　　　县长张子祥
　　　　　一九四九年十月八日

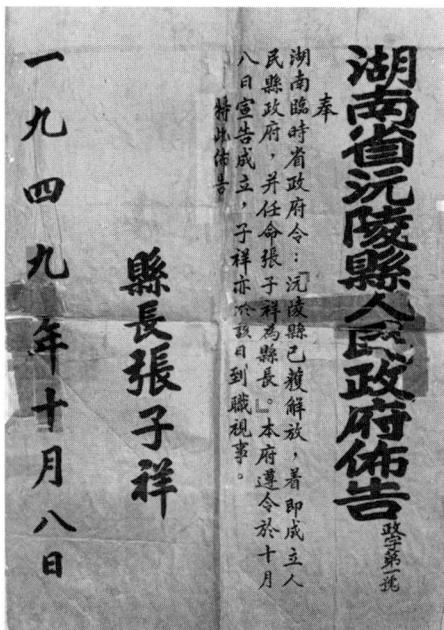

图351　湖南省沅陵县人民政府于1949年10月任命张子祥为县长的布告

现存"湖南省人民政府任命通知书"（图352）：

　　湖南省人民政府任命通知书
　　　　府人字第01166号
　　兹经省府第八十七次行政会议通过，任命张子祥为溆浦县人民政府县长。
　　特此通知
　　　　　　主席　程　潜
　　　　一九五三年七月三日

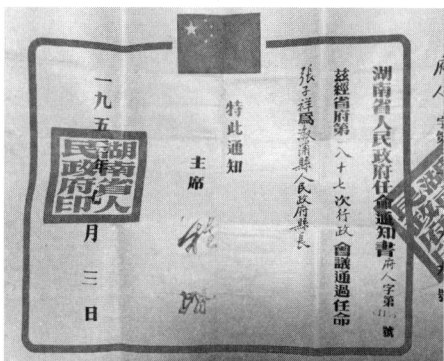

图352　湖南省人民政府于1953年3月关于任命张子祥为溆浦县人民政府县长的通知书

图353　杜美林

政府秘书杜美林（图353），原名王臣，王都庄人，生于1919年9月，1944年9月参加工作，1945年11月入党。南下前任平谷县粮食局局长。南下进入湘西任沅陵县政府秘书，离休前任怀化地区劳动局局长，行政十五级。

财政科长张荫文，岳各庄人，生于1916年，1940年参加工作，1945年2月入党。南下前任平谷县财政科科长。南下进入湘西沅陵县任财政科科长，离休前任怀化地区农机局局长，行政十五级。

记得1987年4月到怀化时，我们是到张荫文家中看望的，当时老人已经病了，没一二年就说老人去世了。

财政科会计王惠斌，东高村人，生于1918年，1947年参加工作。南下前任平谷县武委会会计。南下进入湘西任沅陵县财政科会计，1954年调湖南省建筑工程公司任技术定额科科长。1959年回原籍。

民政科长王明富（图354），鱼子山人，生于1924年，1942年参加工作，1944年入党。南下前任平谷县武委会科长。南下进入湘西任沅陵县民政科科长，离休前任水电部中南院处长，行政十四级。

工商科长秦汉文，原名秦珩，南太务

图354　王明富

人，生于1908年，1945年2月参加工作，1946年7月入党。南下前任平谷县商店经理。南下进入湘西沅陵县政府任秘书，离休前任怀化地区粮食局副局长，行政十四级。

粮食局副局长张永清，大旺务村人，生于1924年，1947年参加工作，1949年入党。南下前任平谷县民政科科员。南下进入湘西任沅陵县粮食局副局长，离休前任怀化地区财贸办副主任，行政十五级。

税务局长孟永兴，东沥津人，生于1918年，1944年参加工作，同年入党。南下前任平谷县税务秘书。南下进入湘西任沅陵县税务局局长，病故前任怀化地区税务局副局长，行政十五级。

公安局股长曹世璞（图355），洙水村人，生于1923年，1944年参加工作，1946年入党。南下前任平谷县公安局侦查员。南下进入湘西任沅陵县公安局股长，离休前任新疆阿克苏地区公安处长，行政十四级。

劳改队长谢尽臣，海子村人，生于1922年。南下前任平谷县六区公安助理。南下进入湘西任沅陵县劳改队长。1976年病故于海子村。

法院刘瑞丰

图355　曹世璞

周宗堂，西沥津人，生于1921年，1947年参加工作，1950年入党。南下前任平谷县粮食局柴草股会计。南下进入湘西任沅陵县政府管理员，离休前任辰溪县饮食公司经理，行政十七级。

张大武，张辛庄人，生于1924年，1946年参加工作，1944年入党。南下前任平谷县委管理员。南下进入湘西沅陵县任区委书记，离休前任怀化地区工商局局长，行政十六级。

机要、收发、通讯等工作由吴和、何庆云、王立勤、牛德良、刘瑞平等负责。

吴和，平谷县城关镇人，生于1922年。病故前任怀化地区辰溪县汽车站站长。

何庆云，赵各庄人，生于1929年，1948年参加工作，同年入党。南下前任平谷县委机关警卫员。南下进入湘西任沅陵县城派出所所长，离休前任怀化地区轻纺局工会副主席，行政十七级。

王立勤，东土门人，生于1927年，1944年参加工作，同年入党。南下前任平谷县委机关警卫员。南下进入湘西任沅陵县公安派出所所长，离休前任洪江市松脂厂保卫科科长，行政十八级。

牛德良，西石桥人，生于1927年，1942年参加工作，1948年入党。南下前任北京曾茂钢铁厂工人。南下进入湘西任沅陵县粮食局党支部组织委员，离休前任怀化地区黔阳县螺丝塘发电站办公室主任，行政十九级，技术级十级。

图356 刘云华

刘瑞平，北店村人，生于1926年，1948年参加工作，1952年入党。南下前任平谷县民政科科员。南下进入湘西任沅陵县政府收发，离休前任湘西新晃县农业银行副行长，行政十八级。

沅陵县下设7个区，其中一区刘云华（图356），吉卧村人，生于1919年，1946年参加工作，1941年入党。南下前任平谷县四区区委书记。南下进入湘西任沅陵县一区区委书记，离休前任郴州地区公路段段长，行政十五级。

二区王吉言、陈希慈。

王吉言，青杨屯人，生于1912年10月，1947年3月参加工作，1942年3月入党。南下前任平谷县六区战勤助理。南下进入湘西任沅陵县第二区区委书记兼区长，离休前任县公交部长，行政十六级。

陈希慈，河北南宫县韩家屯人，生于1925年，1945年参加工作，1946年入党。南下前任平谷县三区运输队队副。南下进入湘西任沅陵县二区武装委员，1950年病故。

三区宋文浦、支凤山、张书芬。

宋文浦（图357），北屯村人，生于1924年，1947年参加工作，1944年入党。南下前任平谷县武委会会计。南下进入湘西任沅陵县四区区委书记，离休前任湘西怀化地区建委主任，行政十四级。

支凤山，西樊各庄人，生于1929年，1946年参加工作，1945年入党。南下前任平谷县区财粮助理。南下进入湘西任沅陵县三区副区长，离休前任湘西怀化地区师专副校长，行政十五级。

图357　宋文浦

张书芬，峪口人，生于1926年，1948年参加工作，1946年入党。南下前任平谷县五区妇女委员，南下进入湘西任沅陵县三区区委副书记。

四区曹保生，洙水村人，生于1927年，1944年参加工作，1945年入党。南下前任平谷县三区治安员。南下进入湘西任沅陵县四区区长，病故前任湘西怀化地区商业局局长，行政十五级。

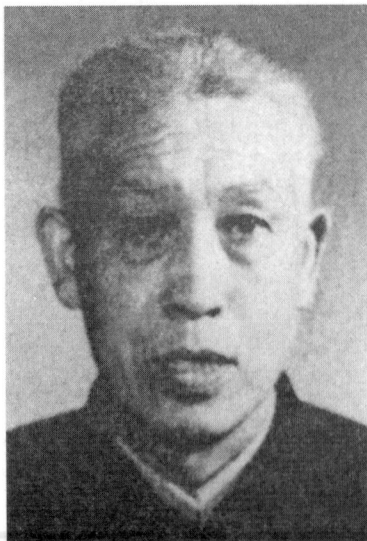

图 358 王保立

图 359 徐殿儒（摄于 1987 年 4 月）

五区王保立（图 358），原名王立言，东马各庄村人，生于 1925 年，1942 年参加工作，1947 年入党。南下前任平谷县一区财粮助理。南下进入湘西任沅陵县五区区委书记，离休前任湖南省干部疗养院副院长，行政十三级。

六区李山峰，黑豆峪村人，生于 1920 年。南下前任平谷县区委书记。南下进入湘西任沅陵县六区区委书记，病故前任怀化地区交通局局长，行政十四级。

七区王月、徐殿儒。

王月，天井村人，生于 1924 年，1948 年参加工作，1946 年入党。南下前任平谷县七区治安员。南下进入湘西任沅陵县七区区长，病故前任沅陵县副县长。

徐殿儒（图 359），小屯人，生于 1932 年，1948 年参加工作，1949 年入党。南下前任平谷七区青年干事。南下进入湘西任沅陵县委组织部干事，离休前任怀化市委书记，行政十四级。

溆浦县

分配到溆浦县的，有付声远、岳廷秀、田茂生（顺义县人）、赵瑞成、王容宽、李贺廷、范文秀 7 人。

付声远任溆浦县委宣传部长，其他同志到各区任区委书记、区长或副区长等。

付声远（图360），贤王庄人，生于1927年，1944年6月参加工作并入党，南下前任十四专署粮食局股长，南下进入湘西溆浦县任宣传部长，离休前任湖南省水电厅厅长，行政十二级。

岳廷秀（图361），王官屯人，生于1925年，1946年8月参加工作，1947年4月入党。南下前任平谷县六区武委会文书，南下进入湘西任溆浦县区委书记，离休前任怀化地区水电局局长，行政十四级。

田茂生，原名浦致荣，顺义县大段村人，生于1924年，1944年6

图360　付声远（左二）离休后，与当年一起战斗过的老同志，在河北唐山冀东烈士陵园鲁夫墓前留影。鲁夫为平谷县委书记，1947年土改中去世，天津蓟县盘山烈士陵园也有鲁夫墓

图361　2013年6月，作者与回乡的南下干部崔仲义（中）、岳廷秀（右）访谈时合影

月参加工作，1948年入党。南下前任平谷县五区副区长，南下进入湘西溆浦县任县政府秘书，离休前任湖南财经专科学校校长、党委书记，行政十四级。

赵瑞成，黑豆峪人，生于1916年，1944年参加工作，同年入党。南下前任平谷县区农民委员，南下进入湘西任溆浦县区委书记，离休前任怀化县副县长，行政十五级。

王容宽，平安街人，生于1920年，1945年9月参加工作，1946年11月入党。南下前任平谷县区治安员，南下进入湘西任溆浦县公安局股长，离休前任靖县饮食服务公司党支部书记，行政十八级。

李贺廷，北屯人，生于1925年，1947年参加工作，1944年8月入党。南下前任平谷县三区粮秣助理，离休前任溆浦县建委副主任，行政十七级。

范文秀（图362），小屯人，生于1927年，1944年参加工作，1948年入党。南下前在平谷县五区做战勤工作，南下进入湘西任溆浦县财粮科主管科员。1962年回平谷，任门楼庄乡粮站保管员，企业干部十级副。

图362　岳廷秀（左）与范文秀（右）（摄于2013年6月）

永绥县（今花垣县）

分配到永绥县的，有郭珍、许全、韩太和、张振邦、刘明贤等，到各区任区委书记、区长或副区长。

郭珍（图363），山东庄人，生于1917年，1946年5月参加工作，1941年1月入党。南下前任平谷县七区区长，南下进入湘西任永绥县二区区长，离休前任湘西自治州交通局副局长，行政十

图363　郭珍（摄于1987年4月）

五级。

许全，薄各庄人，生于1914年，1947年参加工作，1942年入党。南下前任平谷县农民委员，离休前任郴州收遣站支书，行政十七级。

韩太和，大兴庄人，生于1921年，1947年参加工作，1940年入党。南下前任平谷县合作科科员，南下进入湘西任花垣县六区区长，离休前任湘西自治州外经委科长，行政十六级。

张振邦，三福庄人，生于1922年，1947年参加工作，同年入党。南下前任平谷县担架队副，南下进入湘西任花垣县四区干部，病故时任四区区委副书记。

刘明贤，纪太务人，生于1923年，1946年8月参加工作。南下进入湘西任花垣县财粮科长，离休前任花垣县文化局局长，行政十八级。

泸溪县

分配到泸溪县的，有崔仲义、张玉怀、李珍、魏殿起、金立国5人，到各区任区委书记、区长或副区长。

崔仲义，东上营村人，生于1924年，1947年参加工作，1944年入党。南下前任平谷县三区组织委员，南下进入湘西任泸溪县区委书记，离休前任湖南省农林工业勘察设计院党委书记，行政十四级。晚年回到平谷，作者前去家中看望，并对其进行访谈（图364）。

张玉怀，南定福庄人，生于

图364　崔仲义，东上营村人，老家是赵各庄，爱人姓马，鱼子山人，是村上马有志老书记的姐姐。晚年回到平谷后，作者看望并对其进行访谈（摄于2013年2月）

1922年，1948年参加工作，1943年入党。南下前任平谷县六区治安员，南下进入湘西任泸溪县派出所所长，离休前任湘西自治州运输公司工会主席，行政十七级。

图365 金立国（摄于1987年4月）

图366 陈善志

李珍，北定福庄人，生于1925年，1947年参加工作，1945年入党。南下前任平谷县四区工商助理，南下进入湘西任泸溪县二区区长，离休前任湖南省委办公厅处长，行政十六级。

魏殿起，云峰寺村人，生于1923年，1942年参加工作，1944年入党。南下前任区担架队队副，南下进入湘西任泸溪县公安局股长，离休前任湘西自治州土畜产进出口公司经理，行政十六级。

金立国（图365），陈良屯村人，生于1921年，1944年参加工作，同年入党。南下前任平谷县五区财政助理，南下进入湘西任泸溪县区委副书记，离休前任湘西怀化地区医药局副局长，行政十五级。

另外，陈善志、赵山青调到沅陵地委，王蕴志、曹志城、张春生调到沅陵专署。

陈善志（图366），张各庄人，生于1917年，1945年2月参加工作，1944年7月入党，南下前任平谷县委组织部长。南下进入湘西沅陵地委任组织科长。离休前任湘乡水泥厂党委副书记，行政十四级。

赵山青，大华山村人，生于 1925 年，1943 年参加工作，1948 年入党。南下前任平谷县区治安员。南下进入湘西任沅陵地委机要收发，离休前任怀化地区文化局副局长，行政十五级。

王蕴志，蓟县白塔乡康各庄人，生于 1923 年，1946 年参加工作，1947 年入党。南下前任平谷县粮食局会计。南下进入湘西任辰溪县政府财政科长，离休前任怀化地区建委副主任，行政十四级。

曹志城（图 367），洙水村人，生于 1914 年，1941 年参加工作，1943 年入党。南下进入湘西任吉首银行中心支行行长，离休前任湘西自治州科委副主任，行政十四级。

张春生，西沥津村人，生于 1929 年，1946 年参加工作，1944 年入党。南下前任平谷县委宣传部干事，南下进入湘西任沅陵地委组织部干事，病故前任洪江松脂厂书记，行政十六级。

图 367　曹志城（摄于 1987 年 4 月）

《平谷县南下干部名录》中，共收录 85 位南下干部简历，主要为 1949 年 3 月平谷县南下干部，还收录一些从其他地方或随军南下到湖南的平谷籍同志。在此仅列举杨忠文、张小辉、王青文、王振良、刘品生 5 位，其他不一一记述了。

杨忠文（图 368），原名杨景芝，南水峪（杨家台）人，生于 1915 年，1941 年参加工作，同年入党。南下前任顺义县委常

图 368　杨忠文

图369　张小辉

图370　王青文

图371　王振良

图372　刘品生

委，南下进入湖南任道县公安局局长，离休前任湖南省法院副院长，行政十一级。

张小辉（图369），又名孟兆东，原名张英楼，大北关人，生于1917年，1940年参加工作，同年入党。南下前任冀东十四地委税务局局长，南下进入湘南零陵专区任税务局局长，离休前任株洲市委副书记、人大常委会主任，行政十二级。

王青文（图370），周村人，生于1925年，1945年参加工作，1940年入党。南下前任丰台区卢沟桥镇镇长。南下进入湘西大庸县任区委书记，离休前任湖南省电力局党组书记、局长，行政十二级。

王振良（图371），郭家屯人，生于1927年。南下前任冀东十四地委组织干事，南下进入湘西零陵地委组织部干事，病故前任湘南零陵地委纪检会书记，行政十三级。

刘品生（图372），云峰寺人，生于1926年，1942年10月参加工作，1943年10月入党。南下前任通县七区区委宣传委员。南下进入湖南永明县任县委组织部干事，后任区委书记，离休前任湖南大学计划生育委员会主任，行政十四级。

政权的建立，只是工作的起点，解放大军打垮了国民党军，但散兵盗匪到处都是，特务组织不断进行破坏活动，封建地主和宗族势力勾结，与共产党暗中为敌。有位区长（不是平谷人）在下乡途中挨了黑枪，有位女干部被暗杀，财粮干部刘明贤运粮途中受到土匪围攻。在错综复杂的斗争中，大家没有畏缩，凭着大智大勇和在抗日战争、解放战争中积累的丰富斗争经验，赢得了当地广大群众的拥护。

财政科长张荫文（图373），在接收伪财政科时，那些伪职人员大多数是精通文墨的财粮先生，不相信北方的"土包子"能当家理财。接收这天，他们大肆张扬，把办公桌搬到门口，吸引了不少群众，目的是摆个阵势让新科长看看。张荫文身着当地农民服装，到了财政科，看到这个阵势，索性蹲在群众中抽起烟来。过了一会儿，有个职员说："新科长怕是不敢来了吧？"闹得群众哄堂大笑。这时，张荫文站起来，不慌不忙地说："新科长就是我！"几个职员看着这个兵不像兵、民

图 373　张荫文（摄于 1987 年 4 月）

不像民的"官"，想笑又不敢笑。张荫文坐到办公桌前，问了几个人的姓名，就让他们一笔笔地报账，对几笔错账当即指出来。这些人见张荫文对会计科目结算手续了如指掌，打起算盘滚瓜烂熟，都从心里服了气。建政后，工作团集中精力征集粮食，有力地支援了解放大军。

二是剿匪反霸，镇压反革命

《南下回忆》写道：

进入永州地区后的各项工作，都是在与土匪做斗争的情况下展开的。当时无一县没有土匪，特别是处于湘、桂边界的永明县，匪情尤为严重。

永明县第三区机关，11月23日安在桃川。12月3日夜间，就有以朱圭为首号称"反共救国军"的600名多匪徒袭击。当时区机关只有11名干勤人员，负责警卫区政府的是起义部队的一个排。两个班跑了，剩下一个班与上述同志一同战斗，凭一挺机枪和二十几支长短枪坚持两天，12月5日夜打伤5名匪徒后安全转移。这时县委书记宋英林同解放军四八六团二营的一个连，星夜赶到桃川将匪徒击溃。

江华县解放时逃跑为匪的邱子珍，盘踞江华、道县交界地区，煽动人们到小圩（xū）粮库抢粮，并狂叫"赶走北方侉子，打倒地方小鬼"（指我吸收的地方青年干部），幸我粮站事先加强了武装力量，将其击溃。

在宁远，我县委副书记王昆、二区区委书记郭金生、财粮助理赵岐山、税务所长石朝琮，还有新吸收的地方青年干部欧燕（女）、蒋化昆、龙进星7位同志，在水打铺匪徒暴乱中光荣牺牲，王昆的警卫员崔保安负重伤。

1950年春季开展剿匪反霸以后，治安情况才有好转。

据《零陵地区组织史》资料记载，至6月底，专区境内的土匪被歼灭6100多人。有组织的土匪是没有了，但匪徒并未绝迹。1951年元宵节，隐藏的敌人在零陵县放火烧了两条街，人民财产遭受严重损失。此后不久，全国开展镇压反革命运动，直到1951年土地改革完成后，土匪才绝迹。

张庆龙在《我父亲张子祥南下故事》一文中也写道：

父亲在世时，经常跟我说到土匪是如何的凶残和霸道。沅陵最大土匪头子张平，面对新生的人民政权怀恨在心，梦想"打到沅陵吃年饭，打到常德吃元宵"。面对土匪的嚣张气焰，在县委领导下，父亲组成护城队，配合留守沅陵的四十七军共同剿匪。

剿匪期间，沅陵县的主要任务是护路修桥，保证粮秣供应。县政府成立了支前指挥部，我父亲任指挥长，并组织各区成立25个征粮工作队，到各乡征粮，有力地支援了解放大军。到1950年下半年，剿匪大军连续突击，把以张平为首的土匪头子悉数抓获，全县土匪被全部剿灭。

实际上，1949年10月至11月，随着永州地区各县先后被我解放军攻克或实现和平解放，便设立了永州专区，第二年改称零陵专区。在这里李越之虽然写的是永州，我们却由此可以感受到当时在湘西开展工作的整个境况。而湘西土匪众多，横行乡里，是历史上有名的土匪窝子。仅沅陵县就有"四大金刚八大王，七十二个半脚材"之说，土匪达1万多人。群众听说剿匪就怀疑地说："几百年没断过土匪，共产党能行吗？"面对疑虑，大家非常坚决，1950年下半年，剿匪大军化整为零，配合地方干部把剿匪反霸作为中心工作，先摸清各股土匪活动情况以及地方恶霸住处，而后统一行动，连续几天突击，把土匪头子、恶霸分子全部抓获，该镇压的镇压，该法办的法办，缴获枪支1万多条，全县土匪被剿灭。后来，还将湘西剿匪的事拍成电影或电视剧。

三是土地改革，彻底消灭封建土地所有制

随着剿匪反霸的胜利，共产党的威望在群众中一下子树立起来了。

张庆龙在《我父亲张子祥南下故事》一文中写道："父亲有个警卫员曾雨初，1951年5月的一天，他和另一位警卫员杨昌海同志跟随我父亲去四区（今新晃县凉伞镇）工作，步行来到凳寨的台洞，住在一位姓张

图374 南下工作期间，县长张子祥（前排左二）与机关干部合影

减息、反霸斗争推向了一个新的高潮。"

　　为了搞好生产生活，稳定社会，发展经济，制定相关规定，如严格禁止宰杀耕牛就是一例。1950年1月，沅陵县人民政府发布布告（图375）：

　　查我县曾迭次遭受地方土匪及反动军队骚扰，广大农村所受蹂躏践踏不堪，仅耕牛被匪伪牵走者，即不可数计，这些被抢走之耕牛多被宰杀，或经过买卖后而宰杀，同时亦有大部牛商贩运耕牛，专供屠户

的农民家里。其间，我父亲（图374）多次与住户和周围的农民群众促膝谈心，从贫苦农民讲到地主恶霸，从生产讲到生活，从减租减息、反霸斗争讲到党的方针政策，使群众深受教育。之后，又通过耐心细致而又广泛地做群众工作，把这个乡的减租

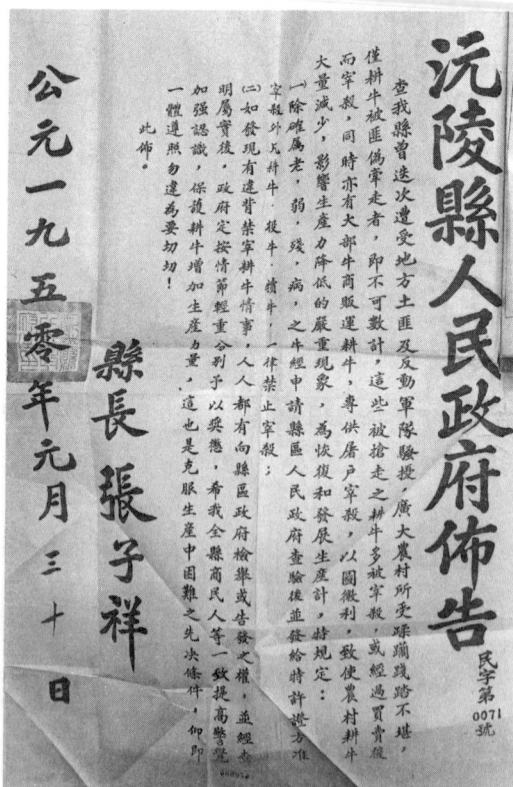

图375 1950年1月沅陵县人民政府布告

宰杀，以图微利，致使农村耕牛大量减少，影响生产力降低的严重现象，为恢复和发展生产计，特规定：

（一）除确属老、弱、残、病之牛，经申请县区人民政府查验后并发给特许证方准宰杀外，凡耕牛、役牛、犊牛，一律禁止宰杀；

（二）如发现有违背禁宰耕牛情事，人人都有向县区政府检举或告发之权，并经查明属实后，政府定按情节轻重分别予以奖惩。希我全县商民人等一致提高警觉，加强认识，保护耕牛增加生产力量，这也是克服生产中困难之先决条件，仰即一体遵照勿违为要切切！

此布。

县长　张子祥

公元一九五零年元月三十日

自 1951 年开始土地改革，1952 年又进行土改复查。经过土地改革，几千年来一直被封建地主阶级占有的土地全部归人民所有了。一个沅陵县，就有 70 多万亩土地分给了群众。从此湘西人民更加信赖共产党，坚定不移地走上了社会主义大道。

新中国成立初期，平谷又有南下广东等地的干部。

南下的干部们，是平谷人民的优秀儿女（图 376）。当年战斗在平谷，他们为打败日本侵略者和国家

图 376　抗战胜利六十周年之际，五位老同志在长沙合影留念。左起：王明富、王保立、崔仲义、田茂生、贺连江（摄于 2005 年 10 月）

437

的独立、民族的解放，做出了贡献；随后，他们又听从党的号召，离开故土南下，为那里的革命和建设做出了贡献，受到了那里人民深深的爱戴，平谷人民永远不会忘记他们！

参考文献

［1］司马迁．二十五史·史记［M］．上海：上海古籍出版社，上海书店，1986.

［2］李贤等．大明一统志［M］．西安：三秦出版社，1990.

［3］蒋一葵．长安客话［M］．北京：北京出版社，1962.

［4］刘侗，于奕正．帝京景物略［M］．北京：北京古籍出版社，1983.

［5］孙承泽．天府广记［M］．北京：北京古籍出版社，1982.

［6］穆彰阿，潘锡恩等．大清一统志［M］．上海：上海古籍出版社，2008.

［7］于敏中等．日下旧闻考［M］．北京：北京古籍出版社，1983.

［8］周家楣，缪荃孙等．光绪顺天府志［M］．北京：北京古籍出版社，1987.

［9］黄彭年．光绪畿辅通志［M］．石家庄：河北人民出版社，1985.

［10］张映勤．寺院·宫观·神佛［M］．北京：北京出版社，1994.

［11］马书田．全像中国三百神［M］．南昌：江西美术出版社，1992.

［12］郦道元．水经注［M］．上海：上海人民出版社，1984.

［13］郦道元，陈桥驿等注. 水经注全译［M］. 贵阳：贵州人民出版社，1996.

［14］范祥雍. 古本竹书纪年辑校订补［M］. 上海：上海古籍出版社，2011.

［15］张玉春. 竹书纪年译注［M］. 哈尔滨：黑龙江人民出版社，2003.

［16］王建国，岳晓云，李怀全. 涿鹿县志［D］. 涿鹿：涿鹿县地方志编纂委员会，2001.

［17］陈子昂撰，徐鹏校点. 陈子昂集［M］. 上海：上海古籍出版社，2014.

［18］赵慧平. 陈子昂［M］. 沈阳：春风文艺出版社，1999.

［19］徐文茂. 陈子昂论考［M］. 上海：上海古籍出版社，2008.

［20］国家文物局. 中国文物地图集北京分册（上、下）［M］. 北京：科学出版社，2008.

［21］任在陞. 清康熙六年平谷县志［D］. 平谷：平谷县公署，1667.

［22］项景倩. 清雍正六年平谷县志［D］. 平谷：平谷县公署，1728.

［23］朱克阅. 清乾隆四十二年平谷县志［D］. 平谷：平谷县公署，1777.

［24］王兆元. 民国九年平谷县志［M］. 北平：北平中华印书局，1920.

［25］王兆元. 民国二十三年平谷县志［M］. 天津：天津文竹斋，1934.

［26］宗庆煦. 民国三年密云县志［M］. 北平：京华印书局，1914.

［27］密云县公署．民国二十七年密云县志［D］．密云：密云县公署，1938.

［28］平谷县地名志编辑委员会．北京市平谷县地名志［M］．北京：北京出版社，1993.

［29］平谷县志编纂委员会．平谷县志［M］．北京：北京出版社，2001.

［30］中共北京市委党史研究室，中共平谷县委党史办公室．平谷革命史［M］．北京：北京出版社，1991.

［31］中共平谷县委党史资料征集办公室．沟水长流［D］．平谷：中共平谷县委党史资料征集办公室，1990.

［32］中共平谷县委党史室．沟水长流（第二集）［D］．平谷：中共平谷县委党史办公室，1992.

［33］中共北京市平谷县委组织部，中共北京市平谷县委党史资料征集办公室，北京市平谷县档案局．中国共产党北京市平谷县组织史资料1937—1987［D］．平谷：中共北京市平谷县委组织部，中共北京市平谷县委党史资料征集办公室，北京市平谷县档案局，1989.

［34］中共北京市平谷县委组织部，中共北京市平谷县委党史资料征集办公室，北京市平谷县档案局（馆）．中国共产党北京市组织史资料·平谷卷（1987—2010）［M］．北京：中央文献出版社，2011.

［35］中共北京市平谷区委组织部，北京市平谷区老干部局，北京市平谷区政协学习与文史委．老党员见证［D］．平谷：中共北京市平谷区委组织部，北京市平谷区老干部局，北京市平谷区政协学习与文史委，2017.

［36］政协北京市平谷县委员会．平谷文史选辑（四）［D］．平谷：政协北京市平谷县委员会文史委员会，1995.

［37］政协北京市平谷县委员会. 平谷文史选辑（五）［D］. 平谷：政协北京市平谷县委员会文史委员会，1997.

［38］政协北京市平谷县委员会. 平谷文史选辑（六）［D］. 平谷：政协北京市平谷县委员会文史委员会，1999.

［39］平谷区文化委员会. 平谷文物志［M］. 北京：民族出版社，2005.

［40］平谷区文化委员会. 平谷区非物质文化遗产名录论证报告集［D］. 平谷：平谷区文化委员会，2007.

［41］平谷区文化委员会. 平谷石刻［M］. 北京：北京燕山出版社，2010.

［42］平谷区文化委员会. 平谷文物揽胜——北京市平谷区第三次全国文物普查资料汇编［D］. 平谷：平谷区文化委员会，2011.

［43］北京四史丛书编辑委员会. 红旗漫卷鱼子山［M］. 北京：北京出版社，1964.

［44］尹钧科. 北京历代建置沿革［M］. 北京：北京出版社，1994.

［45］罗哲文，刘文渊. 世界奇迹——长城［M］. 北京：文物出版社，1992.

［46］罗哲文，柴福善. 中华名寺大观［M］. 北京：机械工业出版社，2008.

［47］韩牧苹. 洵阳杂录［M］. 呼和浩特：远方出版社，2000.

［48］胡永连. 平谷民间文学集成［D］. 平谷：平谷文化馆，1999.

［49］柴福善. 平谷寺庙志略［M］. 北京：民族出版社，2014.

［50］柴福善. 平谷史话［M］. 北京：民族出版社，2018.

［51］柴福善. 明代平谷志料辑校［M］. 北京：民族出版社，2018.

［52］柴福善. 志书补遗［M］. 北京：中国文史出版社，2015.

后 记

　　这本《山东庄史话》，是第一部图文并茂地记述山东庄地区历史文化的专著，是作者在多年积累的基础上，历时近一年时间，对全镇12个村落及文化遗存，多次深入细致地访谈踏察，搜集资料，进而着手编写。

　　编写中，作者一如既往地坚持典籍文献、实物遗存与口碑资料的三者结合，坚持东汉班固《汉书》所写的"修学好古，实事求是"的原则，坚持清人戴震所说的"治学不为媚时语，独寻真知启后人"的独立精神。在全面记述的基础上，特设轩辕文化与红色文化两个专题，以突出镇域重点及特色，从而使全书资料丰富，记述翔实，考据严谨，实事求是，且行文朴实简洁，文脉贯通古今。这是一部地方史志之书，亦是一部乡土教材，如能助力山东庄地区经济发展、社会进步、文明提高以及文化繁荣，作者便深感欣慰了。

　　感谢镇党委、镇政府的信任，感谢宣传部长岳斐然精心组织与安排，感谢书法家翟德年先生欣然题写书名，感谢中国文史出版社刘华夏女士精心编辑与出版。作者自知才疏学浅，有些重要的东西尚需深入研究，有些分寸的把握尚需推敲。因此，书中存在一些不足甚至错误亦在所难免，诚请读者与方家批评教正。

柴福善
2024年6月8日于善书斋